JN074761

日本中国友好協会：編

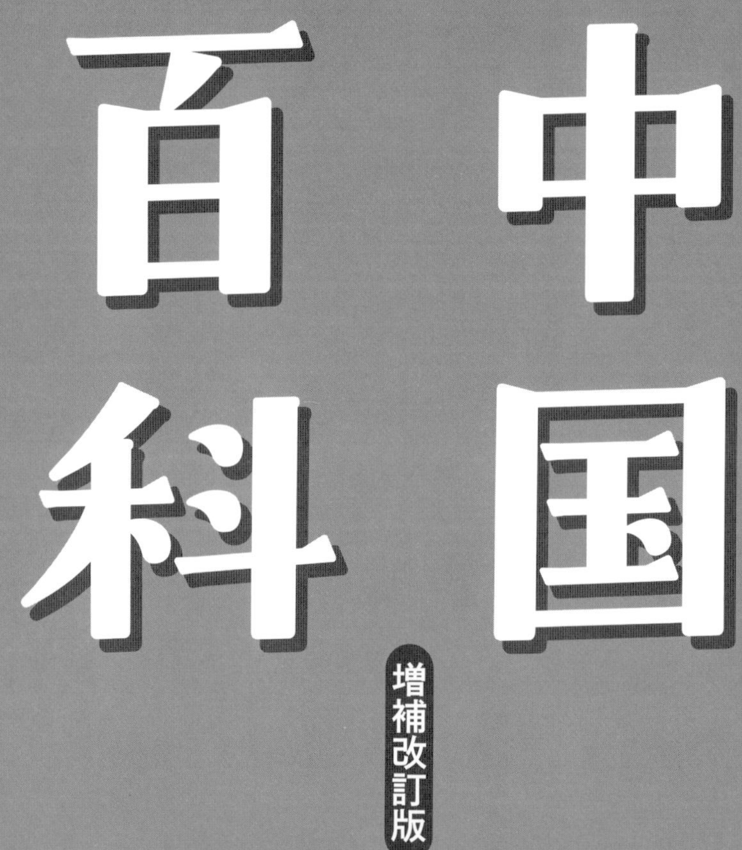

めこん

はじめに

井上久士（日本中国友好協会会長）

昨年は日中国交正常化50周年でしたが、日中関係は多難な局面を迎えています。日本と中国の相互依存と緊張と対立を政府間の枠組だけで打開しようとするのは限界があります。国民同士が交流と相互理解を深めながら、人類運命共同体の一員として共に未来を切り開いていくことが不可欠です。それは時間がかかり、目に見える効果がすぐ現れるものではありませんが、着実な努力の積み重ねこそが、両国関係を国民に支えられた安定した軌道に戻す確かなちからになると思います。

現在漢字を使っている国は、台湾を含めた中国以外では日本だけです。箸を使い米や麺類を食べ、九月には中秋の名月を愛でるなど日本と中国は文化や日常生活で多くの共通性を持っています。

同時に日本と中国では、似たように見えても、実は相違していることがたくさんあります。そこから誤解が生じる余地もあります。誤解や偏った認識を避けるためには、中国を自分の願望や断片的知識によってではなく、確かな事実に基づき総合的に理解することが大切です。

日中友好協会は、中国理解促進のため2014年に中国百科検定を始めました。本書の初版はその検定のためのテキストとして出版されましたが、歴史・文化から政治・経済に至るまでの幅広い分野をそれぞれの専門家がコンパクトに執筆した内容が高い評価をいただきました。

しかし、その後、中国が国内外において大きな変化を遂げたのはご存じのとおりです。そこで、世界で急速に存在感を増す現代中国の諸側面を解説する章を加え、『中国百科　増補・改訂版』を出すことにいたしました。

本書は中国百科検定のためだけでなく、中国に関心を持つ幅広い方々に中国の全体像を提供する内容となっています。執筆いただいた各分野の専門家に感謝申し上げますとともに、本書が正確な中国理解の一助になれば幸甚です。

未来のために中国を知る

▉日本の常識・中国文化と中国史

理系学部卒のある友人と一緒に中国の蘇州に行ったときのことです。鑑真で有名な寒山寺に同行した際に、漢詩の世界で有名な『楓橋夜泊』をすらすらとその友人が詠ってみせたのには驚きました。張継という唐代の詩人が詠った非常に有名な詩ですが、日本人の間に中国文化が染み渡っていることを実感したと同時に、「これくらいのことは知ってるよね」と言われたような気がしたからです。正直、私はとてもそのような暗誦はできません。

しかし、ここには日本において「中国通」たるにはどの程度の知識が必要かが示されているようにも思われ、日本のスタンダードの高さを思い知らされます。私はアメリカ・コロンビア大学の東アジア研究所でアメリカの中国研究者と約1年間交流をしましたが、そこでは「三国志」も知らずに中国経済を論じている者がいて驚いたことがありました。確かに「三国志」を知らずとも現代の中国経済を議論できるかも知れません。しかし、アメリカで対中政策を策定しようとしている人々の常識と我々日本人の常識の差を知っておくのも重要かも知れません。と言いましょうか、私たち日本人は中国を批判するにしても褒めるにしても、それくらいは前提にしたいものです。

▉誤解から生まれる両国の摩擦

実際、関係が良かろうが悪かろうがここから引っ越しのできない日本が隣の大国のことを知っておくのはやはり必要なことで、これには世にある様々な誤解が必要以上に中国の印象を悪くしているということもあります。

たとえば、時に「中国は領土問題で一歩も引かない悪い国」といったことがマスコミで言われていますが、戦後にロシアやインド、ベトナムやパキスタン、北朝鮮との間でいくつかの領土問題を解決してきたことはあまり知られていません。また、中国の政治制度は「人民民主専政（独裁）」であると中国自身が述べていますが、それでも少数政党が8つあること、人民代表や党大会の選挙では必ず落選者が出る「差額選挙」という厳しい振り落としをやっていることなどもあまり知られていません。本書ではもちろん、これらの誤解を解こうとしています。

ビジネスをする上でも知識は不可欠

それからもうひとつ、本書をビジネス界の人々にも強くお勧めしたい理由には、「中国の中国地図」と「日本の中国地図」の違いに気づいておられない企業家がいる、ということがあります。尖閣列島や南シナ海といった点にしかならない島嶼部は大きな地図で目立ちませんが、台湾はもちろんのこと、実はインドとの係争地は面積にして非常に大きく、よく知る中国人には「中国の中国地図」と「日本の中国地図」の違いが一目でわかるからです。

このことが気になってしまうのは、対中進出企業がこの違いに気づかず、意識もしないうちに会社のパンフレットなどで中国政府の主張に反対を表明してしまっていることがよくあるからです。そして、実際、私は以前、上海に拠点を置いていたある日本企業にこの問題でアドバイスをしたこともあります。その会社の幹部の方々はその話を聞いて肝を冷やされたかも知れません。

本書は検定試験のテキストにもなっています

以上のような趣旨から日中友好協会では多くの学者・専門家の協力を得て本書を発行しましたが、この知識をより広げようと、2014年以降、「中国百科検定」という検定試験も始めています。初級に始まり、3級、2級、1級と進んだ上で、地理、政治経済、歴史、文化に分かれた特級試験を備えた検定試験で、年に2度開催しています。読者の皆さんが学んだ知識を確かめるため、あるいは会社などに証明するために試していただけることを心より期待しております。健闘を祈ります。

［編集責任者　大西広］

推薦のことば

「中国百科」に期待する

谷野作太郎（元駐中国大使）

日中関係は、今、深い霧の中にあります。視界不良、晴れ間が見えてきません。

このような時、中国でよく言われることに、「以民促官」ということがあります。頭の固い政治家、中央の役人たちを「民（タミ）」の力で動かそうと。しかし、その「民」が建設的な力となるためには、その人たちが相手方について、できるだけ正しい理解を身につけていくことが前提になります。正確でない情報、一方的な思いこみ、折々の感情の虜になって、相手方に乱暴な言葉をあびせる。最近の日中、中日関係の下、日、中それぞれについて、しばしばそのようなことを感ぜずには居られません。

相手方についての良質な知識、情報があってこそ、真の相互理解が進み、その上ではじめて日中、中日の間において、まだまだまったく足りない相互信頼感が生まれてこようというものです。

そのように考えていたところ、この度、日本中国友好協会が「中国百科検定」というあらたな目論見をスタートされるということをうかがいました。中国について、それぞれのテーマについて第一線の専門家の方々に執筆をお願いし、『中国百科』という一冊の書籍にまとめ上げ、これをもとに、国内の老若男女、多くの人たちに応募していただき、中国問題万般についての「検定」を進めようというものです。大変結構なことだと思います。

『中国百科』は「百科」と銘打っただけあって、中国について地理、政治経済から歴史、言語、文化に至るまできわめて幅広い分野をカバーしたものになっております。この事業の意義を認め、執筆に協力いただいた各位に敬意を表したいと思います。

この「中国百科検定」については、事業責任者の田中義教協会理事長、大西広慶応大学教授のお二人からお話をうかがっておりましたが、本事業を機に、あらためて日本国内において中国に対する関心が深まり、理解が進むことを期待しております。責任者のお二人のこれまでの御努力に敬意を表し、併せ、事業の成功をお祈りしたいと思います。

目次

執筆者一覧（執筆順）

大西広（おおにし ひろし）……慶應義塾大学、京都大学名誉教授
丸山至（まるやま いたる）……日本中国友好協会顧問
田中義教（たなか よしたか）……日本中国友好協会副会長
高見澤磨（たかみざわ おさむ）……東京大学東洋文化研究所教授
井手啓二（いで けいじ）……長崎大学名誉教授
山本恒人（やまもと つねと）……大阪経済大学名誉教授
徐一睿（じょ いちえい）……専修大学経済学部教授
太田幸男（おおた ゆきお）……東京学芸大学名誉教授
久慈大介（くじ だいすけ）……南山大学非常勤講師
角道亮介（かくどう りょうすけ）……駒澤大学文学部准教授
下田誠（しもだ まこと）……東京学芸大学先端教育人材育成推進機構准教授
佐々木研太（ささき けんた）……東京学芸大学個人研究員
中村威也（なかむら たけや）……跡見学園女子大学兼任講師、東洋文庫研究員
堀内淳一（ほりうち じゅんいち）……皇學館大学文学部教授
小川快之（おがわ よしゆき）……国士舘大学文学部教授
千葉正史（ちば まさし）……東洋大学文学部教授
水羽信男（みずは のぶお）……広島大学大学院総合科学研究科教授
泉谷陽子（いずたに ようこ）……フェリス女学院大学国際交流学部教授
平井潤一（ひらい じゅんいち）……日本中国友好協会参与
井上久士（いのうえ ひさし）……駿河台大学名誉教授
中川正之（なかがわ まさゆき）……神戸大学名誉教授
モクタリ明子（もくたり あきこ）……元松蔭女子学院大学中国語非常勤講師
加藤三由紀（かとう みゆき）……和光大学表現学部教授
宇野木洋（うのき よう）……立命館大学文学部特命教授
渡邊晴夫（わたなべ はるお）……元國學院大學文学部教授
瀬戸宏（せと ひろし）……摂南大学名誉教授
上野隆三（うえの りゅうぞう）……立命館大学文学部教授
平塚順良（ひらつか のりよし）……広島修道大学経済科学部准教授
石子順（いしこ じゅん）……日本中国友好協会副会長、日本漫画家協会監事、映画・漫画研究家
坂本佳奈（さかもと かな）……サカモトキッチンスタジオ
ロシェングリ・ウフル……新疆師範大学副教授
宝蓮華（ほうれんか）……茶葉の販売、茶芸教室
伊藤敬一（いとう けいいち）……東京大学名誉教授（故人）
渡辺襄（わたなべ たかし）……日本中国友好協会宮城県連
松木研介（まつき けんすけ）……ジャーナリスト
廣澤裕介（ひろさわ ゆうすけ）……南山大学非常勤講師
蘇耀国（そ ようこく）……公益財団法人日本棋院東京本院、囲碁棋士八段
イスクラ産業（いすくらさんぎょう）……中国漢方製剤・健康食品の製造販売、ロシア・CIS 諸国・中国との貿易
山川次郎（やまかわ じろう）……日本中国友好協会参与、同切り絵委員会委員
木俣博（きまた ひろし）……元高校教諭
牧陽一（まき よういち）……埼玉大学人文社会科学研究科教授
吉村澄代（よしむら すみよ）……元中国国際放送局日本人専門家
加藤徹（かとう とおる）……明治大学法学部教授
周建中（しゅう けんちゅう）……東京成徳大学・千葉経済大学非常勤講師
王敏（わん みん）……桜美林大学特任教授、拓殖大学客員教授、周恩来平和研究所所長
梶川亜希（かじかわ あき）……コンテンツ関連会社勤務
游偉（ゆうい）……慶應義塾大学経済学研究科修士課程

中国の行政区分（省および自治区と省都）
省都
ロシア連邦
カザフスタン
モンゴル
ウズベキスタン
キルギスタン
タジキスタン
アフガニスタン
パキスタン
ウルムチ
トルファン
ハミ
コルラ
カシュガル
イェンギサール
新疆ウイグル自治区
敦煌
嘉峪関
ホータン
ゴルムド
青海省
西寧
蘭州
甘粛省
チベット（西蔵）自治区
ネパール
ラサ
四川省
成都
ブータン
麗江
大理
昆明
バングラデシュ
インド
雲南省
臨滄
元陽
普洱
河口
ミャンマー
ラオス
タイ

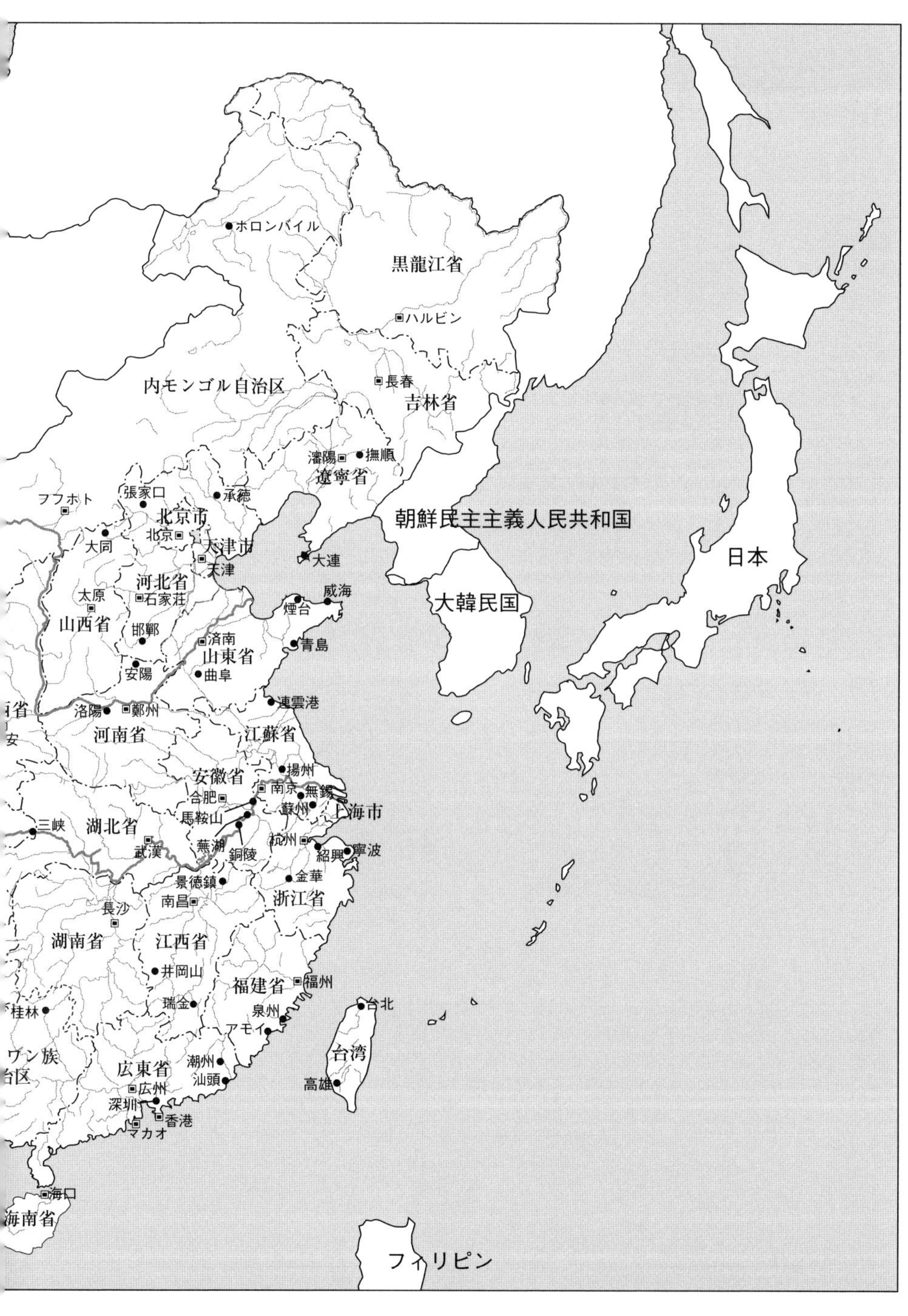

ホロンバイル
黒龍江省
ハルビン
内モンゴル自治区
長春
吉林省
瀋陽
撫順
遼寧省
フフホト
張家口
承徳
北京市
北京
大同
天津市
天津
大連
朝鮮民主主義人民共和国
日本
河北省
太原
石家荘
威海
煙台
大韓民国
山西省
邯鄲
済南
青島
山東省
安陽
曲阜
連雲港
洛陽
鄭州
河南省
江蘇省
揚州
安徽省
南京
無錫
合肥
蘇州
上海市
馬鞍山
三峡
湖北省
武漢
蕪湖
銅陵
杭州
紹興
寧波
景徳鎮
金華
南昌
浙江省
長沙
湖南省
江西省
井岡山
福建省
福州
台北
瑞金
泉州
桂林
アモイ
台湾
広東省
潮州
汕頭
高雄
広州
深圳
香港
マカオ
海口
海南省
フィリピン

中国の世界遺産

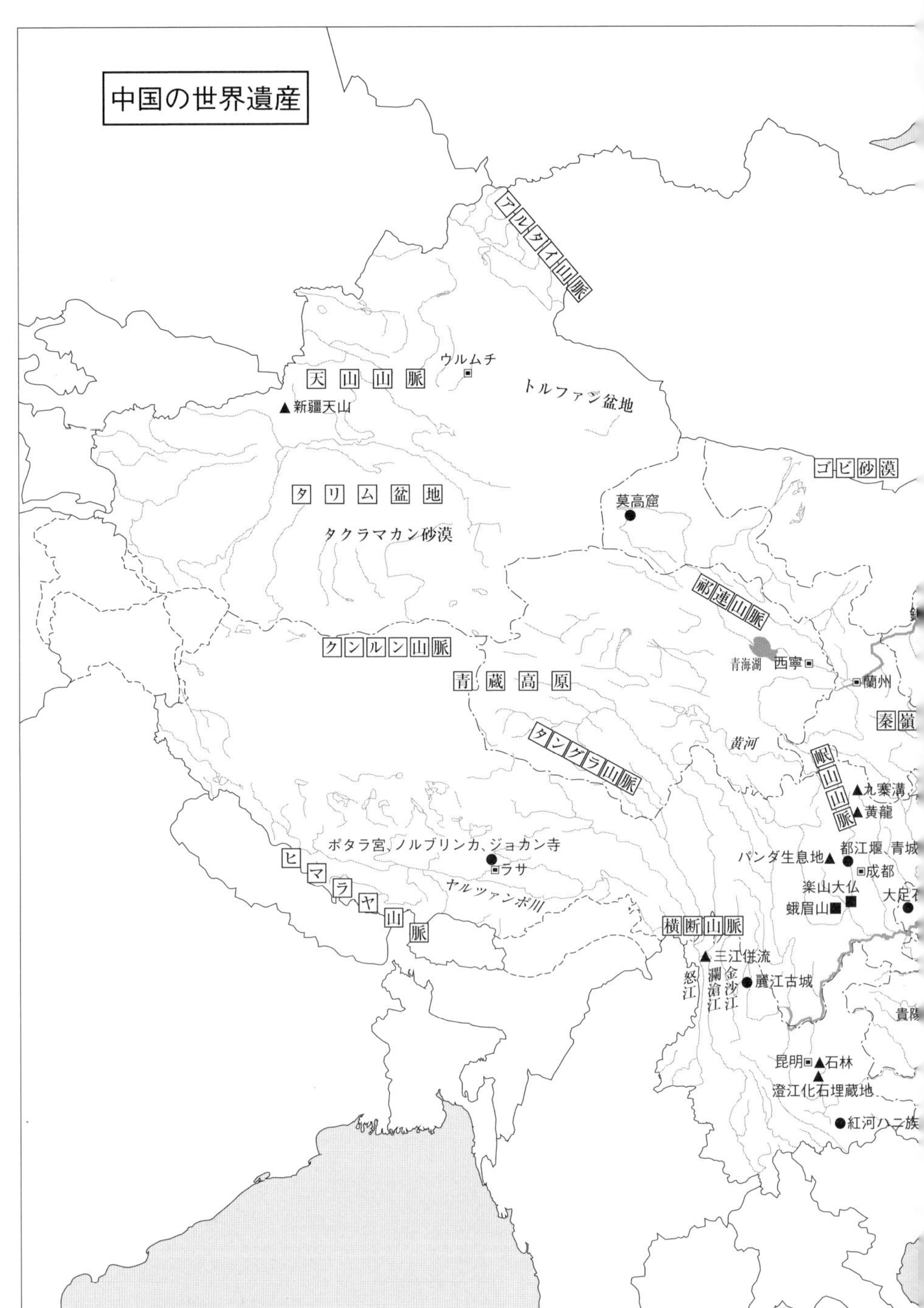

アルタイ山脈
ウルムチ
天山山脈
トルファン盆地
▲新疆天山
ゴビ砂漠
タリム盆地
莫高窟
タクラマカン砂漠
祁連山脈
クンルン山脈
青海湖
西寧
蘭州
青蔵高原
秦嶺
タングラ山脈
黄河
岷山山脈
▲九寨溝
▲黄龍
ポタラ宮、ノルブリンカ、ジョカン寺
ラサ
ヒマラヤ山脈
ヤルツァンポ川
パンダ生息地▲
都江堰、青城
成都
楽山大仏
蛾眉山
横断山脈
▲三江併流
怒江
瀾滄江
金沙江
麗江古城
昆明
▲石林
澄江化石埋蔵地
紅河ハニ族

大興安嶺山脈
黒竜江
松花江
ハルビン
長春
瀋陽故宮、昭陵
瀋陽
永陵
古代高句麗王城、貴族の古墳群
上都遺跡
万里長城、明十三陵
避暑山荘、外八廟
故宮、天壇、頤和園
清東陵
北京
遼東半島
雲崗石窟
周口店北京原人遺跡
五台山
清西陵
天津
太行山脈
石家荘
太原
黄河
山東半島
済南
泰山
殷墟
孔廟、孔府、孔林
龍門石窟
鄭州
天地之中歴史建築
淮河
明孝陵
合肥
南京
蘇州古典庭園
古代建築物群
長江
上海
明顕陵
武漢
杭州
杭州西湖の文化的景観
黄山
廬山国家公園
安徽省南部の古村落
南昌
三清山国立公園
洞庭湖
長沙
武夷山
福州
台湾山脈
中国丹霞
福建土楼
珠江
広州
マカオ
香港
マカオ旧市街
世界遺産
文化遺産
自然遺産
複合遺産
2013年8月現在

第１部

地理

1　地理

2　民族・宗教

3　世界遺産

1
地理

直轄市上海、浦東地区の摩天楼。

執筆
大西広／丸山至

4つの直轄市（北京、上海、天津、重慶）

中国では、以下の4つの「直轄市」が省と同格に扱われている。

北京市

現在の首都。周代以降、薊、燕（京）、幽州、大興府、大都、順天府、北平などと呼ばれ、元、明、清代にも中国全土の首都として機能した。「北京」との呼称は明の永楽帝に始まるが、その後、二転三転の後、1949年の中華人民共和国の成立により「北京」との呼び方に戻る。

多くの王朝が首都としてこの地にあったため、故宮、天壇、頤和園、円明園、明の十三陵、八達嶺（万里の長城）など歴史的記念物も多い。また、北京大学、清華大学など最高学府も集中し、オリンピックは2008年と2022年に開催されている。ただし、ゴビ砂漠から遠くない乾燥地帯であるため、水不足や過度の都市化による大気汚染問題が大きな問題となっている。面積は1万6808㎢、人口は約2190万人（常住人口）、GDPは4兆270億元、1人当たりGDPは18万4000元（2021年）となっている。

上海市

長く小村にすぎなかったが、アヘン戦争終結時の南京条約で開港され、英仏、さらには列強の共同租界が形成されることで商都・貿易港として急速に発展した。特に1920～30年代には金融センターとしても発展し、「魔都」とも呼ばれた。中華人民共和国時代は工業都市として発展したが、1978年の改革開放政策以降は外国資本の流入も相次ぎ、「政治の北京、経済の上海」と呼ばれる。世界的にもビジネス分野の都市ランキングでトップ10に入る勢いで、2018年の外務省「海外在留邦人数統計調査」では世界で4番目に在留邦人の多い都市となっている。2010年には万国博覧会が開催された。

面積は6341㎢、人口は約2490万人、GDPは4兆3000億元、1人当たりGDPは17万4000元（2012年）となっている。

重慶市の人民大礼堂。この前の人民広場は時に大規模な大衆集会の場となっている。

天津旧租界の洋風建築。清末、民国期に北京と海外を繋いだ。

天津市

隋代の大運河の開設とともに始まった交通の要所で、北京が首都となった際に軍事的要衝および外港として栄えることとなる。また、アロー戦争（第2次アヘン戦争）を終結させた北京条約によって開港され、租界地も設置された。近年は上海の浦東開発に倣った大規模な開発を浜海新区で進め、2000年代初めに10数%の経済成長をしばらく続けた。

面積は1万1920㎢、人口は約1370万人、GDPは1兆5700億元、1人当たりGDPは11万4000元（2012年）となっている。

重慶市

1997年の全人代において西部開発の推進を目的に、その拠点としての重慶市が第4番目の「直轄市」に昇格されることが決まり、その後の経済開発は急速なものとなった。特に交通の要所としての意味も大きく、三峡ダム建設により、中型貨物船が上海との間で往復できるようになったことも大きい。また、陸上輸送路はインド洋、ヨーロッパ（大西洋）とも接続しており、太平洋を含む「三大洋の結節点」と自称している。なお、この戦略を強力に推進した薄熙来党書記は他にも「唱紅打黒」を叫び、2012年春、失脚している。

面積は8万2300㎢、人口は約3210万人、GDPは2兆7900億元、1人当たりGDPは8万6800元（2012年）となっている。夏の暑さや霧の多いことで有名である。［大西広］

東北三省

日本が「満州国」を作った中国東北部は新中国建国後、その半分は内モンゴル自治区となったが、人口のほとんどが集中する残りの諸省は現在は黒龍江省、吉林省と遼寧省に整理され、「東北三省」と呼ばれている（過去にも「東三省」と呼ばれた）。旧「満州国」時代に移植された重工業が戦後も重点産業として発展してきたが、近年はハイテク産業誘致も進んでいる。中国西部の開発を重視した2000年以降の「西部大開発」政策の対象が、2003年から中国東北部にも拡げられ（「東北振興」）、その経済効果も出てきている。日本語のできる人材が豊富なため、日系企業の対中進出ブーム初期にはこの地への進出が集中した。

黒龍江省

清朝末期のロシアとの不平等条約によってアムール川北方、沿海州地区を失って面積が縮小したものの、北辺の省として東北部では最も広い46万㎢を占めている。人口は約3130万人、GDPは1兆4900億元、1人当たりGDPは約4万7600元（2021年）となっている。

省都はハルビン市で、省人口の90%が漢族。その他に満州族、モンゴル族、朝鮮族などが暮らしている。

最北端のため冬季の農耕は不可能であるが、1人当たり耕地面積の広さから大農法による黒豆、大豆、小豆などの生産が盛んである。

日本の北海道、山形県、新潟県と友好協定を締結している。ハルビン市郊外には、旧日本軍細菌戦部隊（731部隊）の施設跡がある。

吉林省

省都長春が旧満州国の首都新京であったため、当時の歴史的記念物が多数残っている。戦後長らく日本語教育の中心地となってきたことも、この歴史と関わっている。人口は約2380万人、GDPは1兆3200億元、1人当たりGDPは約5万5700元（2021年）となっている。

民族的には91%を占める漢族の他、満州族、モンゴル族、朝鮮族、回

日露戦争で旅順港のロシア艦隊を攻撃した203高地の記念塔。

旧満州時代の建物が残る大連。

族などがいるが、特に、朝鮮族は省最東端に「延辺朝鮮族自治州」を持ち、朝鮮族は当州人口の約3割、100数十万人を占めている。一時は単独で「省」として存在した。ただし、この地への朝鮮族の進出は新しい。1910年に日本が韓国を併合した後の朝鮮人の流入が原因であり、当時は「間島」と呼ばれた。

日本の宮城県と友好協定を締結している。世界遺産として朝鮮国境集安の高句麗遺跡群がある。日本で有名な高句麗広開土王（好太王）の碑もここにある。

遼寧省

省都瀋陽市が東北三省の中心地となっている他、戦前に日本統治下であったことなどから現在も日本企業の集中する大連、対北朝鮮貿易の中心地丹東などを持つ。約4230万人の人口、2兆7600億元のGDPも東北地方で最大である。1人当たりGDPは約6万5200元（2021年）となっている。古い重工業地帯を象徴するものとして鞍山鉄鋼所がある。

清朝の起源はホトアラ（現在の撫順市郊外）に興った満州族王朝の「後金」であり、明朝を倒して北京に遷都するまでは盛京（現在の瀋陽）に都を置いていた。そのため、太祖ヌルハチや太宗ホンタイジの陵墓（それぞれ「東陵」「北陵」と呼ばれる）が瀋陽市内に存在する。

省人口の84%が漢族、13%が満州族、その他に少数のモンゴル族、回族、朝鮮族、シボ族などが暮らしている。［大西広］

華北地方（北京、天津を除く）

河北省

黄河の北にあるという意味で「河北省」と呼ばれるが、この名称は古くない。戦国期には、燕、趙、中山国としてあり、北京が全国の首都となった元代以降は、天津を含む現在の河北省中南部は中華民国前期まで長く直隷省として存在した。ただし、中華人民共和国成立後、北方の承徳、張家口付近を統合、さらにその後に天津が直轄市として分離するに及び、現在のような地域となっている。現在の省都は石家荘市にある。

北東部にある承徳市を中心に満州族が比較的集まっているので、全人口の3%は満州族となっている。その他に若干の回族やモンゴル族がいるが、漢族が全体の96%を占める。

平坦な畑作地帯が広大に広がる華北平原の北端に位置して中国最大の穀物生産を行なっているほか、石炭の生産量も多い。人口は約7450万人、GDPは4兆400億元で、1人当たりGDPは約5万4200元（2021年）となっている。

山西省

河北省西端を走る太行山脈の西にあるという意味で「山西省」と呼ばれるが、過去には大きく湾曲した黄河の東側という意味で「河東郡」などと呼ばれたこともある。春秋期の晋、戦国期の趙などを経て、南北朝時代の北朝の中心地がこの地にあったりもした。北部の大同市郊外に北魏全盛期の雲崗石窟があるのはその名残である。また、完全に残された城壁で有名な平遥などは明清期まで「山西商人」の活躍の場であったという歴史も持つ。民族的には漢族が大多数を占める。

特徴的な産業としては大同、太原の石炭業がある。人民共和国成立後、北京との間に苦労して鉄道を敷いたのもこの石炭があったからである。人口は約3480万人、GDPは2兆2600億元で、1人当たりGDPは約6万4900元（2021年）となっている。

清朝皇帝たちが夏の避暑地として使った河北省承徳。写真はチベットのポタラ宮を模した「小ポタラ宮」。現在の政府幹部の避暑地は北戴河となっている。

山西省平遥の古城。ここを本拠地に「山西商人」が大活躍し、銀行券も作った。

内モンゴル自治区

「モンゴル国」の南東側に位置し、それと同じくモンゴル族を主体とする自治区であるが、「モンゴル国」のモンゴル族人口が300万人弱であるのに対し、本自治区のモンゴル族は400万人を超えるので、当地のモンゴル族は自治区のほうがモンゴル族の本家と思っている。また、歴史的にも「モンゴル国」のモンゴル族と自治区のモンゴル族とは一時期を除いて別の国を形成してきたのが、別々の国に同一民族が分かれた原因となっている。ただし、双方の「モンゴル」ともに清代から1922年までは中国の版図に収まっていた。中華人民共和国になってからは漢族主義的な中華民国の制度から自治区制度に代わったので、中華民国期に「満州国」や熱河省、寧夏省などに分かれていたモンゴル族居住地を集めて現在の自治区の境界が画定されている。この自治区の成立は国内で最も早く、それにはモンゴル族中共党員ウランフの大きな貢献があった。ただし、その後の漢族の進出も多く、2000年の人口統計では漢族が79%、モンゴル族が17%、満州族が3%といった人口構成となっている。

自然的には広大なゴビ砂漠が横たわりつつも、遊牧の民が暮らす草原ももうひとつのこの地の原風景である。この結果、モンゴル族の主要産業は牧畜業となっているが、人民共和国成立後の重工業の移植も進み、さらに近年は地下資源の採掘による20%前後の高成長を続けた。人口は約2400万人、GDPは2兆500億元、1人当たりGDPは約8万5500元（2021年）となっている。［大西広］

華中地方

中国漢族地域の中心に位置する4省であるが、古代中国発祥の地「中原」の河南省と戦国期に楚の国であった中国南部の中心3省をさす。

河南省

中国史最古の王朝群がこの地を舞台としていたことで「中原」と言われる。夏王朝が存在した偃師（洛陽に隣接、二里頭遺跡）、殷王朝初期の鄭州（二里岡遺跡）、後期の安陽（殷墟）、東周、後漢、魏、西晋の洛陽（その間に洛邑、雒陽、洛陽と名前を変遷）などほとんどこのエリアで首都が変遷した。また、現在の西安に首都を持った前漢や唐などの時代も洛陽は副首都としての位置を占め、たとえば唐代の則天武后（正式には武周王朝）のように一時洛陽に遷都するようなことがあった。則天武后は男尊女卑の儒教を嫌って仏教に力を入れ、洛陽郊外の白馬寺や龍門石窟を拡大した。南北朝期北周時代には洛陽の東方嵩山（すうざん）に少林寺が建てられている。なお、先史時代にも裴李崗文化や仰韶文化などの文化が栄え、中世には北宋が開封に都を置いた。現在の省都は鄭州である。

こうした古代の文化を支えたのは広大な平原（畑地）であるが、近年は沿海部の賃金上昇、中央政府の「中部掘起」政策により工業化の波がこの地に至り、10数％の経済成長を遂げている。常住人口は9880万人、GDPは5兆8900億元、1人当たりGDPは5万9600元（2021年）となっている。戸籍上の人口は広東省より多く最大である。

湖北省

全中国で青海湖に次いで大きい湖、洞庭湖の南側を「湖南省」、北側を「湖北省」と呼ぶ。中央を東西に流れる長江の西部上流は重慶・四川に通じ、その両側は諸葛孔明の桟道で有名な三峡、その一部に土家族やミャオ族などの住む高原地帯（恩施土家族ミャオ族自治州）があり、逆に東部は平原が広がる。三峡には巨大なダム（三峡ダム）が建設された結果、重慶まで5000トンクラスの貨物船が遡れることとなった。

武漢の象徴、黄鶴楼。丘の上から長江と武漢を見下ろしている。

三峡ダムの威容。これによって1万トンの貨物船が重慶まで上れるようになった。

省都の武漢（漢口、武昌、漢陽の合併で成立）は新型コロナの発生源として話題となったが、産業的には自動車部品産業が集積して日系企業を含む自動車産業が発展している。重慶と並んで夏の暑さが有名。人口は約5830万人、GDPは5兆元、1人当たりGDPは8万5800元（2021年）となっている。

湖南省

湖北省は西部が山地となっていたが、ここは南に下ると丘陵地帯、さらに山岳地帯となる。広東省から工業地帯が北上中となっている。常住人口は約6620万人、GDPは4兆6100億元、1人当たりGDPは6万9600元（2021年）である。一時、中国共産党幹部には湖南省出身者が多いと言われたが、これには毛沢東が湘潭で生まれ、省都長沙で学び活動し、この仲間たちがその後の長征を共にしたことも関係している。劉少奇や胡燿邦も湖南省の出身である。四川省と並んで料理の辛さが有名。

江西省

ここも革命の聖地が多い。国民党との内戦の出発点となった1927年南昌蜂起以降、中国共産党は当初は井岡山に、次いで瑞金に根拠地を置き、瑞金では1931年「中華ソビエト共和国臨時政府」を置いた。省都南昌は五代十国の南唐の都洪州でもあった。湖南省と同じく、北部は平坦であるが南部は山がちである。陶磁器で有名な景徳鎮は東部に、避暑地として有名な廬山は北部にある。常住人口は約4500万人、GDPは2兆9600億元、1人当たりGDPは6万5600元（2021年）となっている。［大西広］

華東地方（上海を除く）

山東省

山東半島と華北平原によってなるここに全国第2の規模の人口1億200万人が常住する。新石器時代後期に龍山文化を生み出し、春秋時代には孔子、孟子、孫子らが活躍した。特に孔子が本拠地とした魯の国のあった曲阜市には孔子廟や孔子林があり、また始皇帝など多くの皇帝が封禅の儀式を執り行なった泰山も近辺にある。省都済南市とともに「副省級市」となっている青島市はハイアール、海信、青島ビールなどの成長企業を排出し、また威海、煙台などとともに対岸の韓国から進出した企業が集中する。この結果、全国で2番目の規模のGDPを実現し（2021年では約11兆6000億元）、1人当たりGDPは約13万6800元となっている。

安徽省

清代初期までは現在の江蘇省と1つで「江南省」と呼ばれていた。中国の省としては大きな面積を占めているわけではないが、中国の北半分と南半分を分ける淮河が北部を横断しているため、気候的にバラエティがある。また、天下の名山黄山が南東部にある。清代には長江と淮河の水運を活用して「新安商人」と呼ばれる商人が活躍したが、現代では両淮炭鉱を活用した馬鞍山市の鉄鋼、銅陵市の銅製錬などの工業も発展している。黄山の緑茶も有名である。省都は合肥市、人口は6110万人、GDPは4兆3000億元で1人当たりGDPは約7万300元（2021年）となっている。

江蘇省

元々は上海もこの一部であったということ、呉国、明初期、中華民国の首都のあった南京が省都としてあるという意味で重要な省である。日本企業が集中立地する蘇州、無錫もこの省にある。特に、上海から南京に至る地域は集中的な工業地帯として発展している。この結果、GDPでは全国第3位の規模（約11兆6400億元、2021年）を有する。人口は約8500万人、1人当たりGDPは約13万6800元である。日中戦争時の首都が南京

福建省アモイの胡里山砲台跡。アモイは外敵から中国を守る砦であるとともに、対外開放の先進地ともなった。

国民政府の首都があった南京の中華門。南京事件ではここから日本軍が入城した。

にあったことから1937年には日本軍が「南京大虐殺」を引き起こすこととなる。この記念館には毎年多くの日本人が訪問している。

浙江省

春秋時代、呉国の南京に対抗する越国がここにあり、その後、楚に属した。また、五代十国の呉越国や南宋は臨安（現在の杭州）に首都を置いた。現在の省都杭州である。杭州は「天に極楽あれば地に蘇州・杭州あり（上有天堂、下有蘇杭）」と讃えられる程の風光明媚な町で、大運河の南端としても栄えた。現在も、隣接する寧波、紹興とともに平均所得の高い町として知られる。「中国のユダヤ人」と言われる「温州商人」の町温州はこの浙江省中部沿岸地区に位置する。寧波からは現在、杭州湾を横断する世界最長の海上大橋がかかっている。人口は約6500万人、GDPは7兆3500億元で1人当たりGDPは約11万2400元（2021年）となっている。

福建省

戦国期に楚に滅ぼされた越人が逃げ込んだ山間部中心の地域で、秦末に独立したり、独自の強力な方言を持ったりしている。客家も一部地域には住んでいる。地形的に耕地が少ないので人口密度が高く、科挙を受けて官僚になろうとする者や海外に進出しようとする者が多く、台湾の「本省人」の中心もこの地から出ていった人々の末裔である。蛇頭の根拠地もここにある。省都は福州、人口は約4200万人で、GDPは4兆8800億元、1人当たりGDPは約11万6600元（2021年）となっている。［大西広］

華南地方

秦漢時代の越は南方民族の総称として、一方では福建地方の閩越(びんえつ)を、他方には現在の広東省、広西チワン族自治区およびベトナム北部の南越を構成し、特に後者は秦滅亡後約90年間独立国家として存在した。このため、現在の広東省を「越」と同義の「粤」の字で表すこともある。つまり、広東、広西、ベトナムは広義の「越」として同じ由来を持ち、言語も北京方言よりずっと近い。

広東省

したがって、広東省は中国の中でも高校での標準語の使用を拒否して広東語で授業をやるなど、現在も自立への志向性が強く、常に中央政治に対抗的であった。「広州蜂起」が1895年に孫文によって、1927年に中国共産党によって起こされたのにはこういう土地柄がある。現在もまた『南方週末』など独立傾向の強いメディアなどの動きが生じている。

ただし、現在の広東省は香港の存在を無視できない。それは実際は広東省内で製造している企業でも香港に何らかの「本社」を置くことで税制などの面で利益を得ることのできる制度（「来料加工」、「進料加工」）の利用が集中したためである。これは特に輸出加工産業に利益があるので、省都広州周辺が巨大な輸出加工産業の集積地となった。特に深圳市は香港に隣接する経済特区として目覚しい発展を遂げた。この労働力は若年女子を中心とする農村からの出稼ぎ労働力によって賄われている。この結果、GDP（12兆4400億元、2021年）、外資導入額、輸出額で全国1位となっている。人口は1億2600万人、1人当たりGDPは約9万8100元となっている。

海南省

1988年に広東省から分離され、同時に省全体が経済特区となった。このため、本来は「広東人」たる漢族が主体を占めるが、北半分は亜熱帯、南半分は熱帯という気候を活用した観光業と特産物農業を主体とした産

開放政策で発展した広州のマンション群。こんな風景に溢れている。

広西自治区ベトナム国境友誼関を通ってベトナムに物資を運ぶトラックの車列。

業構造を持っている。「東洋のハワイ」との売り込みでリゾート開発が進んでいる。また、「アジア版世界経済フォーラム」たる「ボアオ・フォーラム」を中国主催で毎年開催できるのも海南島東海岸の瓊海市に美しいリゾート開発が進んでいるからである。ただし、東南アジア諸国と係争中の南沙諸島や西沙諸島はこの海南省に属すとしている。GDPは6500億元、1人当たりGDPは約6万3500元（2021年）で、人口は約1020万人。そのうち少数民族のリー族が16%を占めている。省都は海口市。

広西チワン族自治区

人口の33%を占めるチワン族を中心とする自治区であるが、漢族との生活スタイルの差は小さく、時に自治区以前の呼び名である「広西省」の呼び名も使われる。桂林の漓江下りで見られる独特な景観はこの地域のカルスト地形がもたらしたもので、ベトナムのハロン湾はこれがさらに沈下した景観と考えればわかる。この桂林の地は中華民国期までは「広西省」の中心地であったが、現在の省都は南寧となり、東南アジア諸国との経済交流の窓口となっている。

この南寧市では2004年以降、毎年中国ASEAN博覧会（CAEXPO）とASEANビジネス・投資サミットが同時に開催されている。中越国境では過去におけるホーチミンとの熱い友好関係、その後の中越戦争および現在の活発な中越貿易など戦後の中越関係の縮図を見ることができる。人口は約5000万人、GDPは2兆4700億元で、1人当たりGDPは約4万9100元（2021年）となっている。［大西広］

西北地方
（新疆ウイグル自治区を除く）

陝西省

西北地方の全体は漢族王朝が後に拡張した地域となっているが、陝西省は別格で、河南省に次いで歴史が古い。西周の豐邑（ほうゆう）鎬京、秦の咸陽、前漢・北周・隋・唐の長安は現在の西安およびその郊外である。このため、始皇帝陵、兵馬俑、前漢や唐の陵墓、都城遺跡などが集中する。西安の城壁は明代の一部が残ったものである。西方の宝鶏は秦の発祥の地である。

毛沢東時代に対ソ戦に備えて内陸部に重点工業を移動したため（三線建設）、西安には軍需産業などハイテク産業が集積しており、これに2000年以降の「西部大開発」政策が重なって工業発展は目覚しい。西安交通大学を始めとする高等教育機関も集積している。

第1次国共内戦は張学良による蔣介石の幽閉（西安事件）で転換し、共産党は中部の呉旗鎮で長征の終結宣言を行なった。その後、共産党は1947年まで北方の延安に本拠地を置いて抗日戦と第2次国共内戦を戦った。人口は3950万人、GDPは2兆9800億元、1人当たりGDPは約7万5400元（2021年）となっている。

甘粛省

上記のように陝西省南部は古くから栄えたので、その西隣りの甘粛省エリアは早くから西域への通路とされた（河西回廊）。というより、秦が全国を制覇する力の源泉はこの回廊を通じて入った西方の文明にあったと言うこともできる（たとえば鉄）。漢代には涼州と呼ばれた。省都蘭州にイスラム寺院が多いのはその名残である。陝西省の西安でもイスラム教徒の回族が目立つが、西安から新疆に結ぶ長距離バスが、寧夏回族自治区の固原、蘭州を通って新疆に至るのはイスラム・エリアの連続性を示唆している。回族やトンシャン族といったイスラム系の自治州や自治県、さらにチベット族の甘南自治州がある。観光地としては敦煌莫高窟や万里の長城西端の嘉峪関が有名である。人口は約2490万人、GDPは1兆

甘粛省夏河県のチベット寺院ラプラン寺。往時は108の寺があり、活仏も500人前後が在籍した。

古代長安を忍ばせる西安の城壁。但し、これは明代に作られたもの。

200億元で1人当たりGDPは約4万1100元（2021年）となっている。

寧夏回族自治区

中華民国期に「寧夏省」として設置されたものが、中華人民共和国時代にいったん甘粛省の一部となった後、1958年に再び独立して現在の自治区となった。南部の固原の周辺地区に回族中心の貧困地区の集まる山間地がある一方で、北部には区都銀川などの都市と草原・砂漠エリアが広がる。草原の砂漠化と砂漠の緑化が同時に進んでいる。このために、耕作を抑えて草原を取り戻す「退耕還草」が政策的に推し進められている。南部の山間地ではこれが「退耕還林」となる。

銀川郊外の西夏王陵は宋代にこの地にあった仏教国家西夏の繁栄を今に伝えている。現在は高品質の羊毛や石炭を産出する。人口は約730万人、GDPは4500億元で1人当たりGDPは約6万2400元（2021年）。

青海省

面積的にはチベット族居住エリアの1つであるアムドが中心であるが、人口は漢族が54%、チベット族が23%、回族が16%。これはアムドに対する清朝の支配が東端の省都西寧から行なわれたという歴史を引き継いでいる。アムドと隣接する海西地区のチベット族やモンゴル族は遊牧を生業としていて人口が少ない。ただし、この地区中央のゴルムドが鉱山開発されるようになり、ここにも漢族が流入している。毛沢東時代には「三線建設」政策によって軍需産業も移植された。人口は約590万人、GDPは3300億元で1人当たりGDPは約5万6300元（2021年）。［大西広］

新疆ウイグル自治区

歴史と概略

新疆ウイグル自治区は前漢武帝の時代に初めて中原王朝に征服された後、唐代、元代にも版図に組み込まれ、さらにその後、清、中華民国期に「イスラム教徒の住む新しい領土」を意味する「新疆」と呼ばれるようになった中国最西部の自治区である。

面積は日本の4倍以上、中国最大の166万㎢を有し、かつ内陸部であるため世界第2位の面積を持つタクラマカン砂漠や海抜マイナス百数十メートルまで干上がったトルファン盆地、ユーラシア大陸で最も海岸から遠いポイント(ウルムチ市近辺)など特別な地理的特徴を持つ。北辺にアルタイ山脈、中央に天山山脈、南辺にクンルン山脈が走るため、区都ウルムチのある天山山脈以北を「北新疆」、南を「南新疆」と呼ぶ。ただし、東端は「東新疆」と呼ぶ。

民族比率

古代にどのような民族が住んでいたかは論争中であるが、9世紀にこの地に回鶻(ウイグル帝国)が成立して以降はチュルク系のウイグル族、カザフ族、ウズベク族、キルギス族が中心となり、さらにモンゴル族、タジク族、回族、トンシャン族、シボ族などが加わった少数民族地区となっている。比較的人口比率の高い民族は、ウイグル族45%(2000年には約830万人)、カザフ族7%(約125万人)、回族5%となっている。

しかし、近代になって漢族の進出が加速し、現在は戸籍を有する人口の41%(約750万人)となっているが、実はこの数字には約260万人の人口を持つ「新疆生産建設兵団」と呼ばれる一種の屯田兵は含まれていない。これは1954年に設置されたものであるが、軍事的必要性が低まることによって事実上、各部隊は「軍隊」というより「村」のような存在となっている。これを構成する民族はほぼ漢族となっている。

南新疆の農業は灌漑なしには成立しない。写真はそのための施設。

南新疆タクラマカン砂漠を横断する砂漠公路。この道が400キロ続く。

民族自治制度

中華民国時代の新疆は「新疆省」として省主席や大臣を漢族に独占される存在であったが、中央政府が中華人民共和国と代わり、さらに民族自治区制度が創設されて1955年に「新疆ウイグル自治区」となった。これにより、自治区主席は必ずウイグル族が占めるようになったが、自治区主席より力を持つ自治区党書記を漢族が担うことによる軋轢も存在する。特に、前党書記の王楽泉は「新疆王」とも言われる権力を持ち、2009年のウルムチ暴動に至る民族対立をもたらした。ただし、暴動の責任を追及されて解任されている。

経済

2000年以来の西部大開発によって交通インフラの改善が急速に進む一方（たとえばタクラマカン砂漠を横断する2本の道路）、内地向けの石油や天然ガスの開発が進んでおり、重点産業となっている。この他にも鉄鋼、化学、機械などの重工業、羊毛を利用した繊維産業や食品工業などの工業も発達している。特色産業としては、南新疆ホータンの玉石産業（ホータン玉）や、南新疆全域の絨毯がある。また、国境地帯の地の利を生かした貿易産業も盛んである。隣国カザフスタンやキルギスタン、ウズベキスタンの言語はウイグル語に近いので、多くのウイグル商人がこうした国境貿易に携わっている。観光業も重要産業である。

これらの結果、2021年のGDPは1兆6000億元で、1人当たりGDPは約6万2400元となっている。常住人口は2600万人。［大西広］

西南地方
（チベット自治区、重慶を除く）

西南地方は華北から見て西南方にある「巴蜀」の地（重慶地区と四川盆地）とその後方といった構造となっている。現在、チベット自治区へ入る際の主なルートは青海省からの青蔵鉄道ないし航空路となっているが、過去には四川省ルートであった。また、三国時代の蜀漢の諸葛孔明による南征が雲南省エリアの最初の「中国」への編入となっている。貴州省エリアも少数民族が多く、中国王朝の支配は長く間接的であった。

四川省

1997年に重慶市が直轄市として分離される以前は1億人を超える最大人口の省としてあった。三国時代の蜀による開発が大きなきっかけとなったが、それ以前の「長江文明」にも三星堆遺跡の発掘によって近年注目が集まっている。五代十国時代にも前蜀、後蜀といった独自の政権が成立した。東部の四川盆地に長江に注ぐ4本の川（岷江、沱江（トウ）、涪江（フウ）、大渡河）があることで「四川」と呼ばれる。

重慶市が分離する以前の範囲の確定で重要なのは、清末以来の四川省の活動と1950年における中国共産党の進出によって「カム」ないし「西康省」と呼ばれたチベット族居住地区の東部が四川省に編入されたことである（1955年）。こうした事情などにより、四川省西部および北部にはチベット族が多く住む2つの自治州が成立している。2008年の四川大地震の震源地も北部にあるアバ・チベット族チャン族自治州であった。

中ソ対立時代に工業基地を内陸部に作った「三線建設」により、現在も重工業やハイテク産業が立地しているが、九寨溝や黄龍、峨眉山や楽山大仏、都江堰、パンダなどの観光資源が豊富にある。

現在の人口は約8370万人、GDPは5兆3900億元で、1人当たりGDPは6万4300元（2021年）となっている。

貴州省

雲南省東部から繋がる平均1000mの雲貴高原は農耕に適さず、かつ都

貴州省の山岳地帯はまだまだ貧しい。写真は北部山岳地帯の谷合いの村。

雲南省ベトナム国境の街河口から橋を渡ってベトナム側に向かう個人商人たち。

会とのアクセスも悪いので1人当たりGDPは最下位周辺にある。2021年の1人当たりGDPは5万800元、GDPは1兆9600億元、人口は3900万人であった。ただし、この高原を利用した水力発電や地盤のカルスト地形のもたらす観光資源（たとえば双河洞鍾乳洞や黄果樹瀑布）の活用を目指している。発電された電力は広東省に「西電東送」される。

また、山地のアクセスの悪さは漢族の進出を遅らせて、人口の12%を占めるミャオ族や8%を占めるプイ族の自治州を成立させている。少数民族の全人口比は38%に上っている。中国共産党が長征の途中で1935年1月毛沢東の軍事的主導権を確立させた遵義会議は省都貴陽市の北方約120kmにある遵義市で開かれている。

雲南省

雲南省は貴州省から続く東部の亜熱帯高原地帯と北西部の亜寒帯の山岳地帯、南端の亜熱帯低地といった多彩な気候に多彩な植物が生え、これを基礎に1999年には省都昆明で世界園芸博が開かれた。プーアル茶、ゴムといった産業発展にも活用されている。

また、異なる気候に適合した多様な生活様式を持つ多くの少数民族が暮らし、少数民族の人口比は33%を占める。彼らは南詔や大理などといった国家を作っていた。

総人口は約4690万人、GDPは約2兆7100億元、1人当たりGDPは5万7900元（2021年）となっている。周辺国との貿易を拡大させる中で、ミャンマーを越えたインド洋との交通・輸送の要所としても発展しつつある。［大西広］

チベット自治区

チベット自治区の範囲

伝統的にチベット族が暮らす地区は大きくアムド地区、ウー地区、ツァン地区およびカム地区に分かれるが、ウー地区とツァン地区とはダライラマ5世により17世紀に統合され「ウー・ツァン地区」ないし「ツァン・ウー地区」と呼ばれラサを中心地としている。この「ツァン」の発音に中国語の「蔵」の字をあてて「ウー・ツァン地区」を「西蔵」と呼んだのが、現在の「チベット自治区」を「西蔵自治区」と中国語で表現する根拠となっている。ただし、全チベット地区を「西蔵」で表現することもある。アムド地区は主に現在の青海省に属している。他方、カム地区は中華民国末期から「西康省」としてあったが、国民政府の実質的支配地であった東部は1955年に四川省に編入され、その西部のみが「チベット自治区」の範囲となるべく、まずは「チベット自治区準備委員会」の管轄に入っている。

チベット自治区の成立

1950年に中国人民解放軍がチベット進出以降、チベット族党員プンツォグ・ワンギルなどの活躍により1951年にチベットの中国への帰属を認める17ヵ条協定が締結、批准された。その後、ダライラマを主席、パンチェンラマを副主席とする「チベット自治区準備委員会」が組織され（1956年）、1965年のチベット自治区の設立を準備した。ただ、この過程で行なわれた農奴の解放が、一般的には人々の歓迎を受けつつも、寺院の特権排除が旧支配層と信徒たちの大きな反撃を受け、1959年にチベット動乱に発展。その際にダライラマはインドに亡命することとなった。この亡命政府はインド北部のダラムサラにあり、2011年までダライラマがそのトップにあった。高度の自治権とカム、アムドを含む「大チベット」のエリアの再現などを求めて現在も活動している。

自然条件

ヤルツァンポ川中流の南東部ポメ県でこそ3000mを切る海抜の地域が

ラサにある四川省漢族の高級ホテル。こうした漢族の進出が相次いでいる。

チベットの象徴、ダライラマの宮殿であったポタラ宮。

あるが、区都ラサでさえ3650mを超え、多くは4000mを超える海抜のチベット高原上にある。このため、激しい運動は禁物で、歴史的にも物資の運送が農奴の提供すべき賦役として扱われていた。観光客にも十分な高山病対策が求められる。

民族

2000年の人口センサスでは93%がチベット族、6%が漢族となっているが、2006年の青蔵鉄道の開通により漢族の流入が加速した結果、実際にはラサの人口の過半が漢族となっている。また、ラサ市内にはチベット族が宗教的理由から屠殺業者として忌避する回族も一定数いる。

経済と経済援助

常住人口は約366万人で全国で最も少ないこともあるが、GDPも約2080億元（2021年のデータ）で最小となっている。しかし、1人当たりGDP約5万6900元が最下位とならないのには「西部大開発」政策があるとともに巨額の中央政府からの援助がある。たとえば、同じ2011年に中央政府からチベット自治区に財政援助された資金の総額は714億元となっており、なんとこれは同年のGDP 605億元を超えている。

こうした中央政府からの支援以外にも、地方政府からの個別援助も多く、家電品の分配、年1度の区外への旅行などチベット住民には多くの直接援助がなされている。チベット寺院の修復も進んでおり、観光資源として大いに活用されているが、その恩恵を進出漢族が独占しているとの批判もある。［大西広］

台湾

1949年10月の中華人民共和国成立時に、大陸を追われた国民党が統治した台湾島を中心とする地区は現在もなお「中華民国」と称して存在している。この地区のほとんどは1895年の日本による割譲前に「台湾省」としてあったことから、一般に「台湾」と呼ばれている。しかし、実は、「中華民国」、「台湾」および「台湾省」は概念において少しずつずれている。

広義の「台湾」と狭義の「台湾省」

台湾本島、それに近接する蘭嶼島などの付属諸島および西方の澎湖諸島以外にも台北の「中華民国」当局は、福建省沿岸の金門島（これも大小の金門島とその付属諸島からなる）および馬祖列島を支配しており、それを「中華民国福建省」と呼んできた。たとえば、金門島には金門県政府庁舎があるが、それと同時に福建省政府も存在した。ただし、1996年以降、後者は事実上廃止されている。

また、台湾は南方の東沙諸島（満潮時に水没する岩礁）と南沙諸島の一部（太平島と中洲島）をも支配している。南沙諸島は大陸中国、フィリピン、マレーシア、ベトナムなどとの係争地であるが、敗戦前の日本統治下にあったとの理由で現在も支配している。日本統治時代と同じく高雄市に属している。一般に「台湾」と呼ぶときは、通常これらすべてを含んでいる。

金門島や馬祖列島が「福建省政府」下にあったと同じ意味で「台湾省政府」もあり、1998年まで機能していた。また、その際には、台北市、高雄市、新北市、台中市、台南市は直轄市として「台湾省」の外に置かれていた。

本省人と外省人

台湾には平地に住んで漢民族と同化の進む平埔族と高地や離島に住む高山族（大陸の呼び名）よりなる人口比2%の原住民以外は全員が漢民族であるが、国共内戦で敗れたために大陸から流入した漢民族を「外省人」、それ以前から住む漢民族を「本省人」と呼ぶ。前者は全人口の13%しか占

台北松山空港の「国際到着便」パネル。大陸との交流の深さがわかる。

台湾最大の港、高雄港の風景。

めない少数派であるが、本来中国への帰属意識を強く持った層であるため、蔣介石時代は「大陸反攻」を主張し、その後も李登輝や民進党系の「台湾独立論」に反対して2008年には馬英九国民党政権を成立させる力となった。ただし、この外省人も世代が代わり、かつ本省人との通婚が進むにつれて「台湾人」としてのアイデンティティーを強めている。元総統の李登輝はこのスローガンとして「新台湾人論」を叫んだ。

なお、本省人は主にその由来から福建省南部の閩南（びんなん）語を使用しているが、政府は外省人が使っていた北京語を公用語としてきた。原住民は日本統治時代には日本語で現地漢民族と会話していたが、戦後は北京語を使っている。宗教的には道教信者が多数派となっている。

基本情報と経済

面積は約3万5980㎢と九州程度、気候は温帯および亜熱帯モンスーン気候、総人口約2300万人で1人当たりGDPは約2万2000ドル。

中小企業を中心とした産業構造を永らくとってきたが、近年は電子部品工業の鴻海精密工業（Foxconn）、パソコンのエイサー、物流・航空のエバー・グリーンなどの大企業／グループが育っている。鴻海精密工業は台湾資本として最多となる120万人のグループ従業員数を保持している。

［大西広］

香港特別行政府

1110㎢に約740万人が集住する世界的金融センター。ニューヨーク、ロンドンと並び、GDPは3691億米ドル、1人当たりGDPは約4万9800米ドルとなっている（2021年）。

英国はアヘン戦争時の南京条約で1842年に香港島を、第2次アヘン戦争時の北京条約で九龍半島南部市街地を割譲し、さらに1898年には九龍半島の残りと深圳川以南の地および235の島（新界）を99年間租借した。この後、1942～45年には日本が占領したが、英国はサッチャー政権時に「全香港」の返還に合意。1997年7月1日に返還が実現したが、本土との間の出入境ではパスポート・コントロールがされている。

選挙制度をめぐる「一国二制度」と2014年「雨傘運動」

中国への返還後は英国との合意に基づき、中央政府の管轄である軍事・外交を除く諸政治経済制度を中国本土と異なるものとする「一国二制度」（「一国両制」）が返還後2047年までの50年間適用されることとなった。この詳細は120頁の「自治」の項で説明するが、マカオと同様、「特別行政区」として省や直轄市と同等の地方行政区とされている。

この制度のもと、香港の首長である行政長官は全住民が直接に選ぶ地区別選出選挙人と職域組織や業界団体別に選ぶ選挙人によって間接選挙で選ばれていたが、「民主派」に不利なこの制度のままに制度変更を提案した全人代案に反発した若者たちによって直接選挙制の「真の普通選挙」を求める運動が2014年に起きる。3ヵ所の中心街を占拠するこの運動は「雨傘運動」と呼ばれて盛り上がったが、約80日間も中心街を占拠する行為への市民の反発も強く、結果的には運動側の求める「真の普通選挙」も体制側の提案した「普通選挙」もともに実現せず、2022年の行政長官選挙では「愛国者」のみに被選挙権が与えられるという。さらに制限的な選挙が行なわれ、警察出身の李家超が選出されている。

なお、香港の最高議会にあたる「立法会」もほぼ同様に一部のみが直接

2014年「雨傘運動」による道路封鎖（写真は旺角地区）

2019年9月15日に開催された逃亡犯条例改定反対運動の出発集会。遠くの先頭部分に星条旗が多数たなびいている。

選挙で選ばれる制度となっており、司法は3審制をとっている。

2019年の逃亡犯条例改定反対運動

2019年には香港の逃亡犯引き渡し先に中国本土を加える条例案への反対運動がさらに大規模に展開される。当初には本土警察による資産差押えなどを恐れる財界人が、後には「民主派」が中心となり、公共機関や警察、在留本土人への組織的な暴力が繰り返されたが、その条例改定案は政府により撤回された。また、その期間に行なわれた区議会議員選挙では「民主派」は前回比約100万票増57%の得票で圧勝している。

本土との一体化の進行

返還後、人と資本の中国本土からの流入は本土経済との一体化を進めている。広東語圏であるため住民は広東語で話すが、標準語を話せる者も増え、英会話可能な者の数を上まわっている。本土との経済の一体化も進行し、本土の人民元も市場で通用することが増えつつある。正式の通貨は香港金融管理局が管理する香港ドルであるが、人民元価値の相対的上昇がもたらした結果である。

香港経済は一国二制度をうまく活用したものとなっている。香港周辺の広東省内に工場を持っても、その本社を香港におけば「外国企業」として扱われることで様々な優遇策を受けられるからである。広東省に工場誘致が集中したのには、こうした理由もあった。この地域は現在「グレーター・ベイエリア（大湾区）」と呼ばれ、マカオや珠海市を結ぶ世界最長の海上橋も2019年に完成している。［大西広］

マカオ特別行政区

概況

香港の南西70㎞にあるマカオ半島と周辺の小島からなる約33㎢の地区。漢字では「澳門」と書く。旧ポルトガル植民地で、1999年12月20日に中国に返還された。現在は香港と同様、「マカオ特別行政府基本法」に基づいた「一国二制度」の下にある。GDPは301億米ドル、人口は約68万人、1人当たりGDPは約4万4000米ドルとなっている（2021年）。

歴史

大航海時代にポルトガル人が来航し、明朝との交易を開始したのが始まり。その後、居留権を得たポルトガル人が貿易とカトリックの布教を目ざして、ここを拠点に活動した。日本にも来たフランシスコ・ザビエルもここを拠点に活動していた。

1842年の南京条約で香港島がイギリスに割譲されたのを契機に1845年にポルトガルが「マカオ自由港」を宣言。その後、1887年に正式の植民地とした。中国への返還は1984年の「中英共同声明」に遅れて1987年に中国・ポルトガル間の共同声明によって取り決められた。

政治、司法と経済

マカオも香港と同様の政治制度、司法制度を有しており、かつまた経済的に本土と結びつきの強いことも同じである。特にマカオ経済はカジノへの依存が強く、その顧客の大多数は本土からの観光客である。GDPの約5割、政府歳入の7割以上が観光業とカジノからの収入となっている。

1995年にマカオ空港が開港し、マカオ航空による日本との直行便も飛ぶ。このこともあり、日本と往来する人の数も増えている。［大西広］

周辺諸国との係争地(戦後に解決したもの)

尖閣問題を抱える日本としては中国は領土問題で強硬であると理解されているが、外交的に解決した領土問題は次のように多い。

■ロシアとの国境交渉

中ソ間では、ウスリー川の中州であるダマンスキー島(珍宝島)の帰属について戦闘を含む紛争があったが、1991年の中ソ国境協定で中国に属すこととなった。また、中央アジアでの国境画定は1994年に中露国境協定で画定した。さらに、残された極東の係争地(アルグン川およびアムール川とウスリー川の合流点の2島)についても2004年の中露国境協定とその後の批准作業で決着がついた。この地はロシアの実効支配下にあったのでロシアの譲歩が目立った。ただし、面積的にはほぼ50:50の分割となった。

■ベトナムとの陸上国境とトンキン湾内の境界をめぐる交渉

中国雲南省と広西チワン族自治区がベトナムと接する450kmの陸上の国境線については1999年12月、中越間で「陸上国境画定条約」が調印され、双方が共に領有を主張する164ヵ所、227㎢にわたる地帯を50：50の割合で分け合うことが合意された。また、中越間にはトンキン湾内の領海の画定について争いがあったが、1992年に海南島から12海里までを中国領とするとの中国側の提案にベトナムが合意をして決着がついた(協定締結は2000年、両国での批准は2004年)。これは面積的にはベトナム側53%、中国側47%の分割となった。

■北朝鮮との国境交渉

清朝時代から争われていた長白山(朝鮮名白頭山)地区の国境問題は1962年の中朝辺界条約で決着し、国境が画定した。

■パキスタンとの国境交渉

カシミール地方北部の一部地区については1963年の外交交渉でパキスタンとの合意が成立し、中国に割譲が成立した。[大西広]

周辺諸国との係争地（未解決のもの）

中国には現在、以下のような未解決の国境問題がある。

尖閣諸島（中国名釣魚島列島）

日本政府は「無主の地」であったこの諸島を1895年の閣議決定により日本は取得し、「日本固有の領土」として現在は解決すべき領土問題は存在しないとするが、中国政府は日清戦争により取得されたものであるから1945年の敗戦によって返還されるべきものと主張している。台湾当局もまた別の根拠で領有権を主張している。日中両国の国交回復、平和条約締結後は「棚上げ」の暗黙の了解がなされていたと主張する向きが日本においても少なくないが、日本政府はそのことを認めていない。また、基本的には日本が実効支配をしている。

韓国との間で

東シナ海で中韓が共同管理している排他的経済水域内の蘇岩礁という暗礁に1987年に韓国が灯台を建設し、中国ともめている。

西沙諸島

越仏間の第1次インドシナ戦争終結後、東半分を中国が、西半分を南ベトナムが支配していた。しかし、ベトナム戦争末期の1974年に中国軍が侵攻し、現在全領域が中国に実効支配されている。ただし、ベトナムはそれを認めていない。

南沙諸島

南シナ海南部の約100の小島群。西沙諸島と同様、1945年までは日本に実効支配されていたが、ポツダム宣言の受諾とサンフランシスコ条約により日本が放棄、その後、台湾やフィリピン、ベトナム、中国、マレーシアが入り乱れて実効支配する状態が続いている。最も大きな島である太平島は台湾が実効支配し、飛行場も設置している。なお、これら諸国の他、ブルネイも主権を主張している。

中国とベトナム、フィリピン等が争う南沙諸島と西沙諸島。

領有権をめぐり日中間で緊張の高まる尖閣諸島。写真は諸島最大の島魚釣島。

カシミール地方

カシミールの帰属問題はインド独立時のインドとパキスタンへの分割問題に端を発するが、中国との国境地帯でもあり、中国は両国それぞれに対して係争地を抱えることとなる。その一方のパキスタンとの係争地は1963年の条約により中国への割譲で解決したが、インドとの間では1959年と1961年に武力衝突に発展し、2ヵ所の係争地（アクサイチン地区およびアルナーチャル・プラデーシュ州タワン地区）は現在も未解決となっている。ただし、アクサイチン地区は中国が実効支配している。なお、2005年の中印協議では係争地でも人口密集地では争わないとの合意がなされ、軍事的衝突は収まっている（ただし、2013年に小規模な衝突が発生）。

インド東部・チベット自治区間の国境紛争

ブータンの東側にあるインド東北辺境地区はインドがアルナーチャル・プラデーシュ州として実効支配しているが、中国政府はそれを認めていない。これは英領インド時代の1914年に英領インドとチベット政府の間で取り決められたマクマホン・ラインと呼ばれる国境線により英領インドに編入されたものであるが、この会議に出席していなかった中華民国代表は認めなかった。この紛争は1959年に武力衝突にまで発展している。なお、ブータンの西側旧インド保護国シッキムでもナトゥラ峠で武力衝突があった。また、その後1975年にシッキムがインドに完全併合される際、中国は不承認の態度をとったが、2003年には態度を転換してインドの主権を承認した。［大西広］

世界のチャイナタウン

世界に拡散した華僑・華人

中国人は世界中に展開し、世界中にチャイナタウンを形成している。これは他の民族に見られない数と規模を誇っており、この背景には、中国人が伝統的に対外進出への志向性が強かったことがある。特に清代以降の海外進出は大規模で、その子孫を含めると現在は約4000～4500万人と言われている。彼らの多くは福建省、広東省、広西省、海南省出身者で、労働者·商人として活動し「華僑」と呼ばれた。中華料理のレストラン業者としても世界に拡散した。

しかし、彼らは世界各地に住むだけではなく、「タウン」を形成して集住したことで初めて「チャイナタウン」(華埠)を世界に形成した。中国人のみ集まって行なうような仕事が特定場所に集中された場合(ニューヨーク・マンハッタンの低賃金縫製工場や中華レストラン)や中国語しか話せない大量の移民が中国語のみで暮らせる場所を居住地に選んだという場合がそれである。多くの場合はそのタウン内に孔子廟や関帝廟といった宗教的施設も有している。

日本のチャイナタウン

日本における最大のチャイナタウンは横浜中華街であり、500店舗以上が集まり、実際に華僑たちがこの地に暮らしている。他方、神戸の「南京町中華街」は純然たる商店街として店舗数は約100軒と少ない。日本で3番目の中華街は長崎市にある「新地中華街」で約40軒の中華レストランおよび雑貨商店が集まる。江戸期からの対中交易に起源するという歴史を持つ。

北米のチャイナタウン

北米には、ニューヨーク、サンフランシスコ、シカゴ、トロント、バンクーバーなどほぼ全州にチャイナタウンが存在するが、創設の時期により、異なった特徴を有している。有名な事例にニューヨークのチャイ

一部に日本料理店も交じるシカゴのチャイナタウン。白人客も多い。

横浜中華街の入り口にある中国式の門。日本最大の中華街は横浜の開港から始まった。

ナタウンがあるが、大きなものに次の3つがある。

①ロウアー・マンハッタンのチャイナタウン

世界に知られた「ザ・チャイナタウン」として中華レストランが集中。隣接する「リトル・イタリー」から海鮮食品を購入して調理している。創設時には中国人を低賃金で使う小規模縫製工場などが集中していた。

②クイーンズのフラッシング

主に台湾系住民が戦後に創設したチャイナタウンで、レストラン街というよりは、新規に移民してきた中国人の居住地としての性格が強く、食材スーパーなどが多い。ミニコミのタウン誌などもある。コリアンタウンが後に隣接して形成されている。

③ブルックリンのサンセット・パーク

ここの歴史は約20年で②よりさらに新しく、ニューヨークの中心地に遠くはなれた一地区に新たに中国人が住み着いて形成されたもの。

しかし、③の後にも、さらに新しいチャイナタウンがいくつも形成されている。

その他のチャイナタウン

上記以外にも、ホーチミン、ブエノスアイレス、パリ、シドニー、メルボルン、ブリスベーン、ドバイなどのチャイナタウンが有名である。また、近年における中国人のアフリカ進出により、アフリカで新興のチャイナタウンが形成されつつあることも見逃せない。［大西広］

各省・自治区・特別市・特別行政区の略称一覧

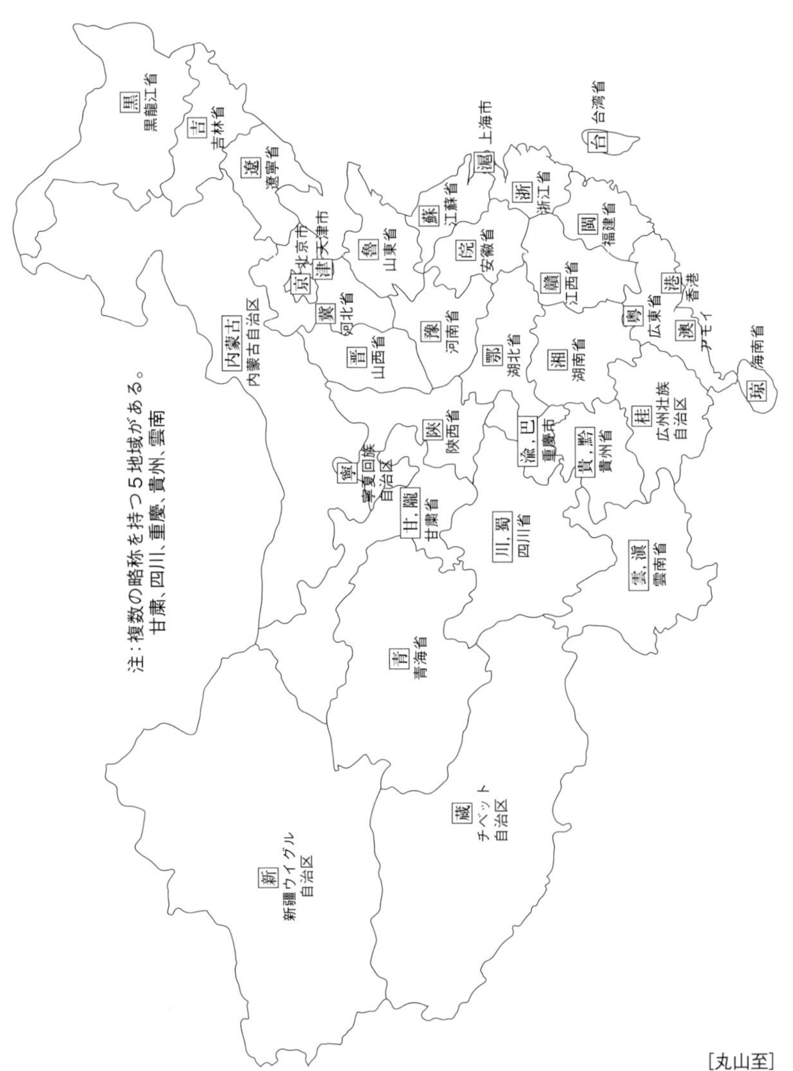

［丸山至］

2
民族・宗教

寧夏回族自治区のモスク。

執筆
大西広／梶川亜希

民族区域自治制度と民族識別

中国の場合、農民と労働者には政治行政上の権利の相違があるため全住民に対して「農民」か「労働者」かの戸籍上の区別が導入された（126頁「戸籍制度」参照）のと同様、民族間で政治行政上の権利が違うため、全住民はその民族が特定されねばならなかった。たとえば、漢族に適用される「一人っ子政策」は少数民族では緩和され、さらに「少数民族区域自治制度」と関わって様々な権利が存在する。

少数民族区域自治制度

「少数民族区域自治制度」は、具体的には、5つの「自治区」（「地理」の大項目参照）、28の自治州、120の自治県（旗）として実現され、一部には「自治郷」もある。これは、一般的には少数民族は集住地区を持っていることを前提としており、結果として全55の少数民族中、44の少数民族は自治県以上の自治区域を持っている。この総面積はなんと全土の3/4＝74%を占めている。

この自治区域においては、その主たる少数民族が憲法によってその主席と人民代表大会常務委員会主任または副主任のポストを得ることができるとともに、人民代表大会の代表の人数も選挙法によって決められている。たとえば自治県の場合には5000人に1人、自治州なら2万5000人に1人となっている。全国レベルの人民代表や政治協商会議委員にも55の少数民族はすべて人口比を超える比率で代表を持っている。

また、この自治区域は他の一般地方政府と異なる権限を持っている。少数民族の特徴に合わせて自治条例を作る立法権、国家法令を一部変更する権利、少数民族言語を公用語とし、民族文化を発展させる権利、少数民族幹部を登用する権利、税財政上の自主権と優遇を受ける権利であり、さらに国家から「3つの財政優遇」（少数民族地方補助金、少数民族基金、他より高い財政予備金）を得ている。

福建省の客家土楼の外観。左隅のマイクロバスを比べればその大きさがわかる。

中央アジア起源の西北回族。寧夏自治区同心県の独特なモスク前にて。

民族識別の歴史

現在、中国では55の民族が認定されているが、その「識別」は1953～54年、1955～64年、1978～86年の3次にわたる調査によってなされた。第1次では中華人民共和国以前から公認されていた11の民族に加えて27の民族が認定され、第2次では16の民族が認定され、最後の第3次では1民族（チノー族）が認定された。

民族識別の実際

しかし、「民族」は本質的に主観的なものであり（ベネディクト・アンダーソン「想像の共同体」論）、よって曖昧なものである。たとえば、①北方「漢族」と南方「漢族」のDNA的距離はそれぞれと少数民族との距離より遠いことがわかっている、②2010年2月7日に「重慶晩報」が報じたところではDNA的に純粋な「漢族」はもはや存在せず、生活習慣的に最もそれに近いのは客家とされている、③「回族」は他のイスラム系民族以外の漢語を話すイスラム教民族との定義を与えられているため中央アジア系、アラブ系、マレー系といったまったく異なる起源のものを含んでいる、④雲南や貴州の民族識別には細かく分類しすぎたとの批判もある。

また、民族識別には異なる民族間の子孫の問題もあり、漢族との少数民族の子孫の少数民族籍への民族替えが大量に存在する。これは少数民族に多様な優遇措置があることも関係している。

なお、本書では56の民族を田畑久夫ほか『中国少数民族事典』（東京堂出版、2001年）による言語分類によって紹介する。［大西広］

中国各少数民族の宗教信仰（相当する部分に○）

信仰＼民族名		チベット族	モンゴル族	メンパ族	トゥー族	ロッパ族	チャン族	ユーグ族	ダフール族	プミ族	ヌー族	ナシ族	ウイグル族	カザフ族	キルギス族	ウズベク族	タタール族	回族	トンシャン族	サラール族	ボウナン族	タジク族	タイ族	プラン族	アチャン族	ドゥアン族	ワ族	ミャオ族	プイ族
仏教	チベット	○	○	○	○		○	○	○	○	○	○																	
	上座																						○	○	○	○	○		
	大乗																												
イスラム教	スンニー派												○	○	○	○	○	○	○	○									
	スーフィズム												○					○	○	○	○								
	シーア派																					○							
土俗						○	○	○	○	○	○	○												○	○	○	○	○	○
キリスト教	プロテスタント										○	○															○	○	○
	カトリック																											○	
道教																													

信仰＼民族名		リス族	ラフ族	スイ族	チンポー族	イ族	ヤオ族	リー族	トン族	ハニ族	コーラオ族	チノー族	ムーラオ族	トゥルン族	満州族	シボ族	エヴェンキ族	オロチョン族	ホジェン族	高山族	ペー族	チワン族	トゥチャ族	ショオ族	マオナン族	キン族	朝鮮族	オロス族
仏教	チベット																											
	上座		○																									
	大乗																				○						○	
イスラム教	スンニー派																											
	スーフィズム																											
	シーア派																											
土俗		○	○	○	○	○	○	○	○	○	○	○	○	○	○	○	○	○	○	○	○	○	○	○	○			
キリスト教	プロテスタント	○	○	○	○																○	○				○	○	
	カトリック		○		○	○															○	○	○				○	
道教							○														○	○	○	○	○	○		

註：土俗はシャーマニズムやアニミズム、オロス族とごく一部のエヴェンキ族はロシア正教。
王柯『多民族国家中国』（岩波書店、2005年）から引用。但し一部修正してある。

漢族と回族

本書では、諸民族を言語的に分類紹介しているので、その点では漢族と回族が同じ分類となる。

漢族

400年続いた漢朝が当時の中国の諸民族を「漢族」と呼ぶ契機となったが、交通手段における「南船北馬」、北部の麦作と南部の米作を基礎とした「北麵南飯」といった主食の違い、さらには北部の長身面長に対する南部の短身丸顔といった身体的特徴などの相違は大きい。DNA的にも漢族内部の分散は一部少数民族と漢族との間のそれより大きいが、同じく「漢語」を使う民族ということで一定の民族意識が長い歴史の中で形成された。しかし、「漢語」は表意文字のみによって成り立つ言語であるため、各地の音声上の大きな相違は維持され、それは「方言」とされたが、発話上の意志疎通の無理をもってこれらの「方言」を西洋では別言語とする理解もある。周辺民族の同化による人口増もあり、現在の人口は12億8000万人で総人口の91%を占める。

回族

言語などで漢族と区別がなくともイスラム教を信じる民族と認定され、かつ自身も民族意識を持ち続けた民族ではあるが、その出自は様々である。西安市を境に西方から来たイスラム教の伝統を持つ西北回民、海洋ルートでイスラム教の影響を受けた内地回民があるが、後者の極端な事例は南方マレー系を起源とする海南島の回族である。甘粛省と新疆ウイグル自治区に自治州を持つほか、河北省、貴州省、甘粛省、青海省、雲南省、新疆ウイグル自治区に自治県を持つ。都市部では主に飲食業、小売業、金融業を営み、農村部では農業を営むが、比較的都市民が多く、都市民の社会的進出は漢族に負けない。青海省黄南蔵族自治州尖扎県の回族は康家語を、チベット地方の一部回族はチベット語を例外的に話す。総人口は1106万人。［大西広］

朝鮮族

歴史

古朝鮮に存在した濊（わい）、貊（はく）、韓の3族が長期の融合を経て形成された民族。このため、濊族や貊族が建国した古代高句麗の版図も本来朝鮮のものだとする主張もあり、中韓間の一種の「歴史問題」となっている。中国は高句麗も古代中国の地方政権と見ている。

高句麗滅亡後の朝鮮族（朝鮮民族）は朝鮮半島部に版図を縮めたが、19世紀に朝鮮半島北部が干ばつなどの自然災害に遭ったために朝鮮族が中国領内に流入。かつ、戦前期日本による朝鮮族の旧満州地区への強制移住によって現在の中朝国境地区（当時は「間島」と呼んだ）における朝鮮族の比率が高まった。特に吉林省最東部の延辺朝鮮族自治州と長白朝鮮族自治県には朝鮮族が集住している。

人口と経済・文化

人口の3割が朝鮮族、7割が漢族の延辺自治州の農村では畑作は漢族、稲作は朝鮮族という風景が見られる。また、一般に朝鮮族の方が漢族より近代的な職業により多く就いている。そして、このため、延辺自治州では都市に行くほど朝鮮族の人口比が高くなっている。ひとりの子供に十分な教育を施そうとの志向性も高く、1人っ子政策適用外でも多くの家庭は1人っ子であった。この結果、朝鮮族の人口は微減して170万人にとどまり、延辺自治州内の朝鮮族人口も3割を切りかけている。ただし、こうした人口減の背景には、北京・上海や海外で活躍する朝鮮族が増えたことも関係しており、彼らの活力の反映と言える。韓国企業が集中的に進出する青島など山東省への進出も多い。延辺自治州ではほぼ全員が朝鮮語も漢語も使える。

宗教的には儒教の影響が強く、年長者を敬う一方で「男は外、女は内」といった性別分業の習慣が強い。同姓・同族者との婚姻はできない。民族的な歌舞芸術もよく保存されている。［大西広］

タジク族とオロス族

タジク族（塔吉克族）

インド・ヨーロッパ語族の一部を構成するイラン語群（ペルシャ語群）の諸民族は「インド」北部の諸民族とともに中国西域との交流が古く、その一部が現在のパキスタン国境パミール高原北端にタジク族自治県（新疆ウイグル自治区タシュクルガン・タジク族自治県、1954年成立）を形成して存在している。隣国のタジキスタンのタジク族は言語的に若干の相違を持っていると言われる。

しかし、その相違よりも、新疆ウイグル自治区の主要民族であるウイグル族との相違を認識することが重要である。同じような顔つきを持ち、同じイスラム教徒でも、民族衣装はまったく異なり（女性は上部の平らな帽子をかぶるのが特徴）、イスラム教でもウイグル族などと異なるシーア派（イランと同じ）に属している。このため、この地区は領有権をめぐるカシミール紛争の一部を構成していた。ただし、1963年にパキスタンとの間で平和的に中国の領有が認められた。

主要産業は牧畜と農業。人口5.1万人（2020年）。

オロス族（俄羅斯族）

中国でインド・ヨーロッパ語族に属する言語を話すのは、タジク族の他にはスラブ語群に属するオロス族のみである。これはロシアの「ロシア民族」を漢語音で表現したもので、19世紀にロシア帝国の東進によって進出したロシア商人がその起源である。しかし、その後はロシア革命後の白系ロシアの流入、民国期新疆省内の革命運動への参加（これには中華民国の漢族主義への反発もあった）、中ソ対立での旧ソ連への逃避などなど政治面での影響を受けた。この結果、1953年の最初に民族識別時に2万人を超えた人口も現在は1.6万人にまで縮小している（2020年）。黒龍江省にも一部住んでいるが、その大部分は新疆ウイグル自治区の都市部に住む。ロシア正教を信じ、ウルムチにはその教会が存在する。［大西広］

ツングース系（語群）の諸民族

元々「エヴェンキ族」を意味していた「ツングース」という言葉がこの語群の民族の総称となったもので、シベリアから中国東北部にかけて分布している。中国東北部管内の東部平原地帯では古くから畑作農耕に従事し、大興安嶺山中のエヴェンキ族、オロチョン族は生来の狩猟業から農業や牧畜業に生業をシフトしてきた。しかし、この両民族が生来得意とした広大な大地でのトナカイの飼育の経験が清朝時代には精鋭軍の一翼を担うべく活用された。この点はシボ族も同じである。シャーマニズムを信仰し、冬はオンドルを使っている。

エヴェンキ（鄂温克）族

人口の8割を占める「ソロン・エヴェンキ」は内モンゴル自治区ホロンバイル市エヴェンキ族自治旗に住み、広大なホロンバイル草原で牧畜と農業を営む。他にロシア革命の際に流入したトナカイなどの牧畜を営む「ツングース・エヴェンキ」、19世紀にシベリアから南下してきた「ヤクート・エヴェンキ」からなる。総人口は約3.5万人となっている。

オロチョン（鄂倫春）族

広義のエヴェンキ族の一部をなし、内モンゴル自治区ホロンバイル市オロチョン族自治旗を持つ。「自治旗」は「自治県」と意味は同じであるが、清朝時代に軍事・行政・生産の3つの機能を兼ね備えた遊牧民固有の組織である「八旗」に組み込まれていたことを「旗」の字で示している。全中国で3つの「自治旗」はすべてこのホロンバイル市にある。

生業の中心たるトナカイの飼育は肉や毛皮の利用ではなく、荷役を目的としている。また、狩猟を生業とするオロチョン族は「馬オロチョン」と呼ばれていた。樹木に死体を置く樹葬と言われる風葬の風習を持っていた。総人口は約9200人となっている（2020年）。

満州（満）族

7世紀末からの200年間には現在の沿海州地方に渤海国を、12～13世

チャイナ・ドレスはほぼ唯一、満州族が全中国に広めた文化と言われる。

ツングース系諸民族の古代名称一覧

エヴェンキ族	失韋、室韋(北室韋)、索倫、雅庫特
オロチョン族	粛慎、挹婁、室韋(鉢室韋)、黒水靺鞨、女真、俄爾呑、索倫
満州族	粛慎、挹婁、勿吉、靺鞨女真、満州
ホジェン族	粛慎、黒水靺鞨、野人女真
シボ族	須卜、鮮卑、失韋、失必、実伯、席北、席伯

出所：田畑久夫他『中国少数民族事典』東京堂出版、2001年、46頁。

紀には金朝を、17世紀からは後金→清朝を建国した。ただし、金朝、清朝時代に全中国に分散して居住したことなどから漢族との同化が進行し、もともと持っていた言語と文字を読み書きできる者はほぼ消滅、宗教的にもこの過程で仏教と儒教を受け入れている。満州族文化が漢族文化に受け容れられた唯一の例外がチャイナ・ドレスとも言われる。人口はここしばらく1000万人強のままで、当初少数民族第2位の規模だったのが、現在は第5位となっている。

ホジェン（赫哲）族

ロシア領内では「ナナイ」と、日本や欧米では「ゴルド」ないし「ゴルジ」と呼ばれるアムール川周辺平原系の民族として、シャケやチョウザメの漁労に長け、ズボンなど衣服の一部を魚皮で作る文化を持っていた。ただし、現在は農業従事者が増え、言語的にも漢族と同化してしまっている。ごく一部は新疆ウイグル自治区にも分布している。総人口は約5400人となっている（2020年）。

シボ（錫伯）族

古代鮮卑族の末裔。元々は大興安嶺に住んだ狩猟民族であるが、清朝時代に新疆のイリ地区に屯田兵として派遣されたため、現在もその地区に一定程度住んでいる。

また、満州文字を元とする独自の文字を一時持ったが、清朝時代にはまず満州語に同化され、さらに現在は漢語に同化されている。総人口は19万人となっている（2020年）。［大西広］

モンゴル系（語群）の諸民族

モンゴル（蒙古）族

蒙兀失韋と呼ばれたホロンバイル地方の古代民族から発生し、その後西遷、さらに13世紀には史上最大の帝国を作り上げ、中国では元朝を成立させたモンゴル系の最大民族。内モンゴル自治区の主要民族として存在する他、青海省と新疆ウイグル自治区に合わせて3ヵ所の自治州、河北、遼寧、吉林、黒龍江、甘粛、青海の各省と新疆ウイグル自治区に自治県を持つ。ただし、これらの地域でも都市部には漢族が多く、都市部で「漢化」したモンゴル族と遊牧地域で伝統的な生活を続けるモンゴル族に分化が生じている。総人口は629万人（2020年）。ウイグル文字をベースにしたモンゴル文字を持つが、元朝時代には新たに作られたパスパ文字で行政命令などが記録された。ただし、現在では死滅している。多くはチベット仏教ゲルク派を信仰しているが、ダライラマの影響は大きくなく、信仰はあまり厳格ではない。一部にはシャーマニズムの影響を残す地域がある。この他、土俵はなく相手が倒れるまで闘うモンゴル相撲、これに競馬・弓の競技を加えた年に数度のナーダム祭り、石を積み上げてその上に木を挿したオボという塚（道標かつ祭場）などの文化が特徴である。

ダフール（達斡爾）族

以前はモンゴル族と見られていたが、言語的にはモンゴル語とツングース語の混合体で、契丹の末裔との理解が主流である。ツングースと混合したのには内モンゴルのホロンバイル市に自治旗を持ち、それに隣接する黒龍江省に分布するなどの地理的近接性もある。しかし、早くから農業を主とする定住生活に移行した。清朝期には満州八旗の一翼を形成している。シャーマニズム信仰やオボの習慣を維持し、「ルリグレ」という女性集団舞踊の文化を持っている。総人口約13.2万人（2020年）。

トゥー（土）族

青海省西寧北方の互助トゥー族自治県、民和回族トゥー族自治県の他、

甘粛省トンシャン族自治県のイスラム教寺院。独特なモスクを作っている。

モンゴル族のヒツジ飼い。

隣接する甘粛省エリアに漢族やチベット族と混住しているため、言語的宗教的にもそれらの影響が大きく、チベット仏教を信仰している。また、産業的にも明代には半農半牧に転じている。総人口28万人（2020年）。

トンシャン（東郷）族

言語的にはモンゴル系であるがイスラム教を信仰し、また唯一のトンシャン族自治県が甘粛省臨夏回族自治州にあるため、回族とも見間違う。生業は主に農業に従事しているが、モンゴル系のトゥー族と同じく「ホアル」と呼ばれる民歌の伝統を維持している。総人口77万人（2020年）。

ボウナン（保安）族

甘粛省臨夏回族自治州の積石山ボウナン族トンシャン族サラール族自治県を持つモンゴル系イスラム教民族。ムスリムで回族と酷似しているのはトンシャン族と同じである。製刀技術に優れ、「ホアル」などの民歌が知られている。商業にも長けている。総人口2.4万人（2020年）。

ユーグ（裕固）族

甘粛省南部に粛南ユーグ族自治県を持つ少数民族で明朝期に初めてその祖先が登場した新しい民族。宗教はチベット仏教ゲルク派であるが、モンゴル語系の東部ユーグ語を話す集団とチュルク語系の西部ユーグ語を話す集団によってなりたつため、「チュルク系」に分類されることもある。その場合は「チベット仏教化したチュルク民族」ということになる。総人口は1.5万人（2020年）。［大西広］

チュルク系（語群）の諸民族

「チュルク」とは「トルコ」の意味で、かつまたこの諸族がカザフスタンやトルコなどの独立国家を西方に持つため西方起源に思われているが、その起源はモンゴル高原にある。ここを出た遊牧民が草原を西に旅する過程で諸民族に分化したというのが歴史的経過である。「モンゴル系」とも同化したユーグ族（67頁）を除いてすべてスンニー派ムスリムである。

ウイグル（維吾爾）族

ウルムチなど北新疆地区にも分布しているが、東から移動してきた祖先が南新疆のタクラマカン砂漠周辺のオアシスにも定着し、農業と商業を主な生業とするようになった民族。オアシス毎に気候がかなり違うのでメロン、スイカ、イチジク、ザクロ、ブドウなど特に果物の特産物は地域ごとに異なる。トルファン盆地を中心に、カレーズと呼ばれる地下水路を使った灌漑システムが特徴となっている。また、その他、カシュガルの金属手工業、イェンギサールのナイフ、ホータンの玉、南新疆全域の絨毯(じゅうたん)などの鉱工業製品も有名である。近年は国境貿易に従事する者も増えている。南新疆地区ではラマザーンと呼ばれるイスラム教の断食月が厳格に守られている。しかし、これら地区への漢族の進出が近年激しく、民族矛盾の最中にある。2009年にはウルムチで大規模な民族衝突が発生し、その後も数件テロ事件が起きた。他方、都会の一部に漢語を基本言語とし、民族語よりも漢語を得意とする集団も成立しつつある。少数民族で2番目に多い人口1177万人を擁する（2020年）。

ウズベク（烏孜別克）族

歴史上の「遊牧ウズベク集団」とは別に成立したもので、19世紀後半にロシア領内のウズベク族が都市での商業活動を目的に流入、現在も主として都市部で商工業を担っている。民族的特質としてはウイグル族に最も近く、人口は1.3万人となっている（2020年）。

南新疆農村部のウイグル族の子供たち。一人っ子政策の下でもここでは2、3人生める。

新疆ウイグル自治区ウルムチ市郊外のカザフ族の「南山牧場」。

カザフ（哈薩克）族

現在もなお遊牧を主とするという点で他のチュルク系民族から区別される。新疆ウイグル自治区北部のイリ地区に自治州、モリ、バリコンに自治県を持ち、他に一部が青海省、甘粛省の西端に分布する。ただし、カザフ族が作る隣国カザフスタンとの国境が長く、戦前ソ連のスターリン期に中国に人口移動、中ソ論争時にソ連に移動といった人口移動もあった。人口156万人（2020年）。

キルギス（柯爾克孜）族

アーリア系民族が突厥の影響下でトルコ化したものとの説もあるが、はっきりしない。新疆ウイグル自治区西北部のキズルス地区に自治州を持つ遊牧を主とする民族。「マナス」と呼ばれる長編の民族叙事詩が有名である。人口20万人（2020年）。

タタール（塔塔爾）族

ウズベク族などと一緒に19世紀ロシアから交易のために移住してきた民族で、教育改革など近代的な改革運動の先導者としての役割を果たした。見かけは西洋人的な者、モンゴル的な者など雑多だが、言語的に統一され強い連帯感を持つ。主に商工業に従事する。人口3500人。

サラール（撒拉）族

青海省と甘粛省に自治県を持つチュルク系民族で、スンニー派ムスリムであるが、他のイスラム系チュルク諸民族と離れているため、周辺の回族、チベット族、漢族などとの混住の中で強い影響を受けている。主に農業を営む。人口17万人（2020年）。［大西広］

チベット・ビルマ系(語群)の諸民族 1

チベット・ビルマ語群にはチベット語系のチベット族、メンパ族、ロッパ族(異説あり)、チャン語系のチャン族、プミ族、独立したトゥルン族およびヌー族、イ語系のイ族、リス族、ナシ族、ラフ族、アチャン族、ペー族、チノー族、ハニ族、トゥチャ族、チンポー語系のチンポー族がある。彼らは古代羌族の末裔として青蔵高原東端から広がった。

チベット(蔵)族

そのうち西方の広大な青蔵高原に広がるこの語群最大の民族となったのがチベット族である。が、このチベット族もアムド、カム、中央チベットなどの言語的分岐も大きく互いに通話できない。ただ、こうした分岐にもかかわらず、ソンツェンガンポによる吐蕃王国の建国、それによるチベット文字(サンスクリットを基礎とした文字)の形成、チベット仏教の隆盛を基礎に民族としての統一性を維持してきた。このため人口に占める僧侶の比率は現在も高い。

産業的にはアムドを中心とした高原地帯では夏冬に移動する放牧業でヤクなどを飼育、中央チベットではハダカ麦をベースとした農業を生業としてきた。このヤクの乳でバター茶を作り、ハダカ麦の粉でツァンパという一種の「麦焦がし」を作って食べるが、お茶はとれないので馬を輸出してお茶を輸入する「茶馬貿易」を古くから四川省と行なってきた。解放前には父系の氏族制度と一妻多夫制を持っていた。以上のような産業に従事していたが、特に2006年の青蔵鉄道の開通による年間数百万人の観光客の流入は観光関連産業への大きなシフトをもたらしている。ただし、その恩恵の多くは流入漢族に押さえられ、かつラサなどへの漢族の進出それ自体が大きな摩擦を生んでいる。2008年3月にはラサで大規模な暴動が発生した。

メンパ(門巴)族

ロッパ族と同じくインドと国境を争う地帯に主に住み、中国の実効支

手にマニ車を持つチベット女性。ラサ大招寺前広場にて。

チベット・ビルマ系諸民族の自治州・自治県と人口 (1)

民族名	自治州の所在地	自治県の所在地	人口
チベット族	四川2，雲南1，青海6	四川1，甘粛1	706万人
メンパ族			1.1万人
ロッパ族			4200人
チャン族	四川1	四川1	31万人
プミ族		雲南1	4.5万人
トゥルン族		雲南1	7300人

配下にある人口はきわめて少ない。メンパ語はチベット語に近く、多くはチベット語も話せ、生活習慣や宗教も同じである。伝統的にソバを栽培する焼畑農業をしていたが、現在は定着農業に変化している。

ロッパ(珞巴)族

生業の点では遊牧民としての性格が強く、狩猟採集と焼畑農業が加わる。チベット仏教を信仰せずアニミズムを信仰する。

チャン(羌)族

2008年の四川大地震のエリアに住み、古代羌族の名前を維持する民族。集落を高山の急斜面に持ち、櫓に似た石造3階建ての特徴ある家屋を作る。婿入り婚と母系制の遺習があるが、原則として父系親族集団毎に火葬場を持つ。シャーマニズムを信じ、シピと呼ばれる宗教職能者がいる。

プミ(普米)族

明朝期から長くナシ族土司に隷属して暮らし、衣食住に独自のものはなくなっている。現在は山間部農業で暮らしシャーマニズムを信仰する。

トゥルン(独龍)族

解放前はタイ族の土司ないし頭人の下で農奴とされていた。族長の下で集団的な焼畑農業、狩猟、漁労を行ない、食糧や土地を共有した。シャーマニズムを信仰する。〔大西広〕

チベット・ビルマ系（語群）の諸民族 2

ヌー（怒）族

谷間の低地で定着農業を行なう。狭いエリアに住む民族であるが、言語的にはかなり分岐している。小集落毎に固有の動植物を崇拝するトーテム信仰をしている。一夫一妻制であるが同一氏族の婚姻を禁じている。

イ（彝）族

元々「夷」と呼ばれていた複数集団を新中国が「彝」と改めて1つの民族と認定されたもの。過去には南詔国を作り、その後も中央政権が支配にてこずる存在としてあった。この背景には数百戸単位で構成される父系親族集団が族長を中心に強固に結束していたことがある。また、ピモと呼ばれるシャーマン、交差イトコ婚（兄妹や姉弟など、異性のきょうだいの子供同士の結婚）、火葬、彝文字の文化を持つ。

リス（傈僳）族

過去にはナシ族などの支配を受け、現在も漢族、ペー族、ナシ族などと雑居。祝い事では口琴などを用いた歌と踊りを欠かさない。かつては焼畑狩猟民。シャーマニズムと一部キリスト教の影響がある。

ナシ（納西）族

表意文字のトンパ文字および表音文字のクパ文字を持つ。「トンパ」とは元々シャーマンの意味。元来婿入り婚を行なう母系の一妻多夫制で女性の地位が比較的高い。古くから教育に熱心で多数の科挙及第者を出した。

ラフ（拉祜）族

タイ族が住む盆地の周辺山間部でタイ族の支配下、狩猟・焼畑ないし稲作を営んできた。戦後に文字を作ったが普及しなかった。仏教や村落神・家神信仰の他、一部にキリスト教信者がいる。対歌や芦笙舞が盛ん。

アチャン（阿昌）族

雲南省西部でタイ族や漢族と混住しほとんどがタイ語と漢語を話す。刀鍛冶集団として知られ鉄の農具も作った。上座仏教で末子相続の父系

湖北省五峰土家族自治県のトゥチャ族。伝統的には吊吊脚楼という木造家屋に住んでいたが現在はバックのような家屋となっている。

チベット・ビルマ系諸民族の自治州・自治県と人口 (2)

民族名	自治州の所在地	自治県の所在地	人口
ヌー族		雲南1	3.7万人
イ族	雲南2，四川1	雲南14, 貴州1, 四川2	983万人
リス族	雲南1	雲南1	76万人
ナシ族		雲南1	32万人
ラフ族		雲南4	50万人
アチャン族			4.4万人
ペー族	雲南1		209万人
チノー族			2.6万人
ハニ族	雲南1	雲南5	173万人
トウチャ族	湖北1，湖南1	重慶4，貴州2，湖北2	959万人
チンポー族	雲南1		16万人

家族。鬼神と祖先を崇拝して集落の入り口には集落神を祀る巨大な樹木を持つ。

ペー(白) 族

過去に南詔国や大理の中核をなした民族で、大理期にはペー文字を作っていた。建築技術に優れ大理三塔は有名。稲作が基本で、仏教、道教の影響が強い。村落神「本主」の信仰にまつわる芸能が盛んである。

チノー(基諾) 族

シーサンパンナの山間部で焼畑と狩猟を行なう。同一氏族間での通婚を禁じ、子は父の名の一部をもらう父子連名制も残存。アニミズム信仰。

ハニ(哈尼) 族

国境の向こうではアカと呼ばれる民族。彼ら自身はウォニ族と呼んでいる。かつては焼畑をしていたが、現在では天水での稲作やプーアル茶などの栽培に転換。祖先信仰の風習が強くシャーマンも多い。

トゥチャ(土家) 族

1953年には59万人にすぎなかった人口が、民族差別の撤廃、少数民族優遇政策で急増している。貴州省では古い仮面劇を伝承する集団がおり、注目されている。祖先を崇拝し、精霊を信仰する。

チンポー(景頗) 族

ミャンマーではカチン族と呼ばれる民族。19世紀末と1957年にチンポー文字と載瓦文字を作った。アチャンの兄弟民族で、焼畑採集経済から定着農業に移行。祖先を崇拝し、精霊を信仰する。〔大西広〕

ミャオ・ヤオ系（語群）の諸民族

「漢・チベット語族」の一部を構成する「ミャオ・ヤオ語群」に属する民族はミャオ族、ヤオ族、コーラオ族とショオ族である。ミャオ族とヤオ族にはモン・クメール語群に分類する意見もあるがここでは『中国少数民族事典』に依拠してこの分類としている。

この見解によると、当初は秦人により荊蛮と呼ばれていた楚の人々が秦や漢の圧迫で一部は同化し、一部は同化せずに南下を繰り返してヤオ族とミャオ族に、さらには山岳地帯に展開したものは高坡ミャオあるいは過山ヤオに、河谷や山間盆地に展開したものは山間ミャオ族と平地ミャオ族に分岐している。これらの結果、貴州、雲南、重慶を中心としつつも、異なる省のそれぞれの山岳部・山間部に点々と散らばって分布している。また、彼らが住むのはチベット系の高原とタイ系などの河谷の間の山間部であるため、狩猟・採集や焼畑を主とした生業を営んできたとも言える。ただし、現在は定着農業に移行している。

ミャオ（苗）族

貴州、雲南、湖北、湖南に各3、1、1、1個の自治州を持つほか、貴州、雲南、湖南、広西、重慶、海南に8、2、3、1、3、2個の自治県を持つほどに人口が多く、1107万人を数える。前述のようなことで分散しているために自治区を持つことにはならなかったが、その人口をもって歴史的には明清王朝への抵抗も強かった。この点は、より早く同化に進んだヤオ族と異なる。

銀の飾りを多用した民族衣装を女性は日常でも着ているが、その色合いなどから「紅ミャオ」「青ミャオ」「黒ミャオ」「白ミャオ」「花ミャオ」などと区別される。毎年、苗年（正月）、喫新節（初穂祭り）、爬坡（はは）節（歌垣）の3度の特徴ある祭りを開くほか、13年に1度雌の水牛を殺して祖先を祀る喫牡臓（きっぽぞう）と呼ばれる祭りなども有名である。宗教的には、アニミズム、多神教、祖先崇拝の他、一部にキリスト教も入っている。

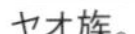
ヤオ族。

ミャオ族。

ヤオ（瑶）族

雲南省に2ヵ所の自治県、湖南省に1ヵ所の自治県、広西自治区に6ヵ所の自治県、広東省に3ヵ所の自治県を持ち、人口はミャオ族を下回るが（331万人）、分布がより分散しているため、言語的にもミャオ族系の方言を話す集団や漢語方言を話す集団、カム・スイ系の方言を話す集団に分かれる。宗教的にもアニミズム、祖先崇拝のほか、シャーマニズム、道教などに分岐している。男女ともに特徴的な民族衣装を着ている。

コーラオ（仡佬）族

人口が28万人と少ないうえ貴州省の2自治県、広西自治区の1自治県、雲南省にも分散しているので、言語的分岐が激しいだけでなく、漢族や周辺少数民族との同化も進み、トウチャ族と同じ仮面仮装の民族芸能を持つ。元々のコーラオ語はカム・タイ語群に属するとの見解とミャオ・ヤオ語群に属するとの見解がある。農業以外にも「打鉄仡佬」という鍛冶が有名。成人女性が抜歯をする「打牙仡佬」という習慣があった。

ショオ（畲）族

12～13世紀にヤオ族の一部が湖南、貴州から広東に南下、さらにその後北上して福建、湖南、浙江（ここに1自治州）の山中に移動した集団で人口は75万人。彼らがいかに圧迫を受け、同化と非同化の間を彷徨ったかを想像させる。「畲」の字は焼畑民を意味するが、現在では言語的にほぼ漢化している。同姓同士および他民族との結婚はできない。道教の影響が強いが祖先崇拝や槃瓠と言われる祖先神信仰もある。［大西広］

カム・タイ系(語群)の諸民族

古代の「楚人」がミャオ·ヤオ系に引き継がれたように、古代の「百越」のうち沿海部にあった集団が南下しつつ分岐して形成された民族群。基本は山間盆地や河谷平野で水稲を中心とする灌漑農耕に従事している。刺繍や金属・木材加工が器用で、建築物にも独特なものが多い。

チワン(壮)族

現在でも最大人口を持つ少数民族として唐宋期には独自の文字も持つまでに至っていたが、宋代・明代の反乱に失敗するなか、漢族文化が入るとともに漢族地主の下で小作人にさせられるなどの苦難を経験した。田植え機を開発した稲作技術の他、赤飯の習慣、銅鼓を使った歌垣や演劇、壮錦の刺繍などが有名。祖先崇拝、自然崇拝、大乗仏教や道教を信じる。

キン(京)族

ベトナムでの主要な民族で、そこではオーストロアジア語群に分類されている。中国では沿海部に住むため半農半漁で、同姓間の通婚を禁じる一夫一婦制、土葬、多神教、豊富な口承文芸、独弦琴の文化を持つ。

プイ(布依)族

貴州省に北上したチワン族の一部。ただし、チワン族が黒色を好むのに対し、プイ族は黒地に藍白のターバンを巻く。女性は紡織とロウケツ染めに長けている。男性は相撲を愛好する。正月にはもちを食べ、精霊と祖先を信仰・崇拝する。シャーマンは病気治療も行なう。

タイ(傣)族

タイ人との接点は強いが、タイ暦正月の水かけ祭りが有名。祭礼にはザッハンと呼ばれる叙事詩などを語る職業歌手が登場する。上座仏教を信じ、独自に維持してきたタイ語·タイ文字による文献も豊富にある。伝統的にもち米を好んできたが、現在はウルチ米が主食となっている。

海南リー族の水田風景。

カム・タイ系諸民族の自治州・自治県と人口

民族名	自治州の所在地	自治県の所在地	人口
チワン族	雲南1	広東1	1957万人
キン族			3.3万人
プイ族	貴州2	貴州3	358万人
タイ族	雲南2	雲南6	133万人
トン族	貴州1	湖南4，広西1，貴州1	350万人
スイ族		貴州1	50万人
マオナン族		広西1	12万人
ムーラオ族		広西1	68万人
リー族		海南6	160万人

トン（侗）族

すぐれた建築技術による独特な鼓楼と花橋、さらには風雨橋、涼亭で有名。農業の他、コイの養殖も盛んでそれを一種の「熟(な)れ寿司」にする。正月や清明節などに歌う歌が多く、トン劇と言われる歌劇もある。

スイ（水）族

独自の文字も限定的に持っていたが、現在は言語的同化が進んでいる。コイの養殖、銅鼓、女性の青色の民族衣装、干欄と呼ばれる高床式建築（これはマオナン族も同じ）が有名。多神教や民族文字の発明者への信仰を基礎としつつもキリスト教に改宗する者も多少出てきている。

マオナン（毛南）族

「ヤンホワン族」と自称する民族を含めて民族識別会議が認定した民族。早くから鉄を使った農業をしつつ、牛の飼育も副業として進めていた。同一集落には同一姓の者のみが住む。男女とも藍色ないし青色の衣服を好む。道教、アニミズム、多神教を信じる。

ムーラオ（仫佬）族

魏晋時代の僚や伶の一部が祖先とされているが、人口は少なく、他民族と雑居をしている。猫と蛇を食べず、五言四句、七言四句や長歌などの文化、母系制の家族習慣などが特徴的である。

リー（黎）族

台湾の高山族と同じく、漢族進出後、統治下に入った者を「熟黎」と、入らなかった者を「生黎」と呼んで区別されてきた。女性はビンロウを噛み、入れ墨をする。フィリピンと共通する踊りの文化がある。［大西広］

高山族とモン・クメール語群の諸民族

最後に扱うのは、南方を起源とするオーストロネシア語族とオーストロアジア語族で、前者としては台湾の高山族が、後者としてはモン・クメール語群の民族としてワ（佤）族、プラン（布朗）族、ドゥアン（徳昴）族がある。

高山族

オーストロネシア語族はハワイ、イースター島、ニュージーランドからマダガスカルにまで広がり、台湾にも20数種の民族が過去には住んでいた。しかし、その後、17～20世紀に入植した漢族との同化の中で23の言語にまで減少している。

しかし、そもそもは「高山族」という単一の民族でなく、これら民族の総称であったことが重要である。清朝期にはそれらを平地・山麓で農業を営む「熟蕃」と、山岳地帯で清朝の支配を受けず狩猟・漁労・焼畑で暮らす民族を「生蕃」に区別し、それがさらに日本統治期にそれぞれ平埔族、高砂族と呼ばれた。また、父系家族の民族と母系家族の民族、どちらともつかない民族がいる一方で、一部には酋長と平民を峻別する身分制社会を持つものもある。高砂族には首狩りの文化も南方から伝わっていた。

彼らの漢族への同化は平地の平埔族から進んだが、その段階ごとに衝突もあった。清朝に対する1731年の反乱、1910年までの日本の進出に対する抵抗、1930年の抗日蜂起（霧社事件）があるが、現在も様々な形の摩擦が続いている。福建省に3400人、台湾に49万人が住む。

ワ（佤）族

まず、モン・クメール語群の以下の3民族に共通した特徴を述べると、これら民族の起源が湖南省から雲南省南西部にいたる地区にいた古代の「百濮」＝「濮人」にあること、雲南省南西部の山地にタイやミャンマーに跨って分布していること、過去には焼畑農業と狩猟を営んでいたのが、

雲南省西部保山潞江壩で歌い踊るドゥアン族の人々。

台湾原住民が1930年に抗日蜂起した霧社事件を扱った台湾映画「セデック・バレ」の1シーン。

徐々に棚田の稲作農業を中心とするものに転換していること、高床式の住居に住んでいることがある。ワ族とプラン族は同じ氏族の者とは結婚しない外婚制を採っている。

ワ族は雲南省の普洱(プーアール)市に2つの、臨滄市に3つの自治県を持つが、前者と後者に大きな文化的相違がある。前者では焼畑農業、アニミズム信仰、各集落における2つの木鼓を使った祭り、過去における首狩りの風習があり、後者では定住農業化の進行と上座仏教信仰、交差イトコ婚という特徴がある。総人口43万人（2020年）。

プラン（布朗）族

臨滄市にある「双江ラフ族ワ族プラン族タイ族自治県」という4つの民族からなる自治県を中心にするが、以前には地区毎にプラン、ウ、ウォンゴン、ワないしアワと自称していた。棚田の水稲耕作に従事し、タイ族に似た衣服をまとう。女性は腰箍(こしたが)（腰に巻く竹で出来た輪）をはめている。人口は12.7万人（2020年）。

ドゥアン（徳昂）族

分布の地域は以上の2民族とほぼ同じであるが、人口が2.2万人（2020年）しかいないため自治県を持たない。中華人民共和国成立以前にはパラウン（崩籠）族と呼ばれており、現在でもミャンマーではそう呼ばれているが、彼らの申し出により呼び名が変わっている。アニミズム信仰が基礎にあるが、一部は上座仏教を信じる。山腹に棚田を作って稲作農業を営んでいる。［大西広］

中国の宗教

在来宗教と伝来宗教

現在でも多くの少数民族にアニミズムやシャーマニズムが強く残っているが、そうした在来のものに道教が融合。さらに儒教は諸子百家の時代に孔子らによって体系的なものに仕上げられた。この儒教は中国では「宗教」と扱われていないが、諸外国では扱われている。

この基盤の上に外国から伝来したのが、仏教、イスラム教、キリスト教である。仏教は1世紀後漢の明帝期に迦葉摩騰と竺法蘭という2人の僧が『四十二章経』という経典を携えて伝えたのが起源となっている。洛陽の白馬寺はこの僧侶が白馬に乗っていたとの話から建立された。その後、北魏や隋唐、特に唐の則天武后の支援などで発展した。雲崗石窟も龍門石窟も北魏が作り、後者は則天武后がさらに充実させた。しかし、唐末や五代後周期などで弾圧を受けるなどした。

他方のイスラム教は7世紀の半ばにシルクロードと海上の2つのルートで伝来した。ムハンマドが開いた40年後である。現在ではイスラム教スンニー派をウイグル族、カザフ族、ウズベク族、キルギス族、タタール族が信じ、スーフィズムを回族、トンシャン族、ボウナン族、サラール族が信じ、シーア派をタジク族が信じている。

キリスト教は、唐太宗の時代に景教=ネストリウス派が伝来したのが最初で、元代、明代の宣教師の活躍を経て、19世紀後半からの西洋列強の進出が大きな影響を与えた。現在では南方の少数民族にカトリックやプロテスタントの影響が一定あるほか、ロシア正教を信じるオロス族、プロテスタントとカトリックの両方の影響を受けた朝鮮族がいる。

チベット仏教

中国の仏教は漢族、ペー族、朝鮮族が大乗仏教を信じ、タイ族、アチャン族、プラン族、ドゥアン族などが上座仏教を信じるほか、チベット族、モンゴル族やメンパ族がチベット仏教を信じている。このチベット

南新疆ホータンのイスラム寺院。イスラム寺院にも様々な形がある。

チベット寺院にある固定式のマニ車。これを右回りに回せばご利益がある。人びとも寺院を右回りに回る。

仏教はチベット在来のボン教との融合で形成されたものであるが、それは7世紀に吐蕃のソンツェンガンポ王がネパールから来た王女（ブリクティー）と唐から来た皇女（文成公主）の助力で広めたことに始まる。ただし、ネパールからの王女は実在しなかったとの説もある。その王女と皇女にまつわるのがそれぞれラサの大招寺と小招寺である。

チベット仏教はその後、インドの強い影響を受けて密教化し、現在、サキヤ派、カギュ派、ゲルク派（黄教）に分かれる。「ダライラマ」とはモンゴルのトゥメト族長のアルタン・ハーンがゲルク派の開祖ツォンカバとその「転生」者に与えた称号である。現在のダライラマはその第14世である。この他、パンチェンラマなど多くの活仏の制度を持ち、転生していることとなっている。

中国政府の宗教政策

中国では文化大革命期に多くの宗教が抑圧を経験したが、その後反省され、寺院の修理などに多額の資金が投入されている。そして、その結果、たとえばチベット仏教の僧侶と尼僧が約12万人、活仏が1700人おり、寺院は3000ヵ所を超える。これらはダライラマが亡命する以前の水準を上回っている。

しかし、これら宗教が政治に関与する「政教一致」は厳しく禁じられ、また法輪功など「邪教」と認定された宗教の活動は認められていない。この他、共産党員は宗教を信じてはならないこととなっている。［大西広］

コラム
中国動画サイト事情

日本ではYouTube、NETFLIXやDisney＋等のグローバルプラットフォームがそれぞれの条件の下で視聴できるが、中国大陸ではIPブロックにより視聴することができない。その代わり中国独自の動画配信プラットフォームが成長してきた。

2006年から各種プラットフォームが立ち上がり、合併吸収や倒産等を経て、22年にはAlibabaグループに買収された「優酷Youku」、百度の「愛奇芸iQiyi」、テンセントの「騰訊視頻Tencent video」、二次元コンテンツが強い「哔哩哔哩bilibili」など資金力、コンテンツ力を持つところが生き残っている。中国の若者たちはこうした動画プラットフォームで、海外のコンテンツを見るのが普通になっている。

インターネットの普及後、日本産コンテンツの受容は海賊版を通じて爆発的に広がった。2010年以降は動画配信サイトの競争が激化し、各サイトはドラマ、アニメ、映画等の放映権を正規購入し、15年頃はバブルと言われるほど日本産コンテンツが高額で取引された。

その中でもbilibiliは、09年開設の若年層向けのカルチャーコミュニティ・ポータルサイトで、22年1月の月間アクティブユーザーは3億人を超え、1日当たり平均視聴時間は90分にもなる。動画配信、電子漫画、モバイルゲームなど多様なサービスを展開し、配信する動画はユーザー制作の作品、自社制作のバラエティやドキュメンタリー、海外の映画・ドラマ・アニメ、ライブなど多岐にわたる。サイトの開設はユーザー制作の動画配信からスタートし、海賊版アニメも多かったが、16年にテレビ東京と提携した正規配信を始め、海賊版を取り締まる。現在では正規でのアニメ配信を中国で最も行なっており、21年導入の国家新聞出版広電総局の事前審査制度にもいち早く対応し、新作アニメの日本と同時配信を実現して、正規配信での視聴を望むユーザーの期待に応えている。

［梶川亜希］

3
世界遺産

福建土楼。客家の人々が獣や外敵の襲来に備えて作った集合住宅。

執筆
田中義教

歴史と自然の魅力にあふれた中国の世界遺産

中国の世界遺産は56件あり、2022年現在、文化遺産38件、自然遺産14件、双方を兼ね備えた複合遺産4件である。最初の世界遺産は1987年登録の万里の長城、北京故宮、秦の始皇帝陵と兵馬俑坑、敦煌莫高窟、周口店北京原人遺跡で、悠久の歴史を刻む各地の遺跡や広大で自然に恵まれた風景区を積極的に施設整備するなど、当初は国外向けの観光資源開発として力を入れた。近年は国内客の増加が著しく、また環境保護への配慮も進んでいる。

■世界文化遺産　(82-93頁)

(1)歴代王朝関連(歴代王朝等に関わる歴史的建造物)

A. ○明・清王朝の皇帝陵墓群：明孝陵（江蘇省）、明顕陵（湖北省）、明十三陵（北京市）、盛京三陵（遼寧省）、清東陵（河北省）、清西陵（河北省）、○北京と瀋陽の明・清王朝皇宮（北京市、遼寧省）、○頤和園（北京市）、○天壇（北京市）、○承徳避暑山荘と外八廟（河北省）

B. ○殷墟（河南省）、○万里の長城（北京市、河北省、甘粛省）、○秦の始皇帝陵と兵馬俑坑（陝西省）、○良渚古城遺跡（浙江省）、○土司遺跡群（湖南省、湖北省、貴州省）、○ポタラ宮、大昭寺、ノルブリンカ（チベット自治区）、○上都遺跡（内モンゴル自治区）、○高句麗王城、王陵及び貴族の古墳（吉林省、遼寧省）、○左江花山の岩絵の文化的景観（広西チワン族自治区）

(2)国内外の交易路○シルクロード：長安―天山回廊の交易路網、○大運河

(3)宗教関連(宗教等に関わる歴史的建造物)

A. 三大石窟

○敦煌莫高窟（甘粛省）、○龍門石窟（河南省）、○雲崗石窟（山西省）

B. 各地の宗教施設群

○曲阜の孔廟、孔林、孔府（山東省）、○武当山の古代建築群（湖北省）、○大足石刻（重慶市）、○五台山（山西省）、○「天地之中」歴史建築群（河南省）

（注：自然遺産　三清山）

莫高窟。敦煌のシンボル九層の塔。

黄龍。五彩池と黄龍寺。

(4)街並みと景観

A. ○廬山国家公園（江西省）、○麗江古城（雲南省）、○平遥古城（山西省）、○蘇州の古典庭園（江蘇省）、○安徽省南部の古村落－西逓、宏村（安徽省）、○杭州西湖の文化的景観（浙江省）、○紅河ハニ棚田群（雲南省）、

B. 福建省、広東省○マカオ（澳門）旧市街（福建省）、○福建土楼（福建省）、○開平の望楼と村落（広東省）○歴史的共同租界、鼓浪嶼（コロンス島、福建省）○泉州：宋元の中国の海洋商業貿易センター（福建省）

(5)その他 ○周口店の北京原人遺跡(北京市）、○青城山と都江堰(四川省)

■世界複合遺産 (94-95頁)

○泰山（山東省） 一口メモ【中国五岳】、○黄山（安徽省）、○峨眉山と楽山大仏（四川省） 一口メモ【中国四大仏教名山】、○武夷山（福建省）

■世界自然遺産 (96-98頁)

A. 雲南省、貴州省、江西省他 ○三江併流（雲南省）、○澄江化石埋蔵地（雲南省）、○中国南方カルスト（雲南省、貴州省、重慶市）、○三清山（江西省93ページに記載）、○武陵源（湖南省）、○新疆天山（新疆ウイグル自治区）、○中国丹霞（広東省、福建省他）、

【2017年以降に認定された遺産】

○青海可可西里（ココシリ）（青海省）、○梵浄山（貴州省）、○湖北神農架（湖北省）、○中国の黄海-渤海湾沿岸の渡り鳥保護区群（江蘇省）

B. 四川省 ○九寨溝、○黄龍、○四川省のパンダ生息地［田中義教］

世界文化遺産（歴代王朝関連A）

（＊各頁のカッコ内の年号は世界遺産登録年を示す）

明・清王朝の皇帝陵墓群（2000年、2003年、2004年）

陵墓は風水の理論により、地下に位置し、当時の姿をほぼ残している。**明孝陵**（2003年江蘇省）は南京市にあり、明朝を建国した皇帝朱元璋の陵墓。**明顕陵**（2000年湖北省）は明嘉靖帝の父母を合葬する帝王陵墓。**明十三陵**（2003年北京市）は1409年の長陵から230年余かけた北京遷都後の13人の皇帝陵墓の総称。**盛京三陵**（2004年遼寧省）は瀋陽（盛京は瀋陽の古称）周辺にある清朝皇帝らを祀った、福陵、昭陵と永陵の陵墓の総称。**清東陵**（2000年河北省）は15基の陵墓の墓道総延長が1万4500m。**清西陵**（2000年河北省）は中国最後の封建帝王の陵墓群である。

北京と瀋陽の明・清王朝皇宮（1987年：北京、2004年：瀋陽）

故宮は北京の中心にあり、紫禁城と言われた。15世紀に明の永楽帝が北京遷都時に建設して、歴代皇帝がここで即位し政治を行なった。総面積は78万㎡。9000室の部屋があり、建物は赤い壁と美しく輝く黄色の琉璃瓦で統一されている。長方形の敷地の外周は高さ10mの城壁と幅52mの広い堀に囲まれ、各方向に門が配置されている。城内には太和殿、中和殿、保和殿の3つの正殿が並ぶ。太和殿は最も象徴的な重要な宮殿で、皇帝の即位、婚礼などはすべてここで行なわれた。**瀋陽故宮**は清朝太祖ヌルハチ等により1638年に完成した。北京故宮の約12分の1だが、八角二層の建物は、漢、満、蒙の3民族の特徴を兼ね備えている。わずかに現存する中国少数民族の地方政権の宮殿である。

頤和園：北京の皇帝の庭園（1998年：北京）

北京市の西北にある、世界で最も広い皇帝の庭園の1つ。12世紀以来の歴史があるが、1750年に大規模造営を行ない、1888年に西太后により改修された。万寿山と昆明湖を中心とし、総面積は約290万㎡、うち昆明湖が4分の3を占める。皇帝が政務を行なった仁寿殿、皇帝、皇后の生活空間、風景遊覧区域の3つのエリアに分かれる。

承徳の避暑山荘。広大な敷地に100 余の建造物。

故宮の入口、天安門。国内外の観光客で賑わう。

壮麗な「仏香閣」は高さ41m。全長728mの「長廊」欄間は華麗な絵画で彩られている。湖には石塊彫刻の36mの石の船が浮かび、「十七孔橋」は欄干に獅子540体が彫られ庭園を代表する風景となっている。

天壇：皇帝が天を祀る儀式の祭壇（1998年：北京）

北京市街の南東に位置し、総面積は270万㎡。明の永楽帝の時代に建築され、その後増改築された。配置から建築まで天地の考え方に基づき、独特の建築構造、華麗な装飾を持つ中国最大の壇廟建築物。北から祈年殿、皇穹宇（こうきゅうう）、圜丘壇（えんきゅうだん）と並んでいる。「祈年殿」は天壇の中心に位置し、歴代皇帝が豊作を祈った場所。直径30mの円形で高さ38m、中央に四季を表す4本の柱がある。「皇穹宇」は皇帝の位牌を祀る場所。周囲の回音壁は壁に向けた声で対面の壁の人と話せる。「圜丘壇」は三層の大理石の壇、皇帝が冬至に天に祈った場所。

承徳避暑山荘と外八廟（がいはちびょう）（1994年：河北省）

清朝歴代皇帝が夏の離宮とした、現存する世界最大の皇室御苑、**避暑山荘**。北京の東北250kmにあり、面積564万㎡、建物110余、塀10kmという広大さ。1703年康煕帝（こうきてい）から89年後の乾隆帝（けんりゅうてい）の時に完成した。冬も凍らない熱河泉は山荘の別名「熱河行宮（ねっかあんぐう）」の由来である。満州族の康煕帝・乾隆帝が憧れた江南の美しさを、離宮に再現している。**外八廟（がいはちびょう）**はチベット仏教を中心とする寺院群。小ポタラ宮と呼ばれる「普陀宗乗之廟」や北京の祈年殿に似た「普楽寺の旭光閣」、高さ22m余りと世界一高い木彫仏像がある「普寧寺の大乗之閣」など色彩豊か。［田中義教］

世界文化遺産
（歴代王朝関連B）

殷墟（いんきょ）(2006年：河南省)

殷(商)王朝後期の遺跡。安陽遺跡から12の陵墓と多数の祭祀用の穴が発見された。宮殿・宗廟遺構は中国古代の最先端の宮殿建築。大量の甲骨文字、王陵遺構、青銅鋳造所、工房なども発掘されている。

万里の長城(1987年)

東は河北省、北京市から、西は内蒙古、山西、陝西、寧夏、甘粛省にまたがる約8800km、世界最長の防御施設。秦始皇帝が整備し、明代まで修築増築され続け現在の姿となった。一定間隔に設けられた烽火台や砦と城壁を備えた関所を置いた。海に面した山海関（さんかいかん）、北京郊外の八達嶺（はったつれい）、慕田峪（ぼでんよく）、司馬台（しばだい）、最西端の嘉峪関（かよくかん）などが観光用に整備されている。

秦の始皇帝陵と兵馬俑坑（へいばようこう）(1987年：陝西省)

始皇帝陵は中国最大の陵墓で未発掘である。兵馬俑坑はその東側にある陪葬墓で、1974年に発見された。4つの兵馬俑坑から陶俑陶馬8000点、青銅器が4万余点等が見つかった。各坑は大きなドームで覆われ、1号坑は最大で東西210m、南北60mで、坑道は深さ4.5～6m、6000余の武士俑は等身大で、表情は皆異なる。銅車馬陳列館の2台はじめ写実性に優れ、当時の極めて高い技術は歴史価値がある。

良渚古城遺跡（りょうしょ）(2019年：浙江省杭州市)

紀元前3300年～2300年の城跡が見つかり、複雑な機能を持つ灌漑施設や墓地、祭壇跡もあり玉器などが出土している。

土司遺跡群（どし）(2015年：湖南省・湖北省・貴州省)

歴代王朝が少数民族の首長に与えた官職、「土司」の遺跡群。湖南省永順老司城、湖北省唐崖土司城遺跡、貴州省播州海竜屯遺跡が認定遺産。

ポタラ宮、大昭寺、ノルブリンカ(チベット自治区)

ポタラ宮(1994年)はラサにあるダライラマの宮殿。ラサの象徴である。7世紀にソンツェンガンポが建造し、17世紀中頃完成した。白宮は政治

万里の長城。地形に合わせて延々と連なる城壁。

兵馬俑博物館1号坑の壮観。

や生活の場、紅宮には歴代ダライ・ラマ霊廟がある。20万体を超える仏像や金を使った15mの5世ラマの陵塔は有名。**大昭寺**（ジョカン寺：2000年）は王に嫁いだ唐の文成公主らにより仏教が導入されたことが起源である。本堂には黄金の釈迦牟尼像が安置されている。

ノルブリンカ（羅布林卡：2001年）はダライ・ラマの夏の離宮。18世紀に造園が始まり、1950年代に2階建てのタクテン・ポタンも完成。

■上都遺跡（じょうと）（2012年：内モンゴル自治区）

元朝初代皇帝のフビライによって建設された都城跡である。1256年に建設された開平府はその後上都と改称した。1271年国号を元と改め、都を大都（現在の北京）において以降、上都は夏季の首都として利用されていた。1275年にはマルコポーロも訪問している。

■高句麗王城、王陵及び貴族の古墳（2004年：吉林省、遼寧省）

高句麗時代の40余の遺跡群。五女山城（ごじょさんじょう）は高句麗王朝の最初の都。国内城と丸都山城（がんとさんじょう）は1～5世紀に栄えた都である。洞溝古墳群には王陵や大量の王室貴族の墓が現存。好太王の墓碑には漢字の碑文が刻まれる。

■左江花山（さこうかざん）の岩絵の文化的景観（2016年：広西チワン族自治区）

紀元前5世紀以降チワン族の祖先が左江とその支流の断崖に描いた5000点以上の岩絵。色鮮やかでほとんどが人物像であり儀式などが描かれている。［田中義教］

世界文化遺産（国内外の交易路）

■シルクロード：長安―天山回廊の交易路網（2014年）

かつての「シルクロード」の一部。他国との共有遺産で、現代の「一帯一路」にもつながる。世界最長規模で中国部分22ヵ所のうち陝西省以東では、①西安の**前漢長安城未央宮遺跡**、②**唐長安城大明宮**、③洛陽の**後漢北魏洛陽城**、④**隋唐洛陽城定鼎門**。重要な関所と道では⑤**新安県漢代函谷関**、⑥**石壕地区崤函古道**（こうかん）が認定。仏教遺産では⑦**大雁塔**、⑧**小雁塔**、⑨**興教寺塔**。石窟群の⑩甘粛省天水郊外の**麦積山石窟群**、⑪**彬県大仏寺石窟**、⑫漢代に西域各地を回った**張騫の墓**（陝西省漢中市）。

河西回廊地区は、石窟寺院の⑬甘粛省蘭州郊外の**炳霊寺石窟寺院**、交通および防衛施設の⑭**鎖陽城**、⑮**懸泉駅站**、⑯**玉門関がある**。

天山南路・天山北路地区では、交通の要衝、防衛等の遺跡では、新疆ウイグル自治区の⑰**北庭故城**、⑱**高昌故城**、⑲**交河故城**の遺跡、遺構がある。仏教遺跡として、⑳**キジル石窟寺院**、㉑**スバシ仏教寺院址**、その他に烽火用に築かれた㉒**キジルガハ烽火台**などがある。

■大運河（2014年）

紀元前から始まり隋代には内陸部を結ぶ大交通網となる。5大河川流域を結び、北京から杭州に至る世界最古の長い人工の大運河。歴代王朝の維持拡張を経て元代には総延長2000km以上に及ぶ。構成要素は31。

1 **隋唐の時代の大運河**　**通済渠**は黄河から淮河に至る運河（洛陽、鄭州、商丘、安徽省）、**永済渠**は隋代に黄河から分流した運河（河南省）である。

2 **京杭大運河**　**里運河**は**江蘇省淮安**、揚州（痩西湖等）、**江南運河**は常州、無錫、蘇州（盤門、宝帯橋等）、浙江省、**通恵河**は北京（玉河故道、什刹海、等）、**北運河**は天津、**南運河**は河北省、山東省、**会通河**は山東省、**中運河**は山東省台児荘段運河、江蘇省の施設が含まれる。

3 **浙東運河**　浙江省紹興（八字橋等）、寧波。［田中義教］

世界文化遺産（宗教関連A：三大石窟）

■敦煌莫高窟（1987年：甘粛省）

シルクロードの要衝、敦煌鳴沙山（めいさざん）の絶壁にあり、「千仏洞」とも呼ばれる。4世紀頃から、千年にわたり掘られた仏教芸術の聖地である。現存する492の石窟は、最大268㎡、最小は1㎡未満、彩色塑像は2415体が保存されている。壁画は45,000㎡に及び、1900年に発見された6万件の重要な資料は歴史の宝庫である。莫高窟のシンボルは9階建ての楼閣で断崖と同じ高さ、敦煌芸術のシンボルは空中を舞い仏を讃える天女、「飛天」である。楼閣の中の高さ35.6mの弥勒大仏坐像は、土を盛り上げて作った石胎塑像で、中国で3番目の大きさの仏坐像である。

■龍門石窟（2000年：河南省）

洛陽の南にあり、5世紀、北魏の時代から400年以上をかけて完成した。伊水沿いの東西の断崖絶壁に南北1kmにわたって、全部で2100余窟あり、高さ17mからわずか2㎝の像まで、10万体余りの仏像が保存されている仏教美術の宝庫。「賓陽中洞」は北魏の石造芸術の代表作である。「奉先寺」石窟には龍門最大の17.14m、耳だけでも1.9mの盧舎那仏座像がある。「万佛洞」には15000体以上の大きさの異なる仏像がある。「古陽洞」には北魏時代の書道芸術、「龍門二十品」がある。

■雲崗石窟（2001年：山西省）

大同西郊、武周山の南麓1キロにわたり1500年前の北魏時代から掘り始められた仏像群は石窟数252窟、大小仏像は5万体が現存する。龍門石窟などに芸術上の影響をもたらした。数センチから17mに達する仏像が、東、中央、西の3つに分かれ、最も早い時期は第16番～20番石窟「曇曜五窟（うんようごくつ）」。北魏の5世紀半ばに、当時の僧により彫られた。第20窟の釈迦牟尼坐像は高さ13.75m、ボリューム感に溢れた巨大な如来像で、雲岡の代表作である。6窟には釈迦の誕生から涅槃までを浮き彫りにした仏伝図が彫られている。［田中義教］

世界文化遺産（宗教関連B：各地）

■曲阜の孔廟、孔林、孔府（1994年：山東省）

山東省曲阜は周王朝の魯国の都でもあり、孔子と子孫を祀った孔子廟、邸宅である孔府、孔子と孫たちの墓地である孔林を「三孔」と呼ぶ。**孔廟**には百以上の建築物に466の部屋を有し、大正殿は高さ約24mの石柱が28本で、故宮、泰山の天貺殿（てんぎょうでん）とともに三大殿と呼ばれる。**孔林**は2500年以上を経た一族の墓が約2㎢、10万本以上の木々の間に眠る。**孔府**は孔子の直系が暮らしていた住宅。480以上の部屋数を有し、明、清の皇宮に次ぐ規模である。

■武当山の古代建築群（1994年：湖北省）

「北の少林寺、南の武当山」と称され全国道教の中心的地位にある武当拳術の発祥の地。総面積312㎢を占め72の廟など膨大な元・明時代の道教建築群があり、「道教の文物倉庫」と呼ばれる。明の永楽帝時代建造の「紫霄殿」と「金殿」が有名だ。紫霄殿は間口30m、高さ18mで華麗で荘厳な雰囲気を持つ。金殿は、天柱峰（金頂）の頂上にあって金メッキが施された中国に現存する最大の銅鋳造建造物である。

■大足石刻（1999年：重慶市）

晩唐以降から宋代に北山、宝頂山など5ヵ所に彫られた摩崖石刻像の総称である。仏教の他に儒教・道教の像もある。「**北山石刻**」では普賢菩薩像はじめ20体余りの菩薩像、「観無量寿仏経変相」などが有名で、4600体余りが現存する。「**宝頂山石刻**」には全長31mの「釈迦涅槃像」、「千手観音像」、手の上に石塔をのせた「華厳三聖仏像」などがある。

■五台山（2009年：山西省）

世界五大仏教聖地の1つであり、中国の四大仏教名山の1つ。5つの山峰に囲まれ、北台は最高峰で華北の屋根と称される。後漢から清の時代までに建立された53の寺院がある。国内で唯一、青廟（漢族仏教）と黄廟（チベット仏教）が共存して、経を読み、法を説く。唐代には日本から円仁

孔廟には多くの建物があり、孔子手植えの檜の碑もある。

大足石窟の釈迦涅槃像。

らも訪れた。最大の顕通寺は8万㎡の敷地に400以上の部屋がある。塔院寺には高さ70余mの大白塔がある、南禅寺は現存する世界最古の木構造建築の1つ。仏光寺は中国古建築の傑作と称されている。

「天地之中」歴史建築群（2010年：河南省）

嵩山（すうざん）にある漢代以降に建てられた8ヵ所11件の歴史的建造物の総称である。**嵩山三闕**（さんけつ：廟などの両脇に設置された石の彫刻）は2世紀に建てられ石闕のみが残されている。**中岳廟**は前漢の武帝の建造で現存廟は明代、清代に改修された。**嵩岳寺塔**は北魏年間建造の中国で現存する最古の煉瓦塔。十二辺形、高さ36m余ある。**少林寺初祖庵**は宋代の建物で、大殿は北宋代に建造された。少林寺塔林は歴代高僧の墓地で、唐代以後の古塔が228ある。

注：自然遺産　三清山（2008年：江西省）

三つの峰を持つ道教の霊山。三清は道教の最高神格である太元、道、老子を指し峰をそれになぞらえた。八卦により配置された三清宮と230余の古建築群は1600数年の歴史を有する。「山を出るニシキヘビ」など不思議な形の峰と奥深い渓谷、急流瀑布などの景観や、南清園など九大観光地区、玉女開懐などの十大絶景がある。［田中義教］

世界文化遺産（街並みと景観A）

盧山国家公園(1996年：江西省)

晋代から中国仏教浄土宗の中心で北に長江、東に鄱陽湖を望み多くの文人墨客に愛された。清代後半から避暑地として利用され、宋美齢の美廬別荘など、様式の異なる建物が山中に立ち並んでいる。山岳面積が9割以上、主峰は標高1474m。「断崖絶壁、雲海、瀑布」の三つの景観や霧、ブロッケン現象、蜃気楼等も望め、書道や山水画などに幽玄な美を多く残している。絶壁にある仙人洞、大きな窪みの含鄱口、大天地と龍首崖、朱熹の「白鹿洞書院」、白居易の書を刻んだ花径も知られる。

麗江古城(1997年：雲南省)

東巴(トンパ)文化を持つ納西(ナシ)族の王都であった麗江は城壁がなく「四方街」を中心に広がる石畳と、木造民家の街並みは数百年変わらない。標高2400m、1年中温暖で過しやすい。3本の川が市内を貫き、建物が川沿いに建つ。「玉泉公園」には雪山を水面に映す「黒龍潭」や「五鳳楼」、白砂村には仏教や道教、ラマ教などの教えをまとめた珍しい壁画も見られる。

平遥古城(1997年：山西省)

西周代以来2700年の歴史を有し、周囲6km、高さ約12mの城壁がほぼ完璧な状態で残る。城内は4本の大通り、8本の裏通りなどによって巨大な八卦の図案を形成する。古くからの商店街「南大街」、市が開かれていた「市楼」、明代からの造り酒屋「長昇源」、中国初の銀行「日昇昌」なども残っている。住宅街には北京で見られる四合院形式の民家が立ち並ぶ。近郊の「**双林寺**」「**鎮国寺**」もそれぞれ1400年、1000年以上の歴史を有し、「一城両寺」が世界文化遺産に登録された。

蘇州の古典庭園(1997年、2000年：江蘇省)

紀元前6世紀頃に建都後、明清代を中心に、中国式庭園が最盛期には200ヵ所以上に達した。現存する数十ヵ所の庭園のうち、**拙政園**(1997年)は蘇州古典庭園の中で最大面積。**留園**(1997年)は最も建造物が多い。**網**

平遥古城の中心、南大街から市楼を見る。

麗江。ナシ族伝統の木造民家の街並みが広がる。

師園（1997年）は、中小規模の古典庭園の代表作。**環秀山荘**（1997年）は3分の1が山である。**滄浪亭・獅子林・耦園・芸圃・退思園**（2000年）も江南地方の民俗建築の代表的特色を有する。

安徽省南部の古村落——西遞、宏村（2000年：安徽省）

黄山の南西麓にある伝統的古村落は安徽省の特色ある建築で、古い農村の道の様式や旧建築、装飾物、給水システムなども整備されている。**西遞**は900年以上の歴史を持ち、明清の旧民家124棟がある。明代の胡文光刺史牌坊は5階建て3棟。**宏村**は南宋代以来の歴史があり、明·清時代の旧建築物137棟が現存する。承志堂は「民間故宮」と呼ばれている。

杭州西湖の文化的景観（2011年：浙江省）

「天に極楽、地上に蘇・杭（蘇州・杭州）」と称された杭州の景観地。「**西湖十景**」は、白居易が造成した白堤の絶景「断橋残雪」、白堤西側にある島の倒影が美しい「平湖秋月」、ハスの花が見事な「曲院風荷」、蘇東坡が造った土手の「蘇堤春暁」、中秋の名月で醸し出す月明かり「三潭印月」、鯉、牡丹で華やかな「花港観魚」、南屏山の寺の鐘が優雅な「南屏晩鐘」、その他「雷峰夕照」、「柳浪聞鶯」、「双峰挿雲」からなる。

紅河哈尼（ハニ）棚田群（2013年：雲南省）

紅河の南岸に位置する元陽、緑春、金平などの県ではハ二族住民により古くから続けられてきた棚田が広がっている。15度から70度を超える山の急斜面に無数に連なるさまは威容、夕暮れなどは神秘的である。［田中義教］

世界文化遺産（街並みと景観B：福建省、広東省）

マカオ（澳門）旧市街（2005年：広東省）

ポルトガルの植民地支配を経て1999年に中国に返還された。400年以上の歴史を経て、建築物、広場等が当時の面影を残す。仏教、キリスト教、イスラム教などが混在し、中国最古の教会遺跡、西洋式砲台や中国初の西洋式劇場、灯台、大学などがある。500年以上の歴史を持つ媽閣廟（媽祖閣）、聖ポール天主堂跡（大三巴牌坊）等も有名だ。

福建土楼（2008年：福建省）

かつて華北から移住してきた客家（はっか）の人々が、今でも住居として使っている集合住宅。独特の円形や方形の形状で、獣や外敵の襲来に備え3、4階建てが多く、直径が70m以上、高さは20m近いものもある。外観は土で囲まれた壁、内部は蜂か蟻の巣のように仕切られた部屋がある。素材は土や石、木材などで、冬は暖かく夏は涼しい。1階は家畜の飼育場、共同作業場、2階が食堂、上階が居室というものが多い。

開平の望楼と村落（2007年：広東省）

外敵からの防御用、また帰国華僑が建てた望楼群。中洋混合式など多種多様な建築が最盛期には3000棟以上に及んだ。400年以上前に建てられた迓龍楼、「華僑村」自力村望楼群、馬降龍望楼群なども有名。

歴史的共同租界、鼓浪嶼（コロンス島）（2017年：福建省）

20世紀初め列強の共同租界に、民国時代に華僑が別荘を建てたことから多様な様式の建築が残り「万国建築博物館」と呼ばれる。清朝に対抗した鄭成功が要塞を築いた場所でもある。島内中央部の月光岩から市内を一望できる。豊かな自然環境から「海の花園」とも呼ばれる。

泉州：宋元の中国の海洋商業貿易センター（2022年：福建省）

福建省の泉州は歴史的に「海のシルクロード」の拠点。特に宋、元代には世界最大の港の1つだった。近年の「一帯一路」構想の海上版とも言え、当時の行政施設、建物など22ヵ所が認定された。［田中義教］

世界文化遺産（その他）

周口店の北京原人遺跡（1987年：北京）

北京市南西部にある旧石器時代洞穴遺跡群で、類人猿から現代人への進化過程を反映する遺跡である。1923年スウェーデンの地質学者が歯の化石を発見し、約50万年前から約20万年前の直立人と推定され、北京原人と名付けられた。その後1929年中国の考古学者が完全な頭蓋骨を発見し、周辺から約40体分の男女の化石や石器10万点、骨器などが発掘され、生物進化や人類文化の研究に大きな影響を与えた。出土した資料群は、遺跡に隣接する北京猿人展覧館に展示されている。

青城山と都江堰（2000年：四川省）

省都成都の西にあり、1年中樹木が青々とし、峰々が城郭のように見え**青城山**の名がついた。主峰は標高1600m余。後漢時代に伝道が始まって以来、道教発祥の地、聖地の1つとして知られる。隋代創建の天師洞には玄宗皇帝の詔書などが保存され、晋代の上清宮には道士が今も暮らす。多くの寺院である道観、洞窟をくりぬいた朝陽洞なども見所。

都江堰（とこうえん）は青城山の南西にあり、2200年以上前に作られた世界最古の巨大な水利施設である。秦代の蜀郡の太守である李冰（りひょう）親子により着工され、その後数百年で完成した。岷江（みんこう）の水を3つの堤防状構造物により、ダムを造らず分水する（「魚嘴」）、排出する（「飛沙堰」）、運河へ導水する（「宝瓶口」）ことで、四川省を「天府の国」と言われるまでに豊かな場所にした。李冰親子を祀る二王廟から全貌を見ることができる。

◆一口メモ：【愛国主義教育模範基地】

中国政府が制定した「愛国主義教育実施要綱」により、国民が民族と国家に誇りを持つための教育の場として1997年に定めた。世界遺産の中でも**故宮**（北京）、**万里の長城**（八達嶺）、**周口店遺跡、孔子旧居、殷墟、都江堰、秦始皇帝兵馬俑、敦煌莫高窟、嘉峪関**などが指定されている。［田中義教］

世界複合遺産（4ヵ所）

人里離れ自然に恵まれた山々には古くから寺社仏閣が建立され信仰の対象となっていることも少なくなかった。それらは文化、自然を兼ね備えた複合遺産として登録されている。

泰山（1987年：山東省）

古くは岱山と称し、信仰の対象として秦漢時代より、皇帝が天地を祀る儀式「封禅」を行なった神聖な山、中国の名山「五岳」の中でも代表格である。標高1524mの主峰玉皇頂を中心に、景勝地が放射状に分布している。泰山には多くの石窟、滝、泉等の自然と古建築物、始皇帝が建てた記念碑をはじめ、文人墨客らの石刻等の文化財が揃う。日の出、雲海、夕霞夕焼け、対松絶奇、桃園精舎、霊岩景勝などが有名。約7000段の階段、最大の難所・十八盤を越え、南天門を経て山頂の玉皇閣に至る。周辺の行宮区には廟が多数ある。麓の岱廟の天貺殿は中国三大宮殿建築の1つとして有名である。

◆一口メモ：【中国五岳】

東岳**泰山**、西岳**華山**（陝西省）、南岳**衡山**（寿岳：湖南省）、北岳**恒山**（山西省）、中岳**嵩山**（河南省）

黄山（1990年：安徽省）

奇松、怪石、雲海、温泉を「黄山四絶」と呼び、4つの要素が複合して独特の景観をつくっている。72峰が連立し、三大主峰は1800mを超え、最高峰の蓮花峰は1873mの高さ。来客を歓迎するかのような迎客松、山頂にどこからか飛んできて突き刺さったかのような巨岩、飛来石、そして峰々が折りなす風景は古来より文人たちにより水墨画に描かれ、6世紀以降の詩文や経文を刻んだ石刻も点在する。六大観光地区は、温泉地区、雲谷地区、松谷観光地区、北海地区、黄山の中心観光地である玉屏地区そして白雲地区が絶景で有名。山麓の黄山毛峰茶もよく知られている。

楽山大仏は切り立った断崖に立っている。

泰山の山頂付近の巨岩に彫られた唐代の碑文。

■峨眉山と楽山大仏（1996年：四川省）

「蛾の触角のように形が美しい眉のような、美人」から名前がついた。主峰の万仏頂は標高約3100m。手前の金頂からの景色が素晴らしく、特に日の出、雲海、時に仏光（ブロッケン現象）等が神秘的。中国仏教四大名山（一口メモ参照）の1つで2世紀以降多くの寺が建立され、26の寺がある。明代の報国寺や、980年に鋳造された普賢菩薩像が安置されている万年寺が有名だ。

楽山大仏は世界最大の石刻座像である。峨眉山から約40 km、岷江、青衣江、大渡河の3つの川の合流地付近にある。氾濫や水難事故を鎮める目的で、8世紀に約90年かけ建てられた。大仏の高さは約71m、顔の長さだけで14.7m、世界で最大の石刻大仏。

◆一口メモ：【中国四大仏教名山】

峨眉山、五台山（山西省）**、普陀山**（浙江省）**、九華山**（安徽省）

■武夷山（1999年：福建省）

典型的な丹霞地形で面積は1000㎢にわたる。36峰からなり、7峰は2000m以上、両岸に奇岩が屹立する中を全長60㎞の九曲渓が縫うように流れ、竹製いかだの川下り、山頂の天遊峰からの眺めはまさに絶景。唐代からの寺院、磨崖仏や碑文も多数現存する。宋代の儒学者、朱熹は約50年間武夷山で著述を行い、弟子を育てた。付近は高級ウーロン茶の産地である。［田中義教］

世界自然遺産A（雲南省、貴州省、江西省他）

■三江併流（2003年：雲南省）

長江、メコン川、サルウィン川上流部は深さ三千数百mの峡谷、高さ6000mの氷山地帯で川の字のように併流する。この地域は中国でも生物の多様性が最も豊富な場所として知られる。

■澄江化石埋蔵地（2012年：雲南省）

約5億3000万年前（カンブリア紀）に生息していた三葉虫などの化石が1984年に発見された地帯で中国初の化石類世界遺産登録となる。

■中国南方カルスト（2007年：雲南省石林、貴州省茘波、重慶市武隆）

「天下第一の奇観」**石林**は岩石の形状が剣状、柱状など様々で、高さ30mの奇岩もある。園内遊歩道は迷路のようである。**茘波**は世界最大級のカルスト原始林で、大七孔、小七孔は代表的な景勝地。**武隆**は秋吉台のほぼ3倍の「芙蓉洞」、巨大な穴の「天坑三橋」、地下深くの「地縫」等が有名。

■三清山（2008年：江西省）89頁に記載。

■武陵源（1992年：湖南省）

張家界、索渓峪、天子山など3つの自然保護区からなる壮大なカルスト地形の奇観。3000本以上の石柱が立ち並び、その高さは300mにもなる。映画「アバター」の撮影地としても有名。鍾乳洞が数多く、黄竜洞は10万㎢、全長7.5km、垂直の高度140mもある。

■新疆天山（2013年：新疆ウイグル自治区）

天山山脈は多数の山脈からなり、タリム盆地の北に位置する。多くの山には万年雪が見られ、その景観は美しい。東西交易のルートとして、南麓は天山南路、北麓は天山北路として知られる。

■中国丹霞（たんか）（2010年：広東省、福建省、その他）

赤いカルスト状地形を丹霞と呼び6地域が登録された。**丹霞山**（広東省）はネアンデルタール人の頭骨化石が発見された。**泰寧**（福建省）は丹霞地

武陵源「林が十万、峰が三千、水が八百」の仙境。

石林カルスト地形の大展示場のような奇岩怪石の群れ。

形最大規模。高さ100mを超す絶壁、岩肌の奇岩など典型的特徴を有する。**龍虎山**（江西省）の奇峰には断崖絶壁に棺の数100以上の懸墓遺跡がある。**江郎山**（浙江省）は約370mの岩山。へばりつくように架けられた3500段の階段で登頂が可能。山頂に「川」の字形をなす大石がある。**崀山**（ろうざん）（湖南省）の奇岩怪石の山々は、鯨の群れに似る。**赤水**（貴州省）は十丈洞大瀑布、仏光岩などの観光地はじめ滝が数千ヵ所あり、「滝の故郷」とも呼ばれる。

2017年以降に認定された自然遺産

中国でも環境保護政策を強めており希少生物の居住地域では環境保護を進め、世界遺産に認定された。**青海可可西里**（ココシリ）（2017年：青海省）は中国で最も面積の広い世界遺産の１つ。高原の動植物が多数生息し、絶滅が危惧されるチベットカモシカの主要な繁殖地。**梵浄山**（ぼんじょうざん）（2018年：貴州省）は省東北部にあり、武陵山脈に属する。キンシコウなどの希少生物の宝庫であるとともに、目もくらむ高さの頂上にある佛寺が観光の魅力だ。**湖北神農架**（2018年：湖北省）は中国で唯一「林区」と名づけられた行政区。希少動植物が生息、北緯30度帯で森林植生が最も完全な状態で残っている。キンシコウは1300匹以上生息している。**中国の黄海―渤海湾沿岸の渡り鳥保護区群（第１段階）**（2019年：江蘇省）保護区は世界最大級の干潟で、豪州に到る渡り鳥の移動ルートの中心であり、多くの鳥が休息、越冬、繁殖する。春・秋には300万羽以上の渡り鳥が通過し、一部が保護区内で冬を越す。［田中義教］

世界自然遺産B（四川省）

九寨溝（1992年：四川省）

岷山山脈の深い渓谷沿いの原生林の中にY字の形をした3つの谷があり、大小100以上の湖と諾日朗の滝など17の滝が点在する。チベット民族の居住地で、マニ車型の水車、五色のタルチョなど、民族の風情を成している。驚くべき水の透明度、鏡のように光を反射して輝く水面の美しさ、雄大な山の眺めが見どころ。海抜2000m以上で、最も奥の長海は標高3100mを超える。高山植物や漢方薬草の宝庫で、パンダ、キンシコウ、カモシカや170種類の動物と141種類の野鳥が棲息。

黄龍（1992年：四川省）

四川省の西北部に位置し、九寨溝に近く、彩池、雪山、渓谷、森林の「四絶」を擁する美しい高原湿地。石灰岩を含む湧水が流れ、途中堰き止められて幾層もの段々畑状をなし、黄土色の渕が形成されて、あたかも山を上る龍の鱗を連想させる。水は透明なコバルトブルーで美しい。入口から設けられた木道を登っていくと風景区最高地点にある五彩池と明代建立の黄龍寺がある。標高は3900mと富士山より高く、色とりどりに湖面が美しく変わる彩池からなっている。

四川省のパンダ生息地（2006年：四川省）

四川省中央部の臥龍、雅安等に自然保護区が7ヵ所、四姑娘山などの風景名勝区が9ヵ所ある。整備された環境にあり、パンダ保護だけでなく、繁殖基地でもある。飼育ゲージ内の体長20cm位の幼いパンダから大小の子パンダ、野外の樹木上の成長したパンダまで養育しており、野生に帰す取り組みも行っている。この地域には世界中のパンダの30％以上が生息している。ジャイアントパンダ（中国名：大熊猫）、レッサーパンダ（同：小熊猫）以外に、雪豹（同：艾葉豹）および雲豹（中国名も同じ）のような絶滅危惧種の重要な保護地域でもある。［田中義教］

第２部

政治経済

4
政治と法

中華人民共和国国徽。

執筆
高見澤磨／丸山至

中華人民共和国憲法

中華人民共和国は、今まで1954年、1975年、1978年、1982年の4つの憲法を制定してきた。このうち1978年憲法は、1979年と1980年の2回の部分改正を経ている。1982年憲法は、1988年、1993年、1999年、2004年、2018年の5回の部分改正を経ている。2018年改正を経たものが現行憲法である。本書では、特段のことわりがないかぎり、現行憲法をもとに説明している。

1954年憲法制定まで臨時憲法の役割を担っていたのは、中華人民共和国成立直前の1949年9月に制定された中国人民政治協商会議共同綱領であった（118頁「中国人民政治協商会議」参照）。

近代の立憲の試み

なお、近代においては、まず清末に立憲君主制が目指され、1905年（光緒31年）には立憲大綱、1906年に（光緒32年）には予備立憲の上諭（立憲制度の準備を行う旨の勅令）、1908年（光緒34年）には憲法大綱、1911年（宣統3年）の辛亥革命勃発後には十九条信条などを発したが、正式な憲法制定にはいたらぬまま清朝は滅びた。

中華民国も立憲共和制を目指したが、憲法制定は難航した。1912年の臨時約法など臨時の基本法でしのぎ、また、1923年公布の憲法のように、議員に対する買収や脅迫によって制定されたと言われて、中国の憲法の歴史の中に数えられていないものもある。

1947年に中華民国憲法が制定された。これは国民党政府が台湾に逃れてからも中華民国憲法として現行憲法である。但し、1948年には内戦を背景として「動員戡乱（かんらん）時期臨時条款」によって憲法上の権利が停止され、また、1949年には台湾省に戒厳令が敷かれたため、台湾において立憲主義が実現するのは、1987年の戒厳令解除および1991年の臨時条款修了を待たなければならなかった。

中華人民共和国国徽。五星、天安門、穂、歯車からなる。憲法137条で定められている。

中華人民共和国国旗。五星紅旗と呼ばれる。憲法136条で定められている。

中華人民共和国の立憲主義の道

中華人民共和国の立憲主義への道もまた平坦ではない。1954年憲法は、1953年から始まる第1次5ヵ年計画を前提とするものであり、第1次5ヵ年計画策定時は3度の5ヵ年計画、計15年かけて徐々に社会主義化することとされていた。したがって、1954年憲法は、多様な所有形態や経営形態を,認めるものであった。ところが1956年頃に急速に社会主義化が進み、都市部の主な商工業企業は国営企業となり、農村では協同組合型農場である合作社が形成された。憲法と社会実態とが乖離したが、乖離を是正する憲法改正も、社会を憲法にあわせることもなされず、文化大革命末期のその状況を前提とする1975年憲法が制定されるまで、そのままであった。

現行の1982年憲法も、制定時には、計画経済メカニズムを主としつつ、市場メカニズムを部分的に導入し経済を活性化させることを前提としていた。1992年の鄧小平による南巡講話以降は市場メカニズムが全面的に導入されるようになったが、部分改正でしのぎ他面では、中国共産党が指導する政治システムの強化を図っている(118頁「中国共産党」参照)。憲法が定める国家機構については、104頁「全国人民代表大会と地方各級人民代表大会」、111頁「国務院」、112頁「国家主席」、113頁「国家監察委員会」、114頁「中央軍事委員会」、120頁「自治」、132頁「司法」を参照されたい。[高見澤磨]

全国人民代表大会と地方各級人民代表大会

全国人民代表大会

全国人民代表大会（日本では「全人代」と略称されることが多い。中国では「全国人大」と略称される）とは、最高国家権力機関であり、その閉会中の常設機関として全国人民代表大会常務委員会（中国では「全国人大常委会」と略称される）が置かれている（憲法2条、57条）。日本国憲法41条も「国会は、国権の最高機関である」旨定めるが、その含意は異なる。

日本国憲法は、権力分立を前提としているので、国会は、内閣や最高裁判所よりも上位の国家機関ではない。国民の代表である議員によって構成される議会を尊重する美称であり、せいぜい、国会・内閣・最高裁判所のいずれの権限に属するか不明のときにはとりあえず国会に属すると考える程度の意味しかない。

他方、中国の全国人民代表大会は、権力分立を否定し、権力集中型民主主義の原則に立つ（民主集中制という。憲法3条）。全国人民の代表によって構成される機関であるが故に、最高の国家権力機関であり、行政・司法・軍事を束ねる立場にある。この系譜は、パリ・コンミューンやロシア革命後のソビエト制度（ソビエトとは、ロシア語で会議体を指し、各地の会議体が上位の会議体を設立し、最終的には連邦最高ソビエトが全体を束ねることとなっていた）に淵源を持ち、中国の人民代表大会制度に至る。

全国人民代表大会は、台湾を除く22省、5自治区、4直轄市の人民代表大会及び人民解放軍並びに2特別行政区（香港・マカオ）から選出される代表と台湾省籍の中国在住者の代表とによって計3000人以下の「全国人民代表」と呼ばれる代議員によって構成される（任期は5年。憲法60条）。近年では、春に1週間から10日程度開かれ、閉会中は、全国人民代表大会常務委員会が開催されて職権を行使する。

地方各級人民代表大会

農村部の最末端の政府組織は、「郷」と「鎮」とであり、その上に「県」

人民大会堂メインホール。万人大会堂とも呼ばれ、全国人民代表大会や党大会が行なわれる。

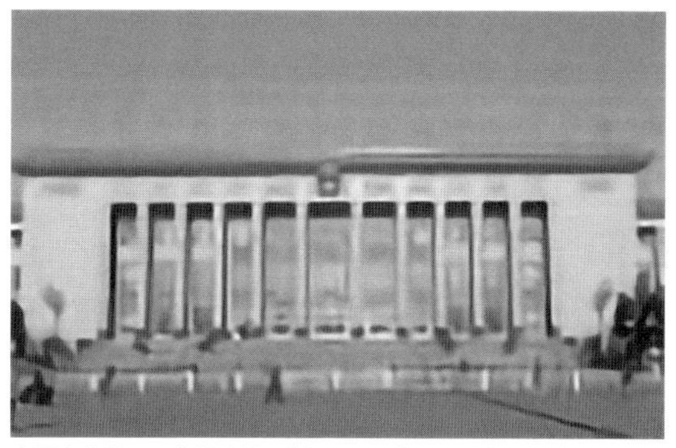
人民大会堂。天安門広場西側にあり、全国人民代表大会が開催される。

が置かれる。また、都市部では、大きな「市」のもとに置かれる「区」や県と同レベルの「市」が最末端の政府組織である。これらは、それぞれ人民代表大会を持ち、そのもとに行政機関として人民政府が置かれる。また、都市部では、大きな「市」のもとに置かれる「区」や県と同レベルの「市」が最末端の政府組織である。現在は、この「郷」「鎮」「県」県と同格の「市」、大きな市の「区」レベルまでが住民の直接選挙によって「人民代表」と呼ばれる代議員が選ばれている。これよりも上のレベルは、下のレベルの人民代表大会によって選ばれる間接選挙である。

「郷」「鎮」以外の人民代表大会もその常務委員会を設けている。

選挙

かつては1票の価値は都市部の方が農村部より意識的に高く設定されていたが、2010年の選挙法改正により、1対1となった。都市化の進展を背景とするのであろう。

選挙の際には、定数に対して一定以上かつ一定以下の候補者を立てることとなっているので必ず落選者が出る（中国語で「差額選挙」という）。候補者選定の段階で予備的な調整が行なわれるため、選出された代議員の構成は、共産党員が多数を占めつつも、民主党派所属の人や無党派人士も含まれ（政党については、120頁「中国共産党」を参照）、都市と農村、男女、漢族と少数民族などにおいても、一定のバランスのとれた結果を示している。［高見澤磨］

附表
全国人民代表大会および全国人民代表大会常務委員会の職権

全国人民代表大会の職権(憲法58, 62, 63, 64条)

①憲法改正。

②憲法施行の監督。

③基本的法律の制定・改正。

④「国家主席」・同副主席の選出(112頁「国家主席」参照)。

⑤国務院総理の選出(国家主席の指名に基づく。111頁「国務院」参照)。

⑥同副総理・国務委員・各部部長・各委員会主任・監査長・秘書長の選出(国務院総理の指名に基づく)。

⑦中央軍事委員会主席の選出(114頁「中央軍事委員会」参照)。

⑧中央軍事委員会委員の選出(中央軍事委員会主席の指名に基づく)。

⑨国家監察委員会の選出

⑩最高人民法院長の選出、

⑪最高人民検察院の選出。

⑫「国民経済および社会発展計画」に関する審査・承認。

⑬予算に関する審査・承認。

⑭全国人民代表大会常務委員会の不適切な決定の改廃。

⑮省・自治区・直轄市の設置の承認。

⑯特別行政区の設立。

⑰戦争・平和の問題の決定。

全国人民代表大会常務委員会の職権(憲法67条)

①憲法解釈、

②憲法実施の監督

③全国人民代表大会が制定すべき法律以外の法律の制定。

④全国人民代表大会が制定した法律の改正。

⑤法律の解釈。

⑥「国民経済および社会発展計画」や予算の執行過程での部分的調整

プログラムの審査・承認。

⑦国務院・中央軍事委員会・最高人民法院・最高人民検察院の任務遂行の監督。

⑧憲法・法律と抵触する国務院が制定する行政法規・決定・命令の取り消し。

⑨憲法・法律・行政法規と抵触する省・自治区・直轄市の地方性法規および決議の取り消し。

⑩全国人民代表大会閉会中の国務院の部長等の選出（国務院総理の指名に基づく）。

⑪全国人民代表大会閉会中の中央軍事委員会委員の選出（中央軍事委員会主席の指名に基づく）。

⑫最高人民法院院長の提案に基づく同副法院長・裁判官・裁判委員会委員・軍事法院院長の任免（裁判制度および以下の検察制度につき138頁「司法」を参照）。

⑬最高人民検察院検察長の提案に基づく同副検察長・検察官・検察委員会委員・軍事検察院検察長の任免と省・自治区・直轄市の人民検察院検察長の任免の承認。

⑭駐外全権代表の任免。

⑮条約の承認・廃棄。

⑯軍人・外交官その他の専門官の官等制度。

⑰勲章・栄誉称号の決定・授与。

⑱特赦。

⑲戦争状態宣布。

⑳総動員・局部動員の決定。

㉑緊急状態の決定。［高見澤磨］

「公民」と「人民」

中国では、法や政治の分野で人や人々を表すいくつかの言葉がある。

■「公民」と「人民」(あわせて「工人」「農民」「労働者」)

憲法の第2章は「公民」の基本的権利および義務を定めている。憲法33条は中国籍を有する人を中華人民共和国「公民」としているので国民と訳すこともできる。国家の一員であって初めて権利の主体となることが含意されているので、市民という訳も可能である(古代ローマを想起されたい)。訳さないで公民と表記するという手もある。どう訳しても説明が必要な言葉である。

中国国籍を有する人の集合を「公民」とすると、その大部分は「人民」であり、それ以外に少数ではあるが、「人民」の敵となる人々がいるというのが中国の法や政治の発想である。憲法1条に言う人民民主独裁と言うときの「人民」や、憲法2条が「中華人民共和国の一切の権力は、人民に属する」と言うときの「人民」はこれである。

人民民主独裁とは、「工人階級」(労働者階級)が指導し、「工農聯盟」(労農同盟)を基礎とする(憲法1条)。故に、「人民」とは労働者階級や農民階級に属する人々からなる。農民は、人民の中の指導階級ではなく、指導階級たる労働者の同盟者であるという扱いであり、かつては農村部と都市部とでは1票の価値は、前者の方が低く設定されていた。現行の選挙法では1票の価値は同等に設定されている。

今日では、知識人や企業家も労働者階級に準じて扱われるし、利子・配当・家賃収入がある人も含まれるので、人民の範囲は広い。勤労者全体を指していうときには、憲法序言第10段落は「労働者」という言葉を使っている。

■「自然人」「法人」「その他の組織」「非法人組織」

1986年制定の民法通則では、民事法上の主体を「公民」と「法人」とに限っていた。1991年の民事訴訟法以降は、民事関係の立法においては、

中華人民共和国国籍者の憲法的分類

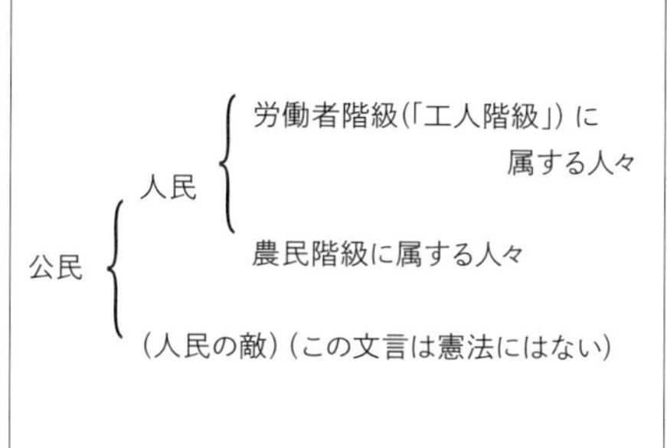

「公民」「人民」概念図。社会矛盾は人民内部の矛盾と敵味方の間の矛盾とに分けられる。

昭和初期の上海地図。中央の競馬場は現在の人民公園。人民を冠した公園・道路は各地にある。

主体として「自然人」「法人」「その他の組織(2017年以降の民法総則は、「非法人組織」)」の三者が定められることが多い。「自然人」は、日本の法律用語としても使われる。国籍の如何を問わず、人間全般を指す。「法人」は法の定める手続を経て法人として登記されるもの(会社など)および法が登記なしに法人として認めているもの(国家機関など)とがある。「その他の組織」や「非法人組織」というのは日本人にとってはややわかりにくい。これは、法の定めるところにより登記するが、法人とはならない組織のことを指す。したがって日本の法律用語としての「権利能力なき社団」とか任意団体といったものではない。社会的に意味のある活動をする組織を作ろうとするならば、法人とならない場合でも政府のしかるべき機関に登記せよとの趣旨である(但し、法の趣旨から登記を必要としない場合を除く。例えば農家は戸籍において戸として登録されている。会社を設立しようとする人々の活動も登記・登録を要しない。設立時に会社として登記される)。

「幹部」と「群衆」

「公民」と並んで訳しにくいのが「幹部」である。一定の管理的職務にある人であって、それが給与や福利厚生を伴う正規のポストであり、中国共産党の人事権が直接または間接に及ぶというあたりの定義でがまんするしかない。こうした立場にない一般の人々が「群衆」と表現されるが、日本語では大衆と訳されることが多い(「幹部」のうち指導者・上級の管理者の意味を持つ言葉には「領導幹部」「高級幹部」がある)。[高見澤磨]

「公民」の権利と人権

中国憲法は、その第2章で、「公民」の基本的権利と義務を定めている（「公民」については、「「公民」と「人民」」を参照されたい）。2004年の改正までは、「人権」という用語はなかった。ここに言う「公民」とは、中国という政治社会の一員であって、そのことにより憲法が定める権利の主体となるという考え方に基づいている。日本国憲法において国民の権利とされるものは、国籍が重要な要件となる場合を除いては、日本国籍を有する者に限られないと解されている。それは日本国憲法が人権という考え方を基礎としているからである。しかし、伝統的なマルクス主義法学においては、人は生まれながらに権利の主体となるという人権概念をフィクションであるとして否定してきた。

1989年の天安門事件以後、西側からの人権批判に反論するために、1991年に「中国の人権状況」（人権白書とも呼ばれる）を公表し、それ以降学界においても人権概念の研究が正面から行なわれるようになり、2004年の憲法改正では「国家は人権を尊重し、保障する」の一文が33条3項として加えられた。

但し、このことで人権概念が全面的に認められたわけではない。基本的には「公民」の権利の延長線上にある。第1に、国家として、または、中華民族として生存し発展する権利という集団的人権は伝統的な個人の権利としての人権に優位する。第2に、人権問題は国内管轄事項であり、他国による中国の人権問題への言及は内政干渉にあたる。このことは、ある国、地域の人権問題は人類共通の問題と考える国際人権の否定または制限となる。［高見澤磨］

中国人権青書2021年版（2020年についての報告書）。

国務院

最高国家行政機関として位置づけられている（憲法85条。国務院構成員の任免については、108頁「全国人民代表大会」を参照）。権力分立制を採らないので、全国人民代表大会の執行機関として位置づけられている。

総理のもとに副総理若干名、国務委員若干名が置かれ、また、行政分野ごとに部や委員会が置かれ、それぞれ部長、委員会主任が置かれる。さらに監査長と秘書長とが置かれる。

総理・副総理・国務委員の任期は5年で、連続して2期を超えることはできない。

その任務は、行政全般に及ぶ。但し、軍事上の統帥権は、中央軍事委員会によって担われている（116頁「中央軍事委員会」を参照）。国務院には国防部が置かれているが、これは徴兵・編成・装備などの政務を行ない、部隊の指揮権はない。

憲法及び法律の定めるところにより行政措置を定め、また、行政法規を制定し、決定・命令を発する。全国人民代表大会や全国人民代表大会への議案提出、「国民経済及び社会発展計画」や予算の編成・執行、条約締結、省・自治区・直轄市の範囲内の部分的地域が緊急状態に入ったことの決定などの権限も有する。地方行政に対する統一的指導の職権も与えられている（憲法上地方自治が定められていないことにつき122頁「自治」を参照）。

1954年憲法制定以前の中央の行政機関は政務院であった。1949年から1954年までの政務院総理、1954年から1976年の死去までの国務院総理をつとめたのが周恩来である。その後華国峰（1976-1980年）、趙紫陽（1980-1987年）、李鵬（1988-1998年）、朱鎔基（1998-2003年）、温家宝（2003-2013年）、李克強（2013-2023年）、李強（2023年から）が歴代の総理である。［高見澤磨］

国家主席

国家主席および同副主席は、全国人民代表大会によって選出される（憲法62、79条）。中華人民共和国を代表して、国事活動を行ない、外国使節を接受する任務が与えられているので、一定程度元首として機能しているが、駐外全権代表の派遣や条約の承認・廃棄については、全国人民代表大会常務委員会の決定に基づくので、その職務は儀礼的側面が多い。

主席・副主席を共に欠いた場合には、その職務は全国人民代表大会常務委員会委員長が臨時に代理する（憲法84条）ことからも、また、条約の締結自体は国務院の職務である（憲法89条）ことからも、元首としての活動は、全国人民代表大会常務委員会委員長や国務院総理によっても担われていることになる。外交儀礼上は、国家主席が元首としての扱いを受けている。

1993年に江沢民が就任して以降は、中国共産党の序列1位である総書記となった者が国家主席となり、かつ、国家および中国共産党の中央軍事委員会主席となっている（114頁「中央軍事委員会」参照）。共産党総書記であり、国家主席として総理指名権を有し（憲法62条）、国家の中央軍事委員会主席として同委員会委員の指名権（同条）を有することで統治の最高責任者となっている。

但し、通常、中国共産党大会は秋に開催され、全国人民代表大会は年が明けて春に開催されるので、この間の移行期は存在する。江沢民の場合、総書記となったのは1989年で、楊尚昆の国家主席の任期が満了した後に国家主席となっている。

また、新たな総書記による人民解放軍へのリーダーシップがとりにくい場合は、国家および中国共産党の中央軍事委員会主席への就任まで若干の間が空くことがある。［高見澤磨］

国家監察委員会

2018年憲法改正による新設

2018年の憲法改正により新たに設けられたのが国家監察委員会である。また、地方各級（省、自治区、直轄市、自治州、大きな市、大きな市に設けられる区、県、自治県、県と同格の市）にもそれぞれの人民代表大会の下に監察委員会が設けられることとなった。反腐敗への強い指向を示すものであり、これに伴い、国務院が担ってきた行政監察制度（国務院が自らの行政に関する監察を行なう制度）は廃された。行政監察制度時代においては、共産党紀律検査委員会の指導のもとで、監察部が活動し、また、犯罪の可能性がある場合には、同様に紀律検査委員会のもとで検察や公安が活動してきたが、それが憲法上の制度となった。憲法改正直後の2018年3月20日には、監察法が制定・公布・施行された。同法においても共産党の指導がうたわれ（2条）、裁判機関・検察機関・その他の機関が相互に協力しつつ、相互に制約して活動が行なわれる（4条）。監察の対象となるのは、共産党機関、人民代表大会、政府、監察委員会自身、人民法院、人民検察院、中国人民政治協商会議、民主党派、工商業連合会事務局、公務員法の適用または参照がある人々、公共事務の受託先、国有企業管理者、基層の大衆的自治組織の管理者と広範である。人民解放軍と人民武装警察部隊とについては、中央軍事委員会が別に定めるものとなっている。［高見澤磨］

中国共産党中央紀律検査委員会と国家監察委員会とがある敷地の門。

中央軍事委員会

2つの中央軍事委員会

中央軍事委員会には、国家のそれと中国共産党のそれとがある（国家の中央軍事委員会については、「全国人民代表大会」および「国務院」も参照）。

国家の中央軍事委員会については、憲法93条により、全国の武装力（中国語では「武装力量」）を領導する旨定められている（中国語には「領導」と「指導」との2つの語があり、「領導」とは、命令・服従関係にある場合に用いられ、「指導」とは、情報提供によりある方向に誘導する場合に用いられる）。主席のほかに副主席若干名および委員若干名が置かれ、全国人民代表大会及び全国人民代表大会常務委員会に対して責任を負う。武装力とは、兵役法及び国防法によれば、中国人民解放軍（現役部隊と予備役部隊とに分かれる）、中国人民武装警察及び民兵からなる。中国人民武装警察は警備を、民兵は戦時には後方支援を担う。

中国共産党の中央軍事委員会については、中国共産党章程（2022年10月22日に改正されたものが現行章程である）により、党中央委員会によって、中央軍事委員会の委員が選ばれる。

2つの中央軍事委員会があることの背景には、国家の軍隊か、党の軍隊か、という問題がある。1920年代に国民党は自らが指導する軍事力を持って北京の軍閥政府を倒すため北伐を開始した。北伐途上、1927年4月の蔣介石による反共クーデターに対抗して、国民革命軍のうち共産党に同調する部隊が8月に南昌で旗揚げした。こうして、中国には軍を有する党が2つ現れた。中華人民共和国成立後も、国家の軍隊でありつつ、共産党が領導するという形態が続いている。

秋の共産党大会と翌春の全国人民代表大会との間の移行期を除けば、共産党の中央軍事委員会と国家の中央軍事委員会とのメンバーは一致しているので、党の軍隊か国家の軍隊かという問題は顕在化していない。また、国防法19条は武装力における中国共産党の領導を定めている。

人民解放軍徽。南昌蜂起以後、中国共産党は軍隊を持つ政党となった。

人民解放軍旗。八一の文字は、建軍の日である1927年8月1日（南昌蜂起）を示す。

中央軍事委員会と国防部

国務院に置かれる国防部には、作戦の立案・実行・部隊の指揮の権限はなく、中央軍事委員会が行なう。また、国防部の所管事項である徴兵・編成・装備などの実行も中央軍事委員会のもとにある7大部（総参公庁・聯合参謀部・政治工作部・総勤保障部・総装発展部・訓練管理部・国防動員部）、3委員会（規律検査委員会・政法委員会・科学技術委員会）などが行なう。2010年代になって軍の組織全体の改革が行なわれた。中央軍事委員会のもとに5つの戦区が置かれ、各戦区に陸海空軍の部隊が属する。このほかロケット軍（「火箭（かせん）軍」）と戦略支援部隊（サイバー戦や宇宙空間利用のための部隊と言われている）があり、また、軍事科学院・国防科学技術大学・国防大学がある。

中国人民解放軍

武装力量のうち最も強力なものは中国人民解放軍で、2013年国防白書「中国軍事力の多様化運用」は、陸軍機動作戦部隊85万、海軍23.5万、空軍39.8万という数字のみ示している。総兵員数については公表されておらず、イギリス国際戦略研究所の『ミリタリーバランス』など国外の機関の発表する数字によってある程度知ることができ、機動作戦部隊以外の陸軍兵員数や戦略ミサイル部隊の兵員数を含めて230万と見られている。装備の高度化と兵員数の一定の減少とが進むことが予想される。有事の動員は、国防動員法や予備役人員法によって行なわれるであろう。［高見澤磨］

中国人民政治協商会議

中国共産党の領導のもとで民主党派やその他の「愛国的民主人士」が、政治について話し合い、建議を行なう統一戦線組織である（民主党派については118頁「中国共産党」参照）。憲法の序言第9段落に言及があるものの、憲法上の国家機関ではない。統一戦線とは、利害対立がありうる団体や個人が、ある目的のために協働することまたはそのための組織である。

中国人民政治協商会議成立の経緯

その前身は、1946年1月に重慶で設けられた政治協商会議である。抗日戦争勝利後の国民党と共産党との協力を図るために設けられた。しかし、内戦は拡大し、1949年1月には北平（当時。今日の北京）が共産党側の手に落ち、共産党側の優勢、国民党側の劣勢が明確になった。こうした情勢を背景に、1949年6月には共産党主導のもとに新たな政治協商会議の準備会議が行なわれ、新政治協商会議と呼ばれた。9月には2回目の準備会議が開かれ、中国人民政治協商会議の名称が定まった。

中国人民政治協商会議は、中華人民共和国成立（1949年10月1日）前の9月21日に第1回の全体会議を開いて成立し、当面の全国的な代議機関かつ立法機関となり、中華人民共和国成立の母体となった（中国人民政治協商会議共同綱領の臨時憲法的性質につき、102頁「憲法」参照）。

農村での土地改革が進み、普通選挙が行なわれ、1954年に第1期全国人民代表大会第1回会議が開催されて、最高国家権力機関としての任務を終え、統一戦線組織となった。

組織と活動

中国語では「中国人民政協」または「政協」と略称される。共産党、民主党派、無党派人士、人民団体（労働組合・婦女聯合会・青年聯合会・宗教団体・工商業聯合会など）、少数民族、台湾・香港・マカオ・帰国華僑などの代表が参加する。全国委員会のほかに省・自治区・直轄市や自治州・市・区・県などにも地方委員会が設けられている。

附表：歴代の主席

毛沢東	（1949年～1954年）
周恩来	（1954年～1976年）
鄧小平	（1978年～1983年）
鄧穎超	（1983年～1988年）
李先念	（1988年～1993年）
李瑞環	（1993年～2003年）
賈慶林	（2003年～2013年）
兪正声	（2003年～2013年）
汪洋	（2018年～2023年）
王滬寧	（2023年～）

中国人民政治協商会議礼堂（政協礼堂）。全国委員会常務委員会や専門委員会はここで開催。

組織・活動については、中国人民政治協商会議章程に定められている。国政や地方の重要事項、大衆の生活や統一戦線の内部関係などについて話し合い、建議を行なうことまでが任務である。全国委員会は、全国人民代表大会と同じく春に開催される。

共産党外の意見や台湾から招聘する委員の意見を間接的ながらも国政に反映させることが可能な組織なので、共産党の重要人物が主席となり、また、副主席には、民主党派や少数民族の代表が就く。1期は5年であり、全国人民代表大会と合わせてある。

全国委員会は年1回開催であるが、そのほかに各種の会議がある。委員には、著名な作家、映画監督、俳優なども任ぜられることがあり、時に話題となる。委員の定員および人選は前期の全国委員会常務委員会において定め、期内に定員の変更、新たな人選を行なう場合にはその期の全国委員会常務委員会が定める。

なお、共産党の組織の中で統一戦線任務を担うのは、中央統一戦線工作部（略称は中央統戦部）であり、中央委員会のもとに置かれている。［高見澤磨］

中国共産党

1921年結党。コミンテルンの働きかけにより、共産主義に興味を持つ研究サークルの中から生まれた。中国語では「中共」と略称される。また、「党」という場合には中国共産党およびその各機関・組織を指す場合が多い。

現行の組織

中国共産党の最高意思決定機関は、全国代表大会であるが、通常5年に1回しか開催されない。全国代表大会では、中央委員会委員及び同候補委員を選出し、中央委員会が全国代表大会閉会中の最高意思決定機関となる。また、全国代表大会では、中央紀律検査委員会委員を選出する。中央委員会全体会議は中央政治局委員・中央政治局常務委員・中央委員会総書記・中央書記処書記・中央軍事委員会委員を選出する。中央政治局（およびその常務委員会）が中央委員会全体会議閉会中の意思決定機関となる。また、中央書記処は事務局機構であり、中央軍事委員会は武装力に対する領導を行なう（中央軍事委員会については116頁「中央軍事委員会」を参照されたい）。総書記は、中国共産党の序列第一位であり、書記処を率い、また、中央政治局及びその常務委員会の開催者でもあり、自らも常務委員である。総書記就任と同時に、または、間を空けて中央軍事委員会主任を兼務するのが例である。

これらの党中央の機関において決定されるのが党の政策である。党からしかるべき国家機関に提案されて決定されれば国家の政策となる。但し、その境がはっきりしない場合もある。

現行の総書記をトップとする組織となって以降の歴代総書記は、胡耀邦（1982年～1987年）、趙紫陽（1987年～1989年）、江沢民（1989年～2002年まで）、胡錦濤（2002年～2012年）、習近平（2012年～）である。中国共産党の組織および行動原則は中国共産党党章に定められている。党章に反する疑いがある場合の審査は上記紀律審査委員会が行なう。

新華門。中国共産党（および政府）の重要機関および要人住居のある中南海地区の南門。

中国共産党旗。左上は鎌と槌。旧ソ連国旗に似るが、星がなく、槌の柄が短い。

領導的地位

中国は、複数政党制を採らず、中国共産党領導下の多党合作制を採っている。中国共産党以外に8つの政党があるが、選挙によって与党の入れ替えがありうる複数政党制ではない。全国人民代表大会及び地方各級の人民代表大会における代議員選挙は、定数よりも一定の数だけ多い候補者を立てる「差額選挙制度」が採られているが、共産党員が多数を占めつつ、民主党派党員や無党派人士も当選するような結果になるように候補者調整を行なっている。また、その他の各分野の重要なポストの任免においても、共産党組織が候補リストを作成し、結果としては概ねそのリストどおりに人事が決まるノーメンクラツーラ制が行なわれていて、共産党員を中心としつつ、党外の人士も一定程度参加するという結果が確保されている。

共産党の領導的地位は、憲法序言第7段落および第1条第2項に文言があり、国防法19条にもある（114頁「中央軍事委員会」参照）。

党員と党組織

現在の党員数は9600万人を超えている（2021年末）。党員となるためには、厳格な審査が行なわれる。党員が3名以上いる地域や職場では、党支部が組織され、支部書記が責任者となる。また、より大きな地域・機関・企業には党委員会が置かれ、党委員会書記が責任者となる。近年では、弁護士事務所やNPOにも党組織が求められている。［高見澤磨］

中国には、3つの自治概念がある。特別行政区の高度な自治(憲法31, 62条および香港特別行政区基本法並びにマカオ特別行政区基本法)、民族自治地方の民族自治(憲法112から122条および民族区域自治法)および都市・農村の住民による基層の大衆的自治(憲法111条および都市居民委員会組織法並びに村民委員会組織法)である。地方自治は定められていない。

香港・マカオの高度な自治(特別行政区)

香港およびマカオの高度な自治は、それぞれの特別行政区基本法に定められ、返還時の法制度や経済制度は50年間継続するものとされている。自ら立法権を持ち、特段の定めがある場合を除いては中華人民共和国法は適用されない(適用されるものには、首都・紀年・国歌・国旗・国慶日・国徽・領海・国籍・外交特権および免除などがある)。外交権と軍事を除く行政管理権を有し、また、外交権の一部は授権されることがあり、軍も特別行政区の地方事務には干渉せず、治安は当局が担当する。司法においても終審権を有している。但し、基本法の解釈権自体は、全国人民代表大会常務委員会にあるので、香港においては、制約なく全国人民代表大会常務委員会にあるとする同委員会の見解とそれには一定の制限があり、香港側の司法的判断が及ぶとする見解とがときに対立する(「国家安全」については136頁「国家安全法と国家安全護持法」参照)。

民族区域自治

5つの民族自治区のほかに28自治州、120自治県(モンゴル人居住区の「旗」を含む)があり、このほかに民族郷がある。これらの民族自治地方には、自治立法権(当該区域の基本法となる自治条例と個別の問題について規定する単行条例)、人事管理権(首長は自治民族から選出)、税制・財政上の優遇、教育・科学・文化・衛生・体育事業を管理し民族の言語文字を使用する権利、国務院の許可を経て公安部隊を組織する権限などを有している。

香港特別行政区旗。赤地は中国、白のバウヒニアの花は香港。

マカオ特別行政区旗。星は中国、蓮の花はマカオ。

■居民委員会や村民委員会の住民自治(基層の大衆的自治)

基層とは地域末端の意であり、大衆的とは政府組織ではないとの意である。都市には居民委員会が置かれる。一般には100戸から700戸の範囲の地区ごとに置かれ、最近ではこのユニットを「社区」(地域コミュニティ)と呼ぶこともある。農村部では村民委員会が置かれる。ここに言う村民委員会が置かれる「村」とは、農村部の「郷」や「鎮」などの政府ではなく、これよりも下位の地域に設けられるユニットである。人民公社が解体したときに、多くの場合、人民公社は郷に、生産大隊は村に、生産隊は村民小組になった。

居民委員会や村民委員会は住民から選ばれた委員によって構成される。さらに、それらの下には住民向けサービスのための各種の委員会が置かれ、これも住民によって担われている。農村部の場合、土地は集団所有であり、土地の請負経営の管理や水利や各種の事業もあって村民による自治には都市よりも重大な管理事項が含まれている。村民会議や村民代表会議などが最高の意思決定機関であるが、実際の仕事は村民から選出された村民委員による村民委員会が担っている。経済的な事業については、協同組合組織(「合作社」)を設ける場合もある。村民委員会主任の選出を無記名投票で行う場合があり、これを「村長選挙」と言うことがある。

[高見澤磨]

「公司」(会社)と「企業」

「公司」

中国語の「公司」は、日本では会社と訳される。1993年制定の「公司法」(会社法)が1994年7月1日に施行されてからは、日本と同じく「公司法」に基ついて設立されたものだけが「公司」を称することができる。

中華人民共和国初期には、社会主義化を急がなかったこともあり、中華民国期以来の「公司」が存続していた。1950年代中期に社会主義化が進み、商工業企業の多くが国営企業となると、「公司」という言葉は、政府下の国営統括企業に対して用いられるようになった。1980年代に国営企業に経営自主権を与え、国有企業とする経済改革が行なわれた(基本法としては1988年の全民所有制工業企業法)。1990年代になり、市場メカニズムの全面的導入の時代を迎え、1993年に公司法を制定し、国有企業のうち、「股份有限公司」(株式会社)や「有限公司」(合同会社)などに転換可能なものが転換し始めた。

日本のメディアの中国報道の際、国有企業という言葉を使うことがあるが、会社化はされているが、かつては国有企業であったという意味なのか(メディアに出るような大企業は大概これである)、会社になることができず国有企業のままのような企業を指しているのか不明な場合があるので注意されたい。

2008年の企業国有資産法による国からの企業への出資形態の分類から言えば、国有独資企業(会社化されていない従来型の国有企業)、国が単独出資者である会社、国が支配的出資者である会社、国は出資者ではあるが支配権を持つほどの比率ではない会社の4段階がある。

「企業」

中国語の「企業」とは、最も広義には営利組織である。故に、「公司」も広い意味では、「企業」である。公益または非営利活動は中国語では「事業」と呼ばれ、またその組織は「事業単位」と呼ばれる。

中国の税種

取引税型	所得税型	資産税型	その他
付加価値税	企業所得税	家屋税	印紙税
消費税	個人所得税	都市土地使用税	都市維持建設税
車両取得税	土地付加価値税	耕地占用税	環境保護税
関税		契税	たばこ（葉）税
		資源税	
		車両船舶税	
		入港船舶税	

税収の面では、付加価値税・企業所得税で過半を占める。

紡績業の神とされる黄道婆（上海の黄道婆記念館の像）。元代の実在の人物とされる。

より狭い意味では、「公司」の形態を採らないものを「企業」と呼ぶ。伝統的には、その出資・所有形態によって分けられる（外資系企業の分類を除く）。

①国有（全人民所有）：会社化できていない国有企業（「全民所有制企業」や「国有独資企業」とも呼ばれる）。

②集団所有（協同組合型企業）：都市集団所有制企業と郷村集団所有制企業。

③私有：私営企業（単独出資型、民事組合型、有限責任型がある。有限責任型の私営企業は公司法の適用対象となる）。単独出資型は無限責任を負うひとりの人による企業。民事組合型私営企業には、一般組合型（日本の民法上の組合や合名会社に似る。無限責任社員のみによって構成される）と有限組合型（無限責任社員と有限責任社員とから構成される。日本の合資会社に似る）の2種がある。なお、ここで組合と訳したものの原語は「合夥」である。

④郷鎮企業：郷鎮企業とは、農村部で設立される企業の総称であり、企業への出資やその所有の形態から言えば、集団所有型や私有型のものが含まれている。

⑤中国語では「企業」の2字はつかないが、「個体工商戸」（個人工商業者。個人の場合と世帯で行う場合とがある）も広義には企業である。かつては、従業員数を7名以下としていたが、現在ではその制限はなくなった（2011年の個体工商戸条例）。農村の請負経営戸もより広義には企業である。［高見澤磨］

戸籍制度

戸籍事務と「戸口」

中国の戸籍制度の根拠法は今日でも1958年の戸籍登録条例（原語は「戸口登記条例」である。中国の公民（公民については124頁参照）は、すべて本条例に基づいて戸籍登録しなければならない。また中国内に居留する外国人及び無国籍者も原則として同様である。

戸籍事務は公安機関（警察）が主管する。職場や学校が提供する宿舎に居住する場合には、当該職場や学校がその事務に協力するものと定められている。原語の「戸口」の「戸」とは世帯に相当する。「口」は「戸」に属する人を指す。「戸」ごとに「戸口簿」が作成され、発給される。その記載事項には身分を証明する法的効力がある。上述の宿舎・寮居住の場合には、職場・学校全体として1戸となる場合と個別に戸を設定する場合とが認められている。戸口簿記載の土地に住む人が「常住人口」であり、人口統計や人口計画の基礎となる。

移転の自由の制限と都市・農村の不平等

本条例施行後今日に至るまで問題となっているのは、第10条第2項が農村から都市に移転するときには都市労働部門の採用証明、学校の合格証明または都市戸籍登録機関の転入許可証明を持参して転出手続きをしなければならないと定めていることである。また、第15条第1項は、常住地である市または県以外の都市に3日以上寄留するときには、寄留地戸主または本人が到着後3日以内に寄留登録をし、出発前に登録抹消申請をすることと定めている（旅館に寄留する場合には旅客宿泊簿に登録すればよい）。農村に寄留する場合には寄留登記は不要なので扱いが異なる。

本条例制定時の憲法は1954年制定の憲法であった。同憲法第90条第2項は移転の自由を権利として認めていたが、上記の移転制限は憲法違反とはならないと説明された。「農村人口盲目流動」（「盲流」）と呼ばれる農村部の人々の都市部への流入が問題となっていたことと都市部労働者へ

戸口簿の原簿は公安機関にある。

住民身份証。裏面に姓名・性別・民族・生年月日・18桁の「公民身份号碼」(番号)・写真。最新型はICカードで指紋情報も。

の食糧供給は国家が担う体制となっていたこととが背景となっている。憲法違反ではないとは言いながら、その後の1975年憲法、1978年憲法および現行の1982年憲法には移転の自由の規定はなく、少なくとも憲法上明文の規定がある権利ではなくなっていて、憲法が戸籍登記条例に合わせたようになっている。農村に戸籍を有する人々が都市に戸籍を有する人々対して都市部への移転という点で不平等な扱いを受けているので、平等権の問題としても論じられる場合がある。

■居住証と住民身分証(「居民身份証」)

1995年に暫住証が全国的な制度として設けられた。1ヵ月以上非常住地で業務に従事するための制度であった。その後居住証への転換が各地で試みられ、2016年からは全国的に居住証へと移行した。半年以上戸籍地を離れて業務に従事するための制度であり、業務従事地での公共サービスが一定程度享受できる。住民身分証は、1985年に始まった制度であり、現行のものは2005年制定、2011年改正、2012年施行の「居民身份証法」に基づくものである。16歳で10年用、26歳で20年用、46歳で長期用が交付される。本証の管轄も公安機関である。

都市郊外農村部の都市への組み入れ、中小都市への転入の緩和、学校の入学枠の増大などにより都市と農村との常住人口は概ね同等となっているが、都市部と農村部とで別の土地制度や社会保障制度が採られているため、移転の自由を認め、移転先で登録すれば当地の公的サービスを受けられるという体制になるまでにはまだ時間がかかろう。[高見澤磨]

婚姻

中国における西洋型近代法の導入は婚姻の自由を含むものであった。中華民国民法は、20世紀の民法典なので、結婚・離婚は当事者の意思によるものとし、また、男女平等を定めていた。しかし、1930～40年代の農村にあっては、必ずしも民法が定める家族関係ではなかった。

伝統的な婚姻

伝統的には、男女両家の家長が「主婚」となり、主婚どうしの約束とその履行が結婚であった。

まず主婚どうしでの結婚の取り決めである「訂婚」（または「定婚」）が行なわれ、男の家から聘財とか彩礼と呼ばれる結納の金品が送られる。自らが中流以上の家であると認識する女の家ではこれに幾分の足し前をして嫁入り財産とし、新婚家庭の出発の財産としてやる（そうでない家庭の場合には、聘財よりも少ない額の持参財産を持たせることになり、その分は娘を売った形になる）。

次に男の家から花轎（かきょう）と呼ばれる輿で新婦を迎えに行く（楽隊がつくこともある。花轎による迎えがない場合には側室としての「妾」として扱われていることになる）。男の家に新婦がつくと新郎・新婦は祖先や父母への儀礼を行ない、親戚・友人を集めての宴会が行なわれ、めでたく成婚となる。

現代もこの種の風俗は形を変えつつ残っている。結婚がうまくいかなかった場合の聘財（へいざい）や息子の嫁取りのために親が準備した住宅などはトラブルの種になりやすい。

中華人民共和国になってからの婚姻

中華人民共和国になると、まず1950年に婚姻法が制定され、婚姻の自由が定められた。1980年には新しい婚姻法が制定され、2001年に改正された。2020年には民法典が制定され、2021年からは民法典の定めるところによる。

結婚は、男性22歳、女性20歳から可能で、他の国に比して高い年齢

結婚証。「結婚登記」(婚姻登録)をすると発給される。

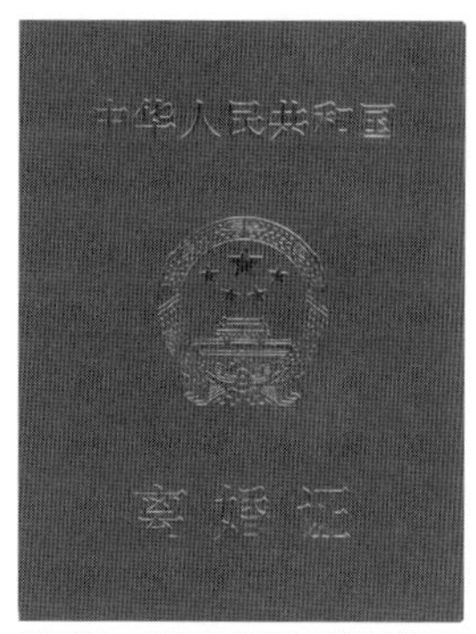

離婚証。「離婚登記」(離婚登録)をすると発給される。

設定である。政府の民政部門に出頭して結婚の「登記」を行なう(日本語では登録と訳すべきであろう)。登録を行なわない事実婚は民事上の婚姻としては扱われないが、重婚罪の適用においては婚姻として扱われる。

夫婦相互に扶養の義務があり、また、相続権がある。夫婦間で財産の取り決めをすることができるが、特段の取り決めがなければ、法の定めるところにより、夫婦一方または共同の財産となる(婚姻中に形成された財産は、特段の取り決めや定めがない場合には、共同の財産となる)。

結婚によってもそれぞれの姓は変わらない。子供の姓は夫婦で相談して決める。同性の婚姻は認められていない。

離婚

婚姻の自由は、離婚の自由を含む。協議離婚は認められるが、その場合には子供の養育と財産の処理とについても協議が成っていることが条件となる。協議不調の場合には、裁判による離婚を求めることになる。裁判所での調停が前置される。1990年代までは、一方が離婚を強く望む場合であっても、他方が離婚を強く拒絶する場合には、離婚は難しかったが、現在では婚姻法に別居2年ルールが定められ、別居して2年たてば、婚姻が破綻していると認定される。

離婚を制限する特殊な例としては、軍婚と妻が妊娠している場合とである。前者は、軍人の配偶者からする離婚請求は、軍人の同意を要するとするものである。後者は、妻の妊娠中、分娩後1年以内、または、妊娠中絶後6ヵ月以内は、原則として夫は離婚を請求できない。[高見澤磨]

土地

土地は国有または集団所有

建国初期の1950年には土地改革法が制定され、地主の土地を無償で分配して自作農を創設する改革が行なわれた。故に、土地の私有が認められていたことになる。その後、土地を出資する形で1950年代の農業集団化が行なわれ、農村の土地は、合作社（後に人民公社）による集団所有となった。こうした歴史的な経緯があって、現行憲法の9、10条は、自然資源は国有（法が集団所有とするものを除く）、都市の土地も国有、農村の土地は集団所有（農民所有の建物が建てられている土地や自留地・自留山を含む。自留地とは、人民公社の時代にも農家ごとの経営が許された土地）と定めている。

土地の使用権

1980年代には土地の所有権とは別に使用権を設定し、使用権の譲渡は可能とすることで都市の再開発や都市郊外の開発を促進することが検討されるようになり、このことは1988年の憲法改正で、10条4項で認められることとなった。憲法のもとで土地関係を定める基本的な法律は、国家管理の側面では、土地管理法（1986年制定、1988年には上記の憲法改正をうけた改正が行なわれ、その後2004年及び2019年にも改正されている）であり、民事的な権利関係の側面では、物権法（2007年）であったが、2020年制定の民法典に吸収されることとなり、2021年からは民法典による。

集団所有の集団とは何を指すのかは、法令上必ずしも一義的に明らかではなく、実際には「村」や「村民小組」やこれらの連合体や農村に設けられる合作社（協同組合）などが土地の管理主体として存在している。但し、原則は「村」のようである。農村部のうち住宅建設に用いられる土地の使用権を宅地使用権と言う。宅地使用権に抵当権を設定することは原則として禁止されている。住宅用地確保と他目的への流用を防ぐという趣旨から禁止されているが、農民が信用供与を受けてビジネスを展開する機会を減らすものとして批判する意見もある。

土地・建物の吉凶を占う道具としての風水羅盤。公的には迷信。

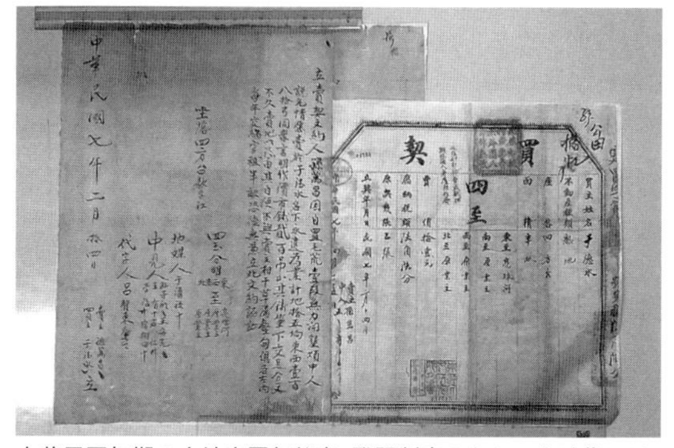

中華民国初期の土地売買契約書。登記制度のなかった時代には、契約書が権利を証明した。

土地請負経営権、建設用地使用権、建物区分所有権

農村部の土地請負経営権も物権として規定されている。耕地の期間は30年で、期限が到来しても引き続くことが原則となる。自らの請負地をさらに請け負わせたり、交換・譲渡によって流通させたりすることができる。また、請負経営権から経営権を分離してこれを賃貸借、共同事業への出資、抵当権設定の対象とすることも認められている。農業以外の用途に用いるには許可を要する。

都市再開発を行なう場合には、国有地であるところの土地に建設用地使用権を設定し、これが開発者に売却または割り当て措置で譲渡される。建設用地使用権には抵当権が設定できる。集合型住宅の所有者は、建物区分所有権を有する。道路・緑地・公共スペース・公共施設などの土地の使用権については、区分所有権者による共有となる。区分所有権者大会が組織され、また、委員を選挙して委員会が設置され、管理される（「業主会」と呼ばれる。マンション管理組合に相当する）。駐車スペースやその他共用部分についてはトラブルが起こりやすい。

都市近郊の農村の土地を工業団地・物流団地・住宅地などに大規模に開発する場合には、集団所有の主体（「村」など）から国に譲渡し、いったん国有地として建設用地使用権を設定しなければならない。但し、一定の条件を満たせば、農村の集団所有の土地に直接、建設用地使用権を設定することができる。［高見澤磨］

罪と罰

罪：「社会危害性」と細かな基準

中国における犯罪の定義は、日本と異なる。日本の場合には、構成要件該当性（刑法などの条文が定める犯罪の定義に該当すること）、違法性（正当行為・正当防衛・緊急避難などの事情がないこと）、有責性（故意や過失があること）などの条件を満たすと犯罪であると法学部では教わる。中国においては、「社会危害性」が一定以上大きなものを犯罪とする。社会危害性が一定以上とは、社会を危害する度合いが刑罰を科するほど大きいということである。

日本の場合には、わずかな額のものを盗んでも理論的には窃盗罪が成立してしまうので、可罰的違法性（刑罰を与えることが必要なほどの違法性）や超法規的違法性（法律には直接の規定はないが、刑罰を与えるほどかどうか判断すること）などの概念をひねりだして犯罪とはしないこととしている。中国の場合には、そのような場合にはそもそも社会危害性が小さいので犯罪ではないとすることができる。その代わり、犯罪か否かの目安をそれぞれの犯罪ごとに定めておく必要がある。刑法の条文だけではなく、関係法令や最高人民法院による「司法解釈」（138頁「司法」参照）などで具体的な数値や状況を記述して、犯罪となるかどうか、なるとして量刑はどの程度かを細かく定めている。

罰その1：刑罰

中国の刑罰は、主刑と附加刑とに分かれる。附加刑は、主刑とともに、または附加刑単独で科せられる。主刑には、「管制」（一定の権利を制限して公安機関の監督下で社会生活を送らせる。3ヵ月以上2年以下）、「拘役」（1ヵ月以上6ヵ月以下の労働改造刑）、有期懲役（6ヵ月以上15年以下。併合の場合には20年以下）、無期懲役、死刑の5種である。死刑には、直ちに執行する死刑と2年間の執行猶予のつく死刑とがある、後者は、2年間故意犯罪がなければ、無期懲役に減刑される。特に功績があった場合には15年以上20年

上海、提籃橋監獄の門。共同租界時代には、工部監獄であった。

刑法217条（営利著作権侵害罪）に見る客観的数値主義の例

刑法上の定め	刑罰	最高人民法院解釈
違法に得た額が比較的大きい	3年以下の懲役・拘役 and/or 罰金	個人5万元以上 単位20万元以上
その他罪状が重い場合	同上	海賊版500部以上
違法に得た額が巨大	3年以上7年以下の懲役＋罰金	個人20万元以上 単位1000万元以上
その他罪状が特別重い場合	同上	海賊版2500部以上

最高人民法院の非法出版物刑事事件を審理し、法律を具体的に応用することについての若干の問題に関する解釈（一）（1998年）、同（二）（2007年）による。

中国刑法では刑法自体および解釈で量刑の幅を細かく分ける。客観的数値を好む。

以下の有期懲役となる場合もある。死刑は銃殺または注射による。死刑の執行は公開してはならない旨定められている。中国の司法統計は、懲役5年以上の中に無期懲役や死刑も含めているので、中国の公式の統計からは死刑判決や執行数はわからない。附加刑には、罰金、政治権利剥奪、財産没収がある。

罰その2：行政処罰

社会危害性が刑法の定める犯罪となるほどではなく、刑罰を科するほどではないとしても、放免とはならない。行政処罰法の定める行政処罰の対象となる。行政処罰の一種としての治安管理処罰については治安管理処罰法がある。治安管理処罰は刑法上の犯罪となるほどではないが、一定の社会危害性のある行為を治安管理違反行為として行政処罰の対象としている。

例えば、窃盗の場合、地域ごとに一定の額が定められ、この額以上であれば窃盗罪となり、それに満たなければ、治安管理違反行為としての窃盗行為となる。治安管理処罰には、警告、「罰款」、拘留、許可証取り消しがある（外国人の場合には国外退去もある）。「罰款」は行政罰なので、日本語に訳すならば「過料」（かりょう。日本の法律家は、「あやまちりょう」と業界読みすることがある）である。

刑罰の場合には「罰金」なので日本と同じである。行政罰とは言え、拘留まであり、1つの行為だけならば最長で15日、複数の行為の併合の場合には、最長20日まである。［高見澤磨］

司法

司法機関

中国において司法機関とは、法院（最高人民法院・高級人民法院・中級人民法院・基層人民法院の4級。基層人民法院は県クラスに置かれ、○○県人民法院などとなる。専門法院としては、軍事法院、海事法院、知的財産権法院、金融法院がある）・検察院（法院に対応して人民検察院が置かれている）・司法行政機関（国務院では司法部、省クラスでは司法庁、それより下では司法局）・公安機関（国務院では公安部、省クラスでは公安庁、それより下では公安局）・国家安全機関（国務院では国家安全部、省クラスでは国家安全庁、それより下では国家安全局）などを指す。

司法の独立について

中国は、権力分立型ではなく、権力集中型民主主義（民主集中制）を採っているので、権力分立という意味での司法権の独立は原理的にない。また、裁判官は、自らが扱う事件の事実認定や法の適用に関して特段の困難がある場合には、法院内に設けられる審判委員会という法院長以下の主立ったスタッフで構成される委員会に相談できるので、少なくともその限りで裁判官の独立はない。その法院の審判委員会で解決できなければ、上級法院に伺いをたてることができ、最終的には最高人民法院の審判委員会に上がる。故に、法院の独立もない。法の適用に関しては、「司法解釈」と呼ばれる最高人民法院の公式の解釈が示され、この解釈は下級法院の裁判官を拘束する（伺いを待たずに、最高人民法院の側で司法解釈を示す場合も少なくない。司法解釈については、134頁「裁判と法」参照）。法院の予算は、当該地方の財政に拠ることになっており、また、法院の人事も当該地方の人民代表大会の審議事項なので、最高人民法院が全国の法院の人事や財政の権を持つのではない（但し、高級人民法院が管轄内の法院の人事・財政の権を持つ方向での改革が行なわれている）。さらに、当該地方には共産党委員会があり、その下部委員会として政法委員会があって、司法機関間の

灋

法の旧字体。中の廌は獬廌（獬豸）（かいち）という一角獣でうそを見抜く。法の象徴

獬豸（かいち）像。上海の華東政法大学松江キャンパスのもの。

協調を図っているので、当該地方の共産党組織や政府からの独立も、相対的なものである。とは言っても、個別の事件に法院外の組織や個人が介入すること自体は、悪しきこととして認識されている。

■国家統一法律専門職資格試験、人民陪審、訴訟

2002年からは司法試験が行なわれ、2018年からは国家統一法律専門職資格試験となった。合格者は法曹資格を得る。但し、裁判官や検察官となるためには、公務員試験にも合格する必要がある。なお、中国にも我が国の裁判員と類似した「人民陪審」という制度がある。法律の専門家ではない人が裁判官と同じ権限を以て裁判に参加する。1950年代にはあった制度であるが、かつてはなかなか普及しなかった。近年は重視される傾向にある。

訴訟については、民事訴訟法（現行法は2012年制定）、刑事訴訟法（同じく2012年制定）、行政訴訟法（1989年制定）がある。また、調停も重視され、訴訟上の調停や行政機関による調停、居民委員会や村民委員会や職場などに設けられる人民調停委員会による調停などがある。「人民来信人民来訪」（略して「信訪」。手紙や窓口に出向いての陳情）が紛争解決の糸口となることもあり、社会問題の顕在化の機会となることもある。［高見澤磨］

裁判と法

裁判で適用される法規

裁判で適用されるのは、法律（全国人民代表大会およびその常務委員会）、行政法規（国務院）、軍事法規（中央軍事委員会）、地方性法規（省クラスや大都市の人民代表大会およびその常務委員会）、民族自治地方の自治条例・単行条例である。憲法は裁判文書に引用すべき法のリストにはない。但し、このことはやや曖昧な扱いとなっている。私人間または市民と国家機関との紛争において、憲法に基づいて司法判断が行なわれることを正面から認めることにはきわめて消極的であるが、憲法が最高の根本法であることは否定できないことが背景としてある。国際条約は、法律に優位する。

裁判で参照される規則

国務院部門規章と総称される国務院の部や委員会が制定する規則、軍事規章と総称される中央軍事委員会下の軍区などが制定する規則などは、参照される。適用ではない。参照しない、という選択肢が法院にはある。

その他：「政策」・「司法解釈」・「習慣」・「案例」

1949年2月に中国共産党中央の指示として、中華民国法を全廃し解放区の法令類に拠ること、法令がない場合には「政策」に拠ることが定められた。法令がない場合に「政策」に拠るのは2020年末までであり、2021年施行の民法典においては「政策」は法源としては定められていない。但し、立法や法の執行の指針としては存在し続けるであろう。「司法」において紹介したように最高人民法院は「司法解釈」として解釈の指針を示す。また最高人民検察院も「司法解釈」を示して、下級の検察官の検察活動において拘束力を有する。2018年の民法総則は、「習慣」（慣習）の一般的な法的効力を認め、この立場は民法典にも受け継がれている。最高人民法院は、「指導性案例」という参照すべき先例を公表し、最高人民検察院も「指導性案例」を公表している。

北京の東岳廟。東岳大帝は道教の神で、五岳のひとつ泰山の神であり、人間界の善悪を調べ、死者を裁く。

民事判決の執行

民事事件において勝訴判決（財産保全に関する決定や法院による調停や仲裁裁定などを含む）を得ても、債務者が自ら履行せず、執行手続に入ったとしても、認められた権利を実現できないことは日本でも少なくない。中国においては「執行難」と表現して解決すべき課題とされてきた。近年でも2014年の中国共産党18期4中全会で法の執行における厳格さの不足が指摘され、2016年には最高人民法院は、2、3年以内に執行難を基本的に解決するとの方針が示した。その実現のために、債務者の高額消費を禁止したり、執行手続の進捗状況をインターネット上で公開したり、逃れようとする債務者をインターネット環境を用いて市民の協力を得て探し出したり、といったことが行なわれている。このような方法は不実な債務者を追い詰める効用はあるものの過度な執行や個人情報への侵害も生じさせ、2019年末には、最高人民法院は、「善意」「文明」の執行理念を提唱するに至っている。企業破産制度（企業再生制度を含む）のみで、個人破産制度がない（したがって個人の債務は免除されない限り残り続ける）こともあり、現在は個人破産制度につき検討されている。［高見澤磨］

国家安全法と国家安全護持法

香港特別行政区基本法23条とマカオ特別行政区基本法23条

香港特別行政区基本法（以下、香港基本法）は、全国人民代表大会によって返還前の1990年4月4日に制定され、同日公布、返還の日である1997年7月1日に施行された。マカオ特別行政区基本法（以下、マカオ基本法）は、同じく返還前の1993年3月31日に制定され、同日公布、返還の日である1999年12月20日に施行された。

香港基本法23条は「香港特別行政区は、自ら立法を行なって、いかなる反逆、国家分裂、反乱扇動、中央人民政府転覆および国家機密窃取の行為をも禁止し、外国の政治的な組織または団体が香港特別行政区において政治活動することを禁止し、香港特別行政区の政治的な組織または団体が外国の政治的な組織または団体と関係を持つことを禁止しなければならない」と定め、マカオ基本法23条も同旨である。香港、マカオともに返還の日からこうした立法の義務を負っていた。

マカオ特別行政区国家安全護持法、中華人民共和国国家安全法、中華人民共和国香港特別行政区国家安全護持法

マカオ特別行政区立法会は、2009年2月25日にマカオ特別行政区国家安全護持法（中国語は「澳門特別行政区維護国家安全法」。日本では国家安全維持法と訳されることが多い。全15ヵ条。以下、マカオ国家安全護持法）を制定、翌26日に公布、さらに翌27日に施行した。第1条から第7条は、マカオ基本法23条が定める上記7種の禁止行為を犯罪として、刑罰を定めている。

2015年には全国人民代表大会常務委員会により「中華人民共和国国家安全法」が7月1日に制定されている（同日公布・施行）。本法における国家の安全とは、政権、主権、統一、領土、福祉、経済社会の持続的発展及び国家の重大なその他の利益に危険がないようにし、内外からの威嚇を受けないという安全状態を保障し続けることを言う（第2条）。国家安全を護持する義務を公民、国家機関、団体、企業、組織に広く課している。

香港立法会ビル（左）と香港行政府ビル（右）

しかし香港特別行政区立法会は、香港基本法23条が定める立法を行なってこなかった。

この情況に対して、全国人民代表大会常務委員会は、2020年6月30日に自ら香港特別行政区国家安全護持法（中国語は「中華人民共和国香港特別行政区維護国家安全法」。立法会ではなく、全国人民代表大会常務委員会の立法なので、中華人民共和国の7文字が頭につく。全66ヵ条）を制定、同日公布・施行した。犯罪として定められた行為には、国家分裂罪、国家政権転覆罪、テロリズム活動罪、外国または境外勢力と結んでの国家安全危害罪を定めている。第7条は、「香港特別行政区は、香港特別行政区基本法が定める国家安全護持立法を可能な限り早期に完成し、関連する法律を整備しなければならない」と定め、マカオと同様に香港自身による立法を義務づけている。今後香港自身による同種の立法の可能性がある。［高見澤磨］

コラム

国歌「義勇軍行進曲」

1949年9月、人民政治協商会議第1回全体会議で「義勇軍行進曲」（田漢・作詞、聶耳・作曲）が国歌と定められた。この曲は1935年の抗日を扱った映画「風雲児女」の主題歌として作曲されたもの。抗日戦争中に広く歌われ、解放戦争の象徴となった。

文化大革命中は田漢（劇作家・詩人）が批判・迫害され、「東方紅」が事実上の国歌のように扱われた。1978年には「義勇軍行進曲」が毛沢東をたたえる内容の歌詞に変更されて正式な国歌とされた。その後、1979年に田漢は名誉回復され、1982年12月第5期全国人民代表大会第5回会議で田漢の作詞による元の歌詞に戻された。2004年、中華人民共和国憲法が改正され、中国国歌は「義勇軍進行曲」であることが明記された。作曲者聶耳は、日本を訪れていた1935年、24歳の時、神奈川県の鵠沼海岸で遊泳中死去。同海岸には記念碑が建てられている。［丸山至］

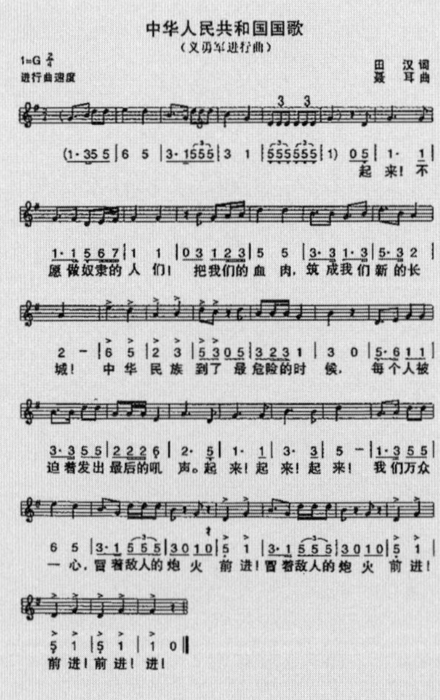

義勇軍行進曲

作詞：田漢　　作曲：聶耳

起ち上がれ！

奴隷となりたくない人々よ！

われらの血と肉をもって築こう、

われらの新しい長城を！

中華民族は、最大の危険に直面し、

一人ひとりが最後の雄たけびをあげるときが来た。

起て！起て！起て！

われら万人、心を一つにし、

敵の砲火をついて前進しよう！

敵の砲火をついて前進しよう！

前へ！前へ！前へ！

出所：『中国』（外交出版社、2009年）

5
経済と産業

武漢近郊の黄石市に進出している
日系縫製企業で働く女子工員たち。

執筆
井手啓二／大西広／山本恒人／徐 一睿

改革・開放政策

漸進的・段階的な大転換

改革・開放政策とは、鄧小平の主導のもとに1978年末の中共11期3中全会以降採用された政策であり、「改革」とは①社会的所有、②計画経済、③労働に応じた分配、の三本柱を特徴とするソ連型の伝統的社会主義経済制度の改革を、「開放」は自力更生の名の下に進められた閉鎖主義からの訣別、開放経済化・世界経済への参入を意味している。「労働に応じた分配」とは資産による所得の否定を意味していた。改革・開放政策の推進にあたっては、旧来の政策を改める新制度・政策を特定地域で試験的に導入し（試行）、成功経験を全国に普及する方法がとられてきた。

開放政策では、1980年に深圳（しんせん）、珠海（じゅかい）、汕頭（スワトウ）、厦門（アモイ）の4地域が経済特区に指定され、外国企業が招致され、投入（原材料・設備）と産出（市場）を外国に仰ぎ、豊富な労働力と土地を中国側が提供する保税加工方式の生産方式が導入された。その成功経験は点から線（沿海14都市）へ、1990年代には線から面（長江、珠江下流地域）へと拡大されていった。さらに国営機関にのみ許されていた貿易を開放し（貿易の国家独占の廃止）、生産企業への対外貿易権の付与、そして企業への対外投資権の付与へと次第に拡大・深化し、2001年12月のWTO加盟に至る。WTO加盟は中国への直接投資と中国の貿易の急増をもたらした。

社会主義市場経済本格化と質の高い経済発展

改革政策は停滞・回り道を含む曲折した道を歩んできた。改革は農業から開始され（人民公社の解体、農家請負生産制の導入など）、1984年以後都市の経済改革が進められる。国有・集団所有企業の全一的支配から個人経営、私営企業の拡大、国有企業の経営請負制、経営責任制の導入など企業の経営自主権拡大が試みられ、次第に多種所有・多種経営制度に向かっていった。改革政策の画期的転換点は1992・93年の社会主義市場経済化路線の確定である。

改革・開放政策の最大の眼目は海外への輸出拡大である。連雲港で輸出コンテナを積み込み中の貨物船。

改革・開放政策は主に沿海部の発展を促進した。その代表格、上海浦東地区の高層ビル。

この新方針の下で、製品市場が形成され、労働力・土地・資本の生産要素市場も形成に向かった。小企業は民営化され、国有企業は有限会社化、株式会社化が進められた。これにより民営企業が増加、国有企業も経済体に純化、諸企業は市場経済主体へと変貌を遂げていった。

改革は、2012･2013年から第3段階（第1段階1978 ～ 1992年、第2段階1993 ～ 2012年）を迎えた。2012年11月の中共第18回党大会および翌13年11月の18期3中全会は「改革の全面的深化」方針を掲げた。経済・政治・文化・社会・生態文明の「五位一体」の総体的改革方針である（これに基づき2016 ～ 2020年の第13次5ヵ年計画は、「創新、協調、緑色、開放、共享」の五大発展理念を掲げた）。経済体制改革面での第2段階との段階的相違は、①市場経済の役割を「基本的」から「決定的」に位置付け直し、積み残し、遅延してきた生産要素市場の形成に踏み込んだこと、②政府の役割と機能の変更、特に政府の許認可権限を大幅に削減し、国有企業も民間企業もともに発展させる路線を掲げたことにある（2022年10月の中国共産党第20回全国大会でもこの基本認識が継承されている）。

こうして、創新（イノベーション）が原動力となる発展戦略、供給側構造調整（「三去一降一補（サンチュイイージァンイーブー）」）による過剰な生産能力、在庫、コスト高、リスクの解消が進んで、速度や規模に頼るのではなく、効率的で質の高い発展が追求されるようになった。［山本恒人］

社会主義市場経済制度

社会主義市場経済論の登場―1992・1993年

社会主義経済も市場経済を基にして運営されるとする考えに基づく経済制度。1992年の中国共産党第14回党大会と1993年の第14期3中全会において基本方針が確立した。社会主義市場経済には、①現代的企業制度の確立、②市場体系（商品市場、生産要素市場）の育成、③マクロ経済コントロールの確立、が必要とされ、2000年までに初歩的確立、2010年までに基本的確立、2020年までに完備された制度をつくりあげるとしている。資本主義市場経済との相違点は、公有制および労働に応じた分配を主とする制度的特徴を持ち、目的に共同富裕を置いていることにある。

国民経済における非国有経済（民営経済）の比重が高まってきているが、国有経済はGDPの約4割を占め、基幹産業部門では国有企業の存在は圧倒的である。市場経済への移行がどこまで進捗しているかについては様々な理解があるが、現状は「半市場経済・半統制経済の二重体制」（呉敬璉）、「典型的混合経済体制」とする理解が多い。

社会主義市場経済をめぐる理解の分岐

中国経済は社会主義市場経済の導入により、その後の持続的で次第に安定的になった高成長を達成してきたことは衆目が一致しているが、なぜ中国で社会主義市場経済論が登場したかについては様々な理解がある。

社会主義の初級段階にあるという自己認識の深化、ソ連・東欧および自身の伝統的計画経済の改革経験、東欧・ソ連の社会主義の崩壊による危機感などが背景にある、と指摘されている。西側諸国特にアングロサクソン系諸国では、中国の経済制度は国家資本主義と呼ばれることが多い。これは市場経済と資本主義とは同一であるという理解および自らの経済制度を自由資本主義と考えるところから、中国では経済における国家（政府）の役割が大きいので、国家資本主義としている。［井手啓二］

経済成長

中国の経済成長パターン

中国の経済成長のパターンは、計画経済時代と改革開放時代とでは対照的である。1978年までの特徴は、厳しい国際環境の下で閉鎖的な「自力更生」の経済運営を強いられ、成長方式も「投資主導型」で「粗放的・量的拡大」を特徴としていた。投資の対GDP寄与率は最大45%にも達し、消費の寄与率40%を上回るという先進諸国とは「逆」現象が起きていた。

社会主義市場経済と高度成長

90年代から21世紀初頭にかけて、経済改革の深化とりわけ社会主義市場経済と社会主義混合企業の方針が確立し、「投資主導・外需依存型」から「消費主導・内需依存型」の成長方式（新常態）へと移行していった。その結果、「三高一低」（高投資、高消耗、高排出、低産出）現象が抑えられ、「内包的・質的効率的発展」に道が開かれた。対外開放も大幅にレベルアップされ、2001年にはWTO加盟を達成し、対外貿易と外資導入も世界のトップレベルに飛躍した。

中国式現代化と経済発展

改革開放40年の中国経済の高度成長は、経済成長のセンターがアジアに移行する象徴的なできごとであった。中国のGDP総額は3029億ドル（1980年）から14兆7300億ドル（2020年）へと50倍化し、平均経済成長率は10%に達した。その間、2007年にドイツ、2010年には日本を追い抜いて世界第2の経済大国となったのである。

中国式現代化の経済発展構想「双循環構想」は「共同富裕化」を重視しており、2035年までに1人当たりGDPを中等先進国（韓国・イタリア）水準3万ドル（2021年は1.2万ドル）に、GDPを2倍に、このテンポと合わせて「個人可処分所得」を2倍化（2019年3万元）する目標である。［井手啓二］

産業構造

中期あるいは後期工業化段階にある、第三次産業の発展は今後

経済の発展に伴なって生産と就業から見て中心産業は、第一次産業（農林水産業）から、第二次産業（鉱工業、建設業）へ、さらに第三次産業（商業、金融業、運輸・通信業、サービス業）へと次第に移行していく（ペティークラークの法則）。

2021年の産業構造は、GDP構成ではそれぞれ7.3%、39.4%、53.3%であり、就業者構成では22.9%、29.1%、48.0%となっている。

先進国の構成と比べると、①第一産業就業者の比率が22.9%と依然きわめて高い、②第二次産業の就業者数およびその比率の低下は、ともに2013年からはじまった。③第三次産業の生産額と就業者の比率は増大しているがなおかなり低い、という特徴がある。

同じような発展水準の国々と比べても第三次産業の比率はやや低い。このため中期あるいは後期工業化段階にあると言われる。

産業構造の高度化が課題

中国は深化する国際分業のもとでバリューチェーンの低付加価値部分を担ってきたが、高付加価値生産への移行が課題となっている。1990年代の産業政策では、石油化学・電子・自動車・機械建築が5大支柱産業とされていた。近年では戦略的新興産業として環境保護産業、次世代IT産業、バイオ産業、先端製造業、新エネルギー産業、新素材産業、新エネルギー自動車産業が強調され（第12次五カ年計画〔2011～15年〕）、さらに「中国製造2025」やその後の五カ年計画では、情報技術、数値制御工作機械・ロボット、航空・宇宙装備、海洋装備・高技術船舶、先進鉄道装備、省エネ・新エネルギー自動車、電力装備、農業機械装備、新材料、先進医薬・医療機器といった重点育成10分野があげられている。［井手啓二］

産業構造(第一次〜第三次産業の比率の変化。1978年、2021年)

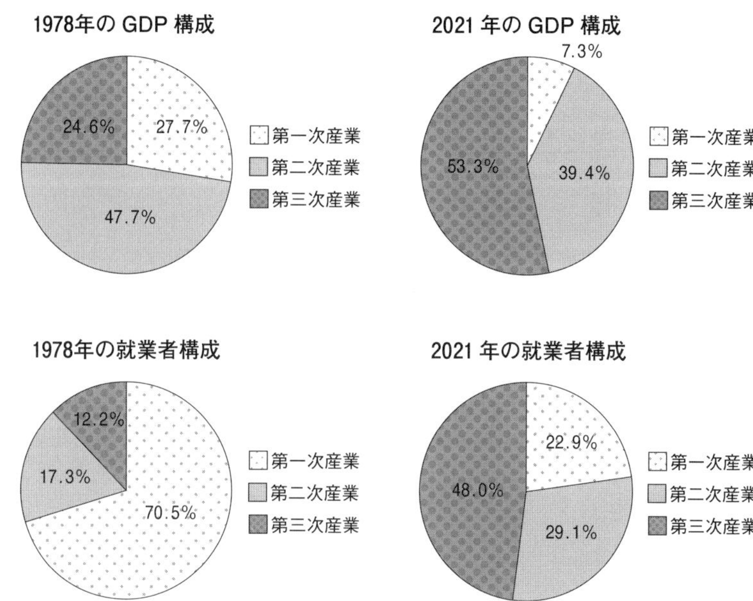

農業

日本の26倍という広大な国土は熱帯から寒帯、多雨モンスーン地帯から少雨乾燥地帯までを含んでいる。臨海部もあれば高地高山地帯もある。こうした多様な自然条件を持つ中国の農林水産業（広義の農業）は地域により驚くべき多様な生産物を産出する。

3・4毛作や3・4期作も不思議ではない。冬の北京でスイカを抱えている光景が見られる。

物流、さらに保管設備が整いはじめた今日では、海から遠く離れた雲南省でも新鮮な海産物を口にできる。日本向けの大規模野菜基地が山東省、福建省などで形成されている。

高い食糧の自給率、しかし耕種生産は5割前後へ

第一次産業（農林水産業）の就業者は、2021年末で1億7072万人、就業者比率で22.9％を占め、8.3兆元（2021年）の生産額はGDPの7.3％を占めている。就業者、GDPに占めるシェアはともに減少を続けているが、農林水産物生産額は高い伸びを続けており、第一次産業はなお成長産業といえる。21世紀21年間の年平均成長率は4.6％に達している。

中国の農業（狭義。耕種生産と牧畜）は改革・開放政策の採用、人民公社の解体・農家請負経営制の導入により急速に発展してきた。生産の主体は零細規模の農家であり、労働生産性より土地生産性の向上に基づく生産増大（精耕細作農法の展開）であった。

食糧自給が基本政策とされており、米、小麦、トウモロコシなどの主要穀物は95％以上の高い自給率が維持され、世界最大の食糧生産国である。ただし大豆、食用植物油、大麦などは輸入が拡大しており、食糧の海外耕地依存は2割強に高まっている。

食糧生産の発展とともに、綿花・油料作物・糖料作物・茶・野菜・果物などの経済作物の生産が「穀物」生産以上の速度で発展し、たとえば野菜生産額は「穀物」生産額を上回っており、また牧畜・林業・漁業の発展

銀川市南部にある模範農場

（畜産、水産物の増産が著しい）も同様で、耕種生産の比重は5割前後となっている（生産構造の多様化・多角化の進展）。

■都市・工業が支援へ、進む三農問題の解消、農業の近代化・大規模化

中国農業の基本問題は、農村・農業・農民の都市・工業・都市民との経済的・社会的格差が依然大きいことである（三農問題）。農業就業者が多く、低い生産性、低所得、生活インフラ・医療・教育・社会保障などの面での都市との格差を克服していくことが当面の最大の課題となっている。2006年に社会主義新農村建設方針が採用され、農業税の全廃、農村部での医療・年金・教育充実の政策が進められている。

近代的で大規模な国営農業企業の発展と並んで、「家庭農場」（大規模専業農家、15年で100万戸）、生産・購販・信用の各種農民協同組合（同146.8万社、メンバー4022万人）、「農業・龍頭企業」（農業専門企業）の発展などを通じて近代的大規模経営化が進んできている。

農村の過剰人口は、農民工として農業から離脱しているが（2021年の農民工総数は2億9251万人）、戸籍移動の制限のため都市民と同じ公共サービスを享受できないという差別を受けている。しかし、近年特に新型都市化の推進、戸籍制度改革、農地の所有権・請負権・経営権の3権分離政策の進展のもとで、このような差別は漸次改善されつつある。［井手啓二］

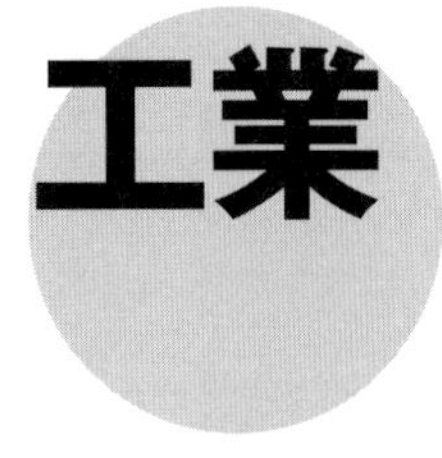

工業

中国の工業化はアヘン戦争後に始まる。金属機械工業、軍需工場・造船所などの官営工場が設立され、19世紀末から20世紀初めには対外貿易の発展が工業化を促進する。1次大戦時には輸入代替的工業化が急速に発展した。しかし半封建・半殖民地下の工業化であり、軽工業中心で、工業の対外依存性と後進性は、①消費財生産部門が圧倒的で生産財生産部門が脆弱、②外国資本の支配、③工業配置は東部沿海地域が7割を占める、などに現れていた。1949年の新中国建国後、旧ソ連・東欧の支援のもとにフルセット型の工業化が開始され、改革開放政策を経て今日では世界最大の工業国家となり、「世界の工場」と呼ばれている。

とりわけ、繊維・アパレル、粗鋼、石炭、発電、セメント、化学肥料、自動車、多くの電機・電子製品の生産では世界1位の地位を占めている。これまでは、工程間国際分業の進展により低付加価値工程を担ってきたが、高付加価値化、工業の高度化に取り組むなかで、太陽光発電などの新規産業分野や航空機産業・宇宙産業でも既に世界有数の地位を築きつつある。

2025年、2035年、2050年を目途に，それぞれ先進国の下位水準、中位水準、上位水準を目指すという3段階方針が「中国製造2025」（2015年5月）計画である。この計画では重点育成分野は次の10大領域である。①情報技術、②数値制御工作機械・ロボット、③航空・宇宙装備、④海洋装備・高技術船舶、⑤先進鉄道装備、⑥省エネ・新エネルギー自動車、⑦電力装備、⑧農業機械装備、⑨新材料、⑩先進医薬・医療機器。

創新（技術革新）駆動、質と効率の向上が今後の発展の最大の狙いで、そのため研究開発費比率の引き上げ（現世界第2位）、研究開発人員の増強（現世界第1位）など、「自立自強」の科学技術立国化が推進されている。［井手啓二］

商業・流通

経済成長、改革・開放に伴い中国の商業・流通業の近代化と発展は目覚しい。今日の中国の大中都市では、旧来の伝統的店舗と並んで、デパート、スーパー、コンビニ、レストランをはじめ豪華あるいはモダンな商業施設（ショッピングセンター）が出現しており、先進国と同じような業態・管理方法が導入されるなど流通革命が進行中である。電子取引やスマホ決済では世界最先端である。

国民生活の向上により、2021年のエンゲル係数が都市部で28.6%、農村部で38.6%に低下し、家電製品が普及し、さらに住宅、自動車の購入、そして国内外旅行が爆発的伸びを見せている。国外への旅行者数はコロナ禍以前のピーク時2019年に1.6億人を記録した。1979 〜 2021年の消費財小売総額は年平均14.0%増加している。2015年段階では、商業（卸小売業）就業者は、国有部門就業者の4.9%に対し、私有部門就業者ではその42.3%に達している。

改革・開放政策以前は、商業は国営・集団経営（農業購買販売協同組合）によりほぼ全一的に担われており、また商業は軽視される傾向があった。改革・開放政策開始以降は、他の分野と同じく、各種所有制の共同発展方針が採用され、商業分野、特に小売業分野では個人経営、私営、外資経営が急増し、小売販売額に占める国有・集団所有制企業のシェアは1割強に減少している。外資系は2割弱。会社制をとる企業が6割強、私営は1割弱である（但し以上は年間販売額500万元以上の企業を対象としたもの）。小売商業・外食産業分野では私営、国有、外資の3者が激しい競争を展開している。［井手啓二］

対外経済関係——貿易と投資

世界一の貿易大国へ

中国の対外経済関係は、戦後の冷戦体制に強く影響を受けてきた。中国の対外経済関係が飛躍的に拡大するのは国連復帰を認められた1970年代以降である（全方位外交の展開）。1990年代初頭までに大半の国と国交を回復し、改革開放政策と市場経済化政策の推進により対外経済関係は爆発的進展を遂げ、2012年には世界最大の貿易大国に、対内直接投資はアメリカに次ぐ規模に、対外直接投資も2008年以降日本と肩を並べる規模に達している。

世界貿易に占める中国のシェアは現在、輸出入とも10％前後である。中国は今日「世界の工場」「世界の市場」と呼ばれる地位を築き、2008年以後はアメリカに代わり世界の経済と貿易の成長の最大の牽引者となっている。

開放経済化とともに中国の貿易依存度は、開放政策以前の4～5％台から急速に高まり、2006年には65.3％のピークを記録する。以後は低下して2019年には27.5％となっているが、大国としては高い水準にある。保税貿易である加工貿易の比重が急速に高まり、現在でも5割弱であること、また輸出に占める外資系企業の比重が42.6％前後と高いのが特徴である。

貿易黒字が定着するのは1994年以後であるが、WTO加盟を経て2005年以後は1000～5000億ドルの巨額の貿易黒字を出すようになっている（これは米国の巨額の貿易赤字と同じく、国際的不均衡の原因となっている）。経常収支と資本収支が共に黒字のため外貨準備高が急増し、2006年以後は日本を抜いて世界最大の外貨準備高を持つに至っている（2021年末、3兆4200億ドル）。

主要な貿易パートナーはEU・米国・ASEAN諸国・日本

中国の貿易パートナーは、ASEANや日韓台などアジア諸国が5割を占

中国の貿易パートナー(2021年)

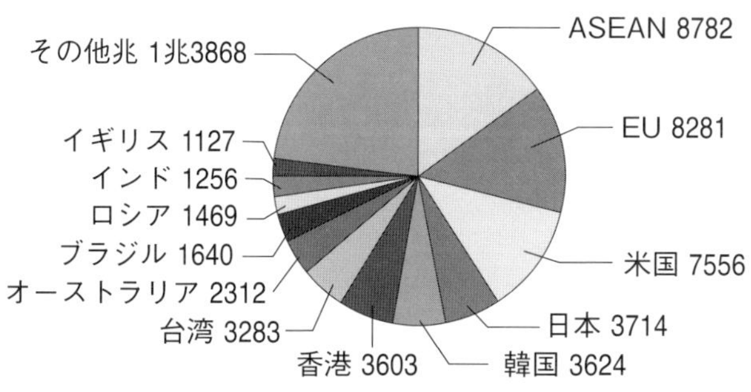

出所：国家統計局『中国統計摘要2022』101頁より作成。　単位：億ドル

めている。2004年までは日本は中国の最大の貿易相手国であったが、その後米国に抜かれ、さらにEUが中国の最大の貿易パートナーとなっている。10ヵ国からなるASEANも2011年から日中間の貿易規模を上回っている。しかし中国の輸入においては日本は単独の国・地域としては今でも最大である。

日本から見れば、中国は2007年以後米国を上回る最大の貿易相手国で、全体の約2割を占めている。また日本の最大の対外直接投資先でもある。また、韓国、台湾、ASEAN諸国、インドなど近隣諸国やアフリカ諸国にとっても中国は最大の貿易相手国となっている。

中国の輸出入品目は、一次産品の割合が減少し、電機・電子製品など二次産品が急増した。産業部門別に見ると、貿易黒字の稼ぎ頭は繊維・アパレル部門、靴・家具部門である。

中国の対内直接投資は1992年以後急増を続け、2010年以後は1000億ドルを上回るまでになり、中国の高成長を支えている。

さらに中国の対外直接投資は急増する外貨準備高を背景に、2008年以後、年500億ドルを超え急増し、対内直接投資額に接近してきている(2021年の対外直接投資額は1136億ドル、対内直接投資額は1735億ドル)。[井手啓二]

企業は計画の執行単位から自律的経済主体に変化

改革・開放政策採用以前は、非農業では国有・国営企業と集団所有制企業が、農業では人民公社と国営農場が経済を動かしていた。これらの経済単位は従業員の住宅・医療・年金・福利などを保障する生活の単位でもあり、またその業務（原材料・エネルギー調達、生産、販売）は国家から指令される計画目標を達成することであり、財の価格も国が定めていた。すなわち、独立した経営単位ではなく目標遂行単位であった。

改革・開放政策以後は、企業の生活・福利保障機能を分離し、次第に純経済単位化した。また社会主義市場経済化·混合経済化が進められ、多種所有·多種経営制度が実現してきた。基幹産業部門における国有企業·国有支配企業と並んで、外資系企業、私営企業、個人企業、協同組合企業など非国有・非公有制企業が出現した。また有限会社・株式会社、株式合作制企業、連営、農民専業合作社など多様な企業形態が存在している。近年は混合所有化やPPP（官民連携）が大々的に進められている。中国の公式政策は「国進民進」（国有企業と民有企業の共同発展）である。

所有制から見た企業の種類

国有企業：1990年代後半からの「抓大放小（チュアタアファンシャオ）」政策によって、国有中小企業の大半は民有化された。国有企業は中央政府所属企業と地方政府（省·市·県級）所属企業に分かれる。中央政府所属企業のうち国有資産監督管理機構が所管する企業は中国を代表する巨大企業集団で98集団あり、基幹産業部門を担っている（2017年）。国有・国有支配の大企業は財務省統計では17.4万企業（中央企業5.7万、地方企業11.6万）である（2016年末）。国有単位就業者は2020年5563万人とされるが、株式会社、有限会社、連営会社、都市集団所有企業を含んで公有部門就業者と一括すれば1億4300万人を擁する。

武漢近郊の黄石市に進出している日系縫製企業で働く女子工員たち。賃金の上昇で日系企業の立地も内陸部に向かっている。

電子レンジを他社メーカーブランドで製造する広東省のギャランツの工場。世界のほとんどの電子レンジがここで製造されていると聞くからすごい。集団所有制企業である。

集団所有制企業：一般的な協同組合、事業組合ではなく、国有企業または地方政府が従業員家族または住民の就業を保障するために設立した企業が大半である。2020年で271万人。

市場経済化が進むにつれて個人経営体、私営企業が年々激増し、正確なデータ把握が困難なほどであるが、就業統計では両者合計で4億人に達している。

個人企業：雇用従業員7人までの個人経営体。就業者1億7691万人（21年）。

私営企業：雇用従業員8人以上の企業で、上限はない。就業2億2834万人（21年）。

外資系（三資）企業：外資100％の独資企業、外資との合弁企業、期限が定められ、期限終了後は中国企業となる合作企業の3種類（このため「三資企業」とも呼ばれる）がある。外資系企業は2014年までに81.0万企業（投資実行額1兆6053.3億ドル）が設立されている。就業者数は香港・マカオ・台湾企業1159万人、それ以外の外資系企業1216万人である（2021年）。

株式会社と有限会社：中国の株式会社と有限会社は、所有制からみれば国有・国有支配、外資を含む私有制、前2者の混合所有制からなる。2020年初の株式上場会社は3781社あり、これらの上場会社は広義では混合所有制といえるが、狭義では私有制支配は半数前後とされている。［井手啓二］

社会保障制度

改革・開放前の社会保障と都市・農村間格差

改革開放以前の中国では、都市でも農村でも生産の単位（勤務先）は生活の単位でもあり、企業や人民公社が社会保障の機能も担っていた（単位社会）。改革開放政策によって経済単位はこうした社会保障を担う必要がなくなり（住宅、年金は1998年から）、代わって社会全体で担われることになった。

中国は地域間でも地域内部でも格差がきわめて大きな社会であるため、他の発展途上国同様、全国民的規模での社会保障制度を短期間に造りだすことは困難である。今なお職業間や地域間、都市・農村間の社会保障制度には大きな相違・格差が存在する。ある時期までは4000万人強の公務員年金保険では保険料負担はなく、しかも給付は退職時の本俸水準であった。次いで優位に立ったのは企業従業員で、農民には年金制度はなかった。今日では、全国的な制度の統一および皆保険化と平準化が目標とされ、また社会保障水準も、賃金・生活水準の急テンポの向上と同様の傾向を示している。

社会保障制度の中心となる5つの社会保険制度

中国の社会保険制度は、年金・医療・労災・失業・生育の5保険からなる（生育保険があるのが日本との相違）。2019年末現在の加入者は、年金保険9億人余、医療保険13.5億人、失業保険2.05億人、労災保険2.55億人、生育保険1.84億人だから、前二者は皆保険化に近づいている。

年金制度：2015年以後、都市企業従業員基本養老保険、都市・農村住民基本養老保険、公務員年金の三本立てである。企業従業員年金の場合、保険料は賃金の8%を個人が負担し、企業は賃金の20%を負担。支給は、基金（企業と政府負担）からと個人口座からの二階建てである。支給要件は15年以上加入、支給水準は05年以降、年々引き上げられてきた。運営主体は、県・市・町村単位から省単位に引き上げられているが、省間格差は依然大きく、全国的規模での平準化は今後の大きな課題である。

農村末端の「医療保険業務所」、併設「慢性病対策室」

農村での診療と医療保険加入手続きのサポート

医療保険制度：都市従業員基本医療保険（強制加入）、都市住民基本医療保険（任意加入）、新型農村合作医療制度（任意加入）の三本立てで、医療体制や医療保険は年々充実しているが（15年から高額医療保険制度が試行）、年金以上になお地域的格差がきわめて大きく、また運営主体は省級に達せず、県・市レベル以下にとどまっている。「看病難・看病貴」（病院にかかるのが難しく、医療費が高い）は、住宅問題と並んで、なお国民の大きな不満対象である。

新たな社会保険制度としての「介護保険制度」

労災・失業・生育保険、生活保護制度、高齢者介護制度も年々拡充されているが、さらに「介護保険」が新規に加わった。中国の60歳以上の高齢者は2億5000万人、うち自立生活困難者は4000万人超。2016年から介護保険制度試行地域として15都市が指定され、その後省内全域を目指す重点省として吉林（5都市）、山東（15都市）での試行が拡大された。しかし、当初2020年に全国導入の予定であったが、2025年に5年間延長されている。

社会保障制度上の課題

国際的に見れば、国家財政からの社会保障関連支出は多い方ではない。平均寿命が延び続け、少子高齢化が進む時代を迎え、中国では今後、社会保障支出と国防費支出のバランスが問題化する可能性も高い。中国の社会保障制度が現在抱えている課題は、制度の充実・全国的平準化および制度の持続可能性である。そのためには、退職年齢の低さの是正（定年は、男性55～60歳、女性50～55歳。男女とも65歳定年制への漸次的移行が実施されている）、保険財政健全化（積み立て不足の解消）が不可避となっている。［井手啓二］

米中貿易紛争から政治対立へ

始まりは米中貿易紛争

トランプ前大統領が2016年の選挙中から問題としていた中国との貿易不均衡問題が出発点である。翌年には中国が改善のための100日計画を発表・実施したが、アメリカは第1弾（18年7月）～第4弾（19年9月）へと最大25%の追加関税を課す輸入制限措置を実施した。また、中国も対抗措置として8000品目近くに最大25%の追加関税を課している。ただし、貿易不均衡の改善はあまり進まず、アメリカの要求はその後、投資、知的所有権、産業政策、為替へと範囲を拡大。2018年6月にはアメリカの科学技術を盗んでいるとして中国人留学生へのビザ発給の厳格化を実施している。バイデン政権にも引き継がれたアメリカのこの姿勢は「米中経済のデカップリング（分離）」と呼ばれている。

ZTE、ファーウェイ、Tiktokと半導体製造装置の対中禁輸措置

中国の台頭抑止を目的としたこれらの対中貿易制限は2018年には中国先端企業への直接介入に進んだ。まずはイランや北朝鮮への禁輸措置違反のかどでZTE（中興通訊）が攻撃され、経営陣の交代と14億ドルの罰金の支払いがなされたが、ファーウェイ（華為技術）に対しては副会長兼CFOの孟晩舟をカナダ警察に逮捕させている。この真の狙いは当社の次世代通信システム（5G）の世界的広がりの阻止だと言われており、アメリカは日本にも中央省庁や自衛隊などからファーウェイやZTEの製品を排除させている。また、アメリカは未発達な中国の半導体産業の発展を阻止すべく、自国および台湾、日本等からの半導体製造装置や設計ソフト、さらには技術者や製造部品の対中輸出を禁じる措置も発動しているが、中国はこれを貿易ルール違反としてWTOに提訴している。

これらと同様、「安全保障上の理由」で2020年7月からはバイトダンス運営のアプリTikTokへのトランプ前大統領直々の圧力もあった。なお、中国もこれらに対抗して米国債の売却や安全保障上の理由での一部アメ

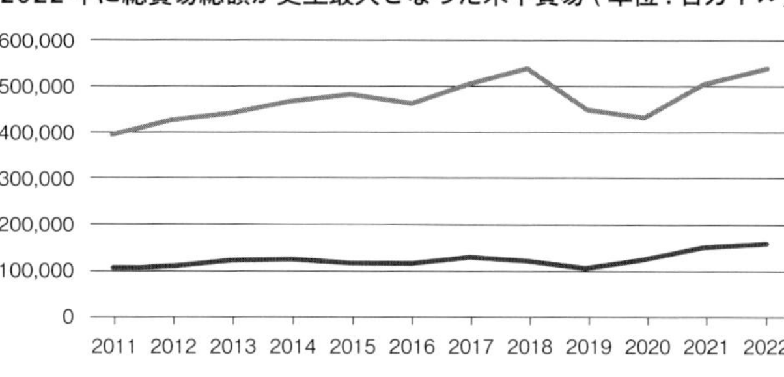

リカ企業への禁輸措置を実施している。また逆に高度医療機器では外国製排除に動いている。

領事館閉鎖から軍事的緊張へ

米中の対立は2020年7月のヒューストンと成都の双方の領事館の閉鎖や南シナ海での米中両軍の同時の軍事演習など軍事的緊張にまで拡がっている。アメリカはこの頃から軍用機の南シナ海上空での飛行を活発化させ、演習中の中国軍にU-2偵察機を接近させるなど挑発を繰り返したが、その流れは各国との合同軍事演習などの形でエスカレートされている。最近はアメリカ各州議会の中国による土地買収の禁止の動きもある。

ウクライナ戦争と非米諸国間で拡がる人民元決済

こうしたアメリカの「中国包囲網」はロシアのウクライナ侵略を受けた西側の対露経済制裁で一部変容を余儀なくされている。というのは、西側を除く世界の大多数がこの経済制裁に同調しない状況の下、ロシアとの貿易関係の継続を望む諸国がドル決済を要しない国際決済システムを求め、人民元による国際銀行間決済システム（CIPS）への注目を始めているからである。2015年に創設されたこの決済システムへの参加は2022年10月末現在1347行に拡がり、世界107ヵ国・地区に分布。そのサービスは世界180ヵ国・地域の3900の法人銀行機関が行なっているが、今回のロシア制裁の中、インドやサウジアラビア、ロシア、モンゴル、バングラデシュなどに拡がっている。また、中国の国際貿易はそのほぼ半分までが人民元決済に至っているとの報道もある。［大西広］

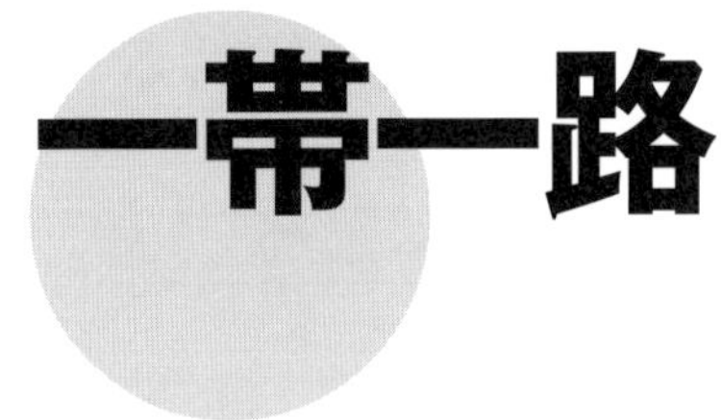

一帯一路

「一帯一路」経済圏構想とそのエンジンの役割

「一帯一路」とは、中国から中央アジアを通って欧州に至る「陸のシルクロード（一帯）」と、南シナ海やインド洋を通って欧州、アフリカなどに至る「海のシルクロード（一路）」を形成する巨大経済圏構想で、習近平氏が2013年にインドネシアで、2014年に北京でのAPEC首脳会議で提唱した。英語表記ではBelt and Road Initiative（BRI）。アメリカのトランプ政権時の極端な保護主義、一国主義や「米中経済戦争」、さらに現バイデン政権が進めている世界と中国とを分断化する動きに対しては、旧大陸全域と欧州を重視した経済圏構想は現実味を帯びてくる。

「一帯一路」構想のエンジンは低中所得国の側にある。それら諸国の生産と流通を支える鉄道、道路、港湾、空港などの公共的生産基盤（インフラ）建設のための膨大な資金需要である。アジアのインフラ需要は年平均8300億ドルにも達するが、アジア開発銀行（ADB）の供給実績（2016年）は、その2%足らずの317億ドル。それゆえ中国はBRICS銀行（ブラジル・ロシア・インド・中国・南アで構成）、シルクロード基金、そして2015年にはアジアインフラ投資銀行（AIIB）の設立に踏み切った。このAIIBは先進国を含む参加国が既に100を超えている。このように中国はアジアなど低中所得国のインフラ需要に真正面から対応している。

低中所得国の対中債務の拡大とリスク表面化

「一帯一路」構想は既に驚くほどの広がりをもって、中国と「一帯一路」沿い諸国との経済協力（インフラ建設、貿易拡大、エネルギー・農業・製造業・流通業など各種産業への投資や共同事業）が展開されている。プロジェクトは開発主体国の開発計画にそって、中国側が資金、投資財をもって協力する二国間協力形式が取られている。それゆえ、二国間協力にありがちな摩擦も生まれている。

世界銀行によれば、低・中所得国の対中債務が2020年末時点で約1700

表　アジアにおけるインフラ投資の需要ギャップ

アジア地域インフラ総需要（億ドル）			ADBの実績（億ドル）	
2010-20年推計	年平均	日本円換算	2014年実績	日本円換算
83,000	8,300	約100兆円	143	約1.7兆円
2016-30年推計	年平均	日本円換算	2016年実績	日本円換算
260,000	18,000	約205兆円	317	約3.5兆円

資料；需要数値は各紙報道および経済同友会。融資実績はADB各年次報告。

億ドルとなり、2011年の3倍超となっている。この対中債務のほとんどは、インフラ（社会基盤）整備関連であり、「一帯一路」による中国の影響力拡大が示されている。中国が最大の債権者となった国はモルディブ、パキスタン、スリランカなど。スリランカの南部港湾整備事業は計画がずさんで、債務解消の代償として中国が港湾利用権を取得したが、こうした事例は一部に限られている。

■「一帯一路」構想への対抗から国際公益協力の実現へ

アメリカはこのような新経済圏の急拡大を、アメリカと世界諸国との間の分断を図る戦略として警戒している。2021年6月のG7では「数十兆円規模の低中所得国向けインフラ投資」を合意し、「一帯一路」に代わる途上国援助を謳った。しかし、従来の先進国主導の開発融資がなぜ機能不全となったかの検証抜きでは説得力が乏しい。また、上記の表が示すように、インフラ投資需要はアジアに限っても年間100兆円規模。「数十兆円」ではG7の覚悟のほどが問われる。

中国との対抗ではなく「一帯一路」事業とG7構想との連携を国際公益協力事業として組みたてていくことが期待される。中国も、自ら積極的に成立に関わったRCEP（東アジア包括的経済連携）と一帯一路との連結を図るなど、一帯一路の多国間協力形式を模索している。［山本恒人］

習近平政権の経済戦略

2021年の新たな歴史決議と毛沢東路線への回帰

習近平政権の経済政策はいくつかの点で毛沢東時代への回帰という側面があり、その評価が分かれている。アリババなど巨大IT企業や学習塾といった民間企業への規制強化や国営の商店（供銷合作社）や食堂の成長がその1つで、供銷合作社の売上は2021年にアリババの8割にまで迫っている。また、子供の養育を「コスト」とする考え方から続けられてきた人口抑制策（1人っ子政策）の解除や共同富裕の強調も「毛沢東時代への回帰」の特徴である。これらのことは、これまで1945年と1981年にしか出さなかった「歴史決議」と呼ばれる総括的文書を中国共産党が建党百周年の2021年に出したことに現れている。そこでは、「中華民族の偉大な復興」とともに改革開放政策の成果の上に新たな発展段階、新たな発展理念と新たな発展の枠組が強調されている。

20回党大会で定式化された「中国式現代化」と共同富裕

2022年の第20回党大会ではその特徴が次の5類型の形をとる「中国式現代化」の提起としてより鮮明となった。すなわち、①巨大な人口規模、②全人民の共同富裕化、③物質文明と精神文明との協調、④人と自然との調和的共生、⑤平和発展の道である。このうち、②の共同富裕は「貧困の撲滅」という形で習近平政権が特に力を入れてきたもので、貧困線を下回る人口が2012年に9899万人だったものが、2020年末にゼロにしたと政府は発表している。これには稼得力の小さな農業部門の人口を2、3次産業に大規模に移動させるという供給側産業政策の効果が大きかった。この結果、所得格差を示すジニ係数は2012年に0.474だったものが2021年には0.466まで縮んだ。超富裕層の腐敗や政治介入という否定的現象、1人当たりGDPが1.3万ドルの「高所得国水準」にほぼ到達したとの肯定的現象を踏まえた政策転換の帰結である。

図　中国農村貧困人口の推移

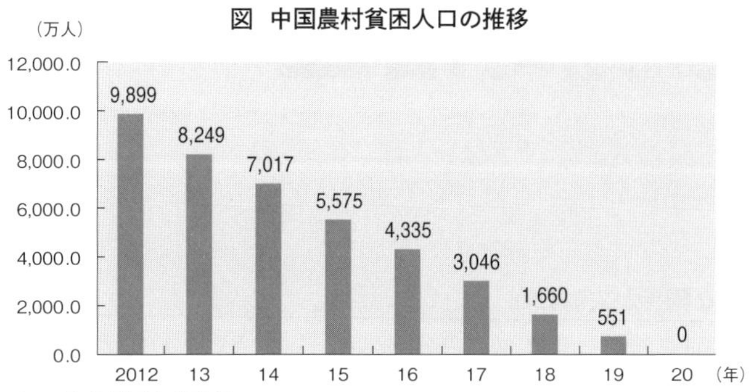

データ）中国国家統計局
出所）https://www.jetro.go.jp/biznews/2021/03/526e6c97723d2df3.html

不安定な外部環境から自由な国内経済重視の「双循環」に

習近平政権の経済政策は西側経済の停滞と対中貿易制限により、国内経済循環重視にシフトしている。「改革開放の深化」や「一帯一路」、「輸入拡大」も強調しているので国際経済循環を軽視しているわけではないので「双循環」と主張しているが、重点は労働所得の引き上げ、2次3次の所得再分配の推進、中所得層の拡大による国内経済循環の発展にある。個人所得税の累進性強化の方針も党大会において決定された。

国内経済循環のための「全国統一市場」の形成へ

消費と内需の拡大による国内経済好循環の実現を目的に2022年4月、中国共産党中央と国務院は「全国統一市場の建設加速」を決めた。14億人という総人口、4億の中所得層を持つ国内市場を1つの資源と見なし、共同富裕化で豊かで高質な製品需要を増大させようとするものである。また、この「全国統一市場」は競争や創新を呼び起こし、より大きな活力を経済発展に与える「強い市場」を目指すもので、独占や不当競争行為、外資企業や他地域企業を差別する地方保護主義など「見える障壁」を解消するだけでなく、ビッグデータやAIなどの活用で「隠れた障壁」をもなくすという市場機能の質的発展が目的とされている。

コロナ対策の適正化

2020年初の武漢で始まった中国の「ゼロ・コロナ」政策は大きな成果を収めたが、その後の変異株の感染力の強化、重篤率の低下により2022年11月末からは「ウィズ・コロナ」政策に転換している。これにより経済機能がどこまで回復するかが問われている。［大西広・山本恒人］

地域間格差

不均衡な国土と人口分布

中国の国土面積は係争地を含めた場合、ロシアとカナダに次ぐ世界第3位の大きさとなり、27のEU加盟国の倍以上となる。また、2020年の総人口は14億3565万人で、まだインドより多い。

中国の地形は「西高東低」である。西側では、高原や砂漠地域が多く、地理や気候条件の制約があって、これらの地域の人口が少なく、人口密度が低い。一方、東側の臨海地域では平原となっており、平らな土地に、豊富な水資源があり、農業生産に適する気候条件で、古くから、人々がこれらの地域に定住し、人口密度が高い。

胡煥庸線による中国の二分

したがって、こうした地理的要因により、人口分布は不均衡な状況にある。現代中国における人文地理学と自然地理学の創立者とされている胡煥庸が1935年に引いた分岐線「胡煥庸線」(英語: Hu Line)は、北の黒龍江省黒河から南の雲南省騰沖までの直線で、中国の国土を二分しているが、この線を引いた論文「中国人口之分布」によると、1935年当時、全土面積の36%しか占めていなかった東南ブロックに、96%もの人口が住んでいた。他方、64%の面積を占める西北ブロックの人口はわずか4%しかすぎず、人口密度として40数倍もの差が存在していた。現在に至っても、その人口密度の差は大きく変わっていない。

地域間格差変動の4つの段階

中国の地域間経済格差は非常に大きい。しかし、改革開放以降、図に見るように、地域間格差は4つの異なる段階を経過している。第1段階は1990年ごろまでの縮小段階、第2段階は2003年までの緩やかな拡大段階、第3段階は2004年から2013年までの再縮小段階、第4段階は2014年から現在に至るまでの安定推移段階である。

改革開放開始時点の中国の地域間格差は非常に大きかった。1人当た

図　中国における省域間の経済力格差の推移——変動係数

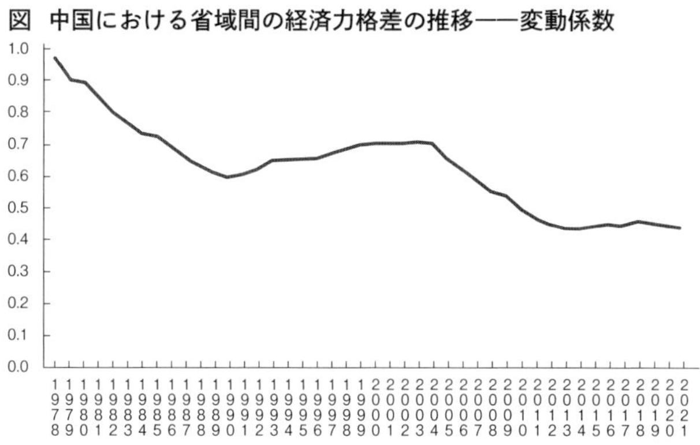

出所：『中国統計年鑑』各年より筆者作成

りGRP（域内総生産）で比較した場合、最高の上海市（2471元）と最低の貴州省（173元）の差は14.2倍に達した。しかし、2021年には、最高の北京市（183997元）と最低の甘粛省（41138元）との差は4.5倍へと大きく縮小している。

この結果、2001年に清華大学の胡鞍鋼が「1つの中国に4つの世界」述べた状況は解消している。胡鞍鋼が4つ目の世界＝「第4世界」にあるとした半分以上の地域、総人口中の26％に当たる人々が2003年以降の地域間格差縮小期のおかげで消滅したからである。これには習近平が強力に推進した「脱貧」の取り組みも大いに寄与している。

鄧小平は1992年1月19日の「南巡講話」で「条件を備えている一部の地区が先に発展し、他の一部の地区の発展がやや遅く、先に発展した地区が後から発展する地区の発展を助けて、最後には共に豊かになる」、いわゆる「先富論」を提唱した。和諧社会論と地域発展の調和が提起されてから、中国は「先富論」の後編とも言える「共富（共同富裕）論」への移行段階に入りつつあるとも言えよう。〔徐一睿〕

エネルギー事情

エネルギーの6割は石炭に依存

中国はこれまでエネルギー多消費型の重化学工業の比重が高く、またエネルギー利用効率も低かったのでエネルギー消費量は多く、1996年にはエネルギーの純輸入国となっている。対外依存率は2008年の9.2%に対し2020年22.5%である。

1次エネルギーの構成比（生産量）は、化石燃料と非化石燃料比が3.9：1、化石燃料のうち石炭、石油、天然ガスの比は84.1：8.3：7.6である（2021年）。石炭依存度は年々減少しているが、2021年現在でも67%となお過半を占めている。近年、水力・風力・太陽光など再生可能エネルギーを重視し、「全エネルギーの15%を再生可能エネルギーで」という目標が示された。2020年（カッコ内は2010年）発電量で見れば、2020年火力68.5%（79.2%）、原子力4.7%（1.8%）に対し、水力17.4%（17.2%）、風力6%（1.1%）と増強に向かっている。

習近平政権は全国7都市での二酸化炭素の排出権取引を開始し、将来におけるガソリン車全面禁止の方針なども出し、アメリカが離脱することとなった地球温暖化パリ協定の主要な推進役として国際的役割を果たそうとしている。

石油・天然ガスの輸入依存率が高まる

エネルギー消費の急増がもたらす第2の問題は石油・天然ガス輸入の増加である。中国は世界第4位の石油生産国であり、石油輸出国であったが、1993年以後石油の純輸入国に転化し、輸入量が急増、輸入依存率は2006年以降5割を超え、2017年以降世界第1位の石油輸入国となった。輸入先（2020年）はサウジアラビア（16%）、ロシア（15%）、イラク（11%）の順となる。近年中国は海外で石油・天然ガスの開発輸入に努めている。［井手啓二］

第３部

歴史

6　古代文明～唐代

7　宋代～清代

8　近現代史

6
古代文明～唐代

洛陽の近くに作られた龍門石窟には
北魏から唐にかけて無数の仏像が彫られ、
現在まで伝わっている。

執筆
太田幸男／久慈大介／角道亮介／下田誠
佐々木研太／中村威也／堀内淳一／王敏

近代以前の中国史の特徴

皇帝とそれを支える官僚による政治

秦の始皇帝が即位してから清王朝滅亡までの2100年以上にわたり、複数王朝並立時期も含めた全王朝の最高権力者は皇帝と呼ばれた。皇帝は天の命によって指名され、天の指図によって行政が進められるという観念を前提として存在した。世襲皇帝の天命が変わって他の者に移ることを革命と言い、天命を受けた者が武力で前王朝を倒すことを放伐、協議による王朝交代を禅譲と言った。

皇帝を支える官僚について。地方で実務を担当する下級官僚は各地方で選抜されたが、他は皇帝と中央官僚によって選抜された。隋王朝以前では各地方からの有能者の推薦を受けた者から選抜され、隋代以後は科挙と呼ばれる選抜試験によって選ばれる者が主であった。科挙は時代とともに試験が何段階にもわたって多くなり、競争は激烈を極めた。

中国周辺の民族が中国に進入して漢民族を支配する王朝を征服王朝と呼び、特に武力に勝る北方・西方の騎馬民族による王朝が多かった。征服王朝では漢民族による伝統的な支配形式・支配思想を理解できず、しばしば混乱も起ったが、次第に支配者が漢化されて長く続く王朝もあった。公用文字や風俗習慣で支配民族が独自のものを押しつける場合もあり、特に農業に習熟しない遊牧民族の支配の場合は漢民族からの抵抗を受けて滅亡する場合も多かった。

思想・宗教と政治・社会とのかかわり

春秋戦国時代に成立したいわゆる諸子百家の思想は長く現代中国にまで生きのびて、人々に多くの影響を与えたが、特に孔子・孟子を始祖とする儒家思想は、皇帝政治の基本理念であり、また民衆生活上の諸習俗の規範となった。科挙の問題の基をなす思想は儒家思想、特に宋代以後は朱子学であり、高級官僚やそれを目指した受験生は骨の髄までその思想に染められ、それをもって民衆を指導した。儒学以外の諸子百家の思

泰山：山東省の平原の中に立ち、秦の始皇帝等の皇帝が山頂で天帝と対話したと言われる。

泰山は道教の聖山となっており、山腹には多くの廟があって道像を祀り、今も参拝者が絶えない。

想はこれに対してある程度在野思想として人々に受け取られ、特に道家思想は道教の基となる思想として民衆に深く浸透していった。

農村と都市の民衆のあり様

官僚となった者や科挙受験を目指す者以外はほとんどが文盲であった。難解な漢字を駆使した文書行政が、民衆を政治から遠ざけさせたが、一方では諸宗教が核となった秘密結社が水面下に結成され、しばしば農民反乱が勃発し、全中国的に発展して王朝を倒すこともあった。

農村の様相は、華北の黄土地域と淮河以南では異なっていた。黄土地帯は畑作が主で、アワ・キビが主要穀物であったが、唐代以降は小麦が多く植えられ、粉食が普及した。淮河以南は水田地帯で、米が主食であり、南北朝時代頃から田植えも行なわれ、またベトナムから日照に強い占城米がもたらされ、米は全中国で食べられた。

農民の衣服は、唐代までは麻織物が主で、それ以後は、主として長江流域に棉の木が植えられて綿織物が広がり、宋代以後は全国的に綿織物が常用された。絹織物を常用するのは官僚層だけであった。

官僚・商人・手工業者の住む都市はいずれも高い城壁に囲まれており、その中はさらに壁で区切られた坊に分かれていた。商人は塩や鉄製品等を農村で売りさばく遠隔取引で巨利を得たが、宋代以降は都市内で店を構えるようになり、商店街は賑わうようになった。しかし農民の没落を防ぐための抑商策が各王朝でとられ、多くの制限があった。［太田幸男］

黄河文明（中国文明）

黄河文明（中国文明）とは

黄河文明（中国文明）は、古代の中国大陸で栄えた文明の総称で、一般的には文明が誕生する契機となった初期農耕の始まり（新石器時代の始まり）から、初期王朝時代（夏・殷・周）を経て、秦・漢王朝という統一王朝が成立・出現するまでの一連の時代を指す。

初期農耕の始まり

中国大陸では、紀元前1万年頃に氷河期が終わり、それまでの更新世（洪積世）と呼ばれる地質年代上の時代から完新世（沖積世）と呼ばれる時代に移行するとともに、打製石器を主体とし狩猟・採集を主な生業・経済基盤としていた旧石器時代から、磨製石器と土器を用いて農耕・牧畜を主な生業・経済基盤とした新石器時代へと人々の営みも変化していった。そうした中、完新世に入り気候が温暖化していった中国大陸では、紀元前8000年頃から各地で初期農耕が始まった。しかし、多様な地理的・生態的環境を有する中国大陸では各地で画一的な初期農耕が始まったわけではなく、地域ごとに異なる初期農耕が行なわれた。

特に大きな差が見られるのは、北の黄河流域と南の長江流域であり、黄河流域では、アワ・ヒエなどの雑穀栽培を主体とした初期農耕が始まった一方、長江流域では稲作を主体とした初期農耕が始まった。そして、両地域の地理的・生態的環境の違いに基づく生業・経済基盤上の差異は、各地で異なる文化・文明を生み出し、黄河流域では黄河文明、長江流域では長江文明とも呼ばれる異なる文化・社会が育まれていった。

仰韶（ぎょうしょう）文化の成立と発展

黄河流域ではその後、気候の温暖化とともに雑穀栽培を主体した初期農耕文化が発展し、より安定した定住生活が可能となっていった。こうした社会の発展の中、更なる温暖化を迎えた黄河流域では紀元前6000年頃になると、仰韶文化と呼ばれる初期農耕文化が黄河中流域の黄土高原

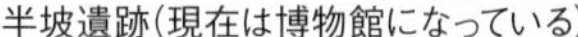

半坡遺跡(現在は博物館になっている)

龍山文化の名称の由来となった城子崖遺跡

地帯を中心として生まれた(仰韶文化という名称は1921年にスウェーデン人の地質学者アンダーソンが河南省澠池県仰韶村で仰韶遺跡を発見したことに由来する)。安定した定住生活が可能になったため、この時期には大規模な集落が多数形成され、そうした状況は陝西省西安市の半坡遺跡や陝西省臨潼区の姜寨遺跡などに代表される大型の環濠集落遺跡から窺うことができる。また仰韶文化の人々は、鬲・鼎などの中国文明に特徴的な三足土器を製作し、淡紅色の地に文様を施した彩陶と呼ばれる精製土器を用いていたため、彩陶文化とも称される。

龍山文化の成立と発展

紀元前3000年頃になると、黄河の下流域を中心として龍山文化と呼ばれる新たな新石器文化が生まれた(龍山文化という名称は1928年に発見された山東省龍山鎮城子崖遺跡に由来する)。龍山文化には、仰韶文化には見られなかった城壁を伴った集落(邑の原形)や大規模な墓などが見られるようになることから、この時代に地域社会の統合が進展するとともに人々の間で階層差が顕著に表れたことが窺える。また、龍山文化では主に地域の首長らによる儀式などで用いられたと考えられる黒陶と呼ばれるろくろを用いて作られた薄手の黒色磨研土器が新たに製作されたことから、黒陶文化とも称される。このように、中国大陸では紀元前2000年頃までに農耕社会が発展・成熟し、こうした社会の発展が仰韶文化・龍山文化と続いた新石器時代から、次の初期王朝時代という中国史上における新たな、そして大きな画期を生み出すこととなった。［久慈大介］

長江文明

長江文明とは

1970年代までは、中国文明の起源は黄河中流域（「中原」）にあるとする「中原一元論」的な見方が中心であったが（そのため当時は「黄河文明」という語が一般的であった）、中国社会の発展に伴って各地での遺跡の発掘が進展すると、黄河流域の新石器文化とは異なる文化が中国大陸の各地で栄えていたことが次第に明らかになってきた。

特に1973年に発見された浙江省余姚市河姆渡（かぼと）遺跡からは、大量の稲籾や農耕具などとともに水田址も見つかり、新石器時代の長江流域では、稲作を主体的な生業・経済基盤とした文化が栄えていた事実が明らかになるとともに「中原一元論」が見直される大きな契機となった。

この河姆渡遺跡の発見などにより、「中原」が相対化され、中国文明の「多元論」が定着していったが、そうした中で、北の「黄河文明」とは大きく異なる南の長江流域で栄えた文化・社会を総称し、差異を際立たせる「長江文明」という言葉が生み出された。

長江流域における初期農耕の始まり

黄河流域と同様、紀元前1万年頃に氷河期が終わり温暖化へと向かっていった長江流域では、完新世（沖積世）以降、紀元前8000年頃に稲作を主体とした初期農耕が始まった。やがて気候の最温暖化を迎えた紀元前6000年頃になると、そうした稲作を主な生業・経済基盤とした初期農耕文化が発展し、長江下流域では河姆渡文化、中流域では彭頭山（ほうとうざん）文化や城背渓（じょうはいけい）文化などの新石器文化が生まれた。

長江流域における初期農耕文化の発展

紀元前3000年頃になると、稲作を主な生業・経済基盤とした長江流域の新石器文化はいっそう発展・成熟し、長江下流域では精緻な玉器を多数製作・使用したことで知られる良渚（りょうしょ）文化、中流域では大渓（だいけい）文化・屈家嶺（くっかれい）文化・石家河（せっかが）文化などの新石器文化がそれぞれ栄えた。これらの文化

河姆渡遺跡(中央に見える建物は河姆渡遺址博物館)

三星堆遺跡から出土した縦目仮面

では、ほぼ同時期に北の黄河流域で栄えた龍山文化と同様、城壁を伴った大規模な集落や大規模な墓などがより顕著に見られるようになり、階層差も明確になっていった。日常的な煮沸具としては黄河流域で多用された鬲(れき)はあまり見られず、鼎(てい)が多く用いられたが、こうした点からも、アワ・ヒエなどの雑穀栽培を主体的な生業・経済基盤とした北の黄河流域と、稲作を主体的な生業・経済基盤とした南の長江流域という両地域間の文化的な差異を読み取ることができる。

三星堆遺跡の発見

長江流域では、紀元前2000年頃までに稲作をその主体的な生業・経済基盤とした新石器文化が栄え発展していったが、初期王朝時代の到来とともに、長江流域の文化は次第に中原王朝の枠組みの中に取り込まれていった。しかし、それでもなお長江流域で育まれた独自の文化・社会の伝統はその後も長江流域の各地で色濃く残り、独自の世界を形成していった。そうした状況を如実に物語るのが、新石器時代後半から初期王朝時代にかけて栄えた三星堆(さんせいたい)文化である。1986年に発見された四川省広漢市三星堆遺跡からは、瞳が大きく突出した縦目仮面と呼ばれる巨大な青銅仮面や巨大な青銅製の立人像など、中原王朝と一定の関係性を持ちながらも、独自の文化・社会が当時の長江上流域(四川盆地)に展開していた様相が明らかになった。それとともに三星堆文化の発見は、多様性や多元性を内包しつつも“ゆるやかなまとまり”として1つの世界を形作った「中国」的世界とはいかなるものかという問題を今一度考えさせられる契機ともなった。[久慈大介]

夏王朝

伝説上の夏王朝

司馬遷の『史記』などをはじめとする古文献によれば、現在実在が確認されている殷（商）王朝の前に、夏王朝と呼ばれる王朝が存在したとされる。さらに言えば、夏王朝が生まれる以前の中国には、伏羲・女媧・神農の「三皇」と黄帝・顓頊・帝嚳・堯・舜の「五帝」が活躍した三皇五帝の時代があったとされ、中国最古の王朝とされる夏王朝は、この「五帝」の最後に数えられる舜が、治水に功績のあった禹に禅譲によって帝位を譲り、ここに夏王朝が始まったとされている。こうして生まれた夏王朝は、創始者とされるこの禹王から桀王まで17代約450年間続いたとされ、最後の桀王のときに殷（商）の湯王に滅ぼされ、放伐によって王朝交替した。

二里頭遺跡の発見

多くの古文献上に記載が残るこの伝説上の夏王朝が実在したか否かについては、かねてから多くの議論がなされてきたが、そうした状況を大きく転換させたのは、1959年の河南省偃師市二里頭遺跡の発見であった。

二里頭遺跡は、年代的にそれまでの新石器時代と次の殷（商）王朝の時代とをつなぐ時期に相当する遺跡であることが発見当初から既に指摘されており、そうしたことから夏王朝との関連性が早くから注目されていた。さらにその後の発掘調査により、この遺跡が現存面積で約300万㎡もの規模を持ち、城壁を伴った大型の宮殿址群（宮殿区）のほか、青銅器鋳造址をはじめとする各種の工房址や祭祀関連の遺構、そのほか大小の住居址や墓などから構成される巨大な「都市」遺跡であることなどが次々と明らかになっていくと、この二里頭遺跡が伝説上の夏王朝の都である可能性がよりいっそう現実味を帯びたものになっていった。さらに二里頭遺跡からは、中国史上最古の青銅礼器類や儀礼に用いられたと考えられる各種の陶礼器類などが出土し、こうした出土遺物の様相などからも、当時この地に王権が存在していた可能性を垣間見ることができよう。

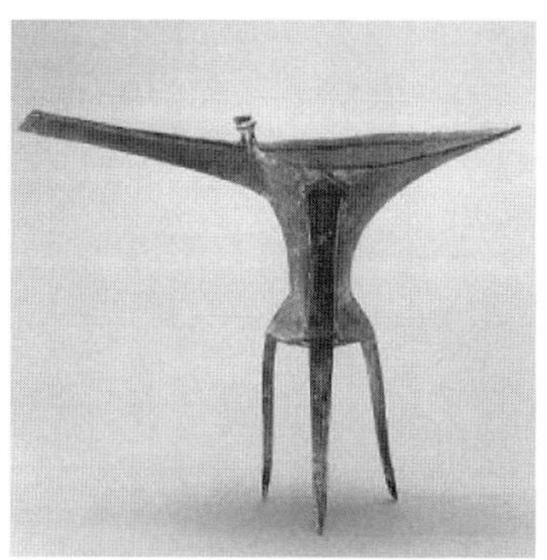
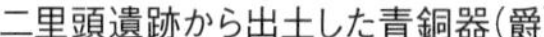
二里頭遺跡から出土した青銅器（爵）

二里頭遺跡（北から宮殿区を望む）

この二里頭遺跡を代表とする考古学的文化（二里頭文化と呼ばれる）が、年代的にも、また地域的にも、『史記』をはじめとする古文献上に記載された夏王朝の存在した時期や地域と密接な関係性にあることから、この二里頭文化こそが夏王朝の人々が残した遺存であるとされ、また、その中心的遺跡である二里頭遺跡が夏王朝の都とみなす見解が現在では一般的となっているが、その一方で、殷（商）王朝の実在を証明することとなった文字資料が未発見であることなどから異論もある。

二里頭文化と「中国」的世界の形成

ただ、この二里頭文化がそれまでの新石器時代の文化と大きく異なるのは、けっして二里頭遺跡の状況やそこから出土する遺物の様相だけでない。むしろ重要なのは、この二里頭文化に関連する遺物が隣接する他地域や他文化を飛び越えて、「中国」的世界とその外の世界とを隔てる境界付近から出土することにある。つまり、二里頭文化はそれまでの黄河流域における一地域文化という枠組みを大きく飛び越えて、中国大陸のより広範な地域と結びつきを持ったいわば超地域的な文化として、それまでの新石器時代の文化とは“質的”に大きく異なるものであった。言い換えれば、中国大陸各地の多様な地理的・生態的環境を内包しながら、「中国」的世界の原形とも呼びうる“ゆるやかまとまり”を初めて形作ったのがこの二里頭文化であると言え、このような地域間の関係性における大きな“質的”な変化の出現にも、新石器時代の文化とは異なる初期王朝文化としての二里頭文化の一端を重ね合わせて見ることができよう。［久慈大介］

殷王朝

甲骨文の発見と殷王朝の証明

殷は紀元前1500年頃から紀元前11世紀頃まで、河南省を中心とする華北平原に栄えた王朝である。司馬遷の『史記』には、湯（成湯）が参謀の伊尹らとともに夏王朝の桀王を伐ち王朝を開いてから、紂王（帝辛）の時代に西方の周によって滅亡するまでの間の王の名が記述される。

19世紀末、甲骨文が発見されその研究が進むと、これらが殷王朝によって行なわれた占いの記録であることが明らかとなり、『史記』に記された王名と甲骨文上の王名がほぼ合致することが判明した。また20世紀初めに河南省安陽市で行なわれた殷墟遺跡の発掘では、大量の甲骨や殷の王墓などが発見され、これらの調査の結果、殷王朝の実在はゆるぎないものとなった。

鄭州商城と殷墟遺跡

『史記』には殷王朝はたびたび遷都したとあり、発掘調査によっても殷代の大規模な遺跡が数箇所で確認されている。中でも河南省鄭州市の二里岡遺跡と同省安陽市の殷墟遺跡は殷代前期と殷代後期の王朝の中心地として知られ、考古学的な文化名称としては、二里岡文化、殷墟文化とそれぞれ呼称される。

鄭州市内には鄭州商城と呼ばれる二里岡文化期に作られた巨大な城郭が存在し、城郭の内外からは多数の大型建築址や青銅器製作工房址が見つかった。殷代前期の王城であったと考えられている。河南省安陽市の殷墟遺跡は、多数の大型建築址や祭祀坑（人畜を埋めた穴）が発見された小屯村の一帯の宮殿・宗廟区や、洹河北側にある侯家荘の王陵区などから構成される。殷墟遺跡が殷代後期の中心地であったことは疑いようがないが、一方で当地からは明確な城壁が発見されておらず、その点で殷代前期の王城とされる鄭州商城とは性格が異なる。

殷王朝は、前期の都の鄭州と後期の都の安陽を中心として、現在の河南省一帯に本拠地を持つ王朝であった。

世界遺産として整備された安陽市の殷墟本体の入り口。周王朝などと異なる趣を感じさせる。

殷の社会構造

殷代の社会は邑（ゆう）と呼ばれる集落単位によって構成されており、王都を中心として殷に服属するいくつかの氏族集団の邑が存在し、さらに氏族の邑に多数の小さな邑が従属する形で成り立っていたと考えられている。このような大小の邑による複合的な支配関係を基礎とする国家は邑制国家と呼ばれ、そのような連合体の長として殷王が存在していた。殷の王族は祖先祭祀や自然への祭祀を頻繁に行なったことが甲骨文などから明らかとなっている。甲骨文中には、羌（きょう）と呼ばれる人々が殷人に征服されて捕虜となり人間犠牲として用いられたことが記される。遺跡からも人間や牛や羊などが祭祀坑から数多く発見されており、このような犠牲を利用した祭祀行為は、王の権力と権威を示し支える重要な儀礼であった。

殷の文化

殷後期の文化を特徴づけるのは、大量の甲骨の存在である。亀甲や獣骨を用いて戦争の成否や農作物の実りなど様々な事象に関して神意を問い、その内容と結果は文字として甲骨上に刻まれた。現状では、この甲骨文字が漢字の最古の姿である。甲骨文中からは、帝（てい）、上帝（じょうてい）などと呼ばれる至上神が信じられていたことも確認されている。

甲骨と並んで殷代を特徴づける遺物は青銅器である。特に殷墟文化期にその青銅器文化は絶頂を極め、複雑な造形や精緻な紋様を持った青銅器が多数製作された。特に青銅製の酒器や食器が好んで作られたが、これらはいずれも祭祀用の器物だったと考えられている。［角道亮介］

西周時代

周王朝の成立

紀元前11世紀、周の武王が殷の紂王を破り、現在の陝西省西安市周辺を中心として周王朝を打ち建ててから、紀元前8世紀に洛陽に遷都するまでの約250年間を西周時代と呼ぶ。洛陽遷都以降は東周時代、あるいは春秋戦国時代と呼ばれる。

『史記』によれば、周族の始祖は后稷という人物であり、その後、子孫の古公亶父の代になって岐山南麓の地に移り住み、勢力を蓄えたとされる。古公亶父の孫にあたる文王は殷の西伯に任ぜられ、周族の新たな都として豊京（現在の西安市西郊外）を建設しその勢力を大きくした。文王の跡を継いだ武王は諸侯を糾合し殷討伐の兵を挙げ、牧野の戦いで殷軍を大いに破り、殷王朝を滅ぼした。殷の打倒後、武王は現在の西安市の西に鎬京を建設し、豊京とあわせて周の拠点とした。武王が若くして没すると、その弟であった周公旦は年少の太子（後の成王）を補佐し、周王朝の基礎を固めたとされる。成王の即位後、現在の河南省洛陽市に東都である洛邑（成周）が完成し、周の体制は盤石なものとなった。以上が、『史記』などの書物に見られる周建国の経緯である。

現在に至るまで、明確な周の王墓や王城は発見されていない。しかし、陝西省岐山県と同省扶風県の県境一帯に広がる周原遺跡からは大量の青銅器や甲骨、大型の建築址などが発見されており、当地は周族の中心地の1つだったと考えられている。

封建制と諸侯

西周期には地方支配政策の一環として、「封建」が行なわれたことが『春秋左氏伝』などの書物に記述される。これは主に血縁関係にある諸侯を各地に遣わし、王室の藩屏として当地を支配することを期待するものであった。「封建」の実態は今なお明確ではないが、「封建」と関連するような内容を持つ金文史料も出土し、また西周期の諸侯国墓地と考えられる

周王朝は陝西省を東西に流れる渭河の流域で誕生した。歴史書には、諸侯を封建して晋や斉などの国を作り、地方の支配を行なったことが記される。

渭河北岸の台地から望む岐山の山々(陝西省岐山県)。周族の揺籃の地である。殷王朝を討ち滅ぼしたのちも、岐山南麓の一帯は重要な拠点であった。

遺跡も各地で発見されており、西周初期に「封建」を通じた王朝支配の安定化が図られたことは十分に考え得ることである。

西周の滅亡

武王から数えて12代目に当たる幽王の時、西周は滅亡した。『史記』によれば、幽王がその寵姫である褒姒に夢中になり、また正式な后であった申后を廃し、その子の太子をも廃しようとしたため、申侯は繒国と犬戎とともに幽王を攻め殺した。申侯は諸侯とともに幽王の太子宜臼を立てて平王とし、平王は異民族の襲撃を避けるために東の洛陽(雒邑)へと遷都した、とされる。一方、『竹書紀年』などの書物には西周の滅亡に関して、幽王死後の後継者争いの中で携王と平王が東西に並立し、洛陽を都とした平王が後に争いに勝利した、という内容が述べられており、『史記』の記述とは様相が異なる。

西周期の社会

西周期の社会について、血縁関係を中心とする氏族集団が社会の基本的な構成単位であったと考えられている。氏族は本家たる大宗と分家たる小宗とに分かれつつも、宗法と呼ばれる各種の規範によって、共通の祖先に発する一族としての団結を保っていた。

祭祀用の青銅器は殷代に続いて西周期にも多数製作された。殷代とは異なり、西周の青銅器は食器が中心で、銘文(金文)には長い文章を持つ例が少なくない。金文の内容からは、祖先祭祀を媒介として、王室と各氏族が結びつきを強めようとしたことが窺える。[角道亮介]

春秋戦国時代

春秋と戦国

春秋戦国時代は大きな変革を経験した時代である。春秋時代には140余国が存在したとも言われるが（『春秋左氏伝』記載の国の数）、戦国時代には七雄と呼ばれる7大国に集約され、最終的に秦によって統一された。このことからも春秋戦国の社会変動の激しさを見てとれる。

春秋時代という名称は魯の国の年代記である『春秋』に由来する。戦国時代は前漢末に故事を集成した『戦国策』に基づく。春秋時代は東周平王の即位する紀元前770年を開始とし、戦国時代は春秋晋国の有力世族である韓・魏・趙（三晋）が前453年に晋を三分した三家分晋をもって戦国時代の始期とする考えが有力である。戦国は以降前221年の秦統一まで続く。なお、春秋戦国時代は東周時代と称する場合もある。

春秋時代

春秋時代には周王の権威が弱まり、封建諸侯が力を伸ばした。代表的な諸侯は春秋の五覇と呼ばれ、斉の桓公・宋の襄公・晋の文公・秦の穆公・楚の荘王とする説と、宋・秦に代えて呉王夫差と越王勾践を加える説もある。覇者は名目上盟誓を通じて周王をあがめ扶助する立場を示したが、南方諸国が王を称したように、周王にたてつく諸侯も現れた。

春秋時代の各国の内部には諸侯の下に卿・大夫・士という階層があり、当初はその秩序は厳格であった。墓の副葬品にも階層ごとに個数や種類に制限があった。春秋時代までは一族の血縁的なつながりを強く維持し、宗主のもと団結して行動した。諸侯国の中で代々政務を担った一族を世族と呼び、ほかに城内部に居住し一定の政治的な権利を持った人々を国人と呼んだ。春秋時代も中後期になると諸侯国の中では上下の秩序が乱れ、世族内部でも統制のきかない事件が起こるようになる。下克上と呼ばれる事例が各国で起こり、諸侯を殺害し、国をのっとる者も現れた。前述の三家分晋はその最たる例であり、東方の大国斉でも他国から入った

河北省邯鄲市に位置する叢台公園。胡服騎射で知られる趙の武霊王の時に初めて建造されたと伝えられる。

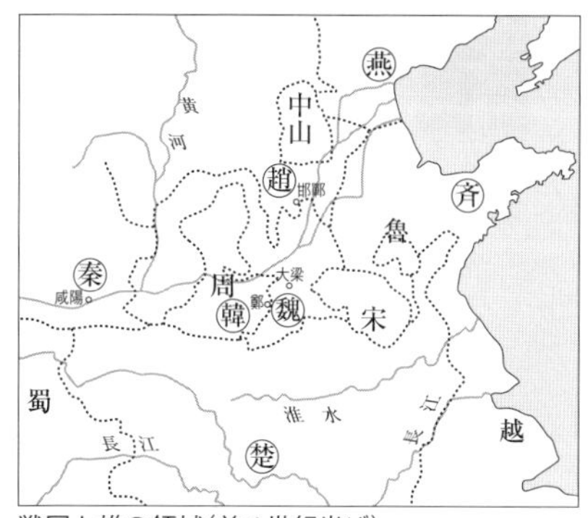

戦国七雄の領域（前４世紀半ば）

田氏が国君を暗殺して後に諸侯に列せられた。

戦国時代

戦国初期に勢力を伸ばしたのは魏である。魏の文侯は有能な人材を登用し、国内の改革を進めた。しかし魏は前4世紀半ばに斉との桂陵の戦い、馬陵の戦いに相次いで敗れ、さらなる発展を挫かれた。西方の秦は孝公の時、商鞅を登用し、2度にわたる変法によって国内制度を改革した。その内容は多岐にわたり農業、税制、軍事、地方行政のほか、村落秩序や家族組織にも及ぶ。戦国時代は数万・数十万単位の戦争が起こるようになり、各国は富国強兵に努めた。この時代、郡県制という地方統治の仕組みが整備され、その官府には君主の手足となる官吏が配置された。

戦国後期には合従連衡と称される秦と対抗する国家連合と秦と協力する連合が対立し、蘇秦や張儀などの人物（縦横家）が活躍した。同じ頃戦国四君と呼ばれる斉の孟嘗君、趙の平原君、魏の信陵君、楚の春申君は多くの食客を集め、名を轟かせた。特に後三者は秦の統一を決定づける長平の戦いの後にも合従を成立させ、秦からの攻勢を防いだ。

戦国時代には鉄器と牛耕が広がり、農業生産が発展した。また青銅器も春秋時代の礼器から実用的な器物に変わった。青銅貨幣が大量に発行され、金とともに流通した。貨幣は武器や農具など多様な形をとったが、最終的に円形の秦の半両銭に統一された。こうした背景のもと中原では都市が発展し、かつての血縁的なまとまりも崩れていった。［下田誠］

諸子百家

春秋末期から戦国期にかけて現れた思想家やその学派の総称。出典は『史記』賈生列伝。「賈生(賈誼)は年少きに、頗る諸子百家の書に通ず」とある。今日では一般に、儒家・道家・陰陽家・法家・名家・墨家・縦横家・雑家・農家の九家(『漢書』芸文志)に、さらに兵家を加えた十家を諸子の学派と考える。

西周封建の秩序が崩壊し社会が大きく変わろうとする変革期に、多くの思想家が、どのようにして社会を治めるかという統治論を唱えたが、同時代ならびに後世に最も影響を与えたのは、孔子・孟子・荀子らの儒家の思想である。

儒家と墨家

春秋末期、魯の国に生まれた孔子は、「正名(社会的位置と位置する者の行為との一致)」(『論語』子路)によって西周封建の秩序を立て直そうとした。「克己復礼」(『論語』顔淵)を意味する「仁」は正名を実現するための方法の1つであった。孔子の死後100年あまりして魯に隣接する小国の鄒に生まれた孟子は、天より生じた人間の内面性を重視し、性善説を唱えて、秩序を回復する理想の王を出現させるための王道論を展開した。また、戦国後期の趙の人である荀子は、人間は性悪であるが、誰でも古来の聖人が天意を具現した「礼」を学習することができ、この礼を最大限に修得した者が王たり得るとした。

墨家は儒家と激しく対立したが、儒家が論理の基底として「天」を重視したように、墨子も統治論(尚同論)を「天」の認識によって理論づけている。ただし、墨家の統治論は、いわゆる墨家集団という特殊な、かつ、きわめて限定された規模の組織を統制する方法を天下レベルに敷衍したものであったため、現実に有効な思想とはなり得なかった。兼愛(万人を平等に愛せよ)・非攻(侵略戦争の否定)といった墨子の主張も墨家集団の特異性から産み出されたものである。

孔子

墨子

孟子

韓非子

■法家・道家・その他の学派

孟子が「力を以て仁を仮る者は覇たり」（『孟子』公孫丑上）といったように、儒家の論理は諸子の理論の中に吸収され応用されていた。儒家は、各人が社会的位置にふさわしい行為を全うし、刑罰を施行する必要のない社会を理想とした。すなわち、天子はあっても「南面するのみ」（『論語』衛霊公）であることが究極の状態なのである。法家も例外ではない。韓非子の論理では、君主が法・術・勢によって官僚群を掌握し官僚個々がその職務を果たすならば、君主はいかなる権力を行使する必要もなく意のままに統治することができるという。君主が何ら為すことなく治まる状態を理想とする思想は儒家のそれと全く同質であり、戦国末期の韓非子のこの認識は儒家の論理の上に成り立っているのである。また『韓非子』に喩老・解老の2篇があるように、韓非子の思想には道家、特に老子の影響が少なからず認められるが、道家の言う「無為」も、自然の理法たる「道」を体得した為政者が殊更に政治を行なう必要のない状態に至った結果のことであり、儒家や韓非子の論理と共通する。

陰陽家はあらゆる現象を陰・陽の原理によって説明して陰陽五行説を説き、名家は「白馬非馬」論のように言葉（名）と実体（実）との関係について考察した。縦横家は諸国を巡って秦に対する外交のかけひきを主導した。雑家は戦国末期にあらゆる思想を集成し独自に系統づけた学派であり、農家はすべての人が農耕によって自足すべきであると説いた。兵家も儒家の論理を吸収しつつ用兵の道を説いて統治論に及んだ。［佐々木研太］

秦漢時代

秦の統一と楚漢戦争

西安郊外の兵馬俑を訪れると、8000体に及ぶ規模に圧倒される。発掘は現在なお進行中であり、新たな発見が続いている。

秦王政は全国統一の偉業に相応しい称号として「皇帝」を採用し、後に始皇帝と呼ばれた。秦は全土に郡県制を施行し、秦の法律を全国に及ぼし、度量衡や文字、貨幣の統一を進めた。また車の幅を統一し、秦都咸陽を起点に道路網の整備を進めるなど中央集権的な支配を実行した。さらに秦は焚書・坑儒という思想統制を行ない、百家争鳴の時代に終わりを告げた。対外的には戦国以来の長城を修築し、匈奴の侵入に備えた。しかし秦の方式は旧東方六国に十分浸透せず、庶民は賦税の負担に苦しんだ。各地で反乱が起こり、秦は15年足らずで滅亡した。陳勝・呉広の乱や劉邦の挙兵は庶民層の成長を如実に示している。劉邦は楚の名族の項羽との楚漢戦争に勝利し、皇帝の位に就いた（前202年）。

前漢・新・後漢

前漢の高祖（劉邦）は都を長安に定め、楚漢の功臣を王に封じた。郡県制と封建制を組み合わせた支配の仕組みを郡国制と呼ぶ。高祖末年までに異姓諸侯王は排除されたが、同姓諸侯の勢力は懸案として残された。その削弱策は王国の反感を招き、景帝の時に呉楚七国の乱を引き起こした（前154年）。乱後、漢は中央集権を強化した。55年の長期にわたり帝位にあった武帝は国力の充実を背景に、対外戦争に力を注いだ。武帝はまず匈奴討伐のため張騫を月氏に派遣、これにより西域の情報がもたらされた。また現在の広東・広西一帯の南越国や東北の衛氏朝鮮も滅ぼし、それぞれ郡を置いた。しかし度重なる戦争の出費により財政の立て直しが必要となり、塩鉄専売と均輸・平準と呼ばれる政策を実施した。

武帝以降豪族の台頭や外戚の専横、儒教官学化の流れが見られ、そうした中、王莽政権の成立もあった。王莽は漢帝の禅譲を受け、新を建国

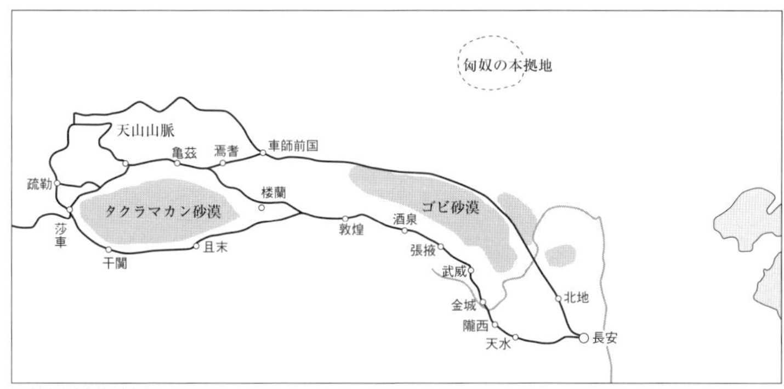

前漢時代の西域

した。彼は周の政治を理想としたが、混乱を招き新は15年ほどで赤眉の乱により滅亡した。

群雄割拠の形勢の中、南陽出身の劉秀が紀元25年に漢朝を再建した（これを後漢と呼ぶ）。即位した光武帝は都を洛陽に遷し、諸勢力を平定するとともに政治改革を実施し、統一の中興を果たした。後漢も光武帝の死後、幼帝が続き、外戚と宦官が政治を左右した。宦官勢力を批判した儒家官僚は党人と呼ばれ、2度にわたる党錮の禁によって多くの犠牲を出した。2世紀後半には自然災害が頻発し、張角率いる太平道の宗教集団を主とする黄巾の乱が勃発、後漢は滅亡へと向かった（220年）。

正史の編纂、記録媒体

司馬遷の父司馬談は武帝初年に太史令となり、先秦から同時代までの著述を構想したが、この仕事は司馬遷に引き継がれた。後に匈奴の捕虜となった李陵を弁護して宮刑に処せられたが、発奮して『太史公書』を完成させた。後漢以後『史記』と称され、正史の第1番目に位置づけられる。『史記』は武帝太初年間で終わるため、後漢明帝は班固に『漢書』を編纂させた。後漢の基本史料は南朝宋の人范曄の『後漢書』であるが、複雑な来歴もあり諸家の後漢書を参考にする必要がある。

紙は後漢の蔡倫の発明とされるが、前漢中期には既に出土例がある。蔡倫紙は使用が盛んになったことの仮託であろう。秦漢期には依然竹簡・木牘（簡牘）が多く用いられた。法律を含む睡虎地秦簡や張家山漢簡など簡牘資料の相次ぐ出土は時代像の見直しを迫っている。［下田誠］

三国志

一般に「三国志」というと、黄巾の乱（184年）に端を発し、後漢末期の群雄割拠を経て、魏・呉・蜀の3国に分裂・対立した時期を中心とし、その後、蜀が魏に滅ぼされ、魏から禅譲で王朝を奪った晋が呉を滅ぼす（280年）までの時代の歴史、またはその時代を描いた歴史物語を指す。

2つの「三国志」

歴史については、西晋の陳寿『三国志』（邪馬台国などの記述がある、いわゆる「魏志倭人伝」はこの一部分）とそれに南朝宋の裴松之がつけた注が基本的な資料になっている。歴史物語については、明の羅貫中『三国演義』が唐宋以来の説話や講話と上述の歴史資料などを組み合わせ、読み物として再構成した。現代に至るまで、東アジア世界で多くの三国志に関連する作品が創作されているのは、語り物をまとめた『三国演義』によるところが大きい。

三国志の時代（三国時代）

三国時代とは、後漢の献帝が曹丕に皇帝位を「禅譲」し魏が成立（220年）してから、晋が呉を滅ぼして中国を統一する（280年）までの61年間である。後漢末期の外戚と宦官の抗争を経て、黄巾の乱の勃発、董卓の専横、名家出身の袁紹と宦官の祖父を持つ曹操との対決（官渡の戦い）、南下する曹操を江東の孫権、劉備が迎え撃った赤壁の戦い、劉備の入蜀などを経て、曹操が死ぬと息子の曹丕は後漢より禅譲されて、皇帝となり、三国の勢力が鼎立した。蜀の丞相・諸葛亮（諸葛孔明）が北伐の途中で亡くなり、魏が蜀を滅ぼすと、ほどなく司馬氏によって魏は晋に取って代わられ、晋が呉を滅ぼして三国時代は終わる。激動の時代の中でさまざまな人物が活躍したことから、三国志は中国はもとより日本でも人気が高い。

混乱と分裂の中で

この時代の中国史上における大きな特徴は、およそ400年間続いた中

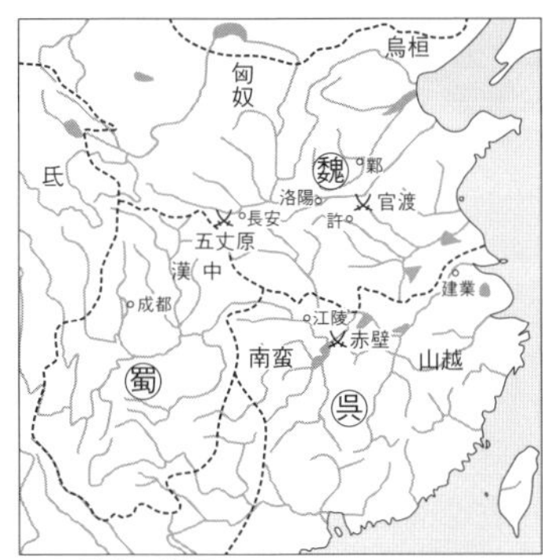

三国鼎立の様子。

諸葛亮が作った蜀の桟道。魏の軍隊はここを通過せずには、蜀には入れなかった。唐の李白によっても詠われている。

国社会の秩序が崩壊・変容する中で新しい秩序が再構成されていく点にあり、三国時代に創設された制度の多くが晋・南北朝に踏襲された。たとえば、王朝交代は武力によってではなく、あくまでも皇帝位を譲るという「禅譲」の形で行なわれた。

他にも官吏登用制度の九品官人法（詳細は180頁「晋・南北朝時代」を参照）、兵戸制（兵士を出す家族を世襲とした）や徴税システムなどがある。租税は、漢代の人頭税（銭納）と生産量に応じた納税から、世帯あたりの絹・綿などの物納と生産面積に応じた納税へと転換した。これは中央政府が、個人ひとりひとり、年ごとの生産量まで把握することができなくなったためであり、後漢より人口が約7分の1に減少したことが歴史書より知られているが、戦乱や農地の荒廃で人口減したことはもとより、中央政府が把握できた人数が減少したことが大きい。

新しい秩序・社会

分裂と激動の三国志の時代は、人々に新しい思想や精神的な拠りどころを求めさせた。黄巾の乱を主導した張角の太平道や、漢中に割拠した張魯の五斗米道などは老荘思想と民間信仰に根ざした教義を掲げ宗教組織を基盤に統治を行なうなど、後の道教の直接の源となる教義や集団が誕生した。仏教も後漢末に寺院が各地で建立され、西域からの渡来僧が魏や呉を訪れて布教や仏典の漢訳をした。また、魏の王弼（おうひつ）・何晏（かあん）らは玄学（「無」を重視した道家思想）の視点から儒教経典を解釈し直した。［中村威也］

古代中国の少数民族

現在の中国には漢民族（漢族）と55の少数民族が住んでいる。「少数」といっても、チワン族（壮族）の約1700万人をはじめとして、合わせればその人口は1億を超える。また「民族」という概念自体が近代以降に生まれたものであり、画一な基準によって規定できるものではなく、時代時代により規定や概念は異なる。

漢族と非漢族（少数民族の祖先たち）

古代中国では、生業や言語や文化の違いから文明・礼儀の存在する「われわれ」（中華、夏）とそれらの存在しない野蛮な「かれら」（夷狄、蛮夷）に観念上分けていたが、現実社会での地理的な境界線は一定ではない。たとえば、春秋時代の楚君はみずからを蛮夷と称していたが、秦漢代には中華に組み込まれた。春秋戦国時代を記した文献史料には、夷・狄・戎・蛮など中華と異なる文化圏に属する人々の存在が見られる。

現在の中国の少数民族の淵源は、族名などは宋代までしかたどれない。しかし彼らの祖先（の一部）が、古代では華中・華南に広く居住し農耕や狩猟などをしていたことは間違いない。

中国語には、「修飾語＋被修飾語」という語順の規則は古代から現代まで明確に存在しているが、長江以南の方言ではすべて「被修飾語＋修飾語」となっている。この語順はタイ語などにも見られ、この地域がもともと非漢族の居住地だったことを示している。また遊牧生活を送っていた北方・西方の人々も、独特な言語・風俗を持つ非漢族であった。

北方・西方の遊牧民

地理的環境から農耕や定住を主としない匈奴・氐・羌・月氏など北方・西方の遊牧民は平時から馬を乗りこなすため、有事の際には機動力の高い兵士へと変わる。戦国時代には、燕・趙などが長城を築き自らの領域を守り、秦の始皇帝の時にはそれらをつなげて万里の長城とした。

文献史料には彼らは略奪者として描かれることが多いが、実際は異な

アジアの基礎知識

▶アジア各国の基礎的な概説書の決定版として好評を博しています。▶全体のバランスと流れに留意し、写真・図表・地図を多用しました➡すらすら読めて、必要最低限の知識が身に着きます。

装丁：菊地信義

1 タイの基礎知識

著者：**柿崎一郎**（横浜市立大学教授。『物語タイの歴史』（中公新書）など、タイ関係の著書多数）

定価 2000円＋税／A5判上製・256ページ／ISBN978-4-8396-0293-2 C0330

【内容】1・タイはどんな国か？ ／2・自然と地理 ／3・タイの歴史 ／4・タイに住む人々／5・政治と行政／6・経済と産業／7・国際関係／8・日タイ関係の変遷／9・タイの社会／10・対立の構図／［コラム］タイの13人／口絵カラー8ページ／索引・参考文献・各種地図・図表など多数。

2 シンガポールの基礎知識

著者：**田村慶子**（北九州市立大学大学院教授。『シンガポールを知るための65章』（編著・明石書店）などシンガポール関係の著書多数）

定価 2000円＋税／A5判上製・224ページ／ISBN978-4-8396-0294-9 C0330

3 インドネシアの基礎知識

著者：**加納啓良**（東京大学名誉教授。『インドネシア農村経済論』（勁草書房）、『現代インドネシア経済史論』（東京大学出版会）などインドネシア関係の著書多数）

定価 2000 円＋税／A5 判上製・224 ページ／ISBN978-4-8396-0301-4　C0330

4 ベトナムの基礎知識

著者：**古田元夫**（日越大学学長。東京大学名誉教授。『ベトナムの世界史――中華世界から東南アジア世界へ』（東京大学出版会）などベトナム関係の著書多数）

定価 2500 円＋税／A5 判上製・316 ページ／ISBN978-4-8396-0307-6　C0330

5 ラオスの基礎知識

著者：**山田紀彦**（ラオス研究の第一人者。日本貿易振興機構アジア経済研究所研究員。『ラオス――一党支配体制下の市場経済化』（共編著、アジア経済研究所、2005年）等、ラオス関係の専門書多数。）

定価 2500円＋税／A5 判上製・324 ページ／ ISBN978-4-8396-0313-7　C0330

【内容】1・ラオスはどんな国か／2・三つの地域と主要な都市／3・歴史／4・民族／5・宗教と文化／6・政治／7・経済／8・外国との関係／9・社会／［コラム］ラオスの10人／口絵カラー 8 ページ／索引・参考文献・各種地図・図表など多数。　以下続刊

南朝の梁に訪れた使者を描いたもの(唐代の写本)。右から順に「高麗国」は朝鮮半島北部の狩猟民族、「于闐国」は新疆ウイグル自治区のホータン市にあったシルクロードのオアシス国家、「新羅国」は朝鮮半島南東部に位置する仏教国、「宕昌国」は甘粛省南部にあった羌族の国、「狼牙修国」はタイ南部からマレー半島に位置したランカスカ王国、「鄧至国」は四川省九寨溝にあった羌族の国。

る。たとえば匈奴は、漢の農民をさらうと支配地で農耕が可能なところへ移住させたし、大月氏との同盟結成の任を与えられて西方に旅立った張騫は匈奴に捕らわれると、妻をめとらせ生活を保障された。

農耕と遊牧の境界線は帯状に中国西北に存在しているので、歴代王朝はさまざまな手を尽くして北方・西方の民族に対応してきたのである。

南方の山地民

秦漢時代に中央政府の支配が各地に及ぶと、その支配を受け文化を受容する(漢化する)非漢族もいた。王朝の支配下に入り、農耕を業とし衣服や言語など中国(中華)の文化で生活すれば、夷狄扱いされず、地方政府はもとより中央政府の官僚となるものさえ存在した。

一方、『後漢書』南蛮伝には、非漢族の始祖伝説が記されており、祖先が人ではないこと、特別な功績により優遇された存在であることなど、現在の少数民族が持つ始祖伝説と共通するところが多い。このことは漢民族の進出により非漢族が生活の場をより南方、より奥地へと移していった実態が、古くから存在していたことを物語っている。

中国史の王朝版図の地図では、現在の四川省や湖南省などもすべて秦漢王朝が支配したように描かれるが、そうした地域内には数多くの非漢族がなお存在していた。それは三国時代に呉が非漢族の山越をたびたび討伐していることからも窺える。［中村威也］

晋・南北朝時代

魏・呉・蜀の3国に分裂した中国を再統一したのは、魏から禅譲を受けた晋であった（265年）。しかし、王族の内紛と異民族の侵入によって、30年あまりで晋の統一は崩壊した。晋の一族の司馬睿は江南に逃れて建康（現在の南京）で即位し、晋を復興した。これを東晋（317～420年）と呼び、それ以前の西晋と区別する。その後、宋・斉・梁・陳と禅譲を繰り返しながら250年以上にわたって華南を支配した。

一方、華北では五胡（匈奴・鮮卑・羯・氐・羌）が政権を建てたが、最終的に鮮卑族が建てた北魏が統一する。華北を北朝、華南を南朝と呼ぶ。両者の対立は隋によって581年に再統一されるまで、200年ほど続いた。

貴族制

この期間が「貴族の時代」と呼ばれるのは、一部の氏族が郷里社会での影響力を背景に、高級官僚を独占していたことによる。貴族の地位・官職は、王朝交代を経てもほとんど変わらなかった。彼らは貴族同士で婚姻関係を結び、貴族間の家格の高下を決めて利害を調整した。このような貴族の家格は、皇帝といえども干渉することができなかった。

魏の時代に制定された九品中正（官人）法は、本来、能力のあるものを発掘し、官途を保証するという意図で施行されたものの、地方豪族の郷里における家格を固定し、家格によって官位も固定される傾向を促すなど、貴族制を保証する法として機能した。

華南では、華北から逃れた西晋の名族が、旧来の江南豪族とともに、荘園を拡大し、貴族化していった。華北では異民族の侵入に対して、郷里の民衆を組織して対応した指導者が、異民族政権と協力することで、貴族としての地位を確立させた。

江南の開発

五胡の華北侵入を逃れ、華北から南へ人口が流入したことは、当時まだ未開発の地域であった江南の開発を推し進めることとなった。多くの

現在の洛陽郊外の村落。華北は乾燥した丘陵地帯が多く、騎馬民族にとって活動しやすい地形であった。農業はムギ・アワ・キビなどの畑作が中心であった。

江南の水郷。「南船北馬」と言われるように、江南では水運が重要であった。この時代、華北からの移住により、江南での開発が進み、現在の発展の基礎が築かれた。

貴族は華北からの亡命者を隷属させて未開地を開墾することで、大きな荘園を確保した。単に穀物・野菜や畜産を行なうのみならず、鉱業、水産業、手工業製品などを自給する総合的な経営を行ない、莫大な富を蓄えた。この富を背景に、南朝は倭や朝鮮半島の高句麗・百済・新羅、チベット高原の吐谷渾等と朝貢関係を結び、北朝の軍事的圧力に抵抗した。

歴代南朝が都とした建康は、最盛期には40万人以上が生活をする当時の東アジア最大の都市となったが、548年に発生した侯景の乱によって壊滅的な被害を受け、これ以降南朝は衰退していくこととなる。

胡漢の融合

異民族政権が乱立した華北では、少数の異民族（胡族）が多数を占める漢族を支配するため、郷里の漢人を政権内に取り込む必要があった。北魏の孝文帝は均田制や三長制をしいて漢族社会の安定につとめ、また平城（現在の山西省大同市）から洛陽に都を遷し、鮮卑の服装や言語を禁止するなど積極的な漢化政策を打ち出した。しかし、これらの政策に反発する軍人の反乱をきっかけに北魏は東西に分裂し、西魏とその後を継いだ北周では、胡族的な制度や名称が復活するなど混乱が見られた。この過程で漢族と胡族の通婚や文化的融合が進み、新たな文化が生み出された。西魏・北周で政権を担った胡族・漢族の連合体は「関隴（かんろう）集団」と呼ばれ、隋唐の主要な支配階層と成長していく。［堀内淳一］

隋唐時代

589年に隋の文帝（楊堅）が南朝の陳を併合したことで中国は再統一された。第2代皇帝の煬帝は、南北朝時代に開発の進んだ江南と華北と結びつける交通幹線として大運河を削掘し、朝鮮半島へ領土を求めて高句麗を攻撃したが、農民へ過重な負担を強いたこれらの政策によって反乱の中で滅亡した。隋末に割拠した軍閥の中から、李淵（唐の高祖）、李世民（太宗）父子が現れ、唐を建国、中国を再び統一した。唐は周辺諸国を影響下に置き、8世紀初めに即位した玄宗の時に最盛期を迎えた。しかし、755年、安禄山、史志明による反乱（安史の乱）が起こり、以降、衰退の一途をたどった。9世紀後半、黄巣が起こした反乱は全国に広がり、907年、唐は節度使の朱全忠に滅ぼされた。

中華世界の拡大

隋の煬帝は朝鮮半島の高句麗を攻めて失敗し、隋の滅亡を早めることとなった。唐は建国当初は対外的には慎重であったが、高宗の代になると、北は突厥（とっけつ）を服属させ、東は百済・高句麗を破り、西は西域のオアシス都市を領有して勢力圏を広げた。征服地には都護府を置き、実際の統治はその地の有力者に任せた（羈縻（きび）政策）。唐は周辺地域の多様な要素を取り入れて国際性ある文化を作り上げ、東アジア文化圏は唐を中心に強いまとまりを見せた。東方の朝鮮や日本は、朝貢制度を通じて律令体制・都城制度・仏教文化などを導入し、自国の整備に役立てた。高句麗の滅亡後、中国東北地方に建国した渤海は唐の官僚制や都城プランを取り入れ、8～9世紀に栄えた。チベットでも7世紀初頭にソンツェンガンポが諸部族を統一して吐蕃を建国し、唐の制度や仏教文化などが普及した。

人的支配から土地支配へ

隋は南北朝時代の諸王朝で試みられた制度を取り入れ、均田制・租庸調制・府兵制により財政・軍事の基礎を固めようとした。この三位一体の制度は唐に受け継がれた。これらの制度は戸口調査によって民衆を個

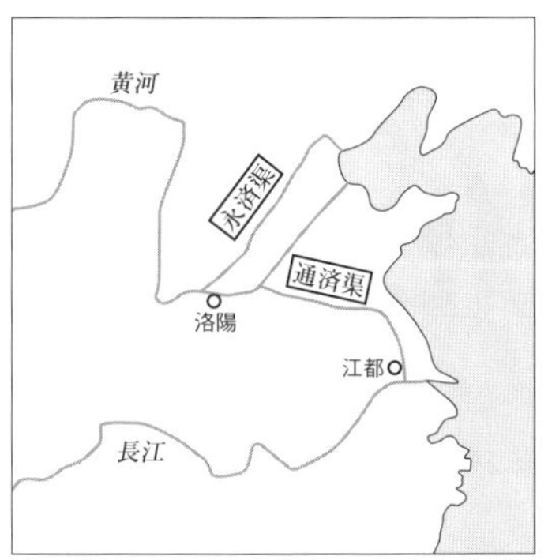

隋の煬帝による大運河は、江南と洛陽、華北を一つに結びつける物流の大動脈となった。

唐の太宗(李世民)は、隋末の戦乱を治め、貞観の治と呼ばれる善政を行なった。写真は太宗の墓陵である昭陵。

人単位で把握し、個々人に税負担を課すことで成り立っていた。

しかし、8世紀に入ると没落して逃亡する農民が増えて均田制・租庸調制・府兵制が一体となった制度は崩れていった。府兵制の代わりに傭兵を用いる募兵制が採用された。財政再建のため、780年両税法を採用し、個人単位ではなく、現実に所有している土地に応じて夏・秋2回の税を課することとした。このような中央による個別人身支配の崩壊は、地方で直接、軍事と民政の双方を握る節度使の権力を増大させた。

流通の拡大と地方分権

隋の煬帝が作った大運河は、民衆に過重な負担を強いた反面、中国の南北の流通状況を大幅に改善した。唐王朝の周辺諸国への影響力の拡大は、中国内部や諸外国における商業の発展をもたらした。このような商業の発達に対して、唐は塩・鉄などの専売制を敷き、国家の財源に充てようとしたが、それは民衆の不満を煽り、密売を増やす結果となり、最終的に塩密売人の黄巣の反乱へと結びついていく。

唐王朝は中央に三省六部制、地方に州県制を敷いた。また、九品中正を廃止し、儒学の試験によって広く人材を求める科挙の制度を隋から引き継ぎ中央集権化を図った。しかし、商業の活発化は地方に割拠する節度使（藩鎮）の財政基盤を強化することとなり、地方の自立を促すこととなった。唐滅亡後の五代十国時代には、このような唐末の藩鎮から群雄となった例が数多く見られる。［堀内淳一］

魏晋南北朝 隋唐時代の文化

魏晋南北朝時代は王朝の分裂、異民族の侵入、周辺諸国の成熟など、それまでの中国の価値観が大きく揺さぶられ、文化が変容した時代であった。国内的には貴族制の時代であり、様々な芸術・文化が洗練され、同時に形式化していく過程であったと言える。この時期の文化について「学術」「宗教」「芸術」の分野から解説する。

魏晋南北朝隋唐の学術

高位高官を世襲する貴族にとって、その権力の由来は、先祖の地位であり功績であった。そのため、魏晋南北朝時代には、個人や家の記録が重視され、史学の発展を促した。漢籍の伝統的な分類法である経（儒教経典）・史（歴史）・子（諸子百家）・集（文集）の四部分類が確立するのは、唐初に編纂された『隋書』経籍志からである。

また、南北朝の軍事的対立や、北方遊牧民の実利的思考が地理学・農学などの実用的な学術の発達をもたらした。5世紀には酈道元（れきどうげん）が中国の河川と流域の地誌である『水経注』を著し、6世紀には賈思勰（かしきょう）が『斉民要術』において華北の乾地農法の技術をまとめている。

魏晋南北朝隋唐の宗教

漢代までの伝統的な宗教は儒教であったが、既に1世紀頃から仏教が西域から伝えられていた。中国で本格的広まったのは4世紀後半からであり、仏図澄（ぶっとちょう）や鳩摩羅什（くまらじゅう）は西域からやってきて華北での布教や仏典の翻訳に活躍し、法顕は直接インドに行って仏教を修め、旅行記『仏国記』を著した。仏教の普及に伴い、華北では多くの石窟寺院が作られた。敦煌では粘土製の塑像と絵画で、北魏の時代から造営された雲崗・竜門では石仏・石刻で、仏教の世界が表現された。華北では仏教は庶民にまで広まったが、江南では貴族の教養として受け入れられた。

仏教の普及に刺激されて、このころ道教教団が組織化された。道教は古くからの民間信仰と神仙思想に道家の説を取り入れてできたもので、

唐の都長安(現在の西安市)にある大雁塔は、玄奘(三蔵法師)がインドから持ち帰った仏典を保存するために建設された。

洛陽の近くに作られた仏教遺跡である龍門石窟には、北魏から唐にかけて無数の仏像が彫られ、現在まで伝わっている。

道士の寇謙之は教団を作って北魏の太武帝に信任され、仏教と対抗して勢力を伸ばした。唐の皇帝家は道教の聖人である老子を祖先と見なし、厚く保護したため、唐代に道教は広く普及することとなる。

唐は広く周辺諸国と通商を結んだため、首都長安には周辺諸国からの朝貢使節・留学生や商人たちが集まり、仏教寺院や道教寺院のほか、キリスト教の一派の景教(ネストリウス派)や祆教(ゾロアスター教)、マニ教の寺院も作られた。特にササン朝の滅亡時には多くのイラン人が長安に移住し、ポロ競技などイラン系風俗も流行した。

魏晋南北朝隋唐の芸術

貴族の間では、道徳や規範に縛られない趣味的な世界が好まれた。魏・晋の時代には竹林の七賢に代表される清談が尚ばれ、世俗を超越した議論が文化人の間で流行した。文学では田園生活へのあこがれをうたう陶潜(陶淵明)や謝霊運の詩が名高い。対句を用いた華やかな四六騈儷体が、この時期の特色ある文体であり、その名作は梁の昭明太子の編纂した『文選』に集約される。絵画では顧愷之、書では王羲之が有名で、ともにその道の祖として尊ばれた。

隋唐時代には、科挙で詩作が重視されたため、杜甫・李白・白居易らが独創的な詩風で名声を博した。唐末になると、貴族の没落と共に、それまでの形式的、装飾的な芸術に対する批判が起こった。詩人の韓愈・柳宗元、山水画の呉道玄、書家の顔真卿らは、いずれも漢代の純朴な作風を再評価し、宋代へ繋がる新たな作風を開いた。[堀内淳一]

コラム
伝統的価値へのこだわり

中国人は「理屈っぽい」と言われるが、その理由は2つある。

キリスト教のバイブルのように、あるいは公務員指針のように、中国人が行動する基準として古来伝わる伝統的価値の影響が強く、それが「理屈っぽい」との印象を与えている。

進化的発想からすれば過去のすべてが基準にならず、常に最新にできた基準を行動のルールにすべきだが、中国人はこのグローバルスタンダードと言われる基準に馴染まない。ローカルな中国伝統への堅持が時代の変わり目に追い攻められてもなお、断固とこだわり続けるところがある。このことが、頑固と映ったり、理屈を捏ね回す態度として外国人に映ってくる。

なぜ、そうなるのか。この点については、中国ではローカルな地域文化・中国文化がグローバルな世界文明の進化に呑み込まれかねない、破滅されかねないといった危機感から、立ち直り、また再発展をしてきたという歴史も深く関わっている。中国の大地に生きた人々も国家も独自の進化の可能性を精神的に経験し蓄積してきた。西洋主導による世界文明の怒濤に対峙せんとする信念と論理を持っている。

この点は老荘思想にある地域の伝統精神をもって科学技術に頼った発展方式の問題を回避せんとする政策提案がわかりやすい。中国の歴史に裏付けられている経験といえば、科学は万能ではなく、経済力も限界が大きい。どれも人間によるものだからこそ、人間をコントロールするもの・精神力に最大の信頼を置かれている。それは伝統的発想に由来した価値基準である。

高度経済成長によって引き起こされている様々な諸問題の影響を最小限に止めるのにもこうした伝統的価値が重要だと中国人は考えている。2002年の「学習型社会」への転換や海外での孔子学院の設立もそうした文脈からの諸政策である。［王敏］

7
宋代～清代

実力本位で優れた人材を登用していたフビライ=ハン
（『古先君臣図鑑』より）。

執筆
小川快之／王敏

唐の後半期以降、律令格式による統治体制は崩れ、武人が勢力を得るようになった。唐滅亡後は、短期間に5つの王朝が交替し、地方に10あまりの政権ができる分裂と混乱の時代（五代十国時代）となり、その後、宋が中国を統一した。この時期には、貴族層の没落、農業技術や産業の発達などによる経済や都市の発展、形勢戸（けいせいこ）と呼ばれる新興地主層の出現など政治・社会・経済の面で大きな変動が見られた（一般に唐宋変革と呼ばれる）。そして、その後成立した宋代に伝統中国社会の基礎が形作られたとされている。では、唐宋変革を経た宋の政治や社会はどのようなものだったのであろうか。

■宋の政治体制

五代後周の将軍であった趙匡胤（ちょうきょういん）（太祖）が、960年に皇帝に即位して宋（北宋）を建国し（960～1127年）、その弟の2代太宗が中国を統一した。都は開封に置かれた。宋朝は、五代の武断政治を文治主義による政治体制に切り替えて、皇帝権力・中央集権体制の強化を目指した。科挙（官僚任用試験）が拡充され、殿試（皇帝が自ら行なう試験）が設けられ、儒教の教養を身につけた知識人が科挙に合格して高級官僚となり（彼らは士大夫（したいふ）と呼ばれた。士人と言えば知識人のことを意味した）、皇帝を支えて政治を行う体制が確立した。基本的に高級官僚になるためには科挙合格が必要とされた。科挙は基本的に男子であれば誰でも受験できたが、経済力がある形勢戸出身の者が多く進出していた。

北宋の中期（11世紀後半）になると、北方民族の圧迫に対する防衛費の増大などによって国家財政が悪化したため、6代神宗が王安石を宰相に起用し、官僚・地主・大商人の利益を抑制して、農民・中小商工業者の生活安定を図り、財政を再建する改革が実施された（王安石の新法）。しかし、この改革には反発する官僚も多く、以後、新法党と保守派の旧法党が対立して、政治が混乱し、宋の国力は次第に弱体化した。

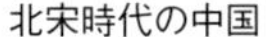
北宋時代の中国

商店が軒を連ねていた北宋の都・開封の大通り（張択端「清明上河図」より）。

12世紀初めには北方の女真族が建てた金が南下して、都の開封が陥落して、9代欽宗とその父の徽宗（8代皇帝）が捕虜とされ、宋（北宋）は滅亡した（靖康の変）。その後欽宗の弟の趙構（高宗）が江南に逃れて皇帝に即位し、宋を復興した（南宋と呼ばれる）（1127 〜 1279年）。都は臨安（現在の杭州）に置かれた。さらに秦檜（しんかい）ら和平派が対金戦争で活躍した岳飛ら主戦派を抑えて、金に臣礼をとって和睦し、金滅亡まで宋と金が南北に併存する状態が続いた。その後南宋は2代孝宗の時代に全盛期を迎えた。

宋の社会経済

宋代には、江南の開発が進み、集約的な稲作が行なわれ、陶磁器（白磁・青磁）や茶の生産が盛んになった。また、佃戸（でんこ）（小作人）に土地を貸して小作料をとる地主経営が広まった。そして、経済・産業の発展や商業に対する規制の緩和により、各地に草市・鎮（商業の中心地）が出現した。開封も、唐の長安とは異なり、瓦子（がし）（盛り場）が散在するなど開放的な商業都市であった。その様子は張択端の「清明上河図」からも窺える。

また、宋の中央集権的な財政運営の影響もあり、全国的な物流が活発化し、商人による行や手工業者による作などの同業組合も作られた。こうした中で、貨幣経済が発達し、銅銭や交子・会子（紙幣）が流通するようになった。宋は、対外的には周辺諸国の勢力に抑えられ、朝貢冊封関係の構築も低迷していたが、民間の対外交易は活発であり、明州（現在の寧波）・泉州・広州などの港が繁栄した。日本との交易も盛んであり（日宋貿易）、日本に宋の銅銭が大量に輸入されていた。[小川快之]

遼・金・西夏

唐宋変革期には、唐を中心とする朝貢冊封関係による国際秩序が崩れ、北方の諸勢力が王朝を建てて南下して、中国内地を支配下に置き、そうした王朝の下で北方民族と漢民族の文化が融合した文化が花開いた。また、日本でも遣唐使が廃止され、独自の国風文化が発展するなど、東アジア諸地域の自立化が見られるようになった。

では、北方の諸勢力が建てた王朝では、具体的にどのような展開が見られたのであろうか。

契丹(遼)の動向

北方では、唐代後期にはトルコ系のウイグル（回鶻可汗国）が勢力を得ていたが、その後、衰退し、10世紀初めには、モンゴル系の契丹（キタイ）の勢力が強大化し、その指導者耶律阿保機（やりつあぼき）（太祖）が皇帝に即位して、契丹（きったん）（遼という中国風の国号を名乗ることもあった）を建国した（916～1125年）。さらに2代太宗の時代には、五代後晋の建国を支援した代償として、燕雲（えんうん）十六州（河北・山西の北部）を得て支配下に置いた。また、6代聖宗の時代には積極的な対外政策がとられ、宋を脅かして、毎年多額の銀や絹を契丹に贈ることを条件に和議を結んだ（澶淵（せんえん）の盟）。しかし、9代天祚帝の時代には国力が弱体化し、女真族が建てた金に滅ぼされた。

契丹は、北方民族としての本拠地を保ちつつ中国内地をも支配した最初の王朝であった。遊牧民に対しては部族制に基づく北面官、中国内地（燕雲十六州）の農耕民に対しては中国的な州県制に基づく南面官という官制を設け、二重統治体制をとっていた。また、中国文化を取り入れ、科挙も実施する一方でウイグル文字と漢字の影響を受けた契丹文字も作った。

西夏の動向

宋の西北辺境では、チベット系のタングート（党項）が、西北との交易路を確保して、勢力を強め、宋に対抗して、その指導者李元昊（りげんこう）（景宗）が皇帝に即位し、大夏（一般には西夏と呼ばれる）を建国した（1038～1227年）。西

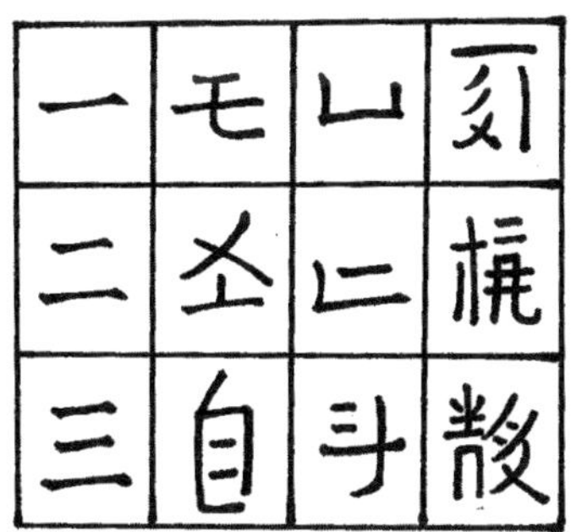
左から漢字・契丹文字・女真文字・西夏文字。

12世紀ころの中国

夏は、宋と一時和睦したものの軍事衝突を繰り返した。しかし、交易によって利益を得て、文化が発展し、中国文化を取り入れ、科挙も実施される一方で、独自の西夏文字も作られた。しかし、13世紀初めにモンゴルによって滅ぼされた。

金の動向

遼（契丹）の末期には、その支配下にあったツングース系の女真（女直）が台頭してきて、12世紀の初めに、その指導者完顔阿骨打（ワンヤンアグダ）（太祖）が皇帝に即位して、金を建国した（1115～1234年）。金は、宋と結んで、1125年に遼（契丹）を滅ぼした。その際に、遼の皇族耶律大石が中央アジアに逃れて西遼（カラ＝キタイ）を建国した（1132～1211年）。

金は、やがて宋と対立して、南下し、開封を占領して、宋（北宋）を滅ぼし、華北を支配下に置いた。そして、南宋が金に臣礼をとり、毎年歳貢として銀と絹を贈ることを条件に、南宋と和議を結んだ。3代熙宗と4代海陵王の時代には中国化が推し進められたが、5代世宗の時代には女真文化の再建が図られた。その後、モンゴルの侵攻を受けて滅亡した。

金の支配下では、女真族などに対しては、部族制に基づく猛安（もうあん）・謀克（ぼうこく）（300戸＝1謀克。10謀克＝1猛安）という女真族の軍事・社会組織による統治が行なわれ、華北の農耕民（漢人）に対しては、州県制に基づく統治が行なわれた。また、中国文化を積極的に取り入れ、科挙も実施される一方で、独自の文字である女真文字も作られ、科挙にも女真文字を使って行なう女真進士科が設けられた。［小川快之］

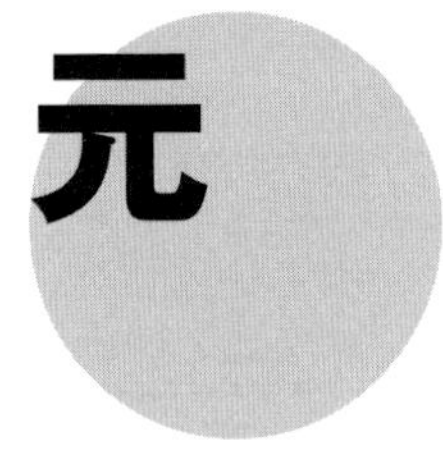

元

元はモンゴル族が建てた王朝である。では、モンゴル族はどのようにして中国を支配下に置くようになり、その支配下ではどのような統治が行なわれたのであろうか。

モンゴル帝国の成立

モンゴル高原では、12世紀末頃、分裂していた諸部族が統合される機運が高まり、指導者のテムジン（鉄木真）が1206年にクリルタイ（族長会議）でハン（汗：遊牧民の君主の称号）の位について（チンギス＝ハン、成吉思汗）、モンゴル帝国が成立した。その後、モンゴルの騎馬軍団は、西夏を滅ぼし、さらに西方に勢力を拡大した。

2代ハンのオゴタイ（窩闊台）は、金を滅ぼして華北を支配下に置き、カラコルム（和林）に都を建設した。その後、モンゴル軍はさらにユーラシア大陸各地に侵攻して、中国北部からロシア・イランに至る広大な地域がその領域となったが、やがて、各地域では地方政権が形成され、それを大ハンがゆるやかに統合する政治形態となった。

元による中国支配

5代ハンのフビライ（忽必烈。世祖）は、都を大都（現在の北京）に置き、元という中国風の国名を定め（1271～1368年）、さらに南宋を滅ぼして中国全土を支配下に置いた。元では、旧金領の人々は漢人（契丹人・女真人も含む）、旧南宋領の人々は南人と呼ばれた。また、フビライは、チベットや高麗を属国とし、帝師であるチベット仏教の高僧パスパ（八思巴）に命じて、モンゴル語を表記するパスパ文字を作成させた（ただ、あまり普及はしなかった）。また、日本やベトナム（陳朝）など各地に遠征軍を派遣した（日本では元による日本遠征を元寇と呼んでいる）。

元は、政治制度については、中国的な官僚制度を採用したが、モンゴルの軍事支配の影響も受けていた。また、科挙は行なわず（後に実施したが宋代に比べて小規模であった）、そのため、宋代とは異なり、儒学を修めた

モンゴル帝国の領域。元と各地方政権(ハン国)がゆるやかに統合されていた。

南人の知識人が高級官僚になる道は激減し、中央政府の高級官僚にはモンゴル人の有力者などが任用されていた。また、財務官僚には、色目人と呼ばれる中央アジア・西アジア出身の人々が重用されていた。しかし一方で元は、孔子やその子孫を厚遇するなど中国の伝統文化も尊重していた。また、元朝は支配下の地域社会に対しては概して放任的な姿勢をとっていたため、旧南宋領では大土地所有などに関しては宋代以来の状況が続いていた。

元代末期には、放漫財政や飢饉の影響で庶民の生活が困窮し、生活不安により、白蓮教徒になる者が増加した。そして、彼らが紅巾の乱を起こしたことにより、中国内地は群雄割拠の時代に入った。

元の社会経済

モンゴル帝国では、交通路やジャムチ（站赤、駅伝制）が整備され、ムスリム商人が活躍して、広域的な交易活動が活発化した。また、元の支配下では、長江下流から大都に至る海運も発達し、さらに、宋代同様に、海上貿易も盛んであり、市舶司（貿易管理官庁）が設けられ、杭州・泉州・広州などの港が繁栄していた。こうした交易活動では、元朝の交鈔（こうしょう）（紙幣）も使われていた。

フビライの時代には、イタリアの商人マルコ＝ポーロ（馬可·波羅）が大都に来て、帰国後、彼の見聞が『世界の記述』（『東方見聞録』）にまとめられたことにより、当時のヨーロッパの人々の東アジアへの関心が高まった。それは大航海時代を誘発する一因となった。［小川快之］

明

元代末期の群雄割拠の時代に頭角を現したのが貧農出身の朱元璋（太祖洪武帝）である。彼は、1368年に南京で皇帝に即位して、明を建国した（1368～1644年）。都は南京に置かれた。その後、明軍が北進すると元はモンゴル高原に退いた（北元と呼ばれる）。では、明の政治体制はどのようなものだったのであろうか。

明代初期の政治体制

洪武帝は、皇帝権力・中央集権体制の強化を目指して、丞相（宰相）の職を廃止して、六部（中央官庁）を皇帝に直属させ、科挙を整備し、朱子学を官学とした。また、疲弊した農村を再建するために全国的な人口・土地調査を実施して、賦役黄冊（租税台帳）や魚鱗図冊（土地台帳）を作成し、里甲制によって農民を組織化し、徴税事務や治安維持をさせ、民衆教化のために六諭（6ヵ条の教訓）を定めた。

一方、東南沿海部では海禁政策を実施して民間の海上交易を禁止し、政府が管理する朝貢貿易を推進した。また、北方では自分の息子を各地に配置して王に封じ、対モンゴル防衛にあたらせた。しかし、洪武帝の死後、孫の建文帝が即位すると、諸王勢力の削減が図られたため、北平（現在の北京）に拠点をおく燕王朱棣（永楽帝）が反発して挙兵し（靖難の役）、南京を攻略して皇帝に即位した（建文帝は行方不明となる）。永楽帝の時代には、都が北京に移され、積極的な対外政策がとられた。永楽帝自ら軍を率いてモンゴル遠征を行ない、また、イスラーム教徒で宦官の鄭和が率いる艦隊が南海諸国に派遣された。明は、琉球（現在の沖縄）・朝鮮・日本・ベトナム（黎朝）とも朝貢関係を結び、各国と朝貢貿易が行なわれた（室町幕府による勘合貿易もその1つ）。

明代中期・後期の国際情勢・社会変動

その後、モンゴル高原では、北元が滅び、モンゴル（タタール、韃靼）とオイラト（瓦剌）がせめぎあっていたが、15世紀中頃には、エセン（也先）

明代(15世紀ころ)の中国

北京の観光名所として有名な八達嶺長城は明代に築造されたもの。

が率いるオイラトの勢力が強大となり、6代正統帝を土木堡(どぼくほ)で捕虜にして(土木の変)、北京を包囲する事件も発生し、以後、明は長城を補修して北方民族の侵攻に備えるなど、対外的に守勢を強いられるようになった。

16世紀中頃になると、アルタン＝ハン(俺答汗)が率いるモンゴルの勢力が強大となって明に侵攻するようになり、また、東南沿海部では倭寇(海賊、武装商人団。大半は中国人)の活動が活発になって、明の脅威となった(北虜南倭と言われる)。その後、明は倭寇を鎮圧したが(モンゴルとも和睦した)、海外との民間貿易の流れは止められず、海禁政策は撤廃され、日本や新大陸から銀が大量に流入するようになった。また、貿易での利益を求めて、ポルトガル人がマカオに、オランダ人が台湾(それまでは中国王朝の支配下にはなく、高山族などが住んでいた)に拠点を築いた。

国際的な商業活動が活発になる中で、長江下流域では輸出品である生糸・綿織物の生産が、景徳鎮などでは陶磁器の生産が盛んになった。また、穀倉地帯は長江下流域より湖広(現在の湖北・湖南)に移った。産業の発展に伴い、山西商人や徽州(新安)商人など特権商人の活動も活発化し、彼らの活動拠点として会館や公所が各地につくられた。また、諸税を銀に一本化して納入する一条鞭法も施行された。さらに、貨幣経済の発展に伴い、都市が発展し、都市に郷紳(きょうしん)(地方に住む官僚や官僚資格保持者)が集まる一方で農村の荒廃や里甲制の崩壊も進んだ。[小川快之]

明末清初

明の14代万暦帝時代の初期には首輔大学士の張居正が中央集権的な財政政策を実施して、悪化していた財政が改善した。しかし、張居正の没後、万暦帝は陵墓（定陵）の建設などで国庫を浪費し、また、豊臣秀吉軍の侵略（壬辰（じんしん）・丁酉（ていゆう）倭乱。日本では文禄・慶長の役と言われる）を受けた朝鮮に対する援軍の派遣や各地の反乱への対応などによって軍事費が増加して、明は再び財政難となり、徴税に係わる宦官の横暴が目立つようになった。そして、それに反発する地方出身の官僚（東林派）との抗争が起きて政治が混乱した。

万暦帝の没後、さらに魏忠賢など宦官の専横が激しくなり、民変（みんぺん）（都市の民衆暴動）が頻発した。そうした中、重税と飢饉により各地で反乱が起き、1644年に李自成が率いる反乱軍が北京を占領し、17代崇禎帝が自害して、明は滅亡した。しかし、明に代わって中国内地を統治することになったのは、李自成の勢力ではなく、東北地方で女真（満州）族が建てた清であった。李自成の勢力はこの清によって滅ぼされた。

では、清はどのようにして中国内地を支配下に置くようになっていったのであろうか。

清の成立

女真族はもともと明の支配を受けていたが、1616年にその指導者のヌルハチ（奴児哈赤。太祖）がハンに即位して、アイシン（満州語で金の意味、後金）を建国した。ヌルハチは、八旗（はっき）と言われる軍事･行政組織を作り、独自の文字（満州文字）を制定して、国家建設を進めた。都は盛京（現在の瀋陽）に置かれた。さらに、2代ホンタイジ（皇太極。太宗）は、内モンゴルを勢力下におき、民族名を女真から満州（満洲。女真族が信仰していた文殊菩薩（マンジュシリ）に由来）に改めた。そして、1636年には、支配下の満州人・漢人・モンゴル人に推戴されて皇帝に即位し、国号を清とした（1616～1912年）。

儒学や武芸だけではなく西洋の学問にも関心をもっていた康熙帝。

瀋陽の故宮。ヌルハチとホンタイジの宮殿であったところで世界遺産になっている。

清による中国内地の統一

やがて、李自成軍が明を滅ぼした際に、前線の山海関を守る明の武将の呉三桂が清に降伏したために、清は北京に入ることに成功し、ここに遷都して、以後、中国内地を支配するようになった。こうして清の皇帝は北方民族のハン（君主）であると同時に中国王朝の皇帝という性格も持つようになった。なお、清に降伏した呉三桂ら明の3人の漢人武将はそれぞれ雲南・広東・福建に配置され、藩王とされた（三藩と呼ばれる）。

しかし、明の滅亡後、南方には依然として明の残存勢力（南明と総称）がおり、武装貿易船団を率いる鄭成功とその一族は、台湾からオランダ人を駆逐してそこを拠点として、清に対抗した（鄭氏台湾と呼ばれる）。鄭成功（母は日本人）は、明朝皇帝の姓を賜ったために国姓爺（こくせんや）と呼ばれ、近松門左衛門の『国性爺合戦』に登場する和藤内は彼がモデルとされる。

その後、南明は最後の永暦帝（永明王）が呉三桂に捕らえられて、1662年に殺されたが、今度は、三藩を撤廃しようとした清朝に対して、呉三桂らが反乱を起こした（三藩の乱）。しかし、4代康熙帝が1681年に三藩の乱を平定した。また、康熙帝は海禁政策によって台湾の鄭氏に圧力をかけて、彼らを降伏させ、1683年に台湾を領有し、中国内地はすべて清の統治下に置かれた。そして、康熙帝の時代に清朝全盛期の基礎が確立した。なお、台湾は、その後、1895年の日本による領有まで清朝が統治していた。［小川快之］

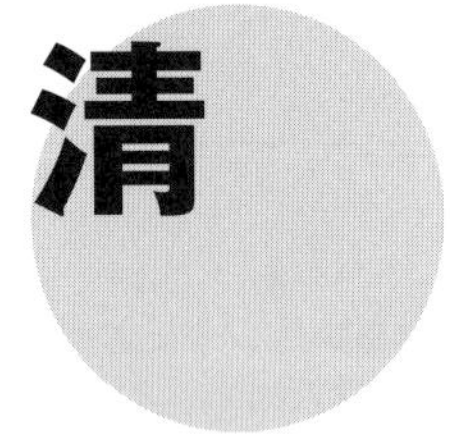

清

清は中国内地を統一すると、5代雍正帝と6代乾隆帝の時代に全盛期を迎えた。では、清の政治体制・社会経済・文化はどのようなものだったのであろうか。

清の政治体制

清は、明の制度をほぼ継承して、儒学を振興し、科挙を実施したが、その一方で、緑営（漢人の軍隊）以外に八旗（満州・モンゴル・漢で構成）を要地に駐屯させ、中央官庁の要職の定員を満・漢同数（満漢併用）にするなど、独自の制度も設けた。また、雍正帝の時代には、臣下が派閥を作ることが禁止され（朋党の禁）、軍機処（皇帝直属の諮問機関）が設置されるなど、皇帝の独裁的な権力の強化が図られた。清朝は中国の伝統文化を尊重し、知識人を優遇して『四庫全書』（古今の図書を集めた叢書）『康熙字典』（字書）『古今図書集成』（百科事典）などの編纂事業を行なう一方で、文字の獄・禁書により反清的な言論の取り締まりも行ない、薙髪令（ていはつれい）を出して漢人男性にも満州族の髪型である辮髪（べんぱつ）を強制した（長髪にする行為は反清を意味した）。また、清は朝鮮・琉球・ベトナム（阮朝）と朝貢関係を結んでいた。

清の社会経済

台湾領有後、清朝は海禁政策を停止したため、再び海上貿易が盛んになり、生糸・陶磁器・茶などが輸出され、銀が流入した。こうした中で、貿易での利益を求めて、福建や広東の人々が、禁令をおかして東南アジアに行くようになった。彼らは南洋華僑のもとになった。また、清朝は、ヨーロッパ船の来航地を広州に限定し、貿易は公行（コホン）と呼ばれる商人組合が管理するようになった。税制面では、地丁銀制が実施されて簡略化が図られた。

清の文化

清代には、顧炎武や黄宗羲（こうそうぎ）らが、事実に基づく実証的な研究の必要性を説き、儒教経典の文献学的研究が盛んになった。こうした学問は考証

辮髪。頭髪を剃り上げ、後頭部の髪だけを残して編んでいた。

明清時代の歴代皇帝が住んでいた北京の紫禁城。現在は故宮博物院となっている。世界遺産。

学と呼ばれ、その後、史学に関する研究で知られる銭大昕（せんたいきん）などが出た。また、清代には、細密な筆致で上流階級や知識人の生活を描いた『紅楼夢』や『儒林外史』などの長編小説も書かれた。

一方、北京では、各地の地方演劇が融合して京劇が成立した。さらに、清朝が技術者としてイエズス会宣教師を重用したため、アダム＝シャール（湯若望）、フェルビースト（南懐仁）、ブーヴェ（白進）、カスティリオーネ（郎世寧）などが活躍した。ブーヴェは、中国全図である『皇輿全覧図』の作製に協力し、カスティリオーネは、バロック式の洋館をもつ離宮である円明園の設計に参与した。しかし、イエズス会の中国文化を重んじた布教の仕方がローマ教皇に否定されたため（典礼問題と言われる）、雍正帝の時代にはキリスト教の布教が禁止された。

清の政治体制の動揺

18世紀には、人口が1億数千万人から約3億人へと激増した。その結果、山地開墾が進み、外来のトウモロコシなど商品作物の栽培が盛んになったが、土地不足は解消できず、農民の貧困化や開墾による環境破壊が進み、18世紀末、7代嘉慶帝の時代には、四川などの新開地で大規模な白蓮教徒の乱が発生した。

しかし、清朝は八旗や緑営だけでは鎮圧できず、郷勇（きょうゆう）（民間の武装組織）の力を借りてようやく鎮圧した。以後、清朝の統治体制・財政の弱体化が顕著になっていった。［小川快之］

清朝とモンゴル・新疆・チベット

チベット自治区・新疆ウイグル自治区・内モンゴル自治区・青海省を包括した現代中国の領域の原型が形作られたのは、清の乾隆帝の時代である。もともと中国内地とは違った歴史的展開をたどってきたこれらの地域は、清代には、中国内地とは区別され、藩部と呼ばれていた。藩部では、現地の指導者による自治が認められており、それを清朝の理藩院が監督する体制をとっていた。では、これらの地域はどのような歴史をたどって清朝の領域・体制に包含されていったのであろうか。

清朝とモンゴル(蒙古)

17世紀の北方では、オイラトとモンゴルが勢力を得ていたが、やがてモンゴル系のチャハル(察哈爾)はアイシン(清)に服属した。その後、オイラト系のジュンガル(准噶爾)が強大化し、モンゴル高原からチベットにわたる地域を影響下においた。そのため、モンゴル系のハルハ(喀爾喀)もジュンガルの侵入を避けて清に服属した。しかし、ジュンガルも、1758年に乾隆帝によって滅ぼされた。これらの地域は、清朝の支配下では、モンゴル王侯に統治が任されていた。なお、清朝は、南進してきたロシアと、1689年にネルチンスク条約を、1727年にキャフタ条約を結んで国境を定めた。

新疆の歴史

現在、新疆にはトルコ系のウイグル族が多く住んでいるが、彼らがこの地域に移住してきたのは9世紀ごろである。以後、この地域はトルキスタン(突厥斯坦)と呼ばれるようになった。その後10世紀にこの地でイスラーム王朝であるカラ＝ハン朝(黒汗王朝、喀喇汗国)が成立するとイスラーム化が進んだ。現在もウイグル族は基本的にイスラーム教徒であり、新疆には多くのモスク(清真寺)が存在している。

その後、西遼(カラ＝キタイ)など遊牧民族の諸王朝が興亡し、清代の初めには、ジュンガルの勢力下に入っていたが、1759年、東トルキスタン

清代の中国(18世紀半ば)

ラサのポタラ宮殿。歴代ダライ=ラマが住んでいた宮殿で世界遺産になっている。

全域は清朝の領域に入って、新疆(新しい領土)と呼ばれるようになった。清朝の支配下では、ウイグル族の有力者であるベグ(伯克)に統治が任されていた。

チベット(西蔵)の歴史

チベットには、チベット族が多く住んでいるが、7世紀頃に彼らによる最初の王朝吐蕃が成立すると、チベット文字が作られ、また、インドと中国から仏教が入り、民間信仰と融合して、チベット仏教(喇嘛教、ラマ教)が成立し、独自の発展を遂げた。そしてやがて、チベット仏教の指導者がチベットを統治するようになった。

以後、いくつかの宗派が成立し、元代にはサキャ派(薩迦派)が勢力を持った。パスパ文字を作成したことで知られるパスパ(八思巴)はサキャ派の高僧であった。その後14世紀になると、学僧のツォンカパ(宗喀巴)が厳しい戒律でチベット仏教を改革し、以後、その流れをくむゲルク派(黄帽派)が勢力を持つようになった。そして、その指導者である歴代ダライ=ラマ(達頼喇嘛。転生により地位を継承)がチベットを統治するようになった。また、16世紀中頃にモンゴルのアルタン=ハン(俺答汗)がゲルク派の教えを信奉したことにより、モンゴルでもチベット仏教が広まった。チベットでは康熙帝の時代より清の影響力が強まり、1751年に清朝は、ダライ=ラマに正式に統治を委ねた。また、清朝の皇帝は、チベット仏教の保護者ユン(檀家)となって、チベット人・モンゴル人の支持を得ようとした。[小川快之]

宋～明の文化

宋・遼・金・西夏の文化

宋代には、士大夫によって新しい独特な文化が育まれた。唐までの儒教は経典の一字一句の注釈を重視する訓詁学が主流であったが、宋代になるとそうした儒教のあり方に反発が生まれた。そして、宇宙万物生成の原理や人間の本性を探求する宋学が北宋の周敦頤によって始められ、南宋の朱熹（朱子）がそれを集大成した（朱子学）。その後、朱子学は南宋5代皇帝理宗の時代に公認され、以後、儒教の正統とされて、日本や朝鮮半島にも大きな影響を与えた。朱子学では、経典の中でも四書（『大学』『中庸』『論語』『孟子』）を重視していた。

また、宋代には司馬光によって編年体の歴史書『資治通鑑』が編纂され、欧陽脩や蘇軾（号は東坡）などが詩文で活躍した。美術面では、文化人として知られる北宋8代皇帝徽宗の保護もあり、宮廷画家による写実的な院体画が盛んになる一方で、士大夫による文人画も発展した。

宗教面では、禅宗が士大夫層に支持され、栄西や道元などによって日本に伝えられた。また、浄土宗が庶民の間に広まった。さらに、文化活動の発展を受けて、木版印刷も普及した。庶民文化も発展し、音楽にあわせて歌う詞が流行した。羅針盤や火薬の実用化が始まったのもこの時期である。一方、遼では、仏教が隆盛し、仏寺・仏塔が盛んに築造された。西夏でも、仏教が盛んで、仏塔が築造され、仏典の西夏語への翻訳が行われた。金では、王重陽が道教の刷新を図り、儒教・仏教・道教を融合した全真教を創始した。

元の文化

元代には、ユーラシア大陸規模の人々の交流が盛んになる中で様々な文化が中国にもたらされた。色目人（中央アジア・西アジア出身の人々）の活躍により、イスラーム教が広まり、郭守敬によりアラビアの天文学を取り入れた授時暦が作られた。

官僚になったが生涯のほとんどを福建で過ごした朱熹（『新刻歴代聖賢像賛』より）。

マテオ＝リッチ(左)と徐光啓(右)。明末の官僚徐光啓はイエズス会の宣教師と親交を結び、キリスト教に入信していた。

また、13世紀末には、ローマ教皇がモンテ＝コルヴィノ（孟高維諾または孟特戈維諾）を大都の大司教として派遣し、カトリック教会（キリスト教の一派）の布教が始まった。その一方で中国の伝統文化もある程度尊重され、科挙では朱子学が採用された。また、庶民の間では元曲（戯曲）が盛んに作られた（『西廂記』『琵琶記』など）。大都には、仏教・道教をはじめ様々な宗教の施設が混在していた。

明の文化

明代には、朱子学が官学とされたが、16世紀初めに、王守仁（号は陽明）が、当時の朱子学のあり方を批判して、ありのままの善良な心にもどって、その心のままに実践を行なうこと（知行合一）が必要であると説き、その思想（陽明学）は庶民にも広まった。

また、16世紀末には、カトリック教会イエズス会の宣教師のマテオ＝リッチ（利瑪竇）らが布教を行ない、ヨーロッパの科学技術に関心を寄せる士大夫層にキリスト教が広まった。マテオ＝リッチは『坤輿万国全図』という世界地図も作成した。

また、木版印刷が活発化し、科挙の参考書や小説（『三国志演義』『水滸伝』『西遊記』『金瓶梅』など）、科学技術書（薬物に関する総合書である李時珍の『本草綱目』、農業に関する総合書である徐光啓の『農政全書』など）が出版された。また、明代末期には都市における文化活動が盛んになり、多くの庭園が作られ、董其昌など書画で名をなす士大夫も輩出された。［小川快之］

伝統中国社会のあり方

現代中国社会（主に漢民族の社会）について深く理解するためには、伝統中国社会のあり方についても理解しておく必要がある。伝統日本社会は、ほぼ江戸時代の社会のことを指すが、伝統中国社会は、それより古く宋代に基礎が形作られ、明清時代に完成したと言われている。では、伝統中国社会はどのような特徴を持っていたのであろうか。伝統日本社会とはどのようなところが違うのであろうか。

訴訟社会の出現

唐宋変革を経た宋代の地域社会では、経済・産業の発展とともに「訴訟社会」的な状況が見られた。様々な人々が自己主張をぶつけ合っており、近隣内部や家族内の揉め事、地方行政の不正に関する紛争などに起因する訴訟が多発していた。このような社会風潮は宋代になって顕著に見られるようになり、それを当時の人々は健訟（けんしょう）などと呼んでいた。伝統日本社会では、ムラ（村）内部の揉め事は、基本的にムラの内部で処理されることになっていたので、日本と中国では紛争処理のあり方に違いが見られることがわかる（一般に村落の団体性は日本より乏しかった）。

こうした訴訟の処理は当時の政府にとって大きな負担となっていて、明代初期には、近隣内部の揉め事は近隣内部で処理させようと、里老人制が施行された。これは、里の人々の中から、人望がある年長者を選んで里老人とし、里内の民事的な紛争の処理や教化にあたらせる制度である。しかし、この制度は明代中期から末期には崩壊してしまい、さらには訴訟で金儲けをする訟師（訴訟ゴロ）が活発に暗躍し、また、訟師秘本（訴訟ハンドブック）が広く流布するようになって、健訟的な風潮はより強まった。そして、そのような状況は清代も続いていた。

一方、前近代中国では、訴訟の処理は地方官の重要な職務であったので、以上のような状況下で、地方官にとって裁判を上手く処理することが切実な問題となっていた。また、地方官庁では、中央政府が派遣する

福建のある宗族の宗祠。宗族のメンバーは定期的に宗祠に集まって祖先祭祀をしていた。

清代の一般的な地方都市の情景(光緒『福安県志』より)。県の役所がある地方都市は城壁で囲まれていて、県城と呼ばれた。現代中国語でも城という字は都市を意味している。

官僚（地方官）は少なく、胥吏（現地採用の事務員）が実務を担っていて、彼らが地方官を欺くことも多かった。そのため、地方官の実務の参考書として、『棠陰比事』『名公書判清明集』などの裁判関係文書集が盛んに編纂された。また、民間では、『包公案』（宋の官僚包拯を主人公とした説話）などの公案小説（裁判説話）が流行した。こうした書籍の一部は朝鮮半島や日本にも伝わり、江戸時代の裁判説話にも大きな影響を与えた。

宗族の発展

伝統中国社会は、一般的に社会的流動性が高く生存競争の激しい社会であったので、人々はそうした社会の中で生き抜くために様々なネットワーク（人間関係）を作っていた。明清時代に発達した宗族（同居家族を超えて作られる父系の血族ネットワーク）もその1つである。

そもそも伝統中国社会の家族のあり方について見てみると、日本で言う「家業」の観念と一体化したイエ（家）という概念や長男がイエを継承するという考え方はなく、財産も均分相続（主に男性のみ）であるなど、伝統日本社会の家族のあり方とは大きな違いが見られた。

宗族では、輩行（世代）が重視され、メンバーは宗祠（位牌を祀る施設）での祖先祭祀、族譜（宗族の記録）の編纂、義荘（宗族の共有財産）の設立などを通じて互いの結束を高め、生活上の様々な問題に対処していた。海外で活躍する華僑のネットワークでも宗族が果たす役割が大きかったと言われている。ただ、宗族の形成については、地域により発達状況に違いがあり、福建や広東では特に発達していた。［小川快之］

コラム

年画

中国で正月といえば、旧正月のこと。年賀状の交換も旧正月に合わせる。休みが1週間は続いて、都会に出ていた若者たちが帰省する。静かだった広い農村地帯が、華やかに、にぎやかになる。

各家は、カレンダーを新暦の年明けとともに新調する。この際に飾るもの——日本だと、門松、しめ飾り、お鏡にあたるもの——が玄関や室内に貼る「年画」である。改革開放が進んで、因習がすたれる中にもこの風習はすたれていない。

年画とは中国人の率直な幸せ願望がもとになった吉祥画である。幸せとは、長寿・富裕・健康・道徳を好む・天寿を全うすることという「五福」になる。旧正月が近づくと、市場にも店にも特別にコーナーが設けられて、所狭しと、色々な年画が並び、買い求める人々でにぎわう。老若男女の区別はない。

多子多福のシンボルのハスの花を手にした子供を抱いた母親の絵もあれば、富貴を表すボタンの花と長寿の象徴としての猫との組み合わせの絵もある。蜂と猿の取り合わせは出世願望を表す。金魚鉢に手を突っ込んだあどけない子供が画面いっぱいの絵は「満堂富貴」。ザクロやミカンがどこかに見つかる。金も子孫も出世もまるごといただきという願望が表れている。

最もポピュラーな年画としては寿老人や福禄寿、福星老人が主役の「三星図」がある。願いかなって金持ちになり長生きできるようにとの家庭円満の願望を託している。

決まってコウモリが絵の上の隅に描かれる。「蝙蝠」と書くので「福」に通じると信じられている。

年画の特産地の天津の楊柳青などでは伝統を守って1枚ずつ手書きしたり、木版画刷りしたりしているが、やはりオフセット印刷による大量生産ものが幅を利かしている。[王敏]

8
近現代史

毛沢東（右）と蔣介石（左）。

執筆
千葉正史／水羽信男／泉谷陽子／
井上久士／平井潤一／游偉

アヘン戦争

広東貿易とアヘン密輸問題

近代以前広東の広州を舞台に行なわれていた欧米各国との貿易は、ながらく生糸、陶磁器や茶などを各国商人が買い求めて中国側が代価の銀を得る構造であったが、英国商人が18世紀後半より開始したアヘンの密貿易は、一転して大量の銀を中国から流出させた。

こうした事態に危機感をいだいた清朝は、アヘン常習者を死刑に処するという厳禁策をとるとともに、1838年に林則徐を欽差大臣として広州に派遣し、密輸の取り締まりにあたらせた。林による英商からのアヘン没収と密輸禁止の誓約強制に、英国政府は武力による対応を検討し、1840年4月、議会での僅差の議決を経て出兵が決定された。

アヘン戦争と南京条約

かくして1840年より始まったアヘン戦争では、英国側が一貫して優位に立って戦局を展開させた。中国に派遣された英国艦隊は、帆船と汽船との混合編成であったものの、広州湾から北上して沿海各地に出没し、清朝の水軍を撃破した。そして清朝側との交渉が暗礁に乗り上げたと見るや、長江を遡上して江南各地を占領し、1842年7月には南京に迫った。経済の中心地であり、また交通の要衝でもある長江下流域が英国に抑えられるという事態に、清朝は講和を受諾し、同年8月に南京条約が両国間で締結された。

これにより、英国は清朝に対して上海・厦門(アモイ)・広州・寧波(ニンポー)・福州の5港を開港場として対外貿易に開放させ、そこでの自由貿易を承認させた。そして、翌年に追加締結した虎門寨(こもんさい)条約で関税自主権喪失を意味する協定関税制度や治外法権を承認した租界設定、領事裁判権なども獲得し、米仏などの諸国もその後次々と同様の条約を締結したことで、中国と欧米各国との不平等関係が確立された。

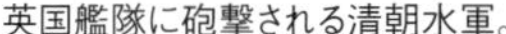
英国艦隊に砲撃される清朝水軍。

1860年英軍に占領された大沽(タークー)砲台。

第2次アヘン戦争と天津条約・北京条約

こうしたいわゆる不平等条約の締結により、英国をはじめとする各国は対中貿易の大幅な発展を期待していたが、予期に反して綿布などの輸出は伸び悩んだ。そこで更なる譲歩を清朝側より引き出すことを懸案としていた英仏両国は、1856年に広州で発生した英国船籍のアロー号拿捕事件などを口実に、1857年再び中国に対して開戦した。こうして勃発した第2次アヘン戦争は、またしても英仏側の優位のうちに進展した。北京の入口に当たる天津までその侵攻を許したことで、1858年6月には天津条約が締結され、いったん講和が成立した。しかし、これによって承認したはずの両国による公使の北京派遣などに対して、清朝内部では異論が根強く、1859年6月に再び衝突が発生して戦争が再開された。そして1860年9月に英仏連合軍は北京に迫り、郊外の離宮円明園で大規模な略奪と破壊を行なった。内モンゴルの熱河に逃れた咸豊帝(かんぽう)は、弟の恭親王奕訢(えききん)に講和交渉を命じ、同年10月に北京条約が締結された。

これらの条約で、清朝は開港場の拡大などとともに、欧米諸国との近代的な外交関係を受け入れた。それまでの開港場での領事に加えて、首都北京にも公使館が開設されて各国の外交官が常駐した。そして清朝政府部内には新たに総理各国事務衙門(がもん)（略称：総理衙門）が設置され、近代外務省に相当する機関として外交業務を担当した。皇帝も各国の元首との間では対等な形で国書を取り交わすようになり、華夷思想に立脚した伝統的な対外認識は変更を余儀なくされるようになった。［千葉正史］

太平天国の乱

洪秀全と上帝会

16世紀より開始された西洋人宣教師による中国へのキリスト教布教は、18世紀以降清朝の禁教政策を被るようになったものの、外国人との交流が活発な広州周辺では入信者が絶えなかった。その1人である洪秀全は、科挙落第の失意の中で自らが神の子にしてイエス・キリストの弟であるという妄想をいだくようになり、独自の教義に発展させて布教活動を展開した。こうして結成された「上帝会」は、特に広西省で洪の出身集団である客家(はっか)を中心として信徒を獲得し、伝統信仰を偶像崇拝であるとして排撃するなど過激な行動に出たことで、信徒以外の住民さらには当局との対立を深めていった。

太平天国の蜂起と展開

このように他者との対立の中で武装集団化していった上帝会は、1851年に広西省金田村で挙兵し、ここに以後14年にわたる太平天国の乱が開始された。洪秀全は清朝を「妖魔」の王朝と決め付けてその打倒を唱え、1851年3月に太平天国を建国して自ら天王に即位するとともに、功績ある信徒を諸王に封じた。そして転戦する先々で続々と民衆を信徒に加え、急速に勢力を拡大させて破竹の勢いで広西から湖南・湖北と北上。そこから長江を下って1853年3月には南京を攻略し、ここを首都「天京」と定めた。そして一般信徒を兵卒に編成するとともに、農民に対しては「天朝田畝制度」を制定して、平等な土地所有の方針を示すなど、長江中下流域を中心に統治体制の確立を図った。

清朝軍の反撃と太平天国の滅亡

こうした事態に、清朝側は早期の鎮圧を目指したものの成功せず、次々と各地を攻め落とされていった。そこでとられた方針が、官僚に対して出身地で新規に軍隊を組織させる「団練」の活用策であり、能力低下を指摘されていた既存の八旗軍や緑営軍にかわり反乱鎮圧に用いられていっ

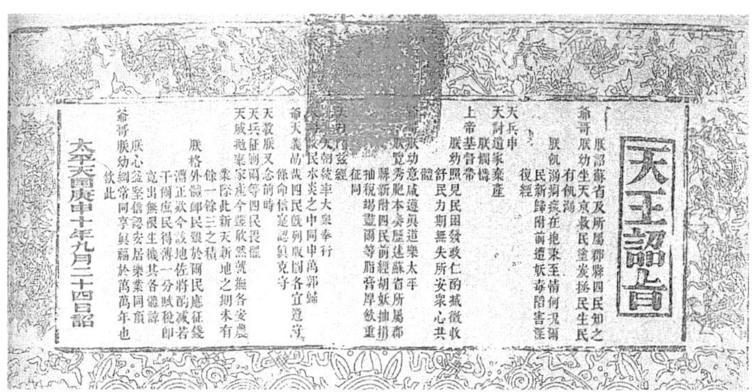
天王詔旨
朕詔蘇省及所属郡縣四民知之
爺哥朕幼坐天京救民塗炭拯民生民
有飢溺
朕飢溺痌瘝在抱來至情何況爾
民新歸附前遭妖毒陷害深
復經
天兵串
天討遺家棄產
朕惻憐
上帝基督帶
朕幼照見民困發政仁酌減徵收
舒民力期無失所安衆心共
體
朕幼意咸遵真道樂太平
朕覽秀胞本奏歷述蘇省所属郡
縣新附四民前經胡妖抽捐
抽稅竭盡爾等脂膏厚斂重
征同
[illegible]
經
天朝統率大衆奉行
[illegible]民水炎之中同甲萬郭歸
爺天義勗哉四民既列版圖各宜遵守
係命信蹇認真克守
天教朕又念前時
天兵征剿爾等四民投擺
天威逃棄家產今雖欣然覓撫各安農
業際此新天新地之期未有
條一條三之積
朕格外體郎民艱於爾民應征錢
漕正欵今該地佐將酌減若
干爾庶民得薄一分賦稅郎
寬出無限生機其各體諒
朕心益堅信認安居樂業同頂
爺哥朕幼綱常同享真福於萬萬年也
欽此
太平天国庚申十年九月二十四日詔

天王洪秀全の詔書。

た。その主力となったのが、湖南省出身の曾国藩が組織した「湘軍（しょうぐん）」であり、安徽省出身の李鴻章が組織した「淮軍（わいぐん）」と並んで各地の戦闘で功績を挙げていった。

対する太平天国側は、忠王李秀成の主導で1860年から大攻勢に打って出、一時は上海周辺を除く江南デルタの大部分を占領した。しかし欧米各国の支援も得た湘軍・淮軍が次第に反撃に出て形成は逆転し、洪秀全が病死した直後の1864年7月、天京は湘軍により攻略された。脱出した洪秀全の嗣子もまもなく捕らえられて処刑され、ここに太平天国は滅亡した。

各地での反乱と平定

こうした大規模な反乱の展開は、各地に影響を与え、同時期には同時多発的に様々な反乱勢力が活動を展開した。まず黄河下流域を中心とした地域では、捻軍（ねんぐん）の乱が発生し、太平天国とも時に連係しつつ、途中から東捻と西捻の2グループに分かれて1868年に鎮圧されるまで華北各地を転戦した。さらに内陸の地域では、イスラム教徒による「回民の乱」が発生した。1つは雲南省で、杜文秀率いるイスラム教徒が1872年まで各地を支配して清朝に抵抗した。もう1つは陝西省・甘粛省を中心とした西北地域で、1873年には鎮圧されたものの、さらに新疆へと飛び火し、現地ウイグル人の反乱に中央アジアのイスラム勢力も加勢して、清朝支配を一掃した。そしてコーカンド・ハン国出身のヤークーブ・ベグが新疆に君臨したが、その死とともに1878年には清朝により平定され、反乱の時代は終わりを告げた。〔千葉正史〕

洋務運動

反乱鎮圧と洋務運動の開始

太平天国をはじめとする諸反乱に直面した清朝にとり、その早急な鎮圧は焦眉の急であった。一方で、アヘン戦争以来の欧米との戦闘経験は、その軍事力の優越性を否応なく印象付けさせた。そこで1860年代より、清朝当事者の手による軍事分野の近代化が開始された。その早期の取り組みは、近代火器を装備し近代軍事訓練を受けた陸軍部隊の編制であり、太平天国軍からの防衛のため上海で1860年に常勝軍が組織されたのを手始めとして、その後既存の淮軍などもこうした近代化を遂げていった。

これを端緒として、当時の中国で推進された各種の近代化・西洋化の取り組みを「洋務」と称する。以後日清戦争に至るまで、「西洋の実務」を取り入れるべく、複数の分野で近代化が推進されていった。

近代工業導入と関連産業の近代化

次に近代化が必要とされた分野は、工業生産であった。これらの軍隊に兵器を供給するべく、李鴻章らの手で近代的な設備を有する兵器工場が上海や天津など各地に建設され、各種の火器や弾薬を製造した。1866年には官営造船所の福州船政局が建設されて、軍艦をはじめとする汽船の建造も行なわれるようになり、1880年代に北洋・南洋・福建の近代海軍各艦隊が編制されるようになると、旅順などに大規模なドックも整備された。こうした軍需工業とともに、民需では1870年代以降まず近代製糸工業が導入され、さらに1890年からは上海で最初の綿紡績工場が操業開始するなど、繊維を中心とした近代軽工業の発展が開始された。

こうした工業分野の近代化は、関連した近代産業の発展も促している。すなわち工場や汽船への燃料供給のために石炭の採掘も近代化され、各地で大規模な炭坑開発が進められた。金山や鉄山も含めた鉱業分野の近代化とともに、運輸通信分野でも近代技術を導入した革新が見られた。1870年代以降、汽船輸送や電信・鉄道などの導入も推進され、各地を結

南京の官営兵器工場での武器製造。

天津への鉄道開通に臨席した李鴻章(前列左から４人目)。

んで近代交通のネットワークが形成されていった。

総理衙門の近代外交

同時期に近代化が進展したもう1つの分野は、外交である。前述したように、第2次アヘン戦争の結果、1861年に設置された総理衙門は、欧米各国との近代外交の窓口となり、1870年末代以降は清朝側からも外交官を各国に派遣して各種の交渉に当たらせた。その人材育成のため、語学や近代国際法などの教育を行なう学校を開設し、また欧米各国に留学生を送るなどの施策も取り組まれた。

洋務運動の限界と成果

こうした洋務運動の成果は、つまるところ限定的であったというのが、今日から見た一般的な評価である。李鴻章ら清朝官僚の手で推進された近代化は、「中体西用」というスローガンに象徴されるように、中国独自の文化を基礎として、そこに必要に応じて西洋文化の要素を取り入れるという姿勢に終始するものであり、そのことは結果として中国の全面的な近代化を妨げてしまったと批判される。それとは対照的に全面的な近代化を推進した日本との差が、日清戦争の敗北につながったという認識は今なお根強い。ただ、地域的な格差はあるものの、同時期に着実な進展を見ていった実務面での近代化の成果は、以後の中国社会の変革の重要な基礎となった。[千葉正史]

日清戦争

朝鮮をめぐる日清の対立

近代における日中関係は、1871年に日清修好条規が結ばれて対等な内容で国交が樹立されたことから本格的に始まったが、その後の状況は中国側に日本への警戒心を強めさせることとなった。すなわち琉球をめぐって1874年に台湾出兵を行ない、1879年には琉球処分を強行する一方で、朝鮮をめぐっても1875年に江華島事件を起こして開国を要求し、翌年に日朝修好条規を締結して実現させるなど、日本は一貫して積極的な対外進出策をとっていた。これに対して、清朝は両国に対する伝統的な宗属関係を維持すべく対応を迫られたが、琉球については有効な対処をとれずにその滅亡を回避できなかった。このことから、朝鮮に対しては関係強化に乗り出し、壬午軍乱（1882年）・甲申政変（1884年）と相次いだクーデターへの介入を媒介として、内政への関与を強めていった。

こうした清朝側の姿勢に、日本は朝鮮の改革を妨げるものであるとして反発を強め、その影響力を排除する機会をうかがっていた。

日清開戦と日本の勝利

1894年に朝鮮で発生した東学党の乱（甲午農民戦争）は、日本にとり出兵と清朝の影響力排除の格好の機会として利用された。ソウルに進軍した日本軍は親日政権を擁立するとともに、直後に清国軍に対する攻撃を開始し、同年7月に日清戦争が勃発した。

陸海両面で展開された戦争は、まもなく日本側の全面的な勝利へと帰結した。すなわち陸上では清国軍が朝鮮より退却し、追撃する日本軍が同年10月に鴨緑江を渡って満州へと進撃、11月に遼東半島先端の旅順を占領した。そして海上では、9月の黄海海戦で東洋有数と称された北洋艦隊に勝利し、1895年1月にはその本拠地の山東半島威海衛を攻撃、翌月陥落させた。事ここに至って清朝側は講和を受け入れ、李鴻章を日本に派遣して伊藤博文らと下関で交渉開始させることとなった。

下関春帆楼での日清講和交渉。

満州で作戦を展開する日本軍。

下関条約と東アジア情勢の転換

かくして1ヵ月近くにわたる交渉の末、1895年4月に下関条約が締結された。日本側にとってはまたとない懸案解決の機会となったこの条約で、まず清朝に対しては朝鮮の「完全無欠なる独立自主」を認めさせ、後に近代対等外交として両国の国交が再開されたことで、歴史的な周辺諸国に対する宗属関係は完全に撤廃された。次に日本との関係では、欧米各国と同様に協定関税制度や領事裁判制度などのいわゆる不平等条約の適用を認めさせ、両国関係はそれまでの対等なものから日本優位の不平等関係へと変わった。さらに台湾と澎湖諸島および遼東半島を日本に割譲することを承認した。このうち遼東半島は露・仏・独の三国干渉により割譲取り消しに持ち込めたものの、台湾についてはこれ以後50年間にわたり日本の領土として植民地支配を受けることとなった。

こうして終結した日清戦争は、近代東アジア史の重大な転換点となった。伝統的な中国を中心とした地域秩序は完全に解体し、かわって日本が優位に立ったものの、こうした状況は中国そして朝鮮に対する欧米列強の進出競争をもたらした。また異なる近代化の道を歩んでいた日清両国が戦って日本が勝利したことは、中国人にとり「中体西用」の限界性を強く認識させ、かわって日本をモデルに全面的な近代化を推進すべきであるとする変法論を台頭させることとなった。［千葉正史］

義和団事件

列強の中国進出と排外運動の高まり

日清戦争以後、弱体ぶりを露呈した清朝に対して列強各国は各種の利権獲得など、進出の動きを強めることとなった。まず日本への牽制から清朝が接近の動きを見せていたロシアは、1896年に密約締結の見返りとして満州における東清鉄道敷設権を獲得した。これを皮切りに、他の列強諸国も続々と租借地や鉄道敷設権などの利権を競って獲得し、さながら中国は帝国主義国の草刈り場の観を呈することとなった。

こうした状況は、排外主義の高まりをもたらしていった。特に山東省ではドイツが膠州湾（こうしゅうわん）租借地の青島（チンタオ）を拠点に省都済南までの鉄道敷設権を獲得し、その建設を強行したため、各地で摩擦が生じていった。また19世紀後半以降、キリスト教の布教が解禁されて各地で宣教師が信徒獲得に務めたが、その保護を求めて入信する者と信徒以外との軋轢も強まり、特に華北では民衆の排外的な気運が高まっていった。

義和団運動の展開と清朝の対外宣戦

こうした中で1899年頃より始まっていったのが、義和団運動である。その起源には諸説あるが、道教・仏教をベースにした伝統信仰と民間武術を融合させた農村各地の民間結社が、連鎖的に排外活動に乗り出したというのが実像と言える。もっぱら地域のキリスト教徒や教会などを対象に迫害・破壊を行なっていた義和団の活動が一線を越えるのは、北京周辺で活動が激化した1900年前半のことであり、鎮圧にあたった官軍を撃破するとともに、都市部に進出して大規模に活動を展開し、さらに電信線や鉄道など広く外国に由来する事物を破壊するようになった。こうした事態に各国は清朝政府に徹底した排外活動の取り締まりを要求し、同時に居留民保護を名目に北京へ派兵した。これに対して清朝内部では列強がこれを機に中国分割を実行することを危惧する意見が台頭し、両者間の緊張が高まる中で、大沽（タークー）砲台において守備兵と各国軍との軍事衝

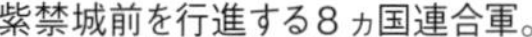
紫禁城前を行進する8ヵ国連合軍。

逮捕された義和団。

突が発生した。これを事実上の開戦と理解した西太后は同年6月宣戦を発し、ここに事態は英・仏・米・独・奥(オーストリア)・伊・露・日の8ヵ国連合軍と清朝との戦争に発展した。

8ヵ国連合軍の北京占領と北京議定書

こうして北京周辺を主戦場に展開された各国軍との戦闘は、しかし中国全土には広がることはなかった。地方では、これを義和団と結託した一部の保守勢力の暴走とし、西太后ら政府首脳の本意ではないと理解することで、各国との和平を維持する道を選択した。宣戦から間もない1900年7月に江蘇・湖北などの各省当局は各国と相互不可侵を約した協定を締結し(東南互保)、これらの地域には軍事衝突は広がらなかった。

一方で、8ヵ国連合軍は清朝正規軍および義勇兵に編入された義和団との戦闘を継続し、包囲下の外国人を救助すべく天津から北京へと進軍した。そして、同年8月に北京を攻略・占領し、西太后らは西安に逃れた。その後は李鴻章が講和交渉の任にあたり、1年近くをかけて1901年9月に北京議定書が成立した。これにより、清朝は賠償として9億8000万両を以後39ヵ年にわたって拠出するほか、責任者を処罰し、また居留外国人の安全確保に関する措置を受け入れた。こうして重い代償と引き替えに講和は成立したが、こうした事態を招いた自らの「後進性」の直視とともに、徹底した改革の必要性が西太后以下、政府当事者から在野の知識人に至る社会指導層の共通認識となっていった。[千葉正史]

辛亥革命と孫文

光緒新政の展開

義和団事件の反省とともに、1901年より清朝政府は全面的な改革政策に着手した。当時の年号から「光緒新政」と称される改革は、欧米や日本などの近代国家に範をとり、まず近代教育制度や警察制度の導入などから開始された。1905年には科挙を廃止するなど大胆な制度変更にも踏み込むようになり、そして次に政治制度改革が着手された。同年より開始された各国政治考察の成果を踏まえ、1906年に清朝は将来的な立憲政治制度の導入方針を決定した。そして1908年8月には、8年後に憲法を公布して国会を開設することが最晩年の西太后（同年11月死去）により決定され、以後これに従い改革を推進することが清朝の基本方針となった。

立憲派と革命派

これら清朝の改革に対する社会指導層とりわけ漢人エリートの反応は、支持と打倒とに二分された。その中で多数派を占めたのは、立憲派と称される改革支持派であり、郷紳などの伝統的エリートを中心に地域社会の主流を形成した。対して清朝打倒を唱える革命派は、急進的知識人を中心として哥老会（かろうかい）などの秘密結社や留学生など青年層に勢力を広げた。その代表的人物が広東省出身の孫文であり、1905年には東京で中国同盟会を結成し革命運動家の大同団結を図った。しかし各地で試みた武装蜂起はことごとく失敗し、同盟会員同士での内紛も絶えないなど、辛亥革命の直前までその影響力は相当に限定的なものであった。

立憲派の離反と武昌蜂起

こうして清朝のもとでの立憲君主制実現という方向に向かうかに見えた20世紀初頭の中国であるが、その転機は改革を支えていた立憲派の離反から始まった。改革により自らの主導による政治体制の実現を夢見ていた彼らにとり、1911年5月に組織された最初の近代内閣が皇族を首班として漢人閣僚はわずか3分の1足らずを占める陣容であったことは、

武昌の革命軍。

孫文（前列左から５人目）ら中華民国臨時政府の要人。

到底納得できるものではなかった。再組閣の請願が拒絶されたことで、清朝に対する信頼は一挙に低下し、さらに四川省で鉄道国有化をめぐり発生した保路運動への対応に不満を募らせていたところへ、10月10日に湖北省武昌で武装蜂起が発生した。革命派の工作で蜂起した清朝の新式軍隊に在地の立憲派も協力し、湖北軍政府の樹立を宣言した。これを契機として各地で蜂起が続発し、ここに辛亥革命が勃発した。

中華民国臨時政府の成立と宣統帝退位

こうして1911年10月から11月にかけてのわずか1ヵ月足らずで、大半の省が清朝からの独立を宣言した。各省の軍政府は代表者を南京に派遣し、新たな中央政府の樹立を協議した。その結果、1912年1月1日を期して中華民国臨時政府の成立が宣言され、元首たる臨時大総統には帰国した孫文が就任した。だがこの時点で、北方では清朝がなお存続していた。武昌蜂起の勃発後、清朝は最精鋭の北洋軍を南下させて湖北の革命蜂起鎮圧作戦を展開し、さらに隠棲中の袁世凱を総理大臣に起用して事態の収拾を図った。袁は有利に鎮圧作戦を展開することで圧力をかけつつ、革命勢力側に交渉による解決を持ちかけた。その結果、共和制の受諾と引き替えに自らの大総統就任を認めさせ、1912年2月に宣統帝の退位詔書が発せられて清朝は滅亡した。そして3月に袁は孫文にかわって臨時大総統に就任し、首都も北京に移転して、中華民国は漢・満・蒙（モンゴル）・回（ムスリム諸民族）・蔵（チベット）の「五族共和」の原則とともに清朝を継承する政権として再出発した。［千葉正史］

中華民国

辛亥革命の結果、1912年1月1日、アジア初の共和国が南京を首都として成立した。元号は、国号の「中華民国」を使うと定められ、12年が中華民国元年とされた。また建国記念日（「国慶日」）は、武昌での反清蜂起が起こった10月10日である。

北京政府時期（1912～28年）

中華民国は清朝が先進資本主義国と結んだ不平等条約を継承せざるをえなかった。また国内の政治的・経済的支配層も、満州貴族が排斥された他は、清朝時代と変わらなかった。実際、臨時大総統・孫文に替わり、中華民国の初代の正式な大総統となり、北京を首都とした袁世凱は、清朝の延命のための政治改革（「新政」）を進めた政治家であった。

袁世凱は近代化を目指したが、孫文らの武力抵抗などに苦しんだ。国際的には第1次世界大戦に参戦して戦勝国となるなど、国威の発揚に努めたが、日本の対華21ヵ条要求など、さらなる侵略もこうむった。こうした状況のなか袁世凱は、強力な政府によって政策を貫徹させるために帝政の実現を目指した。しかし袁は各地で反対にあい、結局、帝政を諦めて、1916年に死去した。その後、地方軍事勢力（軍閥）が、北京の大総統の座をめぐって対立し、中国は内戦状態に入っていく。

軍閥混戦という現実を克服しようとする人びとの中には、政治制度の変革だけでは不十分だとして、「国民性」の改造を求める人々も現れた。1915年から本格化する「新文化運動」である。この運動は雑誌『新青年』を舞台として陳独秀・李大釗（りたいしょう）・魯迅ら日本留学を経験した人々や、胡適ら元アメリカ留学生によって担われた。さらに1919年5月4日には愛国運動が起こり、北京政府への批判が広がった（「五四運動」）。この運動は、第1次世界大戦の敗戦国ドイツが中国から奪っていた山東権益が、パリ講和会議の結果、戦勝国である中国に返還されずに、日本へ譲渡されかねないと理解されたことで始まったものであった。

中華民国臨時政府（日本の傀儡政権）の成立（1937年12月）を宣言したポスター。

中華民国国旗と袁世凱。

当時、『新青年』などを通じて中国には、マルクス主義やリベラリズムなど新しい思想が持ち込まれており、前者に共鳴した陳独秀・李大釗らは、1921（一説では20）年に中国共産党を組織した。他方、19年に中華革命党を中国国民党に改組した孫文らは、広東省を基盤として北方の軍閥勢力に対抗していた。

南京政府時期（1928～49年）

国民革命（1924～28年、その一部が北伐）の結果、首都は南京へ遷都され、国民党の一党独裁に基づく政権が成立したが、国号は変更されなかった。日中戦争中には、汪精衛が各地の傀儡(かいらい)政権を結集し、1940年に南京を首都とする対日協力政府を組織したが、その際も彼は中華民国の国号にこだわり、権力の正統性を示そうとした。だが、多くの中国人の支持を得ることはできなかった。

第2次世界大戦の戦勝国となった蔣介石の中華民国は、1945年以後、国際連合安全保障理事会の常任理事国の一国となり、「5大国」と称された。しかし49年に共産党に軍事的に敗北した国民党が台湾に逃れ、中華民国政府も台湾へ移ることになった。

以後、1971年の国際連合脱退、96年の総統民選以後も、台湾では中華民国の国号が使われており、建国記念日・元号も変更されていない。とはいえ日本政府は72年の日中国交正常化以後は、中国を代表する政府は中華人民共和国のみであるとの立場をとっており、台湾の中華民国との国交を断絶した。台湾との呼称が一般的であるゆえんである。［水羽信男］

中国国民党と中国共産党

中国国民党は、孫文によって1919年に設立された。近代的な革命政党を樹立する必要を感じた孫文は、秘密結社的な中華革命党を国民党に改組したのである。孫文はソ連共産党（ボルシェビキ）に学び、鉄の規律を持つ党とその指導に従う軍の組織に着手し、ソ連も孫文を支援した。その後、国民党は国民革命（1924～1928年）によって北京政府を瓦解させ、1928年から49年まで中国大陸を統治したが、49年に共産党との内戦に敗れて台湾に逃れ、米国の支援を受け強権的な政治を行なった。

中国共産党は1921（一説では20）年に組織された。1915年からの新文化運動の進展の中でマルクス主義が中国に伝播し、コミンテルンの支援のもとで、陳独秀や李大釗などにより、共産主義運動が始められた。その後の革命闘争と抗日戦争の中で、毛沢東が共産党内の指導権を確立し、1949年に中華人民共和国を設立した。共産党は今日に至るまで大陸を「党の指導」を前提として統治している。

両党の現在

国民党と共産党とは2度にわたり提携と内戦を経験したが、ともにソ連共産党の影響を受けており、独裁を必要とした点においては共通していた。だが台湾において国民党は、1987年に戒厳令を解除し、96年からは普通選挙により総統（大統領に相当）を選ぶ民主化を断行した。その後、選挙で民進党に敗れ一時野党となったが、2008年に政権を奪回、12年の総統選挙と立法院（国会）議員選挙でも勝利し与党の立場を守った。

他方、共産党は1943年のコミンテルンの解散以後、独自性を強めてきたが、50年代末から明確化するソ連との対立を経て、毛沢東思想と言われる独自の共産主義理論の構築を目指した。しかし、プロレタリア文化大革命（1966～76年）の失敗後は、そのダメージを回復することに努め、特に78年以後は積極的な改革開放政策を実施して経済発展を実現し、2010年には国内総生産の総額で世界第2位の経済大国となった。今日では資本家階級をも党内に含め、国民政党化しつつある。［水羽信男］

国民政府と蔣介石

国民政府とは、南京を首都とする中華民国における政府で、国民党の独裁下に置かれた（日中戦争の開始により、政府は一時的に重慶に移ったが、戦争の勝利により南京に帰還した）。国民政府については、従来、その反共主義と対日妥協政策、さらには対米依存などが厳しく批判されてきた。しかし今日では、国民政府のもとで経済が大きく発展し、対外的にも積極的な外交政策を通じて、中国の主権回復に努めたことが評価されている。その具体的成果としては、自国の産業を守るために必須の権利である関税自主権の回復があるが、中国の1930年代の経済発展は、こうした国民政府の外交努力にも裏付けられていたのである。

蔣介石（1887～1975年）に対しても、従来はその反共産主義が着目されてきたが、現在では中国の指導者としての彼の功罪についての冷静な議論が本格化している。辛亥革命前夜に日本へ留学した蔣介石は、陸軍士官学校への入学という当初の計画は実現できなかったが、新潟県高田で日本帝国陸軍の兵士として軍隊生活を経験した。のちにはソ連で、赤軍についての知見を深めている。蔣介石は国民党内で軍人としての存在感を強め、国民党軍の幹部を育成するための黄埔軍官学校の校長となり、国民革命軍の総司令に任命された。

4・12クーデター（上海クーデター、1927年）**以後**

国共両党の連携のもとで進められた国民革命のさなか、1927年4月12日、上海で共産党への大弾圧を行ない、当時、国民党左派と共産党によって維持されていた武漢の国民政府と対立し、南京に国民政府を組織した。やがて武漢の国民党左派も共産党と分かれ蔣介石の南京政府に合流し、蔣介石は国民党を統一した。以後、国共両党の厳しい内戦に入るが、日本との全面戦争に入ると共産党も、蔣介石を中国の最高指導者と認めた。なお抗日戦争に勝利したのち、蔣介石は日本軍幹部に対して優遇政策をとるとともに、日本軍をも利用して共産党軍への攻撃を行なった。敗戦後にも日本軍に戦死者が存在する一因である。［水羽信男］

国共の合作と対立

中国国民党と中国共産党は、中華民国北京政府の統治を先進資本主義国（帝国主義）に従属する、古い政治勢力（軍閥）に掌握された政権だと規定し、反軍閥・反帝国主義を掲げて、1924年に広州で国民革命の実現のために連携した（第1次国共合作）。ただし当時の両党の力の圧倒的な差を前提として、ソ連と連携し、共産党を許容し、労働者農民の生活をよくすること（「連ソ容共扶助工農」）をうたう国民党に、共産党員が党籍を保持したまま入党するという形式をとった（「党内合作」）。ともにソ連から支援を受けた国民党と共産党は、1926年に広州から、北京政府に対する武力闘争を開始した（北伐）。

しかし1927年4月蔣介石は、共産党の勢力拡大と急進化を恐れ、上海で共産党への弾圧を開始した。それは彼がワシントン体制へ参入することを意味した。当時、国民党の主流は、武漢に政府を置く汪精衛率いる国民党左派であったが、彼らもまた最終的には共産党と袂を分かち、以後、1927年から36年まで、国共両党の内戦が続いた。

第2次国共合作とその後

1931年の柳条湖事件以後、広範な国民は「内戦停止・一致抗日」の実現を求めていたが、両党は軍事的な対立を継続していた。こうしたなか根拠地を追われ、目的地のない逃避行（長征）に追い込まれた共産党は、35年、国民党との抗日統一戦線樹立へ政策を変更した（「八一宣言」）。結局、37年に両党は再び連携することとなった（第2次国共合作）。抗日戦争中にも国民党による共産党への軍事攻撃や経済封鎖はあったが、連携そのものは継続され、抗日戦争に勝利することができた。

抗戦勝利後、しばらく両党は合作を継続したが、1946年夏からは再び内戦が本格化した。当初、アメリカの支援を受けた国民党が優勢であったが、国民の支持を失った国民党は、台湾へ逃れざるを得なくなった。

その後、共産党の側からは台湾統一の方策として、「第3次国共合作」が呼びかけられたこともある。［水羽信男］

国共内戦

ここでは2度目の国共内戦について説明する。日本に対する勝利は、国共両党にとって、統一戦線を維持する根拠が喪失したことを意味した。1945年春に両党は戦後構想を示し、共産党は連合政府の必要を説いたが、両党には合作維持を最優先しようとする強い意志は見られなかった。実際に抗戦勝利後から両軍の小競り合いは続いた。それに対して、44年に成立した中国民主同盟（民盟）などを中心として、広範な人々が「内戦停止」「建国合作」を求めた。またヨーロッパを重視する米ソ両国も、アジアでの内戦の勃発を望まなかった。こうして46年1月に国共両党に民盟などを加えて、中国の立憲主義的な改革の実現が合意された（政治協商会議決議）。「平和と民主主義の新段階」のはじまりである。

しかし国民党は一党独裁に固執し、1946年夏には共産党支配地区への攻撃を本格化した。また同年夏には民盟の指導的幹部であった聞一多と李公樸を雲南省昆明で暗殺した。彼らは米国留学を経験した大学教授で、国民党が彼らをも攻撃の対象としたことは、この内戦が単なる国共の対立ではなく、独裁と民主の闘いであるとの主張を生み出すことになった。

共産党勝利の要因

内戦は当初、米国が支援する国民党軍が優勢であった。だが共産党は新民主主義革命論を掲げて、資本主義発展を当面の間は認め、社会主義へは長期にわたり平和的な方法で移行すると宣伝した。また農村の根拠地では、土地改革を実施し貧しい農民の支持を得ていた。さらに冷戦の展開の中、ソ連からの支援も無視できない。

共産党は、1948年に入ると反米反蔣介石を掲げ、自由主義的な傾向を持つ知識人や資本家をも統一戦線に含めて、新政権を樹立するための準備を本格化した。こうしてまず華北で共産党を中心とする政権が樹立され、1948年秋から49年にかけて国民党軍に相次いで勝利し（平津大戦などの三大戦役）、共産党軍は長江を渡ることに成功した。軍事的に敗北した国民党は、政府・軍とともに台湾へ逃れざるを得なくなった。［水羽信男］

抗日戦争

抗日戦争とは、日中全面戦争(1937〜45年)の中国側での呼称である。日本では1931年から足かけ15年にわたる日中15年戦争として一括して論じることもあるが、中国では「八年抗戦」と呼ぶことが多い。

日中15年戦争の開始から全面戦争まで

昭和恐慌に苦しむ日本では、「満蒙は日本の生命線」というスローガンが叫ばれ、中国東北地方(満州)に駐留していた日本軍(関東軍)が、1931年9月18日、日本資本が経営する鉄道(南満州鉄道)の線路を爆破した(柳条湖事件)。関東軍は柳条湖事件を中国側の反日テロと強弁して、東北地方を軍事占領した。この動きを日本政府は止めることなく支援し、翌年、日本の操り人形だと国際的に批判される満州国を樹立した(中国では一般的に「偽満州国」と呼ばれる)。

満州国内では日本人による差別と支配に対する不満が高まり、反満抗日ゲリラの活動が活発になった。このゲリラを押さえるために、ゲリラを支援する後方支援基地と考えられた華北への侵出が目指されることになった。1935年には「華北分離」工作が本格化した。これは第2の満州国の建国を目指すものと受けとめられ、その背景には満州だけでは不足する資源を確保したいなどという日本側の思惑があった。

だが中国側は共産党の「八一宣言」、民衆の愛国運動の高揚(1936年、全国各界救国聯合会の成立)、そして国民党内における抗日勢力の台頭(1936年、張学良による西安事件)によって、これ以上の日本の侵略を認めず、一端開戦となれば、中国軍と民兵によるゲリラ戦を結びつけ、資源の乏しい日本に対して長期戦を戦うという立場が、国共両党だけでなく、国民レベルで共有されつつあった。にもかかわらず、日本側には、中国に対しては一撃を加えれば、日本の要求を受け入れるという、中国蔑視に起因する「一撃」論が主流であった。当時の日本でも、矢内原忠雄や中西功・尾崎秀実などによって、「統一化」に向かう中国と戦うことの愚が指摘されたが、世論の大勢となることはなかったのである。

臨時首都・重慶を爆撃する日本軍。

重慶における宋家の三姉妹。左から孫文夫人・宋慶齢、孔祥熙夫人・宋靄齢、蔣介石夫人・宋美齢。

日中戦争とアジア太平洋戦争

1937年7月7日、北京近郊の盧溝橋で夜間演習中の日本軍に対する発砲事件に端を発して、日中両軍の偶発的な小競り合いが発生した（盧溝橋事件、中国では「七七」と呼ぶ）。当初、日本政府は「現地解決・不拡大」を掲げたが、軍の一部の一撃論と世論の中国蔑視に押されて、なし崩し的に全面戦争となった。日本軍は1937年12月に中国の首都・南京を占領した（「南京大虐殺」）が、中国は重慶を臨時首都として抗戦を継続した。こうして1938年から戦線は膠着し泥沼化した。

こうした状況の打開策として重慶爆撃が行なわれた。この攻撃は世界で初めて計画的・継続的に行なわれた都市への無差別爆撃（戦略爆撃）である。この爆撃で重慶は大きな打撃を受けたが、中国側の抗戦の意欲は衰えず、汪精衛の日本側への投降という困難も乗り切った。1941年末に日本が英米との戦争に踏み切ったことで、中国は翌年の連合国共同宣言に名を連ね、米国を中心とする「民主主義陣営」の一員となった。

1945年8月の抗日戦争の勝利は、連合国の一員として第2次世界大戦に勝利したことを意味し、国民党の指導する中国は「5大国」の1つに数えられるにいたった。他方、中国共産党も抗日戦争を徹底して戦うことで、世論の支持を得て党勢を拡大した。また抗戦の中で生み出された毛沢東の「新民主主義革命論」は、マルクス主義における新たな理論的な成果だと言われた。とはいえ中国は、日本の侵略によって膨大な人的・物的な損害をこうむっただけでなく、「南京大虐殺」に象徴されるように、生存者も心に大きな傷を負うことになった。［水羽信男］

中華人民共和国と毛沢東

1949年10月1日、中華人民共和国の成立を宣言した毛沢東は、日中戦争期に党内の権力を掌握し、亡くなるまで強力なリーダーシップを発揮しつづけた。人民共和国建国後の約30年間は、毛の情勢認識と判断が重要な政策方針を左右した「毛沢東時代」だった。

「新民主主義」から「過渡期の総路線」へ

建国当初の中国は、毛の「新民主主義論」に基づき、新民主主義の継続を掲げ、資本主義経済を含め多種経済の併存をうたっていた。しかし、朝鮮戦争が勃発し、極東における冷戦が本格化する中で、その方針は転換していった。1953年、毛は「過渡期の総路線」を提起し、社会主義への早期移行を主張した。同年には第1次5ヵ年計画が始まり、1954年には全国人民代表大会（国会）の発足と社会主義の原則を採用する憲法の公布、1956年には農商工業の「社会主義改造」をほぼ完了するなど、急速に「社会主義体制」を構築していった。その過程では毛の強引な手法が発揮され、急激な変革は各方面で多くの矛盾や問題を発生させた。

中国型社会主義の模索

1956年4月、毛は「十大関係論」で諸矛盾を緩和するよう各方面のバランス改善を主張したが、それはまた、同年2月のスターリン批判を受け、中国型社会主義を模索する一歩でもあった。一方、フルシチョフの平和共存路線はソ連の核に依存する中国に不安を抱かせ、中国は国防戦略面での対ソ自立を志向しはじめた。1957年末頃から生じた中ソ間の亀裂は次第に深まり、1959年、ソ連は国防新技術協定（核兵器やミサイルの技術提供）の破棄を通告した。中国は自力での核武装をめざし、重工業化に傾斜した経済建設を加速させた。

1958年から国力無視の大増産をめざす大躍進とともに、人民公社化が強行されたが、それは毛独特の人民戦争戦略の一環でもあった。大躍進が失敗し、一時的に調整政策を採用せざるを得なかったが、国際的な緊

1951年10月、毛沢東選集第1巻が出版された。各地の書店では購入希望者の行列ができた。

1949年10月1日の開国大典。天安門には今も毛沢東の肖像が掲げられている。

張の高まりから、毛は統制経済を弛緩させる調整政策をすみやかに終了させようとした。一方、1959年、国家主席に就任した劉少奇は調整政策を継続しようとし、毛の不満を招いた。1966年、毛は劉ら当時の指導部をソ連と通じる国内の修正主義者と断じ、文化大革命を発動して失脚させた。文革は米・ソ2大国を敵とする極度の緊張状態の中で発動されたが、基本は「反ソ」の選択であり、ソ連との対立をいっそう深めた。ソ連との武力衝突が発生するなか、中国は対米接近を図り、1971年に米国との関係改善を、1972年に日本との国交正常化を達成した。これ以降、中国を取り巻く国際情勢は徐々に緩和し、1978年からの改革開放路線を準備することになった。

毛沢東の功過

1981年に採択された「歴史決議」では、毛は文革において重大な誤りを犯したが、なお功績が上回っているという評価を下している。また、大躍進以後の極左的誤りも指摘しているが、実のところ、そうした誤りは建国以降繰り返し発生していた。朝鮮戦争の緊張下に発動された「反革命」鎮圧運動や「三反五反」運動では多くの冤罪や行き過ぎを生み、内戦期の極左的偏向を反省し穏和な形式で行なう予定であった土地改革もまた、「反革命」鎮圧運動と結合して急進化した。このように暴力を伴う大規模な政治運動に民衆を動員することで、中心的な政策を遂行していったことが、毛沢東時代の特色であったと言える。〔泉谷陽子〕

大躍進と人民公社

「大躍進」は1958年から60年にかけて行なわれた大増産運動である。主に人海戦術によってウルトラ高度経済成長を達成しようとした。1957年11月、モスクワを訪問していた毛沢東は「15年で米国を追い越す」というソ連に対抗し、「中国は15年でイギリスを追い越す」と宣言した。この宣言に象徴されるように国力を無視した高い目標が各方面で立てられ、下級では超過達成を上級に虚報し、さらなる目標の引き上げが行なわれるという悪循環に陥った。無謀な計画と過大な投入や建設の結果、経済は破綻し、数千万人の餓死者を出すにいたった。

人民公社化運動

大躍進運動が正式に宣言されたのは1958年5月の第8回党大会第2回会議においてであるが、前年後半より「反右派」闘争の影響の下、人海戦術による大規模水利建設が行なわれていた。その際、多くの人間を組織して効率的に動かすことが必要になり、従来の高級合作社(200～300戸程度)を合併して数千戸規模の人民公社を組織する動きが現れた。1958年8月、政府が公社の組織化を呼びかけると、9月には98%強の農家が加入した。この人民公社は単なる生産組織ではなく、行政と一体化し、民兵組織も有する農業・工業・商業・教育・軍事のすべてを担う社会の基本単位とみなされた。この時期の農村では現実離れした共産主義の理想主義的偏向によって、個人の財産が公社に徴発されたり、平均主義的分配がなされたりした。また、社員が好きなだけ食事をとることができる共同食堂も設置され、食糧が浪費される結果となった。

製鉄運動と水利建設

とりわけ重視された鉄鋼生産では、当初620万トンだった目標が1070万トンにまで引き上げられ、近代的な鉄鋼施設だけでは目標達成が難しくなった。そこで、「土法高炉」と呼ばれる伝統的技術に基づく小さな溶鉱炉をいたる所に作り、全国民による製鉄運動を展開した。鍋釜などあ

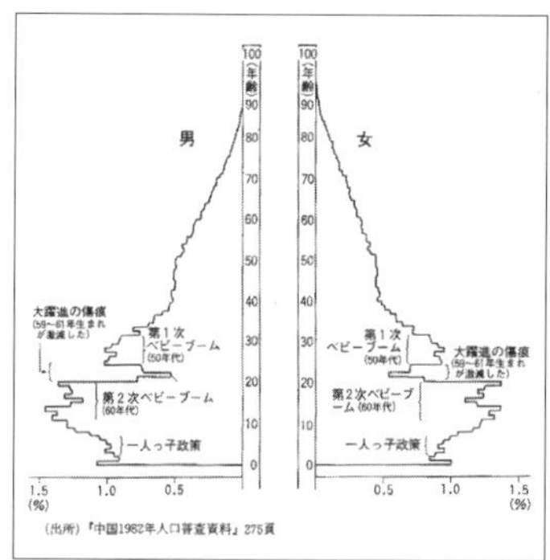

1982年の人口ピラミッドでは、1959～61年生まれが深くくびれており、大躍進の傷跡が看取できる。

人の背丈より少し高い程度の小型溶鉱炉。最盛期には全国に300万基も作られ、農村でも都市でも、子供から大人までみな鉄づくりに駆り出された。

らゆる鉄製品を集めて原料としたが、できた鉄は品質が悪く、エネルギーと労力の無駄遣いに終わった。

食糧増産では、多くの農民が動員された水利建設のほか、「深耕密植」などが奨励された。こうした非科学的な農法に加え、水利や製鉄に労働力がつぎ込まれたために農作業はおろそかになり、深刻な凶作となった。しかし幹部たちは大豊作であると虚偽の報告を行なったため、農村から大量の食糧が吸い上げられた。その結果、全土で2000万から3000万人もの餓死者が続出する惨状を招いた。

廬山会議

1959年夏に江西省で開かれた廬山会議では、もともと極左是正を討論していた。しかし、国防部長の彭徳懐が大躍進の問題点を指摘したことが毛の逆鱗に触れ、「反右傾」に方向転換した。このため大躍進の極左的方針がその後も継続し、被害を拡大することとなった。毛の彭に対する異常な反応は、ソ連との関係を疑ったからだと言われている。彭は同年5月からソ連・東欧を訪問し、6月に帰国していたが、その直後にソ連から国防新技術協定（核兵器の技術提供を内容とするもので1957年に調印）の破棄が通告された。彭の大躍進批判はソ連と通じた一連の行動とみなされたのであろう。

1960年後半から、経済立て直しのため、人民公社の規模縮小や各農家が自由に経営できる自留地と自由市場の復活、基本建設投資の削減や工業企業のリストラなどといった「調整政策」が行なわれた。［泉谷陽子］

朝鮮戦争

1950年6月25日、北朝鮮（朝鮮民主主義人民共和国、1948年建国）が南北朝鮮の統一を目指して発動した戦争である。朝鮮半島における内戦が、米国の軍事介入とそれに脅威を感じた中国の参戦によって拡大し、米中両国軍が激突した。

戦局の推移

開戦当初、北朝鮮軍は怒濤の勢いで南下しソウルを陥落させ、釜山に迫った。米軍主体の国連軍は9月15日、仁川に上陸し戦局を逆転させ、10月初め、韓国軍に続き国連軍も38度線を突破し、さらに北上した。10月19日、中国志願軍は中朝国境の鴨緑江を渡り、油断していた国連軍に打撃を与えたため、戦局は再度逆転した。志願軍は南下を続け、一時はソウルも占領したが、国連軍に押し戻され、1951年半ば以降、戦線は38度線付近で膠着した。同年7月から始まった休戦交渉は難航し、1953年7月にようやく休戦協定が結ばれた。

冷戦の本格化

第2次大戦後に始まった東西冷戦はヨーロッパが主な舞台であり、極東における冷戦はそれほど深刻ではなかったが、同戦争を契機として米中対立を軸とする東アジアの冷戦構造ができあがった。1970年代初めに米中が関係を改善するまでの約20年間、中国は時に核の脅威にさらされ、米国と軍事同盟を結んだ日本・韓国・台湾・東南アジア諸国に包囲され、さらには西側諸国から経済封鎖（チンコム）を受け続けることになった。こうした冷戦下の厳しい国際情勢が中国に戦争に備えた強権的体制を選択させることになったのである。

中国国内の動向

参戦と同時に「抗米援朝」（米国に抵抗し朝鮮を支援する）運動を全国的に展開した。国民に愛国主義教育・宣伝を行なってナショナリズムを高揚させ、戦争への支持·支援を得ようとした。デモ行進に増産運動、武器·

参戦60周年の記念切手(2010年・北朝鮮)。北朝鮮と中国は「血で結ばれた戦闘的友好」関係。中国は北朝鮮にいまなお大きな影響力を持つ。

鴨緑江を渡り前線にむかう中国人民志願軍。

戦闘機購入のための募金など様々な活動が行なわれたが、実際のところ上からの動員という性格が強かった。「抗米援朝」運動は約1年で下火となり、参戦と同時に急進化した「反革命」鎮圧運動や土地改革、「三反五反」運動といった階級闘争的な大衆運動を梃子として、政府は社会の統合を進めていった。「反革命」鎮圧運動は国民党系特務や残存分子を摘発するもので、元来は内戦の後処理であったが、参戦後に「敵」への警戒を強め、大衆を動員して徹底的な残党狩りを行なった。建国後の3年間で200万人以上が処罰されたという。さらに党政府内の粛清も進め、1951年末から政府職員の汚職や官僚主義および資本家の脱税や贈賄などの不正行為（「三害五毒」）を摘発する「三反五反」運動が展開された。この運動に労働者や職員・店員が広く動員され、民間商工業者の76%が処分を受け、多額の罰金が科された。運動が大規模化した背景には、参戦後の経済統制強化とそれに伴う公私間の軋轢があった。これ以後、民間企業は内部からも労働組合や党組織の監視を受け、自由な経営が困難となり、金融業をはじめとして公私合営化の動きが本格化した。こうした政治経済状況の変化を受け、毛沢東は社会主義への早期移行を提起し（「過渡期の総路線」）、新民主主義路線は放棄されるにいたった。

戦争の影響

影響は多方面に及んだが、経済回復を促進し、ソ連との関係強化および中国の国際的地位の向上につながったとも言われる。一方、台湾海峡に緊張をもたらし、台湾統一という難題を残すことにもなった。［泉谷陽子］

土地改革

地主や富農と認定した大土地所有者から土地や農具その他の財産を没収し、貧しい農民に分配する改革である。農業生産を発展させ、工業化に道を開く狙いがあり、農業増産の成果はあったが、多くの矛盾をはらんでいた。政治的には、農村の権力構造を再編し、統治を社会の末端にまで浸透させるのに大きな役割を果たした。

改革の急進化

共産党は日中戦争期から事実上の土地改革を行ない、農民の組織化と動員を進めていたが、内戦期には極左的な行き過ぎが多く発生した。建国後は1950年6月30日、「土地改革法」を公布し、これに基づき比較的穏和な方法で時間をかけて行なう予定であった。ところが、公布直前に朝鮮戦争が勃発し、10月には中国が参戦したことにより、改革のテンポは速められ、方式も急進化していった。同年末からスタートした土地改革は、1952年末までに一部の少数民族地域を除きほぼ完了した。運動はまず、党員や幹部・知識人で組織した工作隊を農村に派遣し、村内の調査をもとに階級区分を行なった。そして貧しい農民の中から積極的な人物をリクルートし、地主に対する闘争を行なうよう働きかけた。地主を糾弾する闘争大会は、しばしば激しい暴力を伴うものとなった。

改革の矛盾

土地改革は共産党が政権基盤を固めるのには大変有効だったが、社会や経済に様々な矛盾をもたらした。広大な中国では地域差が大きく、地主制が発達していた地域は華南や江南などに限られていた。多くの地域では土地を相対的に多く持つもの、金銭的に余裕のあるものが地主や富農に区分され、土地・財産を没収された上、「出身階級が悪い」ために子孫までもが厳しい政治的抑圧を受けた。

また、経済発展にも不利な点があった。3億の農民に7億畝（1畝＝約6.7a）の土地を分配したと言われているが、単純計算すれば1人当たり2.3

1950年北京郊外での土地改革の一コマ。農民が「悪覇地主」をつるしあげている。

1953年に導入された「統一購入・統一販売」措置により、都市住民は穀物を購入するさい配給切符が必要となった。経済状況が悪化すると配給制は他の生活必需品にも拡大した。

畝、5人家族でも1戸当たり11.7畝にすぎなかった。南方では1人当たり1畝以下の地方も多く、日本の零細農家よりもさらに小規模な農家を多く生み出すことになった。農具や家畜などの生産財も不足しており、農業経営は不安定になりがちだった。

また、中国社会では従来土地売買等の経済活動は自由であり、土地所有の不均衡は政治の産物ではなく、自由な経済活動の結果であった。改革後にも自由な経営を許せば、経営能力の差や相続時の分割などで再び農家の階層化が起きる。実際、党指導部内では新たな階層分化や「新富農」の処置をめぐり議論が生じることになった。

食糧統制と農業集団化

さらに喫緊の課題は食糧問題であった。土地改革後、食糧生産量は増加したが、商品化率は下がった。急速な工業化を目指す政府は、工業化に伴い増加する都市人口を養うために、安定的に大量の食糧を確保しなければならなかった。1953年10月から食糧の「統一購入・統一販売」を導入し、農民から穀物を強制的に買い上げ、都市では配給制を実施した。同制度のもとでは、しばしば過剰な食糧の買い上げが行なわれ、食糧暴動すら発生した。このような経済発展を阻害する矛盾を解決するには、農業・農村の再編が不可欠であった。1955年夏以降、農業集団化が強行された背景にはこうした事情があり、社会主義思想のみに基づいて実施されたのではなかった。［泉谷陽子］

百花斉放・百家争鳴と「反右派」闘争

「百花斉放・百家争鳴」は1956年から翌年にかけて、共産党が呼びかけた文芸・学術活動の多様化および言論自由化のスローガンである。あわせて「双百」とも言う。

1957年2月以降、党外に共産党への率直な批判を求めたところ、党の独裁を批判する意見が噴出した。予想外の体制批判に驚いた党は、6月以降、発言者に「右派」のレッテルを貼り糾弾した（「反右派」闘争）。弾圧された知識人は55万人にも上り、これ以降、共産党批判は厳しく封じ込められた。

共産党と知識人

建国時の政府には、民族ブルジョワ階級代表として民主同盟や民主建国会などの民主党派の人士も参加していた。民主党派は共産党の指導を受け入れてはいたが、建国初期にはそれなりの役割を果たした。民主人士を含む知識人に対し、共産党は思想改造を呼びかけ、徐々に思想統制を進めた。多くの知識人が新しい社会に適応しようと積極的に応じたが、1955年に文芸評論家の胡風らが、「反革命集団」として逮捕されたように、文化芸術問題はしばしば政治問題視され、粛清まで行なわれたため、党と知識人の間の溝が次第に深まっていった。

社会主義改造が終了した1956年、共産党は知識人との関係改善の方針を打ち出した。激しい階級闘争の時期は終わり、全国民が一丸となって社会主義建設に邁進しようと呼びかけた。その背景には、社会主義改造と第1次5ヵ年計画による政治・経済・社会各方面における矛盾や軋轢の蓄積があり、それらの解消を図ることが求められていたことがあった。1956年4月、毛沢東は「十大関係論」と題する講演を行ない、10種類の矛盾する関係について、バランスをとり正しく処理することを主張した。その中で民主党派との関係においては「長期共存・相互監督」を強調し、同年5月には「双百」を党の方針として提唱した。

李浜声作「まじめな幹部賞を受賞したのは…口のない者」——政府批判ができない状況を風刺した漫画だが、これが罪証となり作者は右派として摘発された。

1956年5月2日、毛沢東は第7次最高国務会議で「双百方針」について語った。

「人民内部の矛盾」

一方、1956年2月のフルシチョフによるスターリン批判の衝撃は、6月のポーランド事件、10月のハンガリー事件といった反ソ連・反体制の大きな動乱に発展した。中国国内でも農村では農業合作社からの農民の脱退、都市では労働者のストライキ、学生の授業ボイコットなど、社会の不満が噴出しており、指導者の危機感を高めた。東欧の動揺について、毛沢東は社会主義体制自体に問題があるのではなく、「人民内部の矛盾」を正しく処理しなかったためであると捉えた。そこで、人民の不満を吐き出させ、正しく処理しようとして提起したのが先の「双百」方針であった。出された意見の多くは身近な生活や業務上の不平・不満のあらわれであり、必ずしも反体制・反社会主義的なものではなかった。しかし、儲安平（「光明日報」総編集）や章伯鈞（交通部長）、羅隆基（政治学者）といった著名な民主人士らが党の独裁を鋭く批判したことで、政府は態度を硬化させ弾圧に転じた。1956年の穏和な方針から一転し、階級闘争の継続が主張された。

「反右派」闘争の影響

「右派」とされた知識人は、その後20数年間沈黙を強いられ、労働改造所送りになるなど政治的抑圧を受け続けた。民主党派の活動も息の根を止められたが、影響は党・政府内にも及んだ。上級の指示には盲目的に従わざるを得ないだけでなく、「右派」「保守派」のレッテルを恐れて、言動が極左的に偏向していった。こうして大躍進や文革に突き進む土壌が形成されたのである。［泉谷陽子］

文化大革命

文化大革命（プロレタリア文化大革命、略称は文革）は1966年に毛沢東が発動した政治運動であり、中国の政治・経済・文化等あらゆる方面に深刻な混乱と停滞をもたらした。

発動の背景

中国が米ソ2超大国と対立するという緊迫した国際情勢があり、またそれとリンクした毛の国内外の情勢に対する過剰な危機感があった。たとえば、ベトナム戦争の本格化は米国の脅威を高め、1964年以降、西南地域の奥地に工場を移転･新設する「三線建設」が推進された。ソ連との関係改善の試みも挫折し、長い国境を有するソ連への危機感が次第に増大していった。国内においては、情勢の緊迫化にもかかわらず、「調整政策」によって人民戦争体制が弛緩していることに毛は焦りを感じていた。中国でもソ連のように修正主義者が現れ、内部から体制転覆が図られるかもしれないという危機感から、「中国のフルシチョフ」として劉少奇・鄧小平らを失脚させた。社会主義に背き資本主義の道を歩んでいるとみなされた「実権派」、劉や鄧たちにはそのような意図はなく、なすすべもなく失脚した。

文革の過程

前期：運動はまず、ブルジョア的思想・文化に対する闘争として開始された。1965年11月、新編歴史劇「海瑞罷官」に対する批判が文革の口火となった。1966年5月、康生・陳伯達・張春橋、そして毛沢東の妻・江青（のちの「四人組」）を中心メンバーとする中央文革小組が成立し、文革が本格的に開始する。毛は当時の党や政府を信頼できなかったので、妻とその側近を抜擢し、国防部長の林彪を味方につけた。さらに、毛を熱狂的に信奉する若者たちからなる紅衛兵を煽って、政府や党機構を破壊させた。紅衛兵は多くの「実権派」を吊るし上げ、文化財を破壊し、政府や党を麻痺状態に陥れた。「実権派」打倒後も、紅衛兵たちによる暴力行為

天安門広場で毛沢東の接見を受ける紅衛兵たち。みな手に『毛沢東語録』をかざしている。

1972年2月のニクソン訪中は米中関係の転換をもたらした。

は続き、派閥抗争が激化したため、毛は軍の力でこれを抑えこみ、秩序を回復した。こうして林彪が台頭し、1969年の第九回党大会では毛の後継者に指名された。

中期：文革の発動は「反ソ」の選択であり、文革の推進によって中ソ間の緊張はいよいよ高まった。1969年には東西の国境線で武力衝突が数度発生し、核戦争一歩手前という状況にまでエスカレートした。こうしたなか、対米接近が模索されるようになったが、それを主導したのは周恩来ら実務官僚グループであり、林彪グループは孤立していった。1971年、林彪らは起死回生のクーデターを計画するも失敗し、ソ連への亡命の途中、飛行機事故で死亡した（林彪事件）。

後期：1971年のキッシンジャー訪中、1972年2月のニクソン訪中で米中の関係改善が実現し、日本とも同年9月、田中角栄首相が訪中し、国交を正常化した。こうして国際緊張の緩和が進み、これを背景に国内では周恩来と復活した鄧小平らが秩序を回復し、経済再建措置をとろうとした。四人組はそれに頑強に抵抗したが、1976年9月、毛沢東が亡くなり後ろ盾がなくなるとまもなく失脚し、文革はようやく終結した。

文革は毛沢東が起こした権力闘争とみなされることが多いが、それだけにとどまらない要素が複雑に絡んでいた。中国全土が10年にもわたり動乱状態に陥ったのは、建国以来の社会主義建設が各方面において矛盾を蓄積していたからであり、民衆の不満が一気に爆発したのも一因であった。［泉谷陽子］

2度の天安門事件

第1次天安門事件

大きな混乱をもたらした文化大革命は、その後期には民衆に文革への疑問を呈する声を生じさせていた。たとえば、1974年秋、広州で出された李一哲の壁新聞「社会主義の民主と法制について」は、林彪を批判する形式で民主主義と法治の重要性を訴えた。

1975年1月開催の第4期第1回全人代で、周恩来首相は、農業・工業・国防・科学技術の4分野で近代化をめざすことを表明した。経済再建と社会秩序の回復を進める動きに対し、いわゆる四人組などの文革派は、周恩来や鄧小平（副首相として復活していた）らへの批判を強めた。

1976年1月8日、周恩来が北京で病死した。文革に批判的な民衆は、清明節（祖先を祭る日）に周恩来を追悼することで、その意思を示そうとした。その年の清明節である4月4日を前にして天安門広場の人民英雄記念碑に多くの花輪が持ち寄られた。江青や張春橋など四人組を暗に批判する詩文も少なくなかった。

4月4日夜、当局が花輪を撤去したため、翌5日それに抗議する人々が天安門広場に集まった。これを警察など治安当局が鎮圧しようとして衝突が発生、多数の民衆が逮捕された。これを第1次天安門事件（中国では四五運動）という。文革派はこの事件を「反革命政治事件」であり、その黒幕は鄧小平であるとしたため、4月7日、鄧小平はすべての職務から解任された。

第2次天安門事件

1980年代の改革開放政策によって中国経済は急速に発展したが、政治改革の推進は十分でなかった。1989年2月、方励之（ほうれいし）・厳家其（げんかき）などの知識人が、政治犯の釈放と言論出版の自由を求める公開書簡を発表して民主化運動を始めた。

4月15日に胡耀邦（こようほう）前総書記が急死した。胡耀邦は1982年の第12回党大

第1次天安門事件。1976年4月5日、故周恩来首相追悼の花輪を持って天安門広場に来た人びと。

第2次天安門事件。1989年5月、天安門広場を埋め尽くした学生・市民。遠方に北京・中央美術学院の学生によって建てられた自由と民主の女神像が見える。

会で総書記に就任したが、87年1月に解任された。胡は政治改革と民主化に積極的であると見なされていたので、その死をきっかけとして学生の民主化運動が燃え上がることとなった。

北京の学生たちは、官僚の汚職・腐敗の取り締まり、言論・報道の自由の確立などを要求、連日デモ行進を行ない、21日には天安門広場で数万人の集会を開いた。運動は北京だけでなく南京・西安・武漢など各地に広がった。これに対し共産党指導部は、26日の『人民日報』社説で学生たちの一連の活動を「動乱」と呼び、その制圧を主張した。

硬化した学生たちは「動乱」の撤回を求め、ハンガーストライキなどの手段も使い天安門広場で座り込みを続けた。民主化運動を呼びかけていた知識人だけでなく、物価上昇や生活格差の拡大に不満を持っていた一般市民も学生たちの行動を支援した。

5月20日、北京市内に戒厳令施行、6月4日未明、天安門広場に軍が投入されて運動は武力鎮圧される。学生・市民だけなく鎮圧した軍人も含め多数の死傷者がでた。これを第2次天安門事件（六四事件）という。

6月23日から開かれた中央委員会で、民主化運動弾圧に反対したと言われる趙紫陽（ちょうしよう）総書記は解任され、江沢民（こうたくみん）が総書記に就任した。この事件には多くの国が非難して経済制裁を課したので、中国は国際的に孤立し数年間経済が低迷した。［井上久士］

新中国の対外関係

東西冷戦の影響

中華人民共和国は東西冷戦という国際情勢のもとで誕生し、そのことが中国の対外関係に大きな影響をおよぼした。中国は社会主義陣営に属し、親ソ路線をとることを選択した。

建国後、ソ連およびブルガリア、ルーマニアなどの東欧諸国、北朝鮮、モンゴルなどの社会主義政権の国々からはすぐに承認を得られたが、米国はひきつづき中華民国政府を中国の正式代表とみなすことを表明した。西側の大国の中で早期に新政権承認に踏み切ったのは香港を植民地として有する英国くらいであった（1950年1月）。

1950年2月14日に締結された中ソ友好同盟相互援助条約によって中国は安全保障を確保し、同時にソ連からの借款供与など経済援助も獲得した。表面的には中ソの友好関係が強調されたが、内部では矛盾をはらんでいた。特に同盟条約の補充協定により、中国の東北と新疆がソ連の勢力範囲に組み込まれることになったことは、中国の主権を脅かすものであり、両国の間にしこりが残った。

中ソ同盟によって日本と並び仮想敵国とみなされた米国であったが、当初はそれほど激しく中国を敵視してはいなかった。それが変化するのは1950年6月に朝鮮戦争が勃発して以降である。米国はすぐさま第7艦隊を台湾海峡に派遣し、中国が武力によって台湾を統一することを阻止した。同戦争への米国の介入と中国の参戦により両国の軍隊が直接激突し、対立関係は決定的となった。以後、東アジアの冷戦は米中対決を基軸として展開し、米国の中国封じ込め政策に対して、中国は戦争に備え国防や経済建設を急ぐことになった。

1953年7月の朝鮮戦争休戦後、アジア諸国に対しては、積極的な平和共存外交を展開し、54年のジュネーブ会議、55年のアジア・アフリカ（バンドン）会議などに出席し、国際的地位を高めた。

バンドン会議に出席する周恩来

1989年5月、鄧小平とゴルバチョフの首脳会談により中ソ関係は正常化

1953年3月のスターリン死去後、中ソ両国の関係は「中ソ蜜月」といわれるほど密接になり、同年から開始された第1次5ヵ年計画の立案と実施にはソ連から多額の援助が与えられ、また1万人以上のソ連人専門家や技術者が中国に派遣されて各種建設を助けた。

中ソ対立と米中接近

1956年2月、ソ連共産党第20回大会でフルシチョフが行なったスターリン批判は中ソ対立の一因となった。両国の間にはイデオロギーの違いや安全保障および領土をめぐる対立があり、その溝はしだいに深まっていった。60年代になると、中国はソ連共産党を「修正主義」と批判し中ソ論争が始まった。中ソ関係の悪化を受けて、62年4月にはイリ地方のカザフ族がソ連に大量流出するイリ事件が発生した。国境紛争も散発したが、特に69年に発生した珍宝島（ダマンスキー島）での軍事衝突は双方にかなりの被害を出し、対立はピークを迎えた。ソ連との緊張が極度に達した中国は米国との関係改善を模索し始めた。

1965年から米国は北ベトナムへの爆撃（北爆）を行なう。米国のベトナム戦争への本格的な軍事介入によって、米中関係は緊張を高めた。北ベトナム側はソ連・中国の援助を受けて善戦し、戦争は長期化した。米国は国内外の反戦世論の高まりを受け、戦局を打開するため中国へ接近した。71年キッシンジャー大統領補佐官の訪中、72年2月ニクソン大統領の訪中を経て米中両国は関係を改善し、79年1月に国交が正常化した。これを契機に日本や欧米諸国との関係も改善していった。［泉谷陽子］

日中国交正常化以降の日中関係

1972年9月、田中角栄首相と周恩来首相が北京で日中共同声明に署名、中国との国交が正常化した。これは、日中戦争と第2次世界大戦での戦勝国・中国と敗戦国・日本が政府間で戦争の結末をつけると同時に、日本政府が台湾の蔣介石政権を中国の正統政権としてきたそれまでの政策を転換し、中華人民共和国政府を中国を代表する唯一の合法政府として承認した歴史的出来事だった。

「中国侵略」を認めた日本政府

1978年8月北京で調印された日中平和友好条約は、日中共同声明に規定された「平和5原則」や「紛争の平和的解決」などの諸条項を再確認し、日中関係の基本原則を条約の形で確定したものだった。98年11月の江沢民主席の来日の際の日中共同宣言では、日本が「過去の一時期の中国への侵略によって中国国民に多大な災難と損害を与えた責任」と「深い反省」を表明し、両国間の公式文書で日本側が初めて「中国侵略」を認めた。

06年9月に就任した安倍晋三首相（第1次安倍内閣）は、最初の訪問国として翌月に訪中、胡錦濤主席、温家宝首相と会談し、直接の首脳会談が復活。双方は「戦略的互恵関係」の確立を約束した。この合意は、08年5月に来日した胡錦濤主席と福田康夫首相の会談に基づく「戦略的互恵関係の包括的推進に関する日中共同声明」で再確認された。双方は「共に努力して、東シナ海を平和、協力、友好の海にする」ことも約した。

日中両国間で交わされた以上の公式文書（72年の共同声明、78年の平和友好条約、98年の共同宣言、08年の共同声明）は、双方が「4つの基本文書」と認め、両国関係を律する基本原則として、ともに順守すべきことを約束している。

2010年以来、厳しい局面に

日中関係は2010年9月の尖閣諸島沖での中国漁船と海上保安庁巡視船との衝突事件、12年9月の日本政府による尖閣諸島国有化措置によって

日中平和友好条約批准のため1978年10月、鄧小平副首相が来日した。左は福田赳夫首相。

2022年11月17日、岸田文雄首相と習近平国家主席はタイ・バンコクで会談した。

極度に悪化した。

2012年12月以降の安倍晋三内閣（第2次内閣）の下で、日本は米国が主導する「対中国包囲網」政策への協力を深め、中国に対抗する軍事力強化の道を歩み、一方、海洋進出を強める中国が日米の動きに対抗して軍事行動を強化するという負の連鎖反応が進んだ。

こうした日本の対中国政策は、短期間の菅義偉内閣を経て、21年10月に発足した岸田文雄内閣に継承され、中国との間にまともな外交なしに軍事的対抗が続き、両国の信頼関係が根本から揺らぎ、東アジア情勢の不安定化が憂慮されている。

2022年9月、日中両国は戦後最悪の関係と言われる中で、国交正常化50周年を迎えた。岸田文雄首相と習近平主席は祝賀メッセージを交換したが、公式の祝賀式典は東京でも北京でも実施されなかった。両首脳は22年11月、訪問先のタイで初めての対面で会談。対面の日中首脳会談は、安倍内閣時代の19年12月以来3年ぶり。双方は、尖閣諸島沖での中国公船の活動や台湾問題で意見が対立したが、互いに緊密に意思疎通を図っていくことでは一致した。

このような状況の下で、双方は50年前の共同声明の精神に立ち返り、軍事的対決を退けて、平和協力の関係を構築していくことが求められている。［平井潤一］

中台関係（両岸関係）

台湾は、1895年から半世紀、日本の支配下におかれたが、日本の降伏により中国へ返還された。しかしその後、中国大陸とは異なる道を歩み現在に至っている。大陸と台湾の関係を、日本では一般的に中台関係と呼んでいるが、台湾も含めて中国であるという前提に立つ中国では、台湾海峡両岸関係（略して両岸関係）と言われている。

中国の内戦と台湾海峡の危機

国民党と共産党の間で、1946年6月から本格的な内戦がおこった。大陸で敗北した国民党の政府は、1949年12月8日、台北遷都を決議した。国民党は、台湾に移った後も「大陸反攻」をとなえ、「台湾解放」をめざす大陸の新政府との対立が続くこととなった。

アメリカは中華人民共和国建国当初、台湾防衛を決定していたわけではなかった。しかし、1950年に朝鮮戦争が勃発し、中国義勇軍が朝鮮に派遣されると、台湾防衛を明確にした。

1953年に朝鮮戦争休戦協定が成立すると、両岸の動きが活発化した。国民党政権が厦門に近い金門島と馬祖島を大陸反攻の前哨基地としていたのに対し、1954年9月、人民解放軍が金門島を砲撃し、国民党側もこれに反撃した（第1次台湾海峡危機）。

1958年8月、人民解放軍は再び金門島に猛烈な砲撃を加えた。国民党軍は米軍の支援を受けて同島を死守し、10月6日に停戦となった（第2次台湾海峡危機）。アメリカは蔣介石に、金門・馬祖防衛を援助する代わりに、武力による「大陸反攻」をおこなわない約束をさせた。

海峡両岸関係の緊張緩和

文化大革命後の1979年、中国政府は台湾に平和統一をよびかけ、金門島への定例の砲撃を21年ぶりに停止した。1987年には台湾から大陸への親族訪問が解禁された。1990年代になると大陸の海峡両岸関係協会、台湾の海峡交流基金会が設立され、この二つの「民間団体」を窓口にする形

2005年4月、国民党の連戦主席が北京を訪問し、共産党の胡錦濤総書記と60年ぶりの国共首脳会談を開き、双方が台湾独立に反対することを確認した。
連戦・胡錦濤　http://country.cnr.cn/gundong/20151111/t20151111_520474867.shtml より

金門島の最前線の小島・獅嶼。現在砲撃はないが、台湾側の兵士が駐屯している。対岸に見えるのは厦門の高層ビル群。
金門　https://baike.sogou.com/v646505.htm より

式で、両岸関係の改善、緊張緩和が進められた。1992年、両窓口機関は「一つの中国」の原則を確認したとされる（92年コンセンサス）。

両岸関係の危機と民進党政権の登場

1988年に総統となった国民党の李登輝は、台湾の国家としての国際的認知を求めて外交活動を展開したので、大陸の反発を招いた。1996年、台湾で初の総統直接選挙が実施される直前、人民解放軍はミサイル発射を含む軍事演習を台湾近海でおこなった（第3次台湾海峡危機）。中国の軍事的な威圧に台湾住民は反発し、李登輝が初の民選総統に当選した。

2000年には、民進党の陳水扁が台湾の総統となった。党綱領に台湾独立を掲げている民進党に対して、中国は警戒した。中国政府は、2005年3月、反国家分裂法を制定し、台湾が分離する事態になれば、非平和的方式を取ることもありえると規定した。

両岸関係の緊密化と緊張

台湾で2008年3月、国民党の馬英九が総統に当選すると、中台関係は大きく改善された。中台定期直行便の開始、大陸住民の台湾観光開放、新たな貿易協定などが実現し、経済関係と人的交流が急速に拡大した。

しかし、2016年に民進党の蔡英文が総統となると、再び緊張状態が生じた。2022年8月、アメリカのペロシ下院議長が台湾訪問を強行すると、反発した中国軍は大規模な軍事演習を実施した（第4次台湾海峡危機）。中台関係は長く続いた政治的分断によって複雑な状態が続いている。それをいかに解いていくかは、両岸双方の課題である。［井上久士］

コラム

ネットショッピングの新展開

■「双十一」商戦

2021年末までに中国のネットショッピング利用者数は8.4億人に達し、2021年の売り上げは12兆元を超えている。市場の拡大に伴い、競争も激しくなったが、2003年にジャック・マーが創業したアリババ集団とその系列のネットショッピングシェアは52%、京東（ジンドン）系と拼多多（ピンドウドウ）系のそれはそれぞれ20%、15%となっている。

アリババ傘下のECモールである天猫（Tmall）が始めた「双十一」セールは毎年「独身の日」11月11日に行われ、やがて中国最大のEC商戦となった。2021年の「双十一」商戦に、天猫がたった1日で5403億元の売り上げを達成し、京東のイベント総売上も3491億元を超えた。

■ライブコマース

近年、淘宝（タオバオ）や抖音（TikTokの親会社）などでタレントやインフルエンサーのライブ配信をみて、リアルタイムに質問やコメントをしながら商品を購入するライブコマースが大きなブームを巻き起こした。淘宝で最も人気のあるインフルエンサー李佳琦が5000万のファンを持ち、彼が2021年10月までにライブ配信を通じて売り出した商品の総額が100億元を超えた。

■海外へ

中国国内の競争が激しいため、国外に目を向ける企業もある。その一つが、南京で設立されたSHEIN（シーイン）である。SHEINは、多くのインフルエンサーを起用し、「Z世代」と呼ばれるアメリカのデジタルに親しむ若者から人気を獲得している。2021年2月から4月の間に、アプリのダウンロードランキングでAmazonを抜いたことで話題となったが、中国国内向けのサイトを運営していないため、中国国内では全く認知されていない。［游偉］

第４部

文化・スポーツ・芸術・風俗習慣

9
言語

落書きはどこも同じ。

執筆
中川正之／モクタリ明子／大西広

中国語とは

比較言語学から見た中国語

比較言語学は、言語を時間の流れに沿って見る。諸説あるが、中国語は、遡ればチベット語と同一の祖語を持つとされる。つまり、中国語とチベット語は、同系統の言語で、シナ・チベット（Sino-Tibetan）と呼ばれる。シナという名称は現在でも用いられている。中国語では“汉藏语”と言う。過去から現在へと時間の流れに沿って見れば、シナ・チベット語族は、シナ語群（Sinitic）とチベット・ビルマ語群（Tibeto-Burman）に分かれる（派生する）。ビルマという名称も言語学ではなお用いられている。そのシナ語群はシナ語系とカム・タイ語系などに分かれる。

中国語とは、広義にはそのシナ語群に属する言語のことであり、中国語では“汉语”と言われる。狭義には、後述するように中華人民共和国が定めた民族共通語としての“普通话”のことを指し、表記には“汉”（漢）のように簡体字という略字体を用いる。

言語類型論から見た中国語

言語類型論は言語を系統ではなくいかなるタイプ（類型）の言語なのかを見る。孤立語、膠着語、屈折語という分類も古典的類型論による分類であるが、孤立語→膠着語→屈折語の順に進化したとする進化論が根底にあり、その点は払拭されなければならないが、なお有効な見方である。中国語は典型的な孤立語で、語の屈折、活用や日本語のテニヲハのような膠着成分である助詞も乏しく、語自体に品詞を表す標識も存在しない。文中において各語が孤立している。さらに中国語の大きな特徴として声調言語（276頁参照）であることも重要である。

1960年代以降の言語類型論では、述語Vと目的語Oの位置関係からVO型とOV型に分類される。VO型の言語は前置詞を持ち、疑問詞文頭移動が行なわれ、住所表示は番地から町名そして市町村のように小から大へと並べられる傾向がある、とされる。英語はVO言語の特徴をかなり

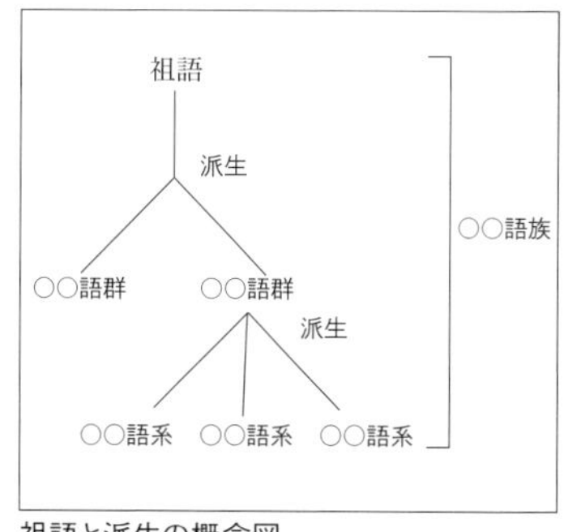

祖語と派生の概念図

SINO-TIBETAN
TIBETO-KAREN
CHINESE
TIBETO-BURMAN
KAREN
Tibeto-Kanauri
Gyarung(?)
Lepcha
KACHIN
Burmese-Lolo
Bahing-Vayu
Newari
Nung(ish)
Trung
Konyak
Luish
Taman
Abor-Mir-Dafla
Kuki-Naga
Mikir
Meithei
Mru
Bode-Garo

シナ・チベット語族系統図（Paul BENEDICT A Conspectus Cambridge Univ.1972）ポウル・ベネディクトによる系統図。カチン語を重視している点が注目される。

強く持つ言語であり、日本語は典型的なOV言語である。中国語はVO型ではあり、前置詞（介詞）を持つ点ではVO型であるが、疑問詞の文頭移動は必須ではない（「彼は誰ですか。他是谁？ Who is he?」）し、住所表示は「北京市海淀区」のように大から小の順であるなど両者の中間的な性格を示す。

言語類型地理論から見た中国語

類型的には中国語はOV言語とVO言語の中間的性格を示す。世界の言語を広く眺めてみると、同系統の言語であるか否かとともに、地理的に近い位置にあるか否かが言語の性格を決めるという指摘がある。中国語に関しては、橋本萬太郎『言語類型地理論』（弘文堂、1978年）がこのような中国語の性格を説明するものとして注目されるが、著者の早逝により、その後の進展は見られていない。

現在の中国には55の少数民族がいるとされる。少数民族とはいえチワン族のように1700万もの人がいるもの、回族のように言語・形質ともに漢族に溶け込んでいるものもある。中には、明らかにシナ・チベット語族に属さないウイグル語を話すウイグル族や朝鮮語を話す朝鮮族、モンゴル語を話すモンゴル族なども含まれる。中国は多重民族国家なのである。この地域には系統の定かでない言語もなお存在し、今後の調査研究によって見方を変えなければならない可能性もある。しかし、漢族がもっとも大きな集団であることは間違いのないことである。中国語とは、漢族の話す言葉と定義することができる。中国語で“汉语”と言われる所以である。［中川正之］

方言と標準語（普通话）

8大方言

中国語には、多くの方言があり、相互にコミュニケーションができないことが多い。おそらく黄河流域に興った民（たみ）が波状的に南下・北上し、先住民の言葉・風習を取り込みつつ方言を形成していったのであろう。方言はふつう以下のような8大方言に分けられる。

(1) 北方方言：中国の北方や南方の一部など広い地域で話される。
(2) 呉方言：上海・蘇州一帯で話される。
(3) 湘方言：湖南省一帯で話される。
(4) 贛（かん）方言：江西省・湖北省の一部で話される。
(5) 客家（はっか）方言：中国南部や台湾に広く散らばっている客家と呼ばれる人たちが話している言葉。
(6) 閩北方言：福建省北部や台湾の一部で使われている。
(7) 閩南（びんなん）方言：福建省や台湾などで話される。
(8) 広東方言：広東省や香港などで用いられている。

閩北、閩南と併せて閩語とし7大方言とする見方もある。

中国は北方と南方と分け、中国語をごく大まかに北方語、南方語と二分することも少なくない。"南腔北调（なんこうほくちょう）"という言葉は、なまりが強い南北各地の方言が飛び交う様を言ったものである。北方語は硬く、南方語は柔らかく響くとされるが、南方語の1つである広東方言は、普通に話していても喧嘩をしているように聞こえるなどと言われることもある。

標準語

現代中国語の標準語（普通话）は以下のように規定されている。

(1) 北京語の発音を標準音とする。
(2) 北方方言を基礎方言とする。
(3) 1930年代以降の口語による典型的な作品を文法の規範とする。

この標準語のことを台湾や香港では国語、東南アジアでは華語と呼ぶ

『言語類型地理論』
故橋本萬太郎博士の著書。

中国地図

ことが多いが、英語では、Mandarin Chinese（官話）と言われる。

官話は元明のころから官吏が用いたある種の共通語で、北方語を基礎としている。官話は北方官話、西北官話、西南官話、下江官話の4つの方言に区分されることがある。

この標準語は、各方言の話し手がそれぞれの規範意識をもって話す共通語であるが、なお均質性に欠けそれぞれの方言のニュアンスを伴うことが多い。さらには、近年香港や台湾の言葉がファッショナブルだという感覚が若者を中心に広がっている。相原茂『北京のスターバックスで怒られた話』（現代書館、2004年）は、“欣欣”という同じ音節を繰り返した名前の読み方について、後ろのほうを強く発音するが、これは南方的な感じがし、「流行は南から」という最近の時流ともマッチするとしている。

橋本萬太郎『言語類型地理論』（弘文堂、1978年）では、「私は上海へ行く」という意味の表現に“我去上海”と“我到上海去”と2種の言い方があるが、前者は南方語的、後者は北方語的であるといったことなどを指摘し、中国大陸の言葉は北に行くほどアルタイ語的要素が強く、南に行くほどタイ語的要素が強くなるとし、中国語をアルタイ語的なものとタイ語的なものの連続帯として捉えることを提案した。橋本の説は個別的には様々な問題を含むが、現在それに代わる巨視的な中国語論はなお現れていない。［中川正之］

言語と文化

自文化中心主義とステレオタイプ

文明がコンピュータや自動車などを産み出すものとすれば、世界にあまねく広がるという意味で遠心的である。それに対して、文化は求心的・保守的で合理的根拠が見出せない場合が多い。しかし多かれ少なかれ自文化こそが優れているという自文化中心主義がどの集団にもある。中国のそれは日本では中華思想と呼ばれたものである。中国に限ったことではないが、自らとは異なる言語や生活習慣に対して奇異の目が向けられ、揶揄の対象となることが少なくない。ある集団の文化や民族性・地域性に関して、典型的事例を起因として、ある種の固定観念や予見が一定の集団に共有される、これをステレオタイプと呼ぶ。ステレオタイプはそれに合致しない現象は例外として忘れ去られ、合致するものは記憶に残り強化される。たとえば、日本人は初対面のとき"初次见面，多多关照（初めてお目にかかります、どうぞよろしくお願いします）"という決まり文句で挨拶し、中年男性は背が低く、メガネをかけており、概ね好色であるといったイメージが多くの中国人に共有されている。

ステレオタイプの例としてあげられる血液型と性格の関係性は、日本を発祥の地とし、中国・韓国にも広がっている。ステレオタイプの別の例として「難破船ジョーク」が有名である。船が定員を超えて沈没しそうだ、何人かが海に跳び込まなければならない。アメリカ人には「きみはヒーローだ」とおだてる、日本人には「みんな跳び込んだ」、中国人には「海にはおいしそうな魚が泳いでいる」といったセリフが効果的であるとされる。フランス人には「跳び込むな」と言えばよいとフランス人自身が言っているのを聞いたことがある。ステレオタイプの問題点は虚実入り乱れており、話を面白おかしくするために悪意に基づく一般化が行なわれるということもあろう。ネットで「エスニック・ジョーク」、「中国　地域性」で検索すると多くの事例を見ることができる。あくまで1つの見方

柳州土産の棺桶のミニチュア。蓋に「升官发财」（出世して金持ちになる）とある。

E.T.ホール（國弘正雄訳）『沈黙のことば——文化・行動・思考』南雲堂、1966年。

B.L.ウォーフ（池上嘉彦訳）『言語・思考・現実』講談社、1993年。

E.サピア、B.L.ウォーフ（池上嘉彦訳）『文化人類学と言語学』弘文堂、1995年。

鈴木孝夫『ことばと文化』岩波書店（岩波新書）、1973年。

リチャード・ニスベット（村本由紀子訳）『木を見る西洋人 森を見る東洋人』ダイヤモンド社、2004年。

言語と文化　参考書一覧

と割り切って参照されたい。

言語と文化

言語と文化の関連について、正反対の見方がある。1つは、言語は閉ざされた体系で、それ自体の原理や法則に基づいているとするもの。もう1つはサピア・ウォーフの仮説に代表される「言語と文化は密接な関係がある」とするものである（地域性については次節を参照）。

近年隆盛を見ている認知言語学も言語と現実世界のありかたの関係を重視する。さらに言語の形（音形）と意味との関係は恣意的であるとする近代言語学の通説も、認知言語学ではむしろ、たとえば、とても長いものは「ながーい」と長く伸ばして発音されるといった傾向に注目することが多い。言語の形と意味に必然的な関係を認めようとするものである。中国語では古くから“动dong”の母音oに対して“荡dang”の母音aは口のひらきの大きい故、ゆったりとした動きを表すといった音形と意味の関係を重視した音義説が古くから存在している。

さらには、状況や文脈に依存して文が理解される言語とそれらから比較的独立している言語と分けられることがある。日本語や中国語は文脈依存度が高い言語であるとされる。中国語では、状況が文の意味を決めることを意合法と呼んできた。主語などの省略が多く見られるのも情況依存度が高いことと関係していると思われる。［中川正之］

地域性

南中国と北中国

日本の県民性に相当する地域性が中国でもよく話題になる。多くはステレオタイプに基づくものであり、個人の性格や人格を判断する際の基準になるものではない。

日本では東日本と西日本と二分されることが多いが、中国では南中国と北中国に二分される。中国語の「東西」は「東奔西走」のように具体的な方位を表さないことがあるのに対して、「南北」は具体的な方向を指す。「南船北馬」は、川や運河の多い南中国では移動手段として船が、北中国では馬が用いられたことを言っている。一般的に言って南中国は柔らかなイメージで北中国は硬いイメージで捉えられる。これは南方方言と北方方言のイメージと一致している。

普通话と呼ばれる標準語は北方語を基本としたものであるが、南方的な要素も混入しており、中国語話者の多くは、それを即時に聞き分ける。たとえば、「とても」という意味で“蛮”を用いるのは南方的であり、“去过没有？”に対して“有没有去过？”のように“有没有”を反復させる疑問文は台湾に由来するといった語感は、なお中国語母語話者にはあるようである。

地域性

数人の中国人に幾つかの省の人たちのイメージを語ってもらった。

北京：大爺（旦那さま）

上海：精明（頭の回転が速い）、小算盤（数字に強い）

湖南：痞子（無頼漢）

山東：豪気、忠厚（正直で温厚）

広東：美食

山東人男性は“山东大汉”と呼ばれ、がっしりとした体格であるとされる。広東の美食は“食在广州”の影響であろう。

地域性についてはこの種の本に多く触れられている。

相原茂『笑う中国人』(文春新書、2008年)には次のような記述がある。

俗に「広東の人は売国、上海の人は出国、北京の人は愛国」などと言われる。さらに続けて「広東の人は何でも食べる、上海の人は何でも着る、北京の人は何でもしゃべる」などとも言われる。政治的なことに敏感で、大胆な発言をするのが北京の人……

宮崎政弘著『出身地でわかる中国人』(PHP新書、2006年)は次のように書いている。

愛国虚言を弄する北京人、海外思考の上海人、中国のユダヤ人と言われる温州人、狂暴なマフィアが多い福建人……

食と文化

味覚について、言葉と同様に北方人は塩辛いものを好み、南方人は甘いものを好むとされる。

「江西人不怕辣, 湖南人辣不怕, 四川人怕不辣」と言われる。この言葉の面白さは、“不”、“怕”、“辣”の3語の順序の変更のみで、3つの省の人の人たちの辛いもの好きを言い分けており、中でも四川人が一番辛いものを好むと言っていることである。なお、同じ辛さでも湖南人は“辣”を好むのに対して四川人は“麻辣(痺れるような辛さ)”を好むとされる。湖南省の女性は「辣妹子」と言われ、唐辛子を食べて成人したと言う。これは湖南の女性が唐辛子を好むというだけでなく、テキパキとした性格を言ったものである。このような言葉遊び的に地域性を言うことが非常によくある。[モクタリ明子]

中国語の音声

聴覚印象

中国語は声調言語である。声調は、たとえば「boボ」と「poポ」のペアを普通に発音すると、有声音（濁音）boは無声音（清音）poよりも低く発音される。前者boから有声性が何らかの理由で消え去ると、boとpoのペアは音の低い・高いで区別されることになる。その外にも、韻尾のつまる音などの脱落が音節の高低になった。つまり、声調は、本来前後に並んでいた音のまとまり（音節）の中のある性質が、音節全体にかぶさる音の高低変化になったと考えられる。

この声調が中国語を音楽的な言語にしている。しかし、一方中国語はきつい響きを持つと言われることがある。各方言で差はあるが、意味がわからずに側で聞いていると、喧嘩しているのか話しあっているのかわからないことさえある。その原因の1つは、一般的に中国人は声が大きいということがある。中国の街を歩いていて大声で携帯電話で話している中国人に驚いたという経験を持つ人も少なくないだろう。

実験音声学的にも中国人の声の大きさは、呼気圧の計測によって証明されている（朱春躍『中国語・日本語音声の実験的研究』くろしお出版、2010年）。日本語の達人でもある朱氏は、日本語を話すコツとして、小声で話すことだと指摘されたことがある。さらに、発声時に声帯を緊張させて発音する傾向があり、それが声を硬いものにしている。また、歌や京劇などでも、特に女性が高い声を発することが好まれていることは注意してよい。フランス語では低い声がセクシーに響くという（昇地崇明他「発話態度の文化的特性」と「偽の友達」、中川正之・定延利之編『音声文法の対照』くろしお出版、2007年）。

中国語の中でも特に広東語は強く響くと言われる。その原因の1つに入声の存在が考えられる。入声とは、音節が-p，-t，-kの閉鎖音で終わることを言う。日本語における漢字を音読みし「ーフ、ーク、ーツ、ー

毛沢東とオバマのハイブリッド。中国人は言葉遊びが好き。OBAMAとMAOを合成している。

キ、ーチ」で終わるものがおおむねそうである。

ピンインと反切（はんせつ）

中国語の音節は、〔頭子音＋介母音＋主母音＋韻尾〕という構造をしており、〔頭子音〕を声、〔介母音＋主母音＋韻尾〕を韻として二分するのが一般的である。漢字は表音文字ではないので、音を表すには不向きで、辞書などでは「反切」という音表記が用いられた。

東：徳紅切

「東dong」という音節は、頭子音dと韻ongからなっているが、それを「徳de」の頭子音dと「紅hong」のongを借りて表そうとしたものである。なお反切によれば、日本の漢字音でも朝鮮語の漢字音でも、そのまま使用できる。現在の音の表示法であるピンインは、正書法の一種であり、日本語のルビのように補助的なものとは考えられていない。

双声（そうせい）と畳韻（じょういん）

二字語で、「躊躇」のように声の部分を同じものでそろえた語を双声語、「散漫」のように韻の部分をそろえたものを畳韻語と言う。日本語のごろ合わせに似ているが、中国語の場合、これがかなり広範に用いられていることは注意されなければならない。

「髣髴、局促」など擬態語を起源とする語の多くは双声・畳韻であるが、一海知義は中国を代表する河川「黄河huanghe」は双声、「長江changjiang」は畳韻であるとする（「黄河と長江」『漢語の知識』岩波ジュニア新書、1981年）。「渭水weishui」もその可能性が高い。〔中川正之〕

中国語の特徴

「なる」言語と「する」言語

言語の類型論的分類として「なる」言語と「する」言語がある。「なる」言語とは、誰かがどうこうしたことであっても自然の成り行きのような表現を好む言語である。誰かがきれいにしたのに「きれいになりましたね」と表現する日本語は、その典型である。英語は「する」言語である。中国語は、日本語に近いが「する」言語的傾向も見られる。たとえば、「ハサミはどこへいったかな」と歩くはずのないハサミを捜すことがあるが、中国語でも“剪子跑到哪里去了？”と表現することがある。しかし「お腹がいっぱいになった」は“我吃饱了”のように「食べる」という「する」行為も表現される。

選択制限の言語

英語でput onで表される着脱行為を、日本語では「ズボンをはく・服をきる・帽子をかぶる」のように対象によって動詞が選択されることがある。これは文法の問題というより対象が適当な動詞を意味的に選択するものであり、選択制限と言われる。中国語も日本語と同様、選択制限の強い言語である。しかし、選択の仕方に日中両国語で出入りがあり、学習者を悩ませる。たとえば日本語では「乗る」で表される行為が中国語では“开车（車を運転して乗る）、坐车（バスなどに乗る）、骑车（自転車に乗る）”のように動詞が使い分けられる。「エレベーターに乗る」を中国語ではどう言うのか、日本人は迷う。逆に日本語の「ズボンをはく、上着を着る」は、中国語ではいずれも“穿”で表現される。

また、朱徳熙『文法のはなし』（中川正之・木村英樹編訳、光生館、1986年）が指摘するように、中国語は単語とフレーズと文が連続しており、単語の作り方も文の作り方も同じ原理がはたらく。“读书（読書／本を読む）”は単語かフレーズかあいまいである。これに主語をかぶせて“我读书”とすればそのままで文になる。日本語における漢語は単語なので、たとえば「罰金」

入口にめでたい対句を書いて貼る対聯。

の〔罰(罚)○〕の○の位置にくるものは「金」くらいに限られる。しかし中国語では“罚款(罰金)”のみならず“罚酒(ゲームで罰として酒を飲ます)・罚站(先生が罰として生徒を立たせる)・罚跪(罰として膝まづかせる)”のように差し替えが自由である。

単音節と複音節

“衣服・道路；広大・幸福；学习・生活・灭亡”など似たような言葉を並べる並列語が多数存在するが、これは世界の言語を見渡しても稀なことである。400余りの音節(それに声調がかぶさる)では当然同音衝突が起こる、その回避のための方策として似たような語を並列して複音節化してふることは間違いないだろう。しかし、複音節化するためなら接尾辞の添加という方策など別の手立てもあったはずであるが、それよりも並列を選んだということは、中国人の思考や言語の奥深いところにそれを支えるものがあったと考えるべきであろう。1つは、対句に見られる2つを並べる傾向である。それは言葉のみにとどまらず、対聯、花瓶などの置物も2個でセットが基本ということからもうかがわれる。

中国の言語学者沈家煊氏は様々な著書や論文の中で、中国語では語の品詞性よりも1音節か2音節かのほうが重要で優先されると述べている。これは、“学习”のような2音節の語が“我学习汉语(私は中国語を勉強する)”においては動詞として用いられているのに、“我爱学习(私は勉強が好きです)”では、なんら形を変えることなく名詞のように用いられることを意識しての指摘である。〔中川正之〕

挨拶語・応答語

いつ挨拶するか

米国の歌手が日本でのコンサートの最後に「こんばんはー！」と手を振りながら舞台のそでに消えていったという。おそらく、Good nightを日本語でどう言うのか、まわりの人にたずねたのであろう。日本語の「こんばんは」は、出来事の初めに使う言葉である。

日本では帰宅した時「ただいま」、食後に「ごちそうさま」と言い、人に物を手渡す時「はい」と言いながら渡す。これらを中国語でどう言うかと尋ねられれば“我回来了！　我吃饱了！　给你！”となるが、これについて相原茂氏は、“我回来了！　我吃饱了！”はホストに「帰ったの？　もっと召しあがれ？」と言われたような時に初めて応えるものだと指摘している（『中国語の学び方』東方書店、1999年）。帰宅時に“我回来了！”と言うし、“我吃好了！”なら食後に用いると言う中国語話者もいる。しかしそうであっても、言わなくてはならないということではない。物を取ってと頼んで、無言で渡されても、相手が怒っていると決めつけることはない。買い物をして、つい店員に「ありがとう」のつもりで“谢谢”と言って“不客气（遠慮しないで）”と応じられ、違和感を覚えることがある。これも同様で、店員に“谢谢”と言う必要がないのである。

しかし中国では別れは日本より丁寧である。マンションの階上であれば下まで行く、オフィスであればエレベーターまで行く姿勢が必要である。“别送，别送（ここで結構です）”のような応答があって“慢走（足もとに気をつけて）”となり、しばしたたずみ見送ることになる。

誰に挨拶するか

挨拶の常套語“你好！　您好！　你早！　您早！”は家族には用いない。日本語の「こんにちは、こんばんは」が家族に用いないのと同様である。“再见”は家族でも国際電話なら用いることがあるかな、という感じである。“谢谢”も家族には他人行儀にすぎる。

日本で店員が客に頭を下げる姿。中国人には珍しく見える。

目上の人に挨拶をする時は、“老师，您早！（先生、おはようございます）”のように相手の名前や呼称を添えるほうが自然で丁寧である。むしろ名前や呼称を言うことに心がこもると考えるべきである。さらに、中国語では親しさの表明が敬意につながるという側面がある。名前や呼称を口に出すことが親しさの表明になるのである。

自分の子供に「早くお兄さんに挨拶しなさい」と促す時“快叫叔叔！”と言う。「お兄さん」は1つ世代を上げて「おじさん」と言うのが丁寧であるとされるが、近年、特に女性は、若く見られたいという風潮が強くなり、若い女性にかなり年下の者が“阿姨（おばさん）”と呼ぶのがいいのかどうか難しい。

応答語

日本語では「はい、はい」と「はい」を2度繰り返すとぞんざいな感じがするが、中国語では“是，是”や“对，对”は丁寧さが増すことが多い。次のような応答も日本語とは異なる。

（飲み会に来ないかと電話で誘われる）你来不来？——来！

（店で店員に「何名様？」と聞かれ）　几位？——三位。

つまり応答は、相手の提示した言葉を用いることができる場合が多いということである。

日本人は「すみません」と言い過ぎると言われる。確かに“对不起”は重いが、“不好意思”は店で店員を呼ぶ時にも用いられている。［中川正之］

若者言葉

新語

漢字は造語能力が高いため、新しい事態に対しても漢字を組み合わせることにより意訳で対応することが可能である。コンピュータを“电脑”、アラフォーを“四十前后的女人”とするようなことである。インテリゲンチャというロシア語の音訳語“印贴利根追亚”は中国語に定着せず“知识分子”という意訳に取って代わられた。個々の漢字の持つ意味と元の語の意味とが無関係でいかなる連想も働かないからだ。

そこで香港や台湾を中心にして“俱乐部”のように意味的にもそれにふさわしく音も似ているものが作り出され、“黑客（ハッカー）”のような新語、“可口可乐（コカコーラ）”のような商品名や企業名に用いられるようになった。それが中国の「改革開放」とあいまって意訳から音訳への流れを加速した。ドラえもんが“机器猫”、“小叮当”から“哆啦A梦”になったのがその好例である。しかしなお、インターネットが“因特网”のように前半は音訳、後半は意訳のような混合型も少なくない。

新語の大きな傾向として、マスメディアで話題になったドラマなどの変形バージョン、たとえば“裸婚（手鍋さげての結婚）”をもじって“裸捐（全財産を寄付する）”のようなものの他、外来語、特に日本語、それにネット言葉を由来とするものが眼につく。なお、新語については雑誌『中国語ジャーナル』が毎年特集をしていたが、同誌は2013年に休刊した。中国では『中国流行語○○年发布榜』（文汇出版社）がある。

厳密には新語とは言えないが、たとえば“同志”が同性愛のパートナーの意味で用いられたり、所属先を聞く“你是哪个单位的？”が上から目線の表現として冗談で用いられる。社会主義特有の表現がおもしろおかしく用いられている。さらに、“空巢老人（独居老人）”や“留守儿童（両親が出稼ぎで、家に残された子供）”のように社会現象と関わって話題になっている語もある。

ナンバープレート。不如意の受動を表す「被」構文の破格用法が流行し、土産物になっている。（マウスパッドは「平社員は使用禁止」という意味。）

廃刊になったものもあるが、日本の書店でもこの種の若者用中国語雑誌が入手可能。

また、本来は不如意なことを表すとされる“被”を用いた受動文を“我被明星了（スターにされちゃった）”のように望ましいことに用いるという破格の表現も1つの新しい風潮である。写真は、それをおもちゃのナンバープレートにしたお土産用グッズである。

メール言葉

入力のしやすさや隠語めかすため数字やアルファベットや似たような音の字を用いたものが目立つ。“气死我了（ムチャむかつく）”を発音の似た数字“7456”で、“汉奸（売国奴）”の2つの字の頭子音“HJ”で、thank youを“3Q”と書き、“很”を“粉”で表すといったものである。

数字を用いて暗号めかすことは古くからあり、“23456789”という数字列は“1＝衣”と“10＝食”がないということから着るものも食べるものもないという政府批判であるといった事例は少なくない。文字遊びと言論統制に対する庶民の智恵の伝統が感じられる。

外来語

日本語からのものが眼に着く。若者言葉は一時的な流行で、すぐ消えさるものも少なくないが、日本語から入って中国語の中で定着すれば、日本語由来ということも忘れ去られるであろう。ゲームメーカーの任天堂は中国の企業であると思っている若者も少なくないという。日本語から入ったものとしては“熟女・腐女・人気・宅男・宅女（おたく）・前男友（元彼）・残念・萌（可愛い）”などがある。［モクタリ明子］

日中同形語

意味的ずれ

日本語で用いられている漢語で、現代中国語でもほぼ同じ意味で用いられている語を日中同形語という。“手纸”がトイレットペーパーというように大きく意味のずれるものは問題にならないが、微妙な意味の違いは気づきにくく、思わぬ誤解のもとになる。たとえば日本語の「生涯」は、生まれてから死ぬまでの期間を言うが、中国語では人生の一時期のことである。一般的に言えば、日本語の漢語は中国語よりも意味範囲が狭い。「造成する」と言えば「土地・宅地」の類に限られるが、中国語にはそのような制限はない。日本語で常用され、意味範囲が広い語は「綺麗」くらいであろう。

基本的には同形語であっても完全に同じではないと考えるべきであるが、とりわけ日本語で訓読みするものには注意が必要である。「若者言葉」の項で取り上げられている“空巢老人”の“空巢”は「空き巣」ではなく、子供が巣立った老人のみの家のことである。

文法的ずれ

「緊張・興奮・憔悴・湾曲」などは、日本語で「する」をつけてサ変動詞として用いるのが普通であるが、中国語では“健康·温暖”のような形容詞と同じグループに属する。そのため、中国人の日本語には「緊張な顔」のような間違いが見られる。「健康な顔」からの類推と思われる。なぜこの現象が起こるのか？ 日本語の他の現象をも視野に入れて結論を述べると、日本語話者は「緊張」などの状態は、正常な状態からの変化つまり動きと捉えている。初めも終わりもない時間とは無関係な状態の「健康」などとは捉え方が違うのである。

さらに中国語と文法的に大きくずれる例として「参考・根拠・報酬・給与・打撃」のように日本語では名詞でしかないのに、中国語では“参考这本书(この本を参考にする)”のように動詞用法を持つ一群の語がある。そ

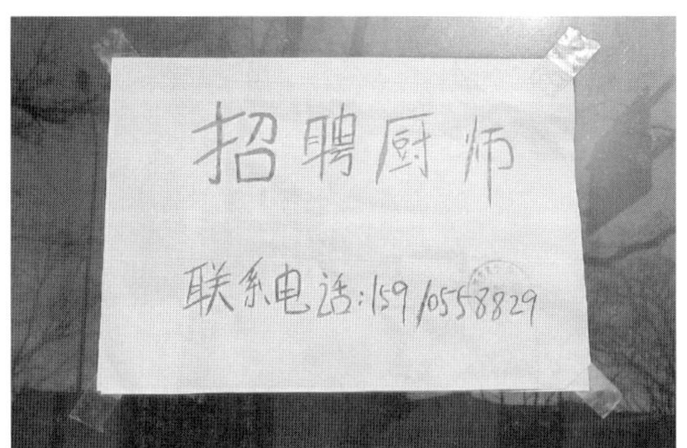

コック募集の貼り紙。日本語の「招聘」は重々しい感じの語であるが、中国語では写真のように用いられる。

の結果、中国人日本語学習者は「この本を参考する」と誤ることが多い。

「発展する・孤立する・充実する・麻痺する」は日本語では自動詞で目的語をとるためには「発展させる」のように使役形にしなければならない。中国語ではこれらの語は自他両用であるので“我们要发展祖国的经济”を「我々は祖国の経済を発展しなければならない」と誤ることが多い。これは「中国語の特徴」の項で述べた「なる」言語と「する」言語との違いに由来する。「なる」言語は「経済」をはじめ多くのものを意志を持つものとして捉え、「看板をたてる」と「彼をたたせる」と同様、対象の意志がなければ事態が成立しないと考えているからである。

文体的ずれ

文体的なずれについては、意味的なずれと連動して様々な側面があるが、ここでは文体的ずれという従来の表現では捉えきれない日中差について述べる。

日本語の「将来」と「未来」の違いは、同じ先のことであっても「将来」は個人のことを、「未来」は個人を超えて大きなことについて言う。同様に「習慣」は個人的なことを、「慣習」は集団のことを言う。「先祖」と「祖先」、「誕生」と「生誕」も同様である。このように日本語では個人的なことと集団のこととは別な語で表現しようとするが、中国語では日本語ほど明確にこの二者を言い分けない。［中川正之］

漢字

漢字の構造

世界に類を見ない表記法である漢字の最大の特徴は、新しい事態を表す文字の創出システムをそれ自体が持つ点である。漢字の構成に関する6つの原則のうち形声・会意が主にその役割を担う。英語はギリシャ・ラテン語を借用し、ドイツ語は日常語を複合させて新語を作ることが多くある（例：「水素」の中国語“氢”と英語のhydrogen)、しかし語として長くなりすぎるきらいがある。それを漢字は一字に圧縮し、さらに大きな単位の材料にする。「胴、洞、桐」は意味を表す意符と音を表す音符とを組み合わせたものであるが、音符“同”にも、『中が空どうである』という意味が読み取れる。そこで内部に空洞を持つ魚に〔魚＋同〕という漢字を充てることも想定しうる。「峠」などの国字の多くは、そのような漢字の原理に従って日本で作られたものである。中国語においても、漢字の数が膨大なものになった一因である。この造字のシステムは、語構成や文の構成（シンタクス）にも連続しており、中国語の大きな特徴になっている。

表語文字

アルファベットのような音標文字（あるいは表音文字）に対して漢字は「表意文字」と呼ばれる。高島俊男氏の『漢字と日本人』（文芸春秋、2001年）の一節を要約しておこう。――漢字は、一字一字が一つ一つのことば（単語）をあらわしている。これを「表語文字」とよぶ。「猫」という字は猫と言うことばをあらわす。漢字を「表意文字」と言う人があるがそれは不適当である。漢字は「意」のみをあらわしているのではなく、「語」をあらわしている。典型的な表意文字は算用数字で、「1」を日本人はイチと言い英米人はoneと言いドイツ人はeinsと言い、その他各言語によってみなちがう。

漢字のリンク作用

ベトナムの首都ハノイの漢字表記は“河内”であり、トンキン湾は“东

漢字の起源甲骨文字出土の殷墟にある漢字の新旧対照表。甲骨文字の下に小さく現代字が記されている。

同じく殷墟で「網」の字の起源を示したもの。この起源は「網」より現代中国の簡体字「网」に近いのがわかる。

京湾”であった。ベトナム語が漢字使用をしていれば、大阪の「河内」とハノイが姉妹都市になっていたかもしれない。漢字が2つの都市をリンクするのである。

中国の一体感に漢字が果たした役割は大きい。これは漢字が表音文字でないことと無関係ではない。文法、語彙と比べて発音の変化は急激で体系的に起こる。ある地域の言語音の変化が文字に反映するなら、音の変化は言語の変化にそのままつながることになる。使用言語の違いは、それぞれの言語の話し手のアイデンティティーに影響する。そういう意味で、表語文字である漢字がその使用者たちのアイデンティティー保持に与ったことは否定できない。

日本語では、音読みに加えて、伝統的な和語も漢字の読み（訓）として漢字に結びつけた。その結果、“水”という漢字は「スイ」という音と「みず」という訓が表裏一体のものとして意識され、「水素」という日本製漢語は「スイソ」という音とともに『水の素』という意味を連想させることになった。英語のhydrogenも語源的には『水』と『素』からなるが、鈴木孝夫氏によれば（「日本漢字の特性について」『日本語は国際語になりうるか』講談社学術文庫、1995）、古典ギリシャ語やラテン語の知識を有する者にしかその来歴はわからないらしい。そのような例は枚挙にいとまがないという。

［中川正之］

コラム
AI研究で突出する中国

中国が先端技術開発で激しく米国と争っていることは本書「米中貿易紛争から政治対立へ」の項でも述べたが、それを反映して特許の取得数も中国が2019年以来世界のトップに躍り出ている。2021年には世界3位の日本が50260件、2位の米国が59570件に対し、1位の中国は69540件となっている。この結果、中国は特許集約型企業世界トップ500社のうちの84社を占め、また深圳・香港地区と北京は世界トップ5科学技術クラスターにランクされるに至っている（後者はGlobal Innovation Index 2022の調査による）。

なお、これら最先端技術の中でもAI（人工知能）技術における中国の研究開発力は特記される。過去10年におけるこの分野の論文はその量のみならず、質の点でも中国が2019年にアメリカを引き離し、現在は突出したものとなっている。この様子はグラフにて確認されたい。これら論文を発表している上位企業10社のうちの4社までも中国が占めている。後発国が先発諸国の技術に追いつき、凌駕する方法には徹底して新分野の技術開発に集中するというものがあるが、その典型と言える。量子計算機や顔認証、無人運転、5Gなども同じである。［大西広］

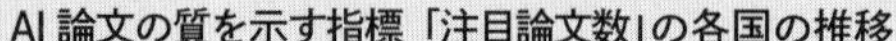
AI論文の質を示す指標「注目論文数」の各国の推移

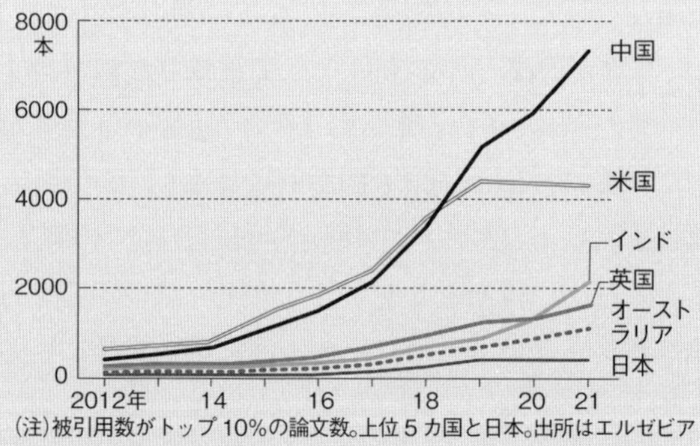

（注）被引用数がトップ10%の論文数。上位5カ国と日本。出所はエルゼビア

10
文学

清代の絵「太白酔酒図」。酩酊して介抱される李白。

執筆
加藤三由紀／宇野木洋／渡邊晴夫
瀬戸宏／上野隆三／平塚順良／石子順

現代中国の作家たち

20世紀前半：革命と戦争の時代

魯迅（1881～1936年）は、浙江省の古都、紹興の官僚の家に生まれた。少年期に生家は没落し、給費制の学校を経て日本へ留学した。はじめは医学を志したが、中国民衆の覚醒への道を求めて文学に転じた。1918年、口語体で書かれた中国初の短編小説『狂人日記』は、「人が人を食う」儒教イデオロギーに絡めとられた人間の、「子どもを救って…」という祈りで終わる。『阿Q正伝』では、日雇い農民の阿Qが精神勝利法（現実生活での敗北を心の中で理屈をつけ勝ったことにする思考法）を重ねるうちに、処刑されてしまう。また、数多くの雑文・雑感を発表し、ときの権力と闘った。紹興の文化に根ざした散文『朝花夕拾』や『野草』も奥深い魅力がある。

四川省出身の巴金（1904～2005年）は五四運動の影響を受け、大地主の生家を離れた。その体験から、旧家の大家族制の下で苦悩する三兄弟を長編小説『家』に描いた。『寒夜』では、抗日戦期の重慶に生きる弱者の哀しみが胸に迫る。文革で他の作家と同じく迫害されたが、文革後、自らを単なる被害者ではなく加害者だとして、深い内省と批判を『随想録』に綴り、文革博物館の建造もよびかけた。

満州旗人（清代の軍事社会組織、旗に属する満州人）の父が戦死し貧しい家庭に育った老舎（1899～1966年）には、北京の人々を哀感漂う筆致で活写した『駱駝祥子』、『四世同堂』がある。中華人民共和国で人民芸術家と称されたが、文革で紅衛兵の暴行を受けた後、亡くなった。

『莎菲女士の日記』で愛と性、自我に切りこんだ丁玲（1904～86年）は、国民党に夫を処刑され自身も幽閉を受け、のち解放区へ脱出した。短編小説『霞村にいた時』は、慰安婦にされながらも中国のために密偵を果たした女性の、明日への一歩を見つめた作である。

苗族など水辺の民を描いた沈従文『辺城』、日本軍の中国東北地区侵略で故郷を追われた蕭紅の『呼蘭河の物語』、茅盾の壮大なリアリズムの

日中双子の本『魯迅の言葉』、「世界で最も美しい本」銀賞。

莫言と『しろばんば』少年像（1999年来日、釜屋修氏撮影）

長編『子夜（しや）』、上海を描いた張愛玲『傾城（けいせい）の恋』、そして聞一多や朱自清の詩作も、民国期の秀作として見逃せない。解放区では趙樹理『小二黒の結婚』が歓迎され、のちに人民文学のシンボルとなった。

20世紀後半の改革開放から21世紀へ

文学に強い抑圧がかかった50年代から70年代を経て、80年代には多様な作家の才能が花開いた。右派のレッテルを貼られて約20年間執筆の機会を奪われた王蒙は、人物の意識の流れに沿って時空を移動する手法で『胡蝶』に自己の政治的運命への内省を反映した。両親が政治に翻弄され幼少期から孤独だった残雪は、『黄泥街』などグロテスクで不条理な世界に読者を誘う。文革中に知識青年として農村で生活した韓少功の『爸爸爸（パーパーパー）』、文革期社会への省察に満ちた王小波『黄金時代』、上海を活写する王安憶『富萍（フーピン）』、エイズ問題を描いた閻連科『丁庄の夢』や余華『活きる』も読者を魅了する。また、劉賓雁『人妖の間』、陳桂棣（ちんけいてい）・春桃『中国農民調査』など、ルポルタージュの成果も大きい。

賈平凹（かへいわ）など、農民出身の作家も活躍がめざましい。2012年ノーベル文学賞に輝いた莫言は、1955年に山東省高密の村に生まれた。飢餓と抑圧にさらされている農村から脱出するため解放軍に入隊し、創作を始めた。『透明な赤いカブ』、『赤い高粱（こうりゃん）』（後に映画化）、『蛙鳴（あめい）』など、「幻想的なリアリズムで民話と歴史、現代を紡ぐ」小説が評価されている。

21世紀の若手作家では、ブロガーの韓寒や、ライトノベル作家の郭敬明、古典の素養も豊かな笛安などが活躍している。［加藤三由紀］

国家の枠を超える文学

世界で読まれる中国発のSF：劉慈欣（リウ・ツーシン）、ケン・リュウ

文革後、成都でSFマガジン『科幻世界』が発行され、1985年に中国国内のSF大賞の銀河賞、2010年に世界の華語文学を対象に全球華語科幻星雲賞が創設された。両賞に輝く劉慈欣（1963年〜）は小松左京『日本沈没』（1973年）の影響を受けSFを執筆した。彼の世界的ベストセラー『三体』（原書2007年）は文化大革命で人類に絶望した人間が三体星人と接触する壮大な宇宙の物語で、オバマ元大統領も愛読したという。

中国生まれのアメリカ作家ケン・リュウ（劉宇昆（リウ・ユークン）、1976年〜）は、短編『紙の動物園』（2011年、英文）でヒューゴー賞を受賞した。中国SFを世界に紹介する編集者、翻訳者としても活躍し、『三体』もケン・リュウによる英訳版によって長篇部門でアジア人初のヒューゴー賞を受賞した。ケン・リュウが編んだ中国SF英訳アンソロジー『折りたたみ北京』（2016年）に、陳楸帆（チェン・チウファン）（スタンリー・チェン、1981年〜）、郝景芳（ハオ・チンファン）（1984年〜）等、現代中国SFを代表する作家の短篇が収録された。作品には貧富の差の拡大、環境汚染、監視社会など現代社会の問題が透けて見え、そこから地球人としての視野が開かれる。

多様な言語が織りなす台湾の文学：甘耀明（カン・ヤオミン）、呉明益（ウー・ミンイー）

台湾には様々な言語が響き合う文学がある。書き言葉は北京官話（マンダリン）系の「國語（クオユー）」（台湾華語）が中心だが、作中に閩南語（びんなんご）、先住民のオーストロネシア語族の台湾諸語、客家語、日本語も登場する。言語の多様性は、台湾の人々の多様な生き方の表れだ。1990年代から香港や台湾ではLGBTQのテーマを読者が感じとる作品を「同志文学」と呼ぶ。2019年にはアジアで初めて同性婚が合法化された。また、東南アジア出身の外国人労働者もそれぞれの母語で文学を創作している。そんな多彩な文化、言語が共存する台湾に世界が注目している。

甘耀明（1972年〜）は、台湾の歴史を背景にした客家語や閩南語、多民

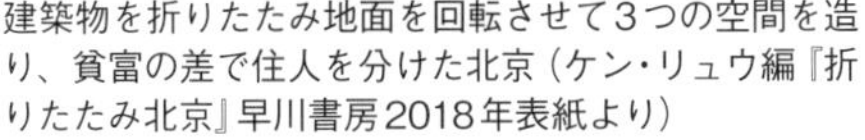
建築物を折りたたみ地面を回転させて3つの空間を造り、貧富の差で住人を分けた北京（ケン・リュウ編『折りたたみ北京』早川書房2018年表紙より）

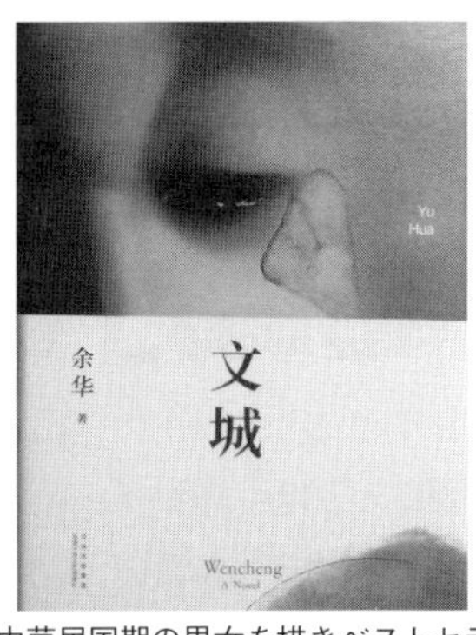

清末から中華民国期の男女を描きベストセラーになった余華『文城』（2021年北京十月文芸出版社）

族言語を織りこみ重層的な時空を表わす。日本の高齢者社会を台湾の未来に見据えた『冬将軍が来た夏』（2017年）で性暴力や高齢者の貧困を、『鬼殺し』（2009年）では皇民化運動から二二八事件までを描いた。呉明益（1971年～）は、『歩道橋の魔術師』（2012年）で1980年前後の台北「中華商場」を幻想的に描いた。『自転車泥棒』（2015年）ではヴィンテージ自転車の来歴から日本軍銀輪部隊がマレー半島で仕掛けた電撃戦へと時空が掘り下げられていく。

金庸（チンヨン）、劉暁波（リウ・シアオボー）、余華（ユーホワ）、閻連科（イエン・リエンクー）／日本語作家たち／サイノフォン

香港で「武侠（ぶきょう）小説」を書き綴った金庸（1924～2018年）は中国語圏を超えて熱烈なファンをもつ。ノーベル平和賞を受賞した劉暁波（1955～2017年）の詩文、余華（1960年～）の海外向けエッセイ集『中国では書けない中国の話』（2017年）も日本で出版された。『愉楽（ゆらく）』（2004年）など話題作が各国で翻訳される閻連科（1958年～）は、香港や海外に時評を届けている。日本語文学では、2015年に『流』で直木賞を受賞した東山彰良や、『台湾生まれ日本語育ち』の温又柔（おんゆうじゅう）らが新境地を開き、台湾生まれの日中二言語作家李琴峰（りことみ）が『彼岸花が咲く島』で2021年に芥川賞を受賞した。また、既存の国民国家の枠に囚われず世界各地で創作される中国語文学が「サイノフォン」（中国語では華語語系文学）と名付けられ脚光を浴びている。［加藤三由紀］

10 文学

現代文学をめぐる「運動」と「制度」

中国現代文学は、激動する各時代において中国社会が直面した課題との格闘によって成立した。その意味で、その時代の文学の「対抗軸」を考えることで「文学運動」と「文学制度」も浮かび上がってくる。

伝統文化・古典文学からの脱却を目指して

辛亥革命（1911年）により中華民国が誕生したが、強固な封建的風土が残存していたため、1910年代後半には「五四新文化運動」が巻き起こり、「科学」と「民主」の普及が叫ばれた。文学領域では、胡適「文学改良芻議」・陳独秀「文学革命論」（ともに1917年）が、文語定型体により高踏的世界を描く古典文学からの脱却を主張した。これに呼応して、魯迅は口語体小説『狂人日記』（1918年）を書き、封建的イデオロギーを批判した。その後、1920年代に入ると、「文学研究会」や「創造社」をはじめとする文学団体も結成されて、「新文学」は定着していく。都市部を中心に、「革命文学」や「モダニズム文学」の運動も隆盛を迎える。

欧米列強そして日本の侵略に抗して

1920～30年代にかけて欧米列強そして日本の中国侵略がエスカレートしていくと、これに対する抵抗が文学的課題になっていく。1930年には魯迅も指導的役割を発揮した「左翼作家連盟」が結成され、国民党系文学者への批判や、文字が読めないような人々をも視野に入れた「文芸大衆化」運動を展開した。満州事変（1931年）以降、日本の中国侵略が本格化すると「抗戦文学」がスローガンとなり、前線や農村に赴いて宣伝活動に従事する作家たちも多かった。共産党根拠地・延安では、1942年、文芸座談会（シンポジウム）が開催され、毛沢東が「現在必要な文学とは何か」をめぐって講演を行なう。後に整理されて「文芸講話」（1943年公表）と呼ばれる。抗戦下の農村という特殊な環境に基づく文芸政策だったため、「文学は工農兵（労働者・農民・兵士）に服務する」という教育・宣伝作用を極度に重視し、文学を政治的基準から評価する傾向が強かった。

1942年延安文芸講話会場。

ライトノベル作家でタレント、多様なメディアで文学をプロデュースする郭敬明（2010年来日、『THE NEXT／KANAGAWA』より）。

対抗軸としての「政治」から「創作自由」へ

中華人民共和国が成立すると、毛沢東「文芸講話」の内容こそが目指すべき新しい中国文学（「人民文学」）の指針とされる。特殊な環境下での文芸政策が全国的に普遍化されたのだ。また、作家は中国作家協会に所属しなければならないという作家の組織化も進められた。こうした「文学制度」は、作家の生活保障という側面も存在したが、文芸思想を統制していく役割も担った。こうした状況に最初に異議申し立てをしたのが詩人・文学理論家の胡風「三十万言意見書」で、「完璧な共産主義世界観がなければ創作してはならない」ことを求めていると批判した。だが、胡風は1955年、「反革命罪」で投獄されてしまう。その後、文革までの期間は、この「文学制度」は基本的に機能し、作家は抑圧状況に置かれた。

文革後、建国以来の「文学制度」に対する見直しの動向も進み、1985年、「創作自由」が提唱される。作家・知識人たちは創作や社会的発言を通じて、中国社会における民主主義を拡張していったと言えるだろう。

商業主義との拮抗――中国文学の行方？

1990年代から21世紀に至ると、中国社会は市場経済の全面展開に基づく高度経済成長を遂げ、市場原理がすべてを貫く市場社会を出現させていく。高度情報化社会の登場とも相まって文学領域にも商業主義が蔓延し、「純文学の危機」が叫ばれたりもする。作家・知識人たちは「人文精神論争」「『新左派対新自由主義』論争」と称される言説を積み重ねながら、商業主義と拮抗する中国文学の未来を切り開こうと試みている。［宇野木洋］

世界に広がる華語文学

中国本土以外の文学の総称として「台港澳暨海外華文文学」(台湾、香港、澳門および海外の華語文学)という語が使われていたが、今は「海外」ではなく「世界華文文学」という名称が用いられている。世界の各地の華人は自分たちの華語による文学を持ち、居住地の生活と文化を反映した作品を発表している。中でも400万の華人人口を持つシンガポール(新加坡)と700万の華人人口を持つマレーシア(馬来西亜)の文学活動は盛んで、五四文学を源流とする「馬華文学」の伝統の上に1965年シンガポールがマレーシアから独立して以後は、「新華文学」と「馬華文学」として発展し、それぞれ有力な作家群を擁している。東南アジアにはそのほかにタイ、フィリピン、インドネシア、ブルネイなどにも華文で創作する作家たちが華文作家協会を結成し、作品を載せる華語の新聞、雑誌も発行されている。オーストラリア、ニュージーランドにも華人作家はいる。欧米には長年その土地に住む華人による華文文学の他に、新たに中国を出、エミグラント(移住者)として在住している高行健や北島のような作家、詩人がいる。

シンガポール・マレーシア——黄孟文、朶拉

シンガポールを代表する作家黄孟文は、シンガポールに住む華人の生活、誇りと哀感を多面的に描き出している。華語文学の盛衰は華語人口と密接な関わりを持つが、小学校では第1言語として、中学以後は英語につぐ第2言語として華語を学べるシンガポールでは、華語を使用する読者層が維持されていると言える。マレーシアの公用語はマレー語で、華語教育の減少に危機感を持つ華人は私立の「独立中学」を設立し、華語による教育を実施しているが、華語人口の維持はシンガポールより困難である。マレーシア華文作家協会を代表する作家朶拉は、女性の生き方、感性を細やかに描く優れた作品を発表している。シンガポールの黄孟文、タイの司馬攻とともに朶拉の作品は中国でも刊行されている。

タイ、フィリピン、インドネシア、ブルネイの華人は総人口の数%で、

ノーベル文学賞を受賞した高行健。

高行健の著作『靈山』の原作(左)と日本語訳。

華文文学の規模は大きくない。

■欧米・台湾――劉賓雁、北島、高行健、李昂(りこう)、白先勇

欧米の華文文学は新しく移住した、既に一定の実績を持つ作家が中心で、東南アジアの華文文学とは性格を異にする。1960年代から90年代にかけてアメリカのアイオワ州立大学の創作センターを台湾の白先勇、瘂弦(あげん)、中国大陸からは王蒙、劉賓雁などが訪れ、滞在した。このうち劉賓雁はアメリカで生涯を終えた。文革後の作家劉索拉、阿城はアメリカに在住、台湾からアメリカに移住した聶華苓(じょうかれい)、於梨華(おりか)の2人の女性作家はそれぞれ代表作をアメリカで書いている。『今天(TODAY)』(1978～80年刊行の地下文学雑誌)の創始者北島はイギリスに渡って『今天』を再刊し、同誌に発表した作品を詩集『天涯にて』にまとめて出版した。海外でもっとも成果を上げた華文作家は出国後に発表した『ある男の聖書』と『霊山』でノーベル文学賞を受賞した高行健である。『ある男の聖書』は、今は外国で暮らす劇作家の中国にいた頃のさまざまな体験と現在のエミグラントとしての生活が章ごとに入れ替って書かれる構成をとり、中国にいた頃を描く時は主人公に「彼」という3人称を用い、現在を描く時は「おまえ」という2人称を使うという方法上の工夫の見られる作品である。

台湾文学は通常華文文学に含めないことが多いが、五四以来多くの優れた作家、作品を生みだした。フェミニズム文学の代表で、虐げられた女性が暴力をふるう夫を殺害する『夫殺し』を書いた李昂と、男性の同性愛者を描いた『罪の子』を発表した白先勇に注目したい。[渡邊晴夫]

文学上の日中交流

文学における日中の交流は近代以前と以後で大きく性格を異にする。明治以前は、交流は基本的に中国の文学を日本が摂取する形でなされた。明治以後は、先に近代化に成功した日本に赴任、あるいは亡命してきた文人や留学してきた青年たちが日本文学および当時の日本が受け入れていた海外の文学、思想を学んで、中国で新しい文学を生みだすことが、交流の基本となった。しかし、その様相は日本の文学から中国の文学者が一方的に学ぶだけではなく、中国の現代文学が日本語に翻訳され、それから日本が学ぶという交流も生まれた。

中国古典と日本文学

日本最古の歌集『万葉集』の歌には中国の古典詩の影響を少なからず見出すことができる。たとえば山上憶良の「貧窮問答歌」には陶淵明の「詠貧士」などの詩句を踏まえた表現がある。人麿や大伴旅人、家持父子の歌にも六朝の詩人の影響が指摘されている。平安朝の歌人、詩人にとって白楽天の『白氏文集』は最高の愛読書であった。漢詩人菅原道真だけでなく、紫式部、清少納言の作品にも白楽天の詩が反映している。

松尾芭蕉の『奥の細道』の書き出しは李白の「春夜桃李園宴序」を踏まえたものであり、芭蕉は杜甫や蘇東坡の詩句も紀行文に取り込んでいる。江戸時代には菅茶山、頼山陽、齋藤拙堂など多くの優れた漢詩文の書き手が輩出し、日本における中国古典文学受容のピークを形成した。明治の森鷗外、夏目漱石、幸田露伴、樋口一葉、永井荷風、石川啄木、芥川龍之介、佐藤春夫なども中国の古典から学んだものが少なくない。

近現代文学における日中交流

1877年、明治の日本に最初にやってきた中国の文学者は黄遵憲で、彼は日本の漢学者との筆談を通じて日本の近代化と日本が摂取した中国文化を理解し、帰国後それを紹介する『日本雑事詩』を表した。この著作は日本の1つ1つの事象を200首の七言絶句で表現した興味深いものであ

漱石(左)の作品を翻訳し、学んだ魯迅(右)。

る。1898年戊戌(ぼじゅつ)の政変で日本に亡命した梁啓超は少し前日本で流行していた政治小説を中国語に訳すとともに、それに倣って自分でも『新中国未来記』という政治小説を書いて、あとに続く青年に大きな影響を与えた。日清戦争後には、中国から日本へ留学する者が次第に増えた。魯迅、周作人、郭沫若、郁達夫(いくたっぷ)、田漢をはじめとする多くの中国人学生が日本に来て、当初は医学や経済学などの実学を学んだが、いずれも文学に進路を変えた。こうして「中国文壇の大半は日本留学生によって占められる」(郭沫若)という状況が出現した。

近現代の日中の文学の交流でもっとも大きな役割を果たしたのは、魯迅である。彼は弟の周作人とともに多くの日本人作家、森鷗外、夏目漱石、武者小路実篤、有島武郎、芥川龍之介、菊池寛などの作品を翻訳している。また彼は漱石の随筆「クレイグ先生」を翻訳しただけでなく、それに触発されて回想記『藤野先生』を書いた。また1921年芥川龍之介の中国訪問に合わせて『羅生門』等を翻訳して紹介し、芥川は北京訪問時に自作の魯迅訳を読んでいる。魯迅の『ある小さな出来事』は芥川の『蜜柑』に触発されて書かれた作品と考えられている。郁達夫、田漢は留学中佐藤春夫と交流を持ち、郁は特にその影響を受けたが、日中戦争が始まって以後、佐藤が中国侵略に傾斜したため、決別した。

魯迅の作品は日本に少なからぬ読者を持った。中でも『故郷』と『藤野先生』は第2次世界大戦後日本の国語教科書に採用され、日中の交流と民族の問題を考える好個の教材となっている。[渡邊晴夫]

中国現代演劇

中国現代演劇は、話劇とも呼ばれる。会話と自然な身体動作を基礎とする演劇である。日本の新劇に相当する。

話劇の成立と発展

中国話劇は、在日中国人留学生団体の春柳社が、日本の新派などの影響で1907年に上演した『黒奴籲天録』(「アンクルトムの小屋」脚色)が起点とされる。この反響により、過渡的な演劇である文明戯(早期話劇)が成立し、1914年頃全盛期を迎えたが、まもなく衰退していった。文明戯の堕落に反発する演劇人と『新青年』の新文化運動が結びつき、五四運動以後話劇が確立していく。1924年の戯劇協社『若奥様の扇』(ワイルド『ウィンダミア卿夫人の扇』翻案、洪深演出)が、話劇成立の指標である。

これ以後話劇は、知識人の演劇として成長していく。田漢、郭沫若などの劇作家が登場した。20年代末から30年代にかけて、プロレタリア演劇運動が勃興し、夏衍らが活躍した。一方では国民党政権による相対的安定の中で、中国旅行劇団のような職業話劇団も成立する。曹禺などの劇作家も現れ、彼の『雷雨』(1934年)『日の出』(1936年)などは多くの劇団で上演され、話劇の発展に貢献した。1935年には国立演劇学校である国立劇専も創立された(創立時は国立戯劇学校)。

1937年に抗日戦争が勃発すると、初期には演劇人は演劇隊を作り、中国各地で短い街頭劇などを巡演した。1938年以降抗戦長期化が明らかになると、演劇人の視点は戦争下の現実に向かい、中国社会の問題点を掘り下げた多幕物の名作が多数現れた。

戦争の影響で映画製作・輸入が弱まったこともあり、演劇は重慶や上海を中心に大いに栄え、郭沫若『屈原』(1942年)などが登場する。30年代のさまざまな演劇潮流は、戦争という空前の民族的危機の前に衰え、リアリズムが演劇の主流となった。

中国共産党の根拠地延安では、抗日戦争勃発後に都市部から大量の青

春柳社『黒奴籲天録』(アンクルトムの小屋)

北京人民芸術劇院『雷雨』(1989)

年が入り、彼らの求めで1940年から曹禺など大型名作劇を盛んに上演したが、農民には受け入れがたかった。この傾向などを是正するため、1942年開催の文芸座談会で毛沢東が講話を行ない、文芸の労農兵への奉仕、知識人の思想改造と政治基準の優先が強調された。座談会以後、当地の民謡を基にした秧歌劇や新歌劇『白毛女』(1945年)などが生まれた。

中華人民共和国建国(1949年)**後の状況**

各省に話劇団が作られ、中央、上海戯劇学院も創立され、話劇は著しく普及した。しかしその内容は延安など解放区の経験が正統とされ、共産党の政治宣伝の道具傾向が強まった。この傾向は1966年からの文化大革命で頂点に達した。老舎『茶館』(1958年)などごく一部を除き、文革終結までの話劇は今日上演されない。ただし、文革期の『紅灯記』など革命現代京劇、バレエは、今も上演される。

文革終結後、政治宣伝の道具傾向を脱しきれなかった話劇は観客離れが進んだ。その克服のため西洋前衛演劇に学んだ小劇場運動や曹禺など現実直視の作風を今日に復活させようとする新しい動きが起こった。高行健『絶対信号』(1982)、劉錦雲『犬だんなの涅槃』(1986)などで、演出でも、林兆華、王暁鷹、孟京輝などが現れた。

21世紀の今日、北京人民芸術劇院、中国国家話劇院、上海話劇芸術センターなど国立劇団が健在ぶりを発揮すると同時に、北京、上海では商業、実験双方の民間演劇も現れ、かなりの活況を呈している。しかし、それ以外の都市では衰弱が著しい。[瀬戸宏]

漢詩の起こりと進化

儒教の最初の経典、つまり孔子やその弟子が編んだとされる書物に、「四書五経」（大学・中庸・論語・孟子・詩経・書経・易経・礼記・春秋）がある。そのうち文学の最初の書と言えるのが『詩経』である。

詩経

『詩経』は春秋時代の中期ごろの当時の中国北中部の地域の歌305篇を集めたもので、編纂者は孔子と言われている。『詩経』は「風（ふう）」「雅（が）」「頌（しょう）」の3つに分類される。

「風」は国風とも言い、春秋時代の各地の歌謡で160篇あり、地方ごとにさらに「周南」「召南」「邶（はい）風」「鄘（よう）風」など15に細分化される。「雅」は周王室の宴会等で歌われた歌謡で105篇あり、「小雅」と「大雅」に分けられる。「頌」は祖先を祭る際の歌で40篇あり、国によって「周頌」「魯頌」「商頌」に分けられる。詩は1句4文字の四言詩で、偶数句で韻を踏む。例として「国風・周南」の「関雎（かんしょ）」の一部を紹介する。

関関雎鳩　在河之洲　関関（かんかん）たる雎鳩（しょきゅう）は 河の洲（す）に在り
窈窕淑女　君子好逑　窈窕（ようちょう）たる淑女は 君子の好（よ）き逑（つれあ）い
参差荇菜　左右流之　參差（しんし）たる荇菜（こうさい）は 左右に之（これ）を流（もと）む
窈窕淑女　寤寐求之　窈窕たる淑女は 寤（さ）めても寐（い）ねても之を求む

美しい女性を追う男性の気持ちを切々と描き出している作品である。

楚辞

『詩経』の詩から300年ほどのち、南の楚の国の歌を集めた『楚辞』が編まれた。『楚辞』の中心的な作者は屈原である。楚の王族の出身とされる屈原は、大臣として活躍するが勢力争いに敗れて追放され、失意のうちに汨羅（べきら）（川の名）に身を投げて死んだと言われる。屈原の代表作は「離騒」で、楚辞の代表作でもあり、失意のどん底にあった屈原が、その怒りと悲しみを詠った作品である。

楚国の祭祀歌「九歌」(『楚辞』)の巫女。

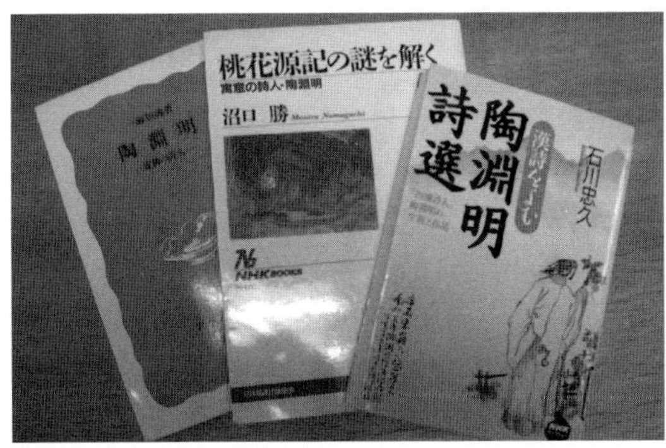

陶淵明の詩文は日本でも親しまれている。

五言詩と陶淵明

詩はその後、後漢から六朝時代にかけて五言詩が一般的となり、さらに七言詩が生まれてくる。こうした形態は漢代に起こった「楽府(がふ)」という歌謡が起源と考えられる。南北朝時代に編纂された詩や文の選集『文選(もんぜん)』収録の「古詩十九首」が古い五言詩として最も有名である。

三国時代の魏の皇帝一族である、曹操、曹丕(そうひ)、曹植はいずれも文学者としても高い能力を持ち、多くの五言詩を残している。中でも曹植は三国から南北朝時代を通じてもトップクラスの文学者である。

東晋から南北朝時代の南朝宋の時代の詩人、陶淵明は、隠逸詩人と呼ばれる。他の詩人たちが宮廷で詩を詠んだのに対して、農村で暮らしながら、自然や農村での生活を詠った、当時としては異質の詩人である。代表作の「飲酒」を一部を紹介する。

結廬在人境　　廬(いおり)を結んで人境に在り
而無車馬喧　　而(しか)も車馬の喧(かまびす)しき無し
問君何能爾　　君に問ふ何ぞ能(よ)く爾(しか)るやと
心遠地自偏　　心遠ければ地自(おのず)から偏(へん)なり
採菊東籬下　　菊を採る東籬(とうり)の下(もと)
悠然見南山　　悠然として南山を見る

陶淵明の生活、日々の過ごし方が目に浮かぶような、誰もが安心感を覚える作品と言えよう。南朝宋の謝霊運も山水を詠った詩で有名である。顔延之、鮑照(ほうしょう)、北朝の庾信(ゆしん)も当時を代表する詩人である。[上野隆三]

漢詩の全盛期

李白と杜甫は、中国を代表する大詩人である。その2人が同時代に生きたということは、繁栄と混乱をあわせもつ激動の時代が、彼らを、そして彼らの作品を作り上げたと言っても過言ではない。唐を初唐・盛唐・中唐・晩唐の4期に分ける区分方法がある。これは唐の王朝としての繁栄度合による区分ではなく、文学の流れによる区分であり、李白と杜甫が生きた時代を盛唐とするのは、2人への評価の高さを示すものである。

李白

「詩仙」と称され、8世紀に活躍した李白の生涯は不明な点が多い。若い頃は道士修行や、侠客との交際など、放浪の生活だった。玄宗の時に推薦により翰林供奉となるが、約2年で辞職。安史の乱の混乱期も生き抜いたが、最期は月を取ろうとして長江に落ちたという伝説もある。李白は七言絶句を得意とし、自由な発想と豪快な表現を特徴とする。数多い名作のうち、『黄鶴楼にて孟浩然の広陵に之くを送る』を紹介する。

故人西辞黄鶴楼　　故人　西のかた　黄鶴楼を辞し
煙花三月下揚州　　煙花三月　揚州に下る
孤帆遠影碧空尽　　孤帆の遠影　碧空に尽き
唯見長江天際流　　唯だ見る　長江の天際に流るるを

目の前に情景が浮かぶような描写力とスピード感。李白の真骨頂である。

杜甫

「詩聖」と称される杜甫は、李白より10歳ほど年少。役人を志すもかなわず、仕官のため、生活のために人生の大半を放浪して過ごした杜甫の作品には、失意と沈鬱さがあふれている。中でも、彼は社会の矛盾を訴える詩を多く作る。日本では『春望』（国破れて山河あり…）が有名だが、ここでは晩年の名作、七言律詩『登高』の前半四句を示す。

風急天高猿嘯哀　　風 急に 天 高くして 猿 嘯 哀し
渚清沙白鳥飛廻　　渚 清く 沙 白く 鳥 飛び廻る

清代の絵「太白酔酒図」。酩酊して介抱される李白。

杭州に赴任した白居易は西湖の美に感銘した。

無辺落木蕭蕭下　　無辺の落木は　蕭蕭（しょうしょう）として下り
不尽長江滾滾来　　不尽の長江は　滾滾（こんこん）として来る

同じ長江を詠いながら、李白との作品との違いは明白であろう。

盛唐には他に、自然を詠った詩の多い孟浩然（もうこうねん）、王維、辺境地帯の風土を詠んだ辺塞詩（へんさいし）に特色を持つ高適（こうせき）、岑参（しんじん）、王昌齢といった詩人がいる。

韓愈と白居易

中唐になると韓愈や白居易など、官僚としても出世をした詩人が登場する。文章家でもある韓愈は、その文章と同じく詩も非常に難解だが、細やかな表現が特徴である。韓愈のいわば弟子のような存在で、その作風を受け継ぐ詩人に孟郊、賈島（かとう）、李賀らがいる。特に27歳で亡くなった李賀は、怪奇な題材を好み、異様な雰囲気の作品で有名である。

白居易はその字の白楽天のほうが、日本では馴染みがあるだろう。白居易は韓愈とは異なり、平易な言葉を用いて作詩を行なった。玄宗と楊貴妃の悲劇を詠った『長恨歌（ちょうごんか）』は、七言百二十句の長編である。

後宮佳麗三千人　　後宮の佳麗 三千人
三千寵愛在一身　　三千の寵愛 一身に在り
金屋粧成嬌侍夜　　金屋（きんおく） 粧（よそお）い成って 嬌（きょう） 夜に侍り
玉楼宴罷酔和春　　玉楼（ぎょくろう） 宴 罷（や）みて 酔いて春に和す

宮廷の華麗さと玄宗の楊貴妃への寵愛の深さが感じられるが、この後、安史の乱の勃発による2人の悲劇的な末路が詠われる。白居易の盟友に元稹（げんしん）、劉禹錫（りゅううしゃく）がおり、柳宗元も独自の詩風で知られる。[上野隆三]

科挙と詩人たちと詞

晩唐詩には、唐王朝の衰退とあいまって、耽美的・退廃的な傾向がある。五代十国の時代を経て成立した宋代は、科挙制度が定着し優秀な官僚を輩出したが、有名な詩人の多くは官僚としても出世している。

■晩唐詩

晩唐の代表的詩人には杜牧・李商隠がいる。杜牧は「詠史詩」で、状況が異なれば歴史も違ったはず、という仮想を詠じた。李商隠の「無題詩」は恋愛詩を普遍的抒情にまで昇華させ、「春心莫共花争発　一寸相思一寸灰」（恋心よ、なぜ花と競って咲こうとするのか、一寸燃え上がった恋は、瞬く間に一寸の灰となるのが定めなのに）と報われぬ恋を詠った。

■北宋の詩人たち

宋詩の特質はその理知性にあり、唐詩のような激情の吐露は影を潜める。題材も日常の些細な出来事が多くなる。欧陽脩（おうようしゅう）・梅堯臣（ばいぎょうしん）がこうした詩風のさきがけとなり、その後王安石と蘇軾（そしょく）が現れる。蘇軾は宋を代表する詩人であり、政争による度重なる流謫（るたく）にも屈しない、楽観的な逞しさが、その詩にも明朗闊達な趣を与えている。ここでは弟の蘇轍、字は子由の詩に唱和した『子由の澠池懐旧（べんちかいきゅう）に和す』の一節を紹介する。「人生到処知何似　応似飛鴻踏雪泥　泥上偶然留指爪　鴻飛那復計東西」（人生のさすらいを何にたとえよう　舞い降りた雁が雪解けのぬかるみを踏むようなもの　偶然爪痕を残しても　飛び去った雁の行方は知れぬ）

蘇軾の門下黄庭堅は、宋詩の理知性を最もよく代表し、蘇軾とともに「蘇黄」と併称される。

■南宋・金の詩

金に北方を占領され、臨安に遷都して以降を、南宋と言う。南宋第一の詩人は陸游（りくゆう）で、愛国や閑適などを題材とした、1万首に近い詩が今に伝わる。金では、元好問が杜甫の影響を受け重厚な詩を作った。元以降、その時代を代表する傑出した詩人が現れることはついになかった。

女性詞人李清照。平易な言葉づかいで、繊細な気持ちを表現した。

蘇東坡（蘇軾）像（近藤光男『漢詩大系　蘇東坡』集英社）

■詞

詞とは詩余とも呼ばれ、唐代に始まり、宋代に絶頂を迎えた歌辞文芸である。晩唐の温庭筠から独自の発展を始め、五代には詞選集『花間集』が編纂され、南唐の国主李璟・李煜父子らの宮廷で詞が栄えた。李煜の詞『烏夜啼』の一部を引用してみよう。「烏夜啼」は曲名で、これを詞牌と呼ぶ。

剪不断　　　剪れども断えず（切ろうにも切れない）
理還乱　　　理えて還た乱るるは（整えてはまた乱れる）
是離愁　　　是れぞ離れの愁い（それが別れの愁いというものだ）
別是一般滋味在心頭　　　別に是れ一般の滋味の心頭に在り
（だが他に、離愁という語では捉えきれない、ある種の味が心中にある）

詞牌と呼ばれる既存の楽曲に後から歌詞をつけるので、1つの楽曲に複数の歌詞が存在する。詩と異なり、一句の字数が長短不揃いなのも特徴の1つである。

北宋では、それまで詞の主流だった短編の「小令」に加え、長編の「慢詞」が作られた。慢詞の達人には柳永がおり、また蘇軾は、艶っぽい作品の多い詞の世界に詩の題材を持ち込み、新境地を開いた。

この他、典雅な慢詞を作った周邦彦、女性詞人李清照、南宋の辛棄疾らがいる。［平塚順良］

辞賦と文言小説

中国古典文学の中心は古来「詩」と「文」とされる。ここで言う文とは文語体(文言)の散文などを指し、口語体(白話)の小説などは含まない。『史記』なども文学性が高いが、歴史書なのでここでは触れない。

賦

戦国時代から漢代、南北朝時代にかけて「辞賦」あるいは「賦」と呼ばれるジャンルがあった。宮廷に仕える文人が皇帝や皇族に捧げる文が「辞賦」である。漢の武帝の時代の司馬相如に「子虚の賦」「上林の賦」という作品がある。壮大な狩猟の様子を描写しつつ漢の皇帝を称え、かつ諷喩で締めくくる内容になっている。後漢には班固の「両都の賦」、張衡の「二京の賦」があり、いずれも前漢と後漢の都、長安と洛陽の繁華な様を綴った名作である。「西都の賦」(「両都の賦」の1つ)の一部を紹介する。

「東郊則有通溝大漕、潰渭洞河、泛舟山東、控引淮湖、与海通波。西郊則有上囿禁苑、林麓薮沢陂池。」(東郊には則ち通溝大漕有り、渭に潰り河に洞り、舟を山東に泛べ、淮湖を控引し、海と波を通ず。西郊には則ち上囿禁苑、林麓藪沢陂池有り。)

この時代に編まれた『文選』は、南北朝時代の南朝梁の昭明太子がそれまでの文学の佳作を集めて編んだ選集で、大変価値の高いものである。

志怪

南北朝時代に「志怪」と呼ばれる短編小説が流行した。それらを編んだ志怪小説集には、東晋の干宝の『捜神記』や魏の曹丕の撰とされる『列異伝』、南朝宋の劉義慶の『幽明録』などがあり、奇怪な出来事を記す。このジャンルは唐代の「伝奇」を経て、清代の『聊斎志異』等に至るまで受け継がれる。ただ「志怪」の体裁は統一されておらず、非常に短いもの、結末がないものも多い。『捜神記』から董永の話の概要を紹介する。

貧しい家に生まれた董永は、父の葬儀を出す金がなく、自分で自分を奴婢として売ろうとした。すると董永の主人が葬儀の金を貸してくれた。

『聊斎志異』「書痴」。本の虫の男の書物から美女が出現。

『山海経』に記す人面で魚の身、氐（てい）人国の人。

喪に服した後、再び奴婢になろうと主人のもとに戻る途中で、出会った女性から妻にしてくれと言われ、連れ帰る。主人は董永の妻が機織りができるのを知り、金を返す代わりに布を織ってくれと提案。董永の妻は10日間で100匹を織り上げた。そして妻は、私は天女で、天帝があなたの親孝行を見て、私を下界に下ろしたのだ、と言って天に昇っていった。

世説新語

宋の劉義慶の『世説新語』は、当時の名士の逸話を集めたもので、「志怪」に対して「志人」小説と呼ばれることもある。三国志で有名な諸葛亮（孔明）の登場する方正篇の一文を紹介する。

蜀の諸葛亮が攻めてきたとき、魏の明帝（曹操の孫）は戦争は避けたいと思い、辛毘（しんぴ）を軍司馬として司馬懿（しばい）のもとに送った。魏軍と蜀軍は渭水をはさんで対峙したが、諸葛亮の様々な挑発に司馬懿は激怒し攻撃しようとする。敵陣を探っていた蜀軍の間者から「ある老人が軍門の前に立ちふさがっていて、魏軍は出陣できずにおります」との報告を聞いた諸葛亮は「それは辛毘に違いない」と言った。

駢文

南北朝時代頃から、文章を4字や6字で区切って対句の形式とし（四六駢儷体）、詩のように平仄（ひょうそく）を意識した方式が主流となる。これを駢文（べんぶん）と言う。制約の多い駢文の流行により文章の内容よりも形式にとらわれた不毛な作品も多くなり、これが中唐の古文復興運動へとつながっていく。

［上野隆三］

10 文学

古文復興と唐宋八大家

文（散文）の世界では、南北朝時代の駢文の流れは唐代まで続いていた。しかし内容が空虚になりがちな駢文から脱却しようとする動き、いわゆる「古文復興運動」を始めたのが、中唐の韓愈と柳宗元である。

韓愈と柳宗元

韓愈は自然な文体を創出することを主張し、先秦から漢代の文体を模範とした。柳宗元は一生の大半を僻地で過ごしたことにより、その作品は自然や人間を描いたものが多い。彼らの新しい文体は「古文」と呼ばれた。まず韓愈の『孟東野を送る序』の冒頭を挙げる。

> 大よそ物は其の平らかなるを得ざれば則ち鳴る。草木の声無きも、風の之を撓むれば鳴る。水の声無きも、風の之を蕩かせば鳴る。其の躍るや之を激する或り、其の趨るや之を梗ぐ或り、其の沸くや之を炙く或り。

高尚な内容をわかりやすく、修辞に頼らずに表現していることがわかる。次に柳宗元の『五柳先生伝』の冒頭を挙げる。

> 先生は何許の人なるかを知らず。亦其の姓字を詳らかにせず。宅辺に五柳樹有り、因りて以て号と為す。閑静にして言少なく、栄利を慕はず。読書を好むも、甚しくは解せんことを求めず。意に会うこと有る毎に、便ち欣然として食を忘る。性は酒を嗜めども、家貧にして常には得る能はず。親旧其の此くの如くなるを知りて、或いは置酒して之を招けば、造り飲みて輒ち尽す。期は必ず酔ふに在り。

感じたままの表現が、人物を生き生きと描き出している。

蘇軾と欧陽脩

古文運動は韓愈らの時代には主流とはならず、晩唐から宋の初期には駢文が復活する。宋代の古文運動は欧陽脩に始まる。官僚としてもほぼ頂点を極めた欧陽脩は、科挙制度の責任者になったことも幸いし、後進の王安石や蘇軾らとともに、古文を普遍的な文体とすることに成功する。

白居易とともに中唐を代表する文学者、韓愈。

多くの書画に描かれた蘇軾の『赤壁の賦』。

韓愈を範とした欧陽脩の文がやや難解であるのに対し、蘇軾のそれはさらに自然な趣を持つ。『赤壁の賦』の冒頭を挙げる。

壬戌之秋、七月既望、蘇子与客泛舟遊於赤壁之下。清風徐来、水波不興。挙酒属客、誦明月之詩、歌窈窕之章。少焉、月出於東山之上、徘徊於斗牛之間。

壬戌の秋、七月既望、蘇子客と舟を泛べて赤壁の下に遊ぶ。清風徐ろに来たり、水波興らず。酒を挙げて客に属め、明月の詩を誦し窈窕の章を歌う。少らくして月、東山の上に出で、斗牛の間に徘徊す。

彼らの文章は後世の規範となったため、欧陽脩とその弟子である曾鞏、王安石、蘇軾、蘇轍の4人に、蘇軾兄弟の父蘇洵、さらに韓愈と柳宗元を加えた8人を、後に「唐宋八大家」と称するようになった。

伝奇

南北朝時代に起こった「志怪」のジャンルは、唐代には「伝奇」となって受け継がれる。志怪の多くが出来事を記すのみだったのに対し、伝奇は物語としての完成度が高い。沈既済の『枕中記』、『任氏伝』、李公佐の『南柯太守伝』がその代表である。張鷟の『遊仙窟』は中国では早くに失われたものの日本で長く伝えられた異色の作品である。さらに時代が下ると、伝奇のテーマの主流が怪奇な現象から才子佳人の話に移るようになる。白行簡の『李娃伝』や元稹の『鶯々伝』が有名である。なお、怪奇な事象を記した文言小説はその後も受け継がれ、清代には『聊斎志異』『子不語』『閲微草堂筆記』などの名作を生むこととなる。〔上野隆三〕

変文、元雑劇と明清の戯曲

文人の作る文学の主流が文言（文語体）であったのに対し、白話（口語体）の文学は「俗」と見なされ、当時はあまり評価されなかった。しかし今見れば、特に元代以降1つの文化として隆盛したことは間違いない。

変文から宋の芸能まで

「変文」は、唐代中期に盛んとなった韻文と散文を組み合わせた語り物で、元は布教のため仏教僧が民衆に絵を見せながら語るものだったが、後に仏典と関係のない題材も扱われ、『伍子胥変文（ごししょへんぶん）』など歴史物もある。変文は、20世紀初頭に敦煌で唐などの古文書とともに発見された。

宋代、都市の発達に伴って、民衆向けの様々な芸能が活況を呈し、雑劇（ざつげき）と呼ばれる演劇が人気を博した。金でも、院本（いんぽん）と称する演劇が存在したほか、語り物の一種「諸宮調」が行なわれ、董解元（とうかいげん）『西廂記諸宮調（せいしょうきしょきゅうちょう）』が現存する。

元雑劇（元曲）

元代、科挙が中止されると、出仕の道を断たれた知識人が雑劇の製作に多く参与するようになり、その芸術性は格段に向上した。

雑劇は、通例4つの「折」すなわち4幕に分けられ、また「楔子（せっし）」と呼ばれる小段が加えられることがある。それぞれの折は、「唱・科・白（うた・しぐさ・せりふ）」から構成される。うたには7音階の北方系歌曲が用いられ、主役の役者ひとりが歌唱して他の役柄はせりふだけで演じた。

後世に最も影響を与えた作品は王実甫『西廂記』で、張生と崔鶯鶯（さいおうおう）の恋物語である。関漢卿は元雑劇の代表作家で、話し言葉を駆使した素朴な文体、4折の短編劇に相応しい緊密な構成にすぐれ、『救風塵』『竇娥冤（とうがえん）』など、女性を主人公とした作品が多い。馬致遠（ばちえん）の『漢宮秋』は、王昭君の不幸な物語を題材とする。他にも殺人事件をめぐる裁判劇である孟漢卿『魔合羅』、家庭のいざこざを描いた武漢臣『老生児』などがある。これらは明の臧懋循（ぞうぼうじゅん）が編纂した『元曲選』によって広く流布した。

踊る土人形(元代)。

唐明皇秋夜梧桐雨雜劇
元　白仁甫撰
明吳興臧晉叔校
楔子
冲末扮張守珪引卒子上詩云坐擁貔貅鎮朔方
每臨塞下受降王太平時世輟門靜自把雕弓數
鴈行某姓張名守珪見任幽州節度使幼讀儒書
兼通韜畧為藩鎮之名臣受心膂之重寄且喜近
年以來邊烽息警軍士休閑昨日奚契丹部擅殺

明代の『元曲選』書影。

明清の戯曲

明代には、5音階の南方系歌曲を用いる「南戯」が隆盛した。南戯には長編が多く数十段に及ぶものが多い。また主役に限らず、あらゆる役柄がうたうことができ、これらの点が雑劇と対照的である。元末明初の高明の名作『琵琶記』が南戯隆盛のさきがけとなった。

有名な作品としては「荊劉拝殺」と称される『荊釵記(けいさき)』『劉知遠白兔記』『拝月亭幽閨記』『殺狗記』の4大作がある。

その後南戯は低迷期に入るが、後の崑曲につながる「崑山腔(こんざんこう)」が創始され、梁辰魚『浣紗記』などが人気を博した。

明代最高の劇作家は湯顕祖で、『紫釵記』『牡丹亭還魂記』『南柯記』『邯鄲記』の4作品は、みな夢をテーマとし、彼の書斎名をとって「玉茗堂四夢」と総称される。

特に『牡丹亭還魂記』は明代南戯の代表作で、2人の男女が夢で恋に落ち、最後は現世で結ばれる、という内容を美麗な文辞で綴る。また明代南戯の選集に、明・毛晋『六十種曲』がある。

清代南戯の傑作は洪昇『長生殿』と孔尚任『桃花扇』である。『長生殿』は、唐の玄宗と楊貴妃のロマンスを描いた。『桃花扇』は、作者自らが体験した明末の動乱を題材に実在の人物を登場させた歴史劇である。〔平塚順良〕

10 文学

『三国志演義』、『水滸伝』、『西遊記』、『紅楼夢』

宋の時代、都市には語り芸「説話」を披露する芸人がいた。「説話」には、歴史物の長編講談「講史」や、世話物の短編講談「小説」などがあった。「講史」の中でも、三国志を語る「説三分」や、五代を語る「五代史」などは重要な演目であった。やがて「説話」は読み物として編纂され出版された。後世「白話小説」と総称されるジャンルの誕生である。

■小説の前身

南宋の出版という『大唐三蔵取経詩話』は、玄奘三蔵が猴行者を伴い、取経の旅に出る物語で、後に『西遊記』と呼ばれるようになる物語の形成過程を知る上で重要な資料である。また元代には、「講史」の流れを汲む『全相平話五種』が出版され、そこには『全相平話三国志』が含まれる。『大宋宣和遺事』には、宋江を頭領とする盗賊団が結成されるまでの経緯を描く部分があり、後に編まれる『水滸伝』の源流を探る上で、貴重な資料となっている。この時期、白話小説は揺籃期にあり、明代に集大成される作品の萌芽となるような話をそこに見ることができる。

■明代の小説「四大奇書」

明代には、それまで断片的にあった物語群が整理され、長編小説へと仕立て上げられた。これらは章や回に分けられているため「章回小説」と呼ばれる。以下の4つが明を代表する章回小説である。

① 『三国志演義』は全120回で、三国時代に覇権を争った魏・呉・蜀の興亡を描く。劉備・関羽・張飛・諸葛亮・曹操・孫権・周瑜など、活躍する武将たちは枚挙に暇がない。前代の『全相平話三国志』や他の三国説話などを集大成したものである。後世の歴史小説に与えた影響は大きい。

② 『水滸伝』は、宋江を頭領に梁山泊をアジトとした108人の豪傑をめぐる物語である。元は全100回で、後に120回本・70回本が作られた。『水滸伝』はその痛快な内容だけでなく、白話という文体を十全に駆使し

『三国志演義』の原型、『三国志平話』。

『水滸伝』虎退治。

た描写の妙によって名高い。

③『西遊記』は、玄奘三蔵が孫悟空・猪八戒・沙悟浄を伴って、天竺へ取経の旅へ出る、全100回の小説である。

④『金瓶梅』は全100回で、『水滸伝』に描かれる、潘金蓮と西門慶の情事を素材とし、それを独自に展開させた。

①〜④を「四大奇書」と総称することがある。この4作は後に多くの続作、たとえば『三国志後伝』『水滸後伝』『西遊補』『続金瓶梅』などを生んだが、どれも原作を越えることはなかった。

話本

宋代の講談「小説」から派生した短編小説を「話本」と呼び、明の『清平山堂話本』などの選集がある。また馮夢龍は講談をもとに改作、創作を行ない、『喩世明言』『警世通言』『醒世恒言』を著し、続いて凌濛初が『拍案驚奇』『二刻拍案驚奇』を著した。これらを「三言二拍」と呼ぶ。

清の小説

清を代表する2大小説、その1つが呉敬梓『儒林外史』全56回である。当時の知識人の生態を鋭く風刺し、特に科挙にまつわる話が多い。もう1つの『紅楼夢』は全120回であるが、80回までは曹雪芹の作、後半の40回は高鶚の続作であるとされている。御曹司の賈宝玉と、その従姉妹薛宝釵・林黛玉との恋愛を軸に、一族の衰亡を描いている。［平塚順良］

コラム

豊子愷と漫画

「漫画」という日本の名称を中国に広めたのは、日本に来た青年教師豊子愷だった。1921年に23歳の豊子愷は上海から東京に私費留学。美術、音楽、日本語を学び、竹久夢二に傾倒。帰国後美術教師をしつつ25年に『文学週報』に抒情漫画を「子愷漫画」として発表。同年末『子愷漫画』出版。それまでは諷刺画、寓意画と言われていて、1919年に但杜宇の『国恥画譜』などがあったが漫画は日常生活を幅広くとらえて新鮮だった。

1927年、上海で張光宇、黄文農たちは漫画の名称をつけた会を結成。28年にその漫画会は大判2色刷の週刊『上海漫画』を創刊。多彩な漫画で上海漫画時代を開拓。30年まで110号出した。1934年9月から37年6月まで上海で『時代漫画』『漫画生活』など19種の漫画雑誌が創刊された。36年には、上海南京路の大新公司で豊子愷も参加した第1回全国漫画展覧会が開かれた。応募作品から600点が選ばれて出展、9000人以上が見た。ここから華君武、米谷など若い世代が育った。この漫画展は南京、蘇州、杭州などを巡回したが、37年、日中戦争勃発。広西省で展示中、日本軍機の爆撃で焼失。上海の漫画家は救亡漫画宣伝隊に加わり、南京、武漢と移動しつつ、抗日漫画1000点を描き、100回の展示会を開いた。豊子愷も自宅が戦火で全焼、蔵書、画稿すべてを失い、家族と流浪の旅を続けた。41年貴州・遵義で豊子愷は失った漫画424点を38日間で描き直した。華君武は延安で、豊子愷、張光宇は重慶で漫画展を開いた。

1945年、戦争が終わり、華君武は東北で、米谷らは上海で漫画を描き、豊子愷は台北や香港で個展を開き絵を売った。49年中華人民共和国成立。漫画家たちは全国誌『漫画』に作品を発表した。60年豊子愷は上海中国画院校長となり、教務のかたわら「源氏物語」などを翻訳。66年の文化大革命は漫画家を追放、豊子愷も批判され強制労働下でひそかに「竹取物語」「伊勢物語」を訳した。1975年、癌で死亡。78年に名誉回復。80年「源氏物語」出版。2001年『豊子愷漫画全集』全9巻刊行。〔石子順〕

11
映画

陳凱歌監督の京劇を通して近代中国の悲劇を描く
「さらば、わが愛～覇王別姫」（1993 年中国・香港）。

執筆
石子順／王敏

中国映画のはじまり

はじまりは上海

映画は中国語で電影と言う。はじめ電光影戯（影の芝居）などと言われた。中国で映画が最初に上映されたのは1896年8月11日、上海徐園でのことだと言われているが、誰が持ち込み、どんな内容か不詳。

中国で初めての映画撮影は戯曲だった。1905年夏に名優譚鑫培が黄忠を演じる京劇「定軍山」の1段を3日かけて北京の豊泰写真館の劉仲倫が撮った。主人の任慶泰は青年時代に日本で写真技術を習得して、1888年に瑠璃廠に中国で初めての写真館を開いた人物だった。

劇映画と教育映画

劇映画の短編は、張石川・鄭正秋が中華民国の成立した翌年、1913年に上海で外国人資本の亜細亜影戯公司で中国の遅れた婚姻事情を「難夫難妻」に撮った。1916年に張石川は外国人に撮影機と撮影所を借りて当時流行していた文明劇という芝居をもとにしてアヘン中毒者の悲劇「黒籍冤魂」を撮影した。

1918年大手の出版社商務印書館が活動影片部を作った。これは最初の映画撮影部門で、社会教育のために風景、時事、教育、古劇（京劇）、新劇（物語）という種類の短編を30本ほど撮った。古劇には梅蘭芳の「天女散花」などがあった。

1921年に中国影戯研究社が前年に起こった殺人事件を最初の長編映画「閻瑞生」にしたが商務印書館影片部が代行撮影した。同年、上海影戯公司の「海誓」は、画家但杜宇が近代的な殷明珠で西洋式生活、服装、感情の自由恋愛を描いた。殷は愛情映画最初の女優となった。1922年3月、張石川、鄭正秋、周剣雲たちは中国人の映画会社・明星影片公司を創立、外国人を使ってチャップリンを模した喜劇「滑稽大王游華記」を撮った。張石川は1923年に初の女優となる王漢倫と鄭正秋の息子小秋とで「孤児救祖記」を撮って大入りとなり明星の土台を作った。

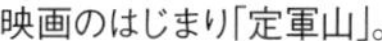
映画のはじまり「定軍山」。

「火焼紅蓮寺」は武俠神怪映画ブームに。

商業映画化が進行

1923年から25年にかけて全国に175の映画会社が成立、そのうち聯華、長城、神州、民新、大中華、天一、上海など141社は上海にあって5年間で144本の映画が作られた。外国映画のまね、封建的な状況描写、人道主義的な傾向、愛情、恋愛、婚姻の自由の追及、などが試みられた。映画の商業化が進み競争も激化した。1926年には上海の35の映画会社が新世紀游楽場映画博覧会で映画女優コンテストを開催。張織雲、殷明珠、王漢倫、林楚楚ら12人がきそい、張織雲が映画クイーンに選ばれた。

古装映画と武俠映画

1927 ～ 28年は古装（時代劇）映画ブームが起こり2年間に75本も出た。始めた天一は11本も撮った。民間伝説や演義ものでは大中華百合が15万元と1年かけて撮った「美人計」などがある。神怪小説、神話伝説ものは上海影戯の「盤絲洞」や天一の「西遊記女人国」などがある。

明星影片はこの流行に乗らず1928年に鄭小秋主演で「火焼紅蓮寺」を出した。これは武俠神怪映画と言われて、古装映画よりもっと荒唐無稽なもので、悪僧と武士剣客たちの神力、怪力の戦いが繰り広げられる。明星には武俠スターがいなくて胡蝶を起用、女英雄として受けた。国産映画最高の入りとなって18集続いた。明星はこれによって多額の赤字を埋めた。迷信の影響が強く、青少年が家出し出家といった社会問題になり、検閲によって上映禁止になる。武俠神怪映画は各社に広がって1931年まで240本、1929年だけで85本も粗製濫造された。［石子順］

無声映画から トーキー映画へ

中国映画がトーキー映画に

1930年、12万元出して明星影片が胡蝶主演で中国初のトーキー映画「歌女紅牡丹」を撮った。完全トーキーではなくデスクトーキー版で会話や音楽が聞こえるだけだが、中国映画もしゃべった。京劇世界の男女の愛の変遷を描き、人気女優胡蝶の声と「四郎探母」など京劇の名場面を聞かせた。本格的なトーキー映画は1934年の電通の応雲衛監督「若者の不運」で袁牧之と陳波児が共演、聶耳（ニエ・アル）作曲の「卒業歌」が効果をあげた。

人気スター阮玲玉の登場

無声映画の人気スターが続々登場。そのトップは1910年生まれの阮玲玉だった。1927年に明星の「掛名的夫妻」でデビュー。28年に「白雲塔」で胡蝶と共演し、30年に聯華影業に移ってアメリカ帰りの孫瑜監督の初めての脚本で撮った「故都春夢」で金焰と共演して人気上昇。それ以来、5年間に蔡楚生監督の「新女性」まで16作品に主演した。34年の「女神」で最高の演技を見せ、自殺した女優艾霞がモデルの「新女性」で鄭君里と共演して女の怒りを表現。踏みにじられる女性から主張する女性まで演じたが、個人的生活を元夫に訴えられ、新聞で攻撃されて1935年3月8日に25歳で服毒自殺。ファンはついにその声を聞くことができなかったが葬儀には1万人も参列した。魯迅も一文を書いてその死を悼んだ。

胡蝶

もう一人のスターは胡蝶。武侠映画「火焼紅蓮寺」に四集から出演して売れっ子となって、阮玲玉と人気を二分。1930年張石川のトーキー映画「歌女紅牡丹」で初めて美声を聞かせた。現実を描いた「狂流」に主演し、1935年、中国映画界を代表して外国に行った最初の女優となった。胡蝶はモスクワ映画祭に蔡楚生監督の「漁光曲」を持っていき中国映画に初の外国映画賞をもたらした。「漁光曲」は、漁師の姉弟が貧しさと闘いながら生きる姿を描いたリアリズム映画で“野良猫”と言われた王人美がりり

「女神」の阮玲玉。

「漁光曲」は初の外国映画賞を受賞。

しくて主題曲が流行、上海の映画館で84日間連続上映という新記録を作った。

趙丹

男優では趙丹が二枚目スターの代表となった。1933年に明星に入社、「琵琶春怨」で映画主演、34年トーキー映画「女児経」でその声を聞かせた。1937年、沈西苓の明るいが哀しい青春喜劇「十字路」で白楊と共演、軽妙に主題歌を歌った。また袁牧之の「街角の天使」で“金色の声”と言われた少女歌手周璇と共演、上海の底辺に生きる青年像をユーモラスにきびしく演じて明日を感じさせた。

労働者の男らしさを印象づけたのは金焰で、1935年の孫瑜の「大いなる路」で、道路工事労働者の集団のリーダーを演じた。迷いつつも行動していく苦悩する知識人を演じて共感を広げたのは袁牧之で、許幸之監督の「風雲児女」は1931年9月18日に日本が引き起こした満州侵略を間接的に描いた。ラストの田漢作詞、聶耳作曲の「義勇軍行進曲」が抗日の呼びかけとなって響いた。のちに中国の国歌となった。

検閲

国民党政府の検閲をくぐって暴力団の映画会社へのぶち壊しといった暴力行為にもさらされて映画人は生命がけで映画を撮影した。1937年には馬徐維邦、金山主演の「深夜の歌声」のように「オペラ座の怪人」を模した恐怖映画の形をとって圧政に抗し、人間復活を訴える作品も生まれた。［石子順］

上海映画の黄金時代

映画の都上海

上海は映画の都となった。東洋のハリウッドと言われるほど映画会社、映画館が集中していた。「中国電影年鑑1934」によると映画会社は1922年に設立の明星、1925年の天一、1929年の聯華の大手3社を含めて48社、監督は張石川から若手の蔡楚生まで85人、俳優は阮玲玉、胡蝶、趙丹、など199人、脚本家20人。映画館は魯迅がよく通った静安寺路の座席3000の大光明大戯院をはじめとして37館、そのうち19館がハリウッド映画専門館で、1933年に309本、34年に344本、「ターザン」「街の灯」「ミッキーマウス」「グランドホテル」などを公開した。それでも中国映画は各社で撮られ、映画黄金時代といえる活気となった。

左翼映画運動おこる

1933年2月、中国映画の進歩的映画人は中国電影文化協会を成立、鄭正秋、胡蝶、孫瑜ら21人が執行委員に選ばれた。

外に侵略、内に圧迫の中で一致して映画を作る。芸術は宣伝、映画は宣伝の芸術ということで夏衍(シア・イェン)たちが映画小組を結成した。

この年、左翼映画が豊作。明星の「狂流」「前程」「圧迫」「春(はるご)蚕」(すべて夏衍脚本)「鉄板紅涙録」「女性の吶喚(トッカン)」。芸華「民族生存」(田漢)。聯華「母性之光」(田漢)、「脂粉市場」(夏衍)。トーキー映画も反帝反封建色を明確にし、階級闘争と社会暗黒の暴露、婦人問題を社会背景にして中国を考察した。左翼映画は観客の印象を一新させ、33年は“中国映画年”と呼ばれた。こうした中で映画は「眼にアイスクリーム、心にソファ」を与えるような快楽であるというブルジョア派と、映画は中国の現実を見つめ、あばくというリアリズム派との論争も起こった。

明星は1932～33年に15作を出した。1932年、上海事変後、経営危機に陥った明星は左翼系演劇人夏衍たちに協力を求めた。彼らは社会を描くリアリズム映画の脚本、監督で支援した。1933年に程歩高で胡蝶の「狂

魯迅も通った大光明大戯院。

「街角の天使」の周璇(右)と趙慧深。

流」や農村の悲劇、艾霞(アイ・シァ)の「春(はるご)蚕」が撮られた。聯華は阮玲玉主演で33年「おもちゃ」(孫瑜)、35年「女神」(呉永剛)、「新女性」(蔡楚生)とつづいた。また34年の黎莉莉の「スポーツ女王」(孫瑜)が明るくて、蔡楚生の36年の「さまよえる子羊」は中国の孤児を見すえた。新華では呉永剛、金焰の「壮志凌雲」が敵と戦う若者の壮快さを見せた。まさに左翼映画運動ともいえる勢いで5年間に70本以上の作品が撮影された。

官憲による弾圧

こうした動きに国民党政府の検閲は暴走する。1930年に映画検査法を制定した南京の国民党政府は三民主義に違反するものを取り締まるという条項によって階級闘争を鼓吹したり、反日的傾向の作品にハサミを入れた。芸華の岳楓(ユェ・フォン)の「中国海の怒潮」は1600メートルもカットされ、芸華は暴徒に襲われて破壊された。映画館に脅迫状が送りつけられてきて恐怖の報酬を受けることになった。夏衍らは外圧によって明星を除名され1934年に共産党系の電通に移る。電通は許幸之の「風雲児女」や応雲衛で袁牧之、陳波児共演「若者の不運」など4本を作って中断。「若者の不運」のラストの主人公の処刑シーンは検閲でカットされた。のちに毛沢東夫人となる江青は藍蘋(ラン・ピン)という名の女優としてここに所属していた。

1935年は多難な年となった。田漢が逮捕投獄され、阮玲玉が自殺し、夏衍たちを指導した共産党の瞿秋白(チュ・チュウパイ)が銃殺され、鄭正秋が病死した。作曲家聶耳は亡命してソ連に行く途中日本の海で溺死した。夏衍も国民党官憲に追われ日本に潜入した。電通は弾圧で映画制作中止に。[石子順]

戦時下の映画

戦争は中国映画をこわす

1937年7月7日、日中戦争が勃発、8月18日には上海にも戦火が及び中国映画の繁栄は消えた。明星は日本軍の砲火で破壊された。趙丹、白楊たちは11の抗日救国演劇隊に分かれ、抗日を宣伝しつつ武漢などに撤退、胡蝶、蔡楚生たちは香港へ避難、張石川たちは“孤島化”した上海の租界に残留と映画人たちはばらばらになった。さらに39年、親善映画に協力しなかった明星は日本軍に放火されて本社も撮影所も全焼した。

映画界

中国映画界は.武漢・重慶の国民党支配区、延安の抗日根拠地、“孤島”となった上海租界、日本占領区と分断。抗日のために国民党と共産党とが再び手を結び、文化協力も展開。国民党政府の軍事委員会政治部副部長に周恩来が就任して宣伝部門担当の同部第三庁の長に郭沫若が入った。映画演劇部門は田漢が指導することになった。この第三庁の下に中国電影製片廠が生まれて1938年8月武漢の陥落までに国防映画として史東山監督、舒綉文、魏鶴齢の「我らの土地を守れ」、応雲衛監督、袁牧之、陳波児の「八百壮士」などが撮られ映画館や移動映写隊で上映、人々を鼓舞した。武漢失陥後重慶に撤退した映画人は「勝利行進曲」「中華児女」「東亜之光」「日本間諜」「塞上風雲」などを作った。

周恩来の特命でオランダの映画監督ヨリス・イヴェンスからの映画器材を受け取った袁牧之は延安に入った。1938年にカメラマン呉印咸たちと延安電影団を結成、「延安と八路軍」などの記録映画を撮った。

「火焼紅蓮寺」と国策会社

“孤島”となった上海では張石川が10年間上映禁止だった「火焼紅蓮寺」を取り戻して再上映した。曹禺の「雷雨」などを演出し、「西廂記」などを撮影した。1939年に卜万蒼(プ・ワンツァン)監督が「木蘭従軍」を撮った。病父にかわり男装し外敵と戦う女性を新人女優・陳雲裳が演じて対日抵抗の意志

胡蝶は重慶へ。

「八百壮士」の袁牧之は延安へ。

を感じさせて85日間も連続上映された。「木蘭従軍」のあとを受けて再び古装映画が盛んになって「岳飛」「太平天国」「西施」「孔夫子」などが撮られた。また喜劇映画も活発で、漫画家葉浅予の漫画「王先生」が映画化された。1935年の「王先生の秘密」から始まったものが、「王先生の正月」などと続いて、40年までに「王先生 食事難」など10本以上も出て最長のシリーズとなった。1941年、太平洋戦争勃発とともに上海の外国租界も日本が占領。10余あった映画会社は中華聯合に統合された。43年には日本と合同の国策会社、中華電影聯合が成立。アヘン戦争100年記念に林則徐の一代記のようで李香蘭も出演する「万世流芳」が撮られた。40年だけで67本中54本も古装映画が撮られた。

香港では50も大小映画会社があったが、広東語の娯楽もの中心だった。上海から来た蔡楚生らが、「孤島天国」「白雲故郷」などの抗日映画を撮り、40年の83本中40%を抗日映画が占めた。41年太平洋戦争勃発とともに香港は日本軍に占領され映画人はそこから脱出。女優胡蝶も日本側から協力を求められたが断り続けて抗日ゲリラの手引きでひそかに広州に入り、重慶に脱出した。

満州映画協会設立

満州国となった東北地区で1937年に満州映画協会が設立された。日本から監督の内田吐夢や木村荘十二たちも来た。45年まで李香蘭の「蜜月快車」「迎春花」や国策映画「壮士燭天」など100本の劇映画と190本前後の記録映画が製作された。〔石子順〕

戦後映画の復興と対立

国民党政府下の接収

日中戦争で勝利した中国には平和が訪れず内戦が始まった。重慶から来た国民党政府は、北平（北京）、上海の映画制作所を敵性映画産業として接収、時価100億元という映画制作拠点と資産を入手した。そこで撮影された国民党の官製映画は「忠義之家」、「天字第一号」、「聖城記」などで国民党特務やアメリカ聖職者の対日抵抗活動を賛美した。国民党政府は検閲を復活して1945年10月から48年9月までに162本の国産映画のうち48本がカットされた。また、米華友好通商航海条約によってアメリカ映画が氾濫、45年8月から49年5月までに1083本も輸入された。

内戦下の映画

上海に戻ってきた映画人たちも映画製作に取り組んだ。1947年2月に鄭君里たちは聯華新芸社を結成、史東山監督の「八千里雲と月」を発表。8年にわたる戦争下の苦難をリアルに描いて共感を広げた。続けて民間映画会社崑崙影業公司と聯華は合併、1947年に蔡楚生と鄭君里が共同監督で陶金、白楊の「春の河、東に流れる」を撮った。中国人の戦争体験を庶民の困難な生活と重慶の退廃を対比して描いて3ヵ月も上映され70余万人が見た。1948年に沈浮監督の「万家灯火」は藍馬と上官雲珠で庶民一家の貧困生活を描き、同じ年に張楽平の人気漫画「三毛流浪記」を厳恭監督が映画化して浮浪児が上海の巷で大人たちに翻弄されていく悲喜劇を見せた。1949年の鄭君里監督の「からすとすずめ」はアパートに住む役人、教師、軍人などを通して社会縮図を描き現実を風刺した。これなどは検閲用と撮影用のシナリオを分けて検閲をくぐって撮影された。40年から5年間、新疆省ウルムチの監獄に捕らわれていた趙丹が生還、「遙かなる愛」「三人の女」で秦怡、黄宗英などと共演した。

1946年に設立された文華映画では1947年のゴーリキーの「どん底」を翻案した佐臨監督の「夜店」や作家張愛玲が脚本・監督した「太太萬歳」

「三人の女」の趙丹。

「春の河、東に流れる」の陶金、白楊(左)。

などがある。1948年に代表的な芸術映画として高い評価を勝ち取った費穆監督の「田舎町の春」は戦後の小さな町の旧家での5人の男女の愛情の心理を描いたが切ない。茅盾原作で黄佐臨、石揮の「腐蝕」は特務に身を落としていく女性の内心を鋭くとらえた。また、石揮は「私の一生」を監督・主演して小人物の悲哀の生涯を描いた。

東北映画制作所

1945年8月に長春の旧満州映画協会をいち早く接収したのは延安から入った俳優の田方たちだった。1946年5月に長春を支配した東北民主聯軍が北への撤退とともに旧満映の膨大な器材と人員を黒龍江省興山に疎開。日本人技術者と家族も多数行動を共にした。1949年10月に東北映画制作所が興山で成立、ソ連から帰ってきた袁牧之が初代所長になった。一方、長春映画制作所では金山監督が1947年に「松花江のほとり」を張瑞芳主演で撮った。東北が日本に侵略されていく悲しみを松花江ほとりの一家の変遷を通して真正面からとらえたもので、その主題歌とともに悲痛さが広がった。興山の東北映画制作所では記録映画やニュース映画「民主東北」、アニメーションなどを撮った。

新しい国づくりの中で

国内戦争の息苦しい状況の中で映画は復興したが、中国の変革進歩か、旧体制維持かと対立した。監督や俳優は内戦と飢餓と暗黒の中で光を見出そうと庶民の人生と社会状況を見つめるニューリアリズム映画を生み出した。[石子順]

新中国建国後の映画

新しい時代の映画

1949年10月1日、中華人民共和国が成立。長春に戻った東北映画制作所で同年4月に王浜の「橋」が完成、国共内戦で破壊された鉄橋を労働者たちが修復していくさまを描いた。11月には日本軍と戦った女兵士たちを描く沈浮の「中華女児」、50年に王浜・水華の新時代の到来を象徴した「白毛女」、成蔭の「鋼鉄戦士」などが完成。「白毛女」は公開半月で650万人が見た。内戦直後に新しい映画が生まれたのは、撮影、照明、録音、編集などの技術面で、旧満映の日本人スタッフが協力していたからである。1949年7月には長春、北京、上海、香港などにいた映画人が北京に集まって、中華全国映画芸術者協会を結成。人民のための映画作りという方向が出た。1950年に北京映画制作所が史東山の「新児女英雄伝」、上海映画制作所が沙蒙の「上饒（ジョウギョウ）収容所」で製作開始。朝鮮戦争が勃発、中国も義勇軍を朝鮮に出兵した。戦争状況下に上海の映画館から米、英映画が消えた。

映画批判が起こる

1951年、孫瑜、趙丹主演の崑崙映画「武訓伝」に感動と共鳴が広がった。清朝末に物乞いをして金を集め学校を作った文盲の男の実話映画だった。だが毛沢東の否定で大批判運動となり監督も主演俳優も謝罪した。この事件は映画界を硬直させ51年には1本も映画が出なかった。また民間映画会社が国営に合併されていった。52年に戦記映画「南征北戦」(成蔭)、54年に初の色彩戯曲映画「梁山泊と祝英台」(桑弧)などが、56年に魯迅逝去20年記念で「祝福」(桑弧)が映画化された。朝鮮戦争の激戦を描く「上甘嶺」(沙蒙)も評判になった。57年には「百花斉放 百家争鳴」が提起され自由論議が活発化したが、反右派闘争に突入。映画評論家鐘惦棐（ツォン・テンフェイ）、監督沙蒙、呉永剛、俳優の石揮、呉茵（ウー・イン）など多数が映画界から批判・追放され、石揮は不審死をとげた。59年は建国10周年で、長春映画で農

「白毛女」の田華。

「鋼鉄戦士」の張平。

村青年の労働と恋愛の「水と恋と若者たち」、少数民族の恋愛喜劇「五人の娘」、北京映画で「林商店」、人気小説の「青春の歌」、鉄道の労働争議「あらし」、上海の撮影所では「阿片戦争」「ニエ・アル」「老兵新伝」、八一映画制作所で「上海解放物語」などが作られた。27都市の新作映画上映月間で16本が公開、延べ1億2000万人が見た。

大躍進の失敗、農村の大飢饉という状況で60年は、革命家一家の「ある母の回想」(水華)、「燃え上がる大地」(凌子風)、海南島の女性武装闘争「女性第二中隊長」(謝晋)、歌物語「劉三姐」、61年には土地革命「暴風驟雨」(謝鉄驪)、風土病との戦い「枯木逢春」(鄭君里)、父娘再会の「美わしきめぐり逢い」(王家乙)などが撮影。62年に「大衆電影」誌、読者投票の映画百花賞が制定され作品、監督、主演女優、助演男優各賞を「女性第二中隊長」(謝晋)が受賞。作品賞は農村夫婦の喜劇「李双双」(魯韌)と「東進序曲」(華純)が受賞。初の長編アニメ「孫悟空」が人気になった。

63年には初のシネマスコープ戦争映画「真紅の太陽」(湯暁丹)、炭坑ストライキの「燎原の火」(張駿祥)、64年には、チベットの農奴の解放「農奴」(李俊)や、越劇女優の苦難人生「舞台の姉妹」(謝晋)、20年代の知識青年の思想的悩み「早春二月」(謝鉄驪)。「北国江南」など話題作が出たが、毛沢東の指示で「北国江南」「早春二月」「舞台の姉妹」批判が始まった。これは、文化大革命の前奏曲となった。65年には、重慶の強制収容所内の闘いを描く小説「紅岩」が映画化、「不屈の人々」(水華)という題名で日本でも公開されたが人民映画は終末を迎える。[石子順]

文化大革命と映画界

文芸の命を“革”す

1966年5月16日、毛沢東が政権を奪い返す政治闘争のために発動した文化大革命によって映画界は壊滅する。映画女優だった毛沢東夫人・江青は映画界攻撃によって文革の成果をあげようとした。江青は66年2月に林彪の委托で上海で開かれた部隊文芸工作者座談会で建国以来「十七年の映画はすべて毒草である」ときめつけた。たとえば「舞台の姉妹」は「ブルジョアの個人奮闘を称賛。階級闘争を否定、30年代の映画を蘇らせるもの」と批判。66年5月には「十七年映画は反党反社会主義の毒草。錯誤路線を宣伝、反革命分子の復活。軍隊の古参幹部を醜悪化し、男女関係を描く。中間人物を描く」と攻撃。江青のこうした批判を根拠に映画人を否定しその地位を奪った。長春、北京、上海、すべての映画制作所は軍隊、労働者の“革命派”に支配され、映画製作は中止、追及、闘争の場と化した。監督、脚本、俳優、映画人たちは“走資派”“反動的権威”“特務”として仕事を奪われて吊るし上げられ、暴力、監禁、投獄、強制労働と迫害された。北京の映画大学は廃止、映画雑誌は全て廃刊、映画資料館のフィルム、資料は廃棄、十七年映画600余本の90％以上が“毒草”として上映禁止になり、1966年から72年まで「地雷戦」「地道戦」「南征北戦」の3本しか見ることはできなかった。

革命模範劇映画

1970年代に入って、京劇やバレーの革命模範劇の舞台をそのまま撮影して革命模範劇映画ができた。革命京劇の「紅灯記」「智取威虎山」「沙家浜」「奇襲白虎団」「海港」、革命バレーの「紅色娘子軍」と「白毛女」「交響音楽〈沙家浜〉」である。8億の中国人は8本の革命模範劇映画だけを繰り返し見せられた。また戦争映画などの再映画化もされて「渡江偵察記」や「南征北戦」など6本がカラー化された。“三突出”という英雄の中でも最も英雄的なものを描くという原則が正常な映画創作を壊した。

「早春二月」の謝芳と孫道臨。

「閃閃的紅星」は子どもも戦う。

文革劇映画

さらに文革映画という劇映画が撮られた。74年春節に長春映画が「艶陽天」「青松嶺」「戦洪図」「火紅の年代」を一挙に公開した。長年、3本の戦争ものと8本の革命模範劇映画の繰り返し上映にあきていた大衆は劇映画に喜んだ。階級闘争の政治的道具として「創業」「春苗」「閃閃的紅星」「決裂」など76年までに40本も撮った。強制労働農場などで働かされていた“反革命的”監督の謝晋や謝鉄麗、崔嵬(ツィ・ウェイ)たちが撮影所に呼び戻されて撮影を命じられたが、監督の意見などは政治的に無視された。

文革の犠牲者たち

こうした中で女優の上官雲珠、趙慧深などが自殺、劇作家で国歌の作詞者田漢、監督の鄭君里は獄死、蔡楚生は病院の廊下で惨死。監督の応雲衛、惨死、徐韜、迫害死、脚本家の海黙は殴殺。文化部副部長だった夏衍は8年の獄中で殴打され片目失明、片足不自由になった。二枚目スター趙丹は5年投獄、中国のガルボと言われた女優白楊も5年投獄。謝晋監督が強制労働中に両親は自殺。2人の障害児も迫害された。

上海映画では1000人のうち309人の芸術家、技術者が迫害されて16人が非正常な死に方をした。北京映画では800余人のうち500 ～ 600人が監禁、吊るし上げられ審査され、反革命として処分されたもの300人、迫害死したもの7人。長春映画では300人近い人たちが臨時強制収容所に不法監禁され、552人の芸術、技術管理部門幹部が寒村に追放された。〔石子順〕

中国映画の〝改革開放〟

中国映画の復興が始まる

毛沢東が1976年9月9日に病死した。江青をはじめ文革で猛威をふるった四人組の逮捕とともに文化大革命が終息。中国映画の復興が始まった。江青たちの陰謀・罪悪の告発が行なわれる一方で映画人たちは農場から辺境から監獄から撮影所に戻ってきて名誉を回復された。

“傷痕映画”

1976年11月から1977年10月には上映禁止映画の90本が復活、日本映画など外国映画も上映され、のべ128億8000万人が映画を見た。日本映画「君よ憤怒の河を渉れ」は2800回上映されて2700万人が見た。映画作りが始まり、「演劇の杖を捨てろ」「現代の映画言語を創れ」という発言が映画を動かす。文化大革命の苦痛を描く“傷痕映画”と言われる作品が生まれた。1977年の四人組との戦いを描く「十月の風雲」、女優謝芳が復帰した「涙痕」や「巴山夜雨」などがある。その代表作とも言えるのは建国後監督デビューした第三世代の謝晋監督の「天雲山物語」「牧馬人」「芙蓉鎮」だ。反右派闘争から文革までの20年、無実の罪の犠牲者を描き、迫害を告発して人々の涙を誘った。

中国映画最高の年

1978年に思想解放の改革開放路線が打ち出され、1979年は中国映画最高の年となった。観客のべ293億1000万人、入場料収入20億元以上。まだテレビもなく映画は嬉しい娯楽となり生きる喜びとなった。生き別れとなった母子が戦場で再会する「戦場の花」や、おびただしい犠牲が出る戦いの悲惨を描く「今宵星はまたたく」、兵士の愛情を描く「帰心矢の如し」、恵まれない医師夫妻の苦しみを訴える「人、中年に至る」などに感動した。76年の天安門事件を背景にバイオリニストの初恋を描いた呉天明、滕文冀共同監督の「生活の顫音（センオン）」では建国以来初めてのキス・シーンを見せて観客をどきどきさせた。華僑女性と中国青年との恋を美しい風

「芙蓉鎮」の姜文と劉暁慶。

「紅い服の少女」は少女が新鮮。

景の中で描く「廬山恋」はファッションの華やかさで若者をひきつけた。

多種多様な作品

1980年代に入ると、文学の映画化が盛んになって茅盾「真夜中」、老舎「茶館」と「駱駝の祥子」、魯迅「傷逝」と「阿Q正伝」などが撮られた。第五世代を育てることになる呉天明は「人生」「古井戸」で農村青年の生き方をとらえ、女性監督黄蜀芹（ホアン・シューチー）の「舞台女優」、張暖忻（チャン・ヌァンシン）の「青春祭」、それに呉貽弓（ウー・タイコン）の「北京の想い出」、謝飛の「黒い雪の年」、胡炳榴（フー・ビンリュウ）の「郷音」などが文革で挫折した第四世代監督がリアリズムタッチで人間性を追及する手腕を見せた。喜劇映画「ピンぼけ家族」、スパイ映画「保密局の銃声」、武芸もの「少林寺」、SF映画「珊瑚島上の死光」や少女の自己主張をとらえた「紅い服の少女」と多種多様。1982年には三國連太郎が孫道臨と共演した日中合作映画「未完の対局」も撮影された。「廬山恋」に主演した張瑜のような一夜で超人気アイドルも生まれるような時代となった。

蒋介石も登場した

労働者、農民、兵士のための映画というこれまでのワクから、なによりも人間らしさを描いてその苦悩と喜びの感情を掘り下げるようになった。また歴史を描く「西安事件」では初めて蒋介石が登場。全面否定されていた国民党の指導者を毛沢東と対等の歴史人物として描くといった大変化も起こった。日中戦争の戦場を真正面からとらえた「血戦台児荘」では国民党司令官李宗仁の指揮と将兵の奮戦を見せた。“改革開放”後の2008年までの30年間に4522本の劇映画が生まれた。［石子順］

中国映画の新しい波——第五世代の誕生

北京電影学院82年組

文化大革命が終わって1978年に大学、専門学校などの入学試験が再開された。北京電影学院でも入試が行なわれて1万人以上の応募者があった。1982年に監督、演技、撮影、録音、美術系159人が82年組として卒業した。個人の希望ではなく組織分配といって電影学院から各地の撮影所や各機関に配属された。

中央からもっとも遠く離れた南寧の広西映画制作所に配属されたのが監督の張軍釗（チャン・チュンチャオ）、撮影の張芸謀、美術の何群たちだ。彼らはここで青年撮影班を結成して作るべき作品を模索した。1984年に「一人と八人」で、中国映画の新しい波を起こす。これは日中戦争下、護送される無実の罪の指導員と8人の犯罪者が日本軍と戦うという衝撃作。結末は悲劇的だが、ハッピーエンド版に修正されたのが審査を通った。日本公開は元版だった。30歳代でこれまでにない映画を撮ろうという気概と力にあふれていた。北京から同制作所に招かれた陳凱歌も「黄色い大地」で監督デビュー、黄土地帯の貧農の娘と民謡採集に来た八路軍兵士によって困窮生活とそこからの解放願望をとらえた。張芸謀の撮影は黄土を耕す労働、民謡にこめる感情、土煙をあげて躍動する腰鼓の群衆に眠っていた中国とそれを目覚めさせるような強さを画面に刻んだ。解放願望も黄河の激流に呑みこまれて救世主はいない現実を描く。彼らは中国映画の新しい波を巻き起こした新世代という意味で第五世代と言われるようになった。

それぞれ個性を発揮

田壮壮は「狩り場の掟」と「盗馬賊」で少数民族の現実を見きわめ、呉子牛は「喋血黒谷」で軍事映画を新しくし「晩鐘」で敗戦後の日本軍と八路軍兵士との戦争の後始末の違いを描く。夏剛は「再見のあとで」のように都会の愛を探す。西安映画制作所の呉天明に育てられた黄建新は「黒砲事件」で将棋の駒をめぐる騒動に工場の官僚的組織の保守頑迷さと知

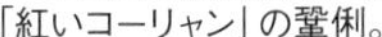
「紅いコーリャン」の鞏俐。

「黄色い大地」は新しい波をつくった。

識層の弱さを描き、同じ周暁文は「追跡者」で刑事の犯人追跡の執念に犯罪映画を新しく見せた。珠江映画制作所の張沢鳴は「絶響」で文化大革命で迫害された音楽教師とその息子の悲痛を描いた。女性監督では李少紅は農村での女性の地位の低さを「血祭りの朝」で告発し、胡玫（フー・メイ）は「戦争を遠く離れて」で戦争の傷痕を持つ父と息子との埋められない世代格差をとらえ、劉苗苗は「吉祥村の日々」で自然の厳しさの中での子どもの不幸を描き、彭小蓮は「女人故事」で農村女性の自立を応援する。1978年に張芸謀は莫言原作の「紅いコーリャン」で監督デビューした。強烈な色彩感覚と伝奇的発想、鞏俐（コン・リー）を主演女優に発掘してベルリン国際映画祭グランプリを受賞、第五世代の存在と勢いを世界に示した。

いわゆる第五世代とは

彼ら第五世代は長春、北京、上海といった大制作所からではなく広西、西安、珠江などの地方制作所出身で育てられた。

張芸謀の父は国民党将校という“黒い人物”だったが、彼以外の父は映画監督など幹部級で子供時代は幸せであった。それが文化大革命で暗転、両親は迫害され、少年時代に家庭を失い、学業を失って下放させられ、軍隊に入るなどして苦労してきた。信じるものを失って自分で生きる独立心が不屈さと反逆心となった。だからハッピーエンドではなく悲劇的結末を極彩色で描き、中国の貧困を直視していく。演劇的ではなく、映画としての新しい画面追求がまたとない映像を生んだ。ただし、彼らは才能を表すことで成功したが興行的にはふるわなかった。［石子順］

90年代の映画

各映画制作所

1990年段階で、中国の主な映画制作所には、伝統のある長春、北京、上海各映画制作所のほか、解放軍の八一映画制作所、北京電影学院付属の青年映画制作所、北京児童映画制作所、西安映画、成都にある峨眉映画、南寧の広西映画、長沙の瀟湘映画、広東の珠江映画、福州の福建映画、深圳影業公司、フフホトの内蒙古映画、ウルムチの天山映画、昆明の雲南民族映画、アニメーションの上海美術映画制作所などがある。

歴史映画

主旋律映画と言われる歴史事実を描く映画の現代史ものが1989年に長春映画の「開国大典」から始まって、「重慶談判」「決戦之後」「七・七事変」と李前寛・蕭桂雲夫妻が共同監督した。香港返還に合わせて謝晋監督も１億元の製作資金を集めて「阿片戦争」を1997年に完成させた。

歴史として直接、文化大革命の悲劇を謝晋が「芙蓉鎮」で描いた。このあと陳凱歌が「子供たちの王様」で農村に下放されて教師をする青年に、「さらば、わが愛～覇王別姫」で２人の京劇役者の半世紀にわたる葛藤に、田壮壮が「青い凧」で一家の母の歴史に、張芸謀が「活きる」で娘の死にとらえた。いずれも自分や家族や友人に襲いかかってきた文化大革命の記憶を痛みとして刻みつけた。俳優姜文も監督デビュー作「太陽の少年」にあの時代の中学生群像を登場させた。

新視点

娯楽的傾向の強い若手も登場する。何平は「双旗鎮刀客」で少年剣士の決闘を撮ったが、デビュー作は日本軍人ばかりが登場する関東軍の満州謀略映画「女スパイ川島芳子」だった。正月映画というのを発想した馮小剛(フォン・シャオガン)は「夢の請負人～甲方乙方」など喜劇3部作でその地位を確立した。イタリア帰りの女性監督寧瀛(ニン・イン)は「北京好日」でデビューし北京を描く。「レッドチェリー」の葉大鷹(イェ・ターイン)のように外国からの視点で中国人少女の戦争を

「山の郵便配達」が人気になる。

「双旗鎮刀客」は黒澤明タッチの活劇。

大胆に描き95年の興行トップとなった監督も現れた。張揚は「スパイシー・ラブスープ」「こころの湯」で北京に住む人々の哀歓を描き新しい宣伝方法でヒットさせた。呉天明は久しぶりの「變臉　この櫂に手をそえて」で名優朱旭と子役によって人情映画の温かさをまわりに広げて1996年東京国際映画祭の監督賞、主演男優賞を受賞した。

第五世代に続く学院出身監督は「北京の自転車」の李小師、「長大成人」の路学長、「ただいま」の張元、「青春の約束」の管虎、「デッド・ゾーン／最後の恋人」の婁燁（ロウイェ）などが現れているが、都会派で個人的世界に漂っている感じだった。彼らより若い賈樟柯は「プラットホーム」など外国の映画祭の賞を受賞しているが、国家の映画審査を受けていないため、“地下映画”となって一般公開されていない。また、姜文も「鬼が来た!」で香川照之を主演に日本軍占領下の村の恐怖をとらえカンヌ国際映画祭で受賞したが中国国内では未公開である。

■「山の郵便配達」

陳凱歌たちと北京電影学院同期生の第五世代で、美術監督をしてきた霍建起が妻・思蕪の脚本の「勝者」で1995年に監督デビュー。99年に瀟湘映画で撮った「山の郵便配達」が中国国内で上映されなかったのに日本公開でヒットして中国の話題となった。

外国映画では95年以降、アメリカの10本の大作を輸入できるようになった。「逃亡者」をトップとして98年の「タイタニック」のヒットでアメリカ映画は中国観客の心をつかんだ。［石子順］

「中華民族の復興」と中国映画

「中華民族の復興」、建党100周年などとの関わりで

アメリカと並ぶ超大国となった中国の現実を背景に、習近平時代の映画には国民の間で高まるナショナリズムを反映したいくつかの映画が登場している。その典型はアフリカでの元中国軍人の軍事行動を描いた呉京監督・主演の「戦狼/ウルフ・オブ・ウォー」である。また、この時期、建党100年、建軍90年や建国70年が重なって「建党偉業」、「建軍大業」、「香山の春」などの映画が、また米中対立を背景に「抗米援朝」の戦争映画「1950/鋼の第七中隊」や「狙撃手」が公開される。ただし、1938 ～ 44年に亘る日本軍機の野蛮な爆撃を防ぐための中米両軍の共同行動を描いた「エア・ストライク（重慶大爆撃）」も上映される。この米軍側教官はブルース・ウィルス、中国側パイロットは劉燁が演じている。

なお、日中戦争末期から国共内戦をまでの日中台をめぐる人間模様を金城武、章子怡（チャンツィイー）、長澤まさみに共演させて描いたジョン・ウー監督の「クロッシング」は国民党軍将校を英雄として描くことで台湾の「平和統一」の強い意志を感じさせるものとなっている。また、この時代に生きた女性作家蕭紅の年代記の形で延安から武漢、香港に至る歴史を描いた女性監督アン・ホイの「黄金時代」も注目される。

建国後および現代の社会問題との関わりで

しかし、建国後の社会問題に焦点を当てた名作もいくつか発表されている。張芸謀監督は「妻への家路」で、文革で記憶を失った妻（鞏俐（コンリー））の記憶を元に戻らせる夫と娘の努力を描き、馮小剛監督は「芳華」で自分の体験をもとに解放軍文工団の男女たちの文化活動と恋の悩みを描いている。また、賈樟柯（ジャ・ジャンクー）監督は経済成長の下で変わる風景と変わらない文化を中国人の西洋崇拝への批判も込めて描いた「山河ノスタルジー」や、やくざな男をかばって投獄された女心を大同や奉節、新疆の雄大な風景との対比の中で描いた「帰れない二人」を発表している。

2017年にアジア圏で史上最高の興行収入を記録することとなった「戦狼/ウルフ・オブ・ウォー」。原題は「戦狼2」で、2年前に公開された「戦狼」をバージョン・アップしたもの。これらの作品に前後して、中国軍の海外展開を描く「オペレーション・メコン」や「オペレーション・レッド・シー」などの作品が公開されている。(写真はチラシをスキャンしたもの)

また、現代の社会問題を衝いた作品もある。文牧野監督の「薬の神じゃない!」は白血病患者と薬の密輸業者が、大手企業やニセ薬と闘ったという実話を映画化し、ピーター・チャン監督は「最愛の子」で誘拐された子どもを探す母と子を取り戻された母の執念のぶつかりあいという実話を映画化している。1人っ子政策の矛盾という意味では2022年公開の「シスター/夏のわかれ目」も突然現れた小さな弟と暮らさねばならなくなった姉の苦悩を描いている。また、「誤殺」は政治家と警察幹部の息子によって危害を加えられた娘を守る父の物語をタイ在住の中国人という設定にして描き、チャウ・シンチー監督「人魚姫」は大企業の海洋汚染に抵抗する人魚たちを応援する青年の愛をコメディで描いている。

日本ロケ映画、歴史映画とSF映画

この他では、ジョン・ウー監督が「君よ憤怒の河を渉れ」をリメイクして福山雅治とチャン・ハンユーを主演に採用した映画「マンハント」を日本を舞台に撮っており、陳凱歌監督、夢枕獏原作の日中台合作映画「空海/美しき妃の謎」は空海役の染谷将太の他、阿部寛や黄軒たちを出演させて唐代楊貴妃の謎を描いている。また、張芸謀(チャンイーモウ)監督は「影武者」で戦国時代を舞台に自由と引きかえに敵地に向かう影武者を墨絵のような画面で描いている。映像に拘る張芸謀はここではCGを使っていない。

最後に特徴的なこととしては、SFファンタジー映画の出現がある。郭帆監督は太陽の爆発から地球を守るため、地球各地に一万基の強力エンジンをとりつけて太陽系から抜け出し、新しい惑星をめざす「流転の地球」という映画を公開している。〔編集委員会〕

大陸と一体化していく香港映画

香港映画のはじまり

イギリスの植民地となった香港は広東語の映画基地として都市文化の大きな映画市場として発達した。その基礎を作ったのは黎兄弟だった。

日本生まれの華僑黎民偉が兄北海と1913年に広東語劇をもとに香港初の短編劇映画「庄子試妻」を撮った。孫文の記録映画も撮影したが、1921年に世界戯院を建て23年に香港人初の映画会社民新影片公司を設立。1924年に香港映画初の劇映画「胭脂」を黎民偉と妻の林楚楚主演で北海が監督。1925年に16ヵ月続いた香港大ストライキで民新は経営不振に。民偉は上海に出て阮玲玉所属の聯華電影に参加。北海は33年に香港初の広東語トーキー「傻子洞房」を撮る。香港では1933年から41年まで14社が広東語映画400本、国語映画60本を撮った。

1937年、日中戦争の勃発で、蔡楚生ら多くの映画人が香港に移り、抗日映画を撮った。1941年、日本軍が香港を占領して映画製作は中止、アメリカ映画が追放された。

カンフー映画から新しい波へ

1947年に永華が周璇主演・朱石麟の大作「清宮秘史」、48年に新華が香港初のカラー映画「蝴蝶夫人」を出す。57年に邵氏兄弟(ショウ・ブラザース)香港有限公司が成立。胡金銓(キン・フー)が「俠女」で武俠映画の形を作り、李翰祥(リー・ハンシャン)の「梁山泊と祝英台」「西太后」がヒット。70年に嘉禾影片公司(ゴールデンハーベスト)が発足。1971年の李小龍(ブルース・リー)の「ドラゴン危機一発」のカンフー映画、74年の許冠文(マイケル・ホイ)兄弟の「Mr.BOO! ギャンブル大将」の喜劇映画、78年の成龍(ジャッキー・チェン)の出世作「ドランク・モンキー 酔拳」などアクション映画で成功した。82年の李連杰(ジェット・リー)の「少林寺」ブーム、85年の「霊幻道士」のキョンシー映画などの波があった。

徐克(ツイ・ハーク)が武俠映画「蜀山奇傳 天空の剣」で1983年にその存在を示した。呉宇森(ジョン・ウー)は1986年「男たちの挽歌」で周潤發(チョウ・ユンファ)、張國榮(レスリー・チャン)たちの男の友情の悲痛さをリアルに見せた。王家衛(ウォン・カーウァイ)は張國榮(レスリー・チャン)で文芸タッチの「欲望の翼」

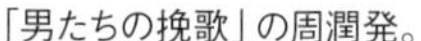
「男たちの挽歌」の周潤発。

邵氏兄弟香港のスター勢ぞろい。

「楽園の瑕」と続けて、「ブエノスアイレス」で1997年のカンヌ国際映画祭監督賞を受賞。また「花様年華」で梁朝偉が2000年のカンヌ国際映画祭最優秀男優賞を得た。

女性監督が歴史・社会と向きあって香港映画の新しい波を印象づけた。母が日本人の許鞍華は、82年のベトナム難民の「望郷／ボートピープル」、90年の故郷日本を訪れる母子の「客途秋恨」、95年の父を介護する「女人、四十。」など。張婉婷は1997年の香港の中国復帰に際して「宋家の三姉妹」で中国近代史に関わった女性像を描いた。

84年の日本軍支配下の青春を周潤發で梁普智が描く「風の輝く朝に」が痛切だった。關錦鵬は、91年に張曼玉の「ロァン・リンユイ／阮玲玉」で30年代無声映画の女王に鎮魂歌を捧げた。陳可辛が張曼玉、黎明で大陸青年の恋愛を「ラブソング」に、陳果は「メイド・イン・ホンコン」で青春の無残を描く。2003年張國榮自殺の衝撃波が世界に広がった。

2004年、中国はこれまで外国映画扱いだった香港映画を国産映画同等扱いにし、合作映画の優遇を決めて共存共栄の道を開いた。徐克、呉宇森は90年代にハリウッド映画に挑戦したが帰国し、徐克は04年に「セブンソード」を、08年に呉宇森は「レッドクリフ」Part 1.2を撮った。

武侠映画大作化で、張之亮が06年に「墨攻」を、陳可辛も08年に「ウォー・ロード／男たちの誓い」を撮った。王家衛も2013年「グランド・マスター」でカンフーに挑むものの人間性を描いた。2012年に許鞍華が「桃さんのしあわせ」で老女の日常描写に感動させ香港映画の新展開を見せた。［石子順］

ねばり強い台湾映画

植民地と独裁政治下の映画

フランスで映画という新しい文化が誕生した1895年に、日本は清国から台湾を奪った。50年間日本が植民地支配して日本人が45万人もいた。1901年に台北で高松豊次郎が巡回映写を始める。1922年松竹が台湾最初の映画「大仏的瞳孔」を撮り、出演した台湾人劉喜陽が25年に台湾映画研究会を結成。台湾人最初の映画「誰之過」を撮影したが赤字で解散。台湾独自の映画製作は押さえられ、日本人監督との合作となる。1942年には清水宏監督が山の娘に扮した李香蘭で「サヨンの鐘」を撮った。

1945年、日本の敗戦で映画施設は国民党政府に接収されたが映画作りはなかった。1949年、内戦で敗北した蔣介石の国民党政府が100万人以上の難民、50万人の軍隊と大陸から台湾に撤退。中国電影製片廠も移ってきて国防部直属となった。51年、全島の映画館で〈大陸反攻〉の反共映画「悪夢初醒」が上映された。51年に政府は電影検査法を制定、台湾語の映画が粗製濫造された。1963年香港の李翰祥（リー・ハンシャン）監督の「梁山泊と祝英台」が台湾で186日間上映され72万人が見る熱狂的状態に。李監督は台湾に8年いて65年に「西施」などを撮り台湾映画に新しい映画技法を伝達。63年中央電影事業公司が健康写実主義を打ち出し、65年李行の「あひるを飼う家」といった明るい作品が作られた。67年香港の胡金銓の「龍門客桟」が200万人も見て武侠映画熱をもたらす。70年代、中国と米国、中国と日本の国交樹立で台湾は断交、不安と危機的状況に映画観客は減少。

台湾のニューシネマ

80年代に侯孝賢「川の流れに草は青々」「冬冬の夏休み」、楊徳昌「海辺の一日」、王童「海を見つめる日」、李祐寧「老兵の春」といった新映画が社会と多彩な人間描写に成功。1987年40年続いた戒厳令解除、大陸への旅行解禁。同年に「台湾新映画宣言」が出されてニューシネマの波となる。88年蔣経国総統死去で国民党独裁政治終了。こういう社会変動下に1989

痛切な大作「セデック・バレ」。

「悲情城市」のトニー・レオン。

年の侯孝賢の「悲情城市」が生まれた。2万人以上殺された1947年の2・28事件の真相に迫って一家の喪失を描き、台湾に初めてヴェネチア国際映画祭グランプリをもたらした。

91年に楊徳昌は「牯嶺街（クーリンチェ）少年殺人事件」で大陸少年の台湾生活での悲劇を描く。92年の王童「無言の丘」が93年第1回上海国際映画祭最優秀作品賞受賞。同年に新世代の李安が「ウェディング・バンケット」でベルリン国際映画祭グランプリを受賞。2001年「グリーン・デスティニー」で米アカデミー賞外国映画賞を受賞、21世紀の武侠映画を開花させる。94年蔡明亮の「愛情萬歳」がヴェネチア国際映画祭グランプリ受賞。

92年1月、大陸と台湾と香港の映画監督シンポジウムが3地区の監督80余人の参加で香港で初開催。同年12月、謝晋監督団長の大陸映画代表団が台湾を訪問。93年海峡両岸映画祭が台北で開かれた。95年には中国監督代表団16人が第3回シンポジウムで台北に。96年金馬奨最優秀作品賞・監督賞を姜文の「太陽の少年」が受賞。台湾と中国大陸の映画交流・研究は盛んになった。侯孝賢が90年代に言った「台湾の資金、香港の技術、大陸の監督が中国映画の未来を作るだろう」が現実化していく。2009年には霍建起がオール台湾ロケで「台北に舞う雪」を撮った。

2011年に魏徳聖（ウェイ・ダーション）監督、呉宇森（ジョン・ウー）ら製作の「セデック・バレ」が完成。1930年の先住民族が日本人に反乱を起こした霧社事件を2部4時間半に描いた。2008年に同監督の「海角七号／君想う、国境の南」が大ヒットして10年来の製作願望を実現させた。台湾映画はねばり強い。［石子順］

コラム
映画文化の変化

映画教育の普及と若者文化

2009年には中国全国の600校強の大学や専門学校が映画学科を設置、そこでは映画専門の技術学科や芸術学科が含まれている。この他にも、映画と名のつく関係学部も多い。

また、映画鑑賞や映画批評などの科目が大学や専門学校において、必修ないし選択必修の科日となっている。国家教育部は映画教育の対象を高校にまで広げるとしている。こうして映画は既に基礎的教育と高等教育の各段階に広がっており、これを中国では映画の「全民教育」と呼んでいる。

映画の興行成績から、映画は若者の文化消費第一の座を占めていることがわかる。インターネットの映画関連サイト、時光ネットや豆瓣ネットなどの会員の大多数は若者である。映画は観客との距離感が近く、視覚的聴覚的な臨場感もあり、若者が求めるものに一致している。

マイクロフィルム

「マイクロフィルム」ないし「ミクロ映画」と呼ばれるミクロ型の映画が拡がっている。これは、移動中や短時間で見ることができる優れもので、完全なストーリーを最先端の技術で製作。30秒や300秒といった放映時間もさることながら、一週間から数週間といった期間、数千元の資金で製作できるという特徴が大きい。ストーリーも面白く、流行に敏感な、かつ教育的なテーマも扱っている。一話完結ものも、長編にも変化ができる臨機応変な映画であり、人気を誇っている。

このマイクロフィルムの祭典が、中国メディア大学などが主催して開催されている。このフェスティバルは1000本近くの優秀作を集め、将来性のある青年映像作家たちとマイクロフィルム作家たちとの交流の場となっている。[王敏]

12
食文化

北京ダック（北京烤鴨）。
皮はパリッともろく崩れるものがおいしい。

執筆
坂本佳奈／ロシェングリ・ウフル
宝蓮華／伊藤敬一／王敏

食べて知る中国

中華料理とは中国菜とも言い、中国本部（黄河・長江・珠江の３大流域）の漢族と東北地区の満族の料理を言う。歴史の中で各地域の多様性を吸収しつつもその特徴を残し、長い時間をかけて今日の形に発展した。

中華料理の区分では数種あり、「東酸（トンスワン）、西辣（シイラー）、南甜（ナンティエン）、北鹹（ベイシェン）」の４つに分ける場合と、方言分布に基づく分類の、「北方系（北方語）、四川系（西南方言）、湖南系（湘語）、長江下流域系（呉語）、福建系（閩語）、広東系（粤語）」の６つ、また、「山東、四川、江蘇、浙江、広東、湖南、福建、安徽」の８大系統に分ける場合などがある。斉民要術（せいみんようじゅつ）は中国最古の本格的な農学食品学の書物で現在でも参考にされる。ただし人の行き交いが容易になった今日では、その境界はあいまいなものになりつつある。各地方で特徴はありつつも、外国料理も取り入れ、日本同様、食生活は激しく変化している。

また地方の特色でまとめられない系統として仏教寺院を通じて伝えられている「素菜（スーツァイ）」（精進料理）と「清真菜（チンチェンツァイ）」（回教徒の料理、イスラム教の料理）がある。なお素菜と清真菜が宗教の影響を受けるように、中国菜も道教と儒教の影響があるとされる。

飲食と養生（医食同源）

中華料理を語る上でもう１つ重要なのが、食べ物が健康を形作るという「医食同源」の概念である。中国医学のバイブル「黄帝内経（こうていだいけい）」の考え方は今でも生活の中に広く息づいている。

すべての食物は身体に入ったあとの作用で「熱性」「温性」「平性」「冷性」「寒性」の５つの性質に分類される。ものを食べる際、素材の性に気をつけなければならない。

茄子は寒性なので、熱性のショウガやニンニクを合わせて“中和”する。夏は寒性のものが、冬は熱性のものがよくとれるので、季節の食べ物を食べるのがよいとされる。

上海の家庭料理。家庭料理なので料理はすべて並んでいるが、食事の〆はスープ。

農貿市場のひとこま(豚肉売り場)。どこの町にも必ずある。覗くなら早朝か夕方がいいだろう。

また病気に対しても、高血圧にはセロリ、冷え性にはショウガなど、伝統に基づき、治療の補助になるとされる食べ物をとろうとする。そして悪い部分があれば、そこに足りないものを補う、肺が悪ければ豚の肺を食べるなどという、「補(ブウ)」という概念がある。

薬膳料理は食事そのものが薬である、さらに発展した形である。

吃涼(チーリャン)と吃補(チーブウ)

季節の変わり目に特定の食べ物をとって、身体の調子を整える習慣がある。夏になる前を「吃涼」、冬になる前を「吃補」と言う。夏前は寒性の食品、瓜類、酸梅湯(スアンメイタン)や白菊茶などで体外に熱を出し、スッポンなどの肉類でスタミナをつける。逆に冬前は身体を温めるものを食べる。

家庭の食事

朝は豆乳や粥の液状のものと、揚げパン(油条など)または包子(バオズ)、そして漬け物など小さなおかずを食べる。麺類を食べることもある。都会では朝は家で作らず、朝早くに昼や晩ご飯の材料を買いに出かけるついでに市場で買ってくるか、屋台で食べることも多い。昼は家に帰るか食堂で、おかず、ご飯または麺をとる。夜はおかず数品をご飯と一緒に食べ、そして汁物(湯)で食べきる。

取り皿はなく、ご飯茶碗へ直箸で取り分ける。宴会料理とはまた別に、単純だが飽きない毎日のご飯である。なお少数民族についてはこれに当てはまらない(350頁「ウイグル料理」および352頁「少数民族の食文化」参照)。[坂本佳奈]

中華料理（北方）

北方系

ここで言う北方とは、北京、山東、山西あたりを指す。都市は北京、天津、西安である。山東地方の海の食材、山の食材を利用した料理を元に発展した山東料理が、北京料理や宮廷料理の源流とも言われる。なお、北京料理は「京菜」と言い、その他をまとめて「東北菜」とも言う。

味の特徴はネギやニンニク、塩、ミソ、醤油を使い、甘みは少ない。また冬季が長く、野菜がとれる時期が限られるため、漬け物（酸菜（スゥンツァイ））が発達した。冬の厳しさから、スープも鶏の脚や手羽先を煮立てて作るゼラチン質たっぷりの白濁した奶汤（ナイタン）が好まれる。唐辛子もよく使う。そして、石炭の産地が近かったせいか、ごく強い火力で材料を炒める「爆（バオ）」が特徴的な調理法である。モンゴルや西方の影響も受け、羊肉もよく食べる（しゃぶしゃぶの涮羊肉（シュワンヤンロウ）、焼肉の烤羊肉（カオヤンロウ））。

・北京烤鴨（ベイジンカオヤー）

水飴をかけて乾燥させた後に焼くことで皮は香ばしくパリッとしている。皮だけを取り、春餅（チュンピン）と呼ばれる薄い小麦のクレープ様の皮に乗せ、甜麺醤、キュウリ、白髪葱と食べるのが一般的。残った中身はそのまま食べたり、スープに仕立てる。

・糖醋鯉魚（タンツウリィユー）

鯉は日本同様、川魚の代表で「上り魚」として縁起が良いとされる。片栗粉などのでんぷんをまぶして丸ごと上げた鯉に、甘酢餡をかける。

魚料理にまつわるあれこれ

宴会の席ではスープの前、おかずの最後に、まるまる1匹の魚が出されることがある。その場合、頭を主賓に向けて提供し、主賓が魚の頭などに手を付けると、他の客が食べることができる。魚はひっくり返してはいけない。船がひっくり返ることの隠喩として嫌う。そして宴会の席では、魚の頭に座っている人が尾の方にいる人に酒を進めることができ

北京ダック（北京烤鴨）皮はパリッともろく崩れるものがおいしい。春餅で包んでいただく。

糖醋鯉魚。魚料理が出たら、頭と尾の向きに注目しよう。お酒が飲めない場合は要注意。

る、といった遊びもある。

乾貨

乾燥食品の中でも燕窩（燕の巣）、魚翅（ふかひれ）、海参（なまこ）、アワビといった海の価値の高いものを「乾貨」と言う。高級料理では乾貨の利用が多いため、中国菜と言うと季節感に乏しいイメージがあるが、上手に戻すのも高度な調理技術である。生鮮食品にはない旨味と歯ごたえを特徴とする。

宮廷料理

宮廷料理は王朝とともに存在したと考えられ、夏王朝には宮廷の飲食をつかさどる長官が置かれていたという文献が残っている。それ以後、宮廷料理は庶民の料理とはまた違い、独自に進化していったとされる。

中国の宮廷においては古くから飲食礼儀が重んじられた。漢代の「礼記」には「目上の人から物を与えられた時は目下の者や身分の低い者は遠慮せずにもらうのがよい」など、現代にも通じる考え方が既に示されている。その後、時代が下るにつれ、祭祀、祝日などの飲食についての細かい決まりなども書き残されるようになった。

なお、有名な「満漢全席」は満州族が漢族を呼んで催した宴会が起源で、種類の大きさ、規模の大きさ、豪華さを競うものではあるが、始まりは宮廷料理ではなかった。［坂本佳奈］

中華料理
（南方）

広東・福建・香港

香港や広州を擁する珠江下流域を南方と呼ぶ。高温多湿な亜熱帯・熱帯気候で、農産物が豊かで、海産物も豊かである。南方料理は大きく「広東」と「福建」に分けられ、広東料理はさらに、淡白な正統的「広州料理」、塩味が強く保存に優れた「客家（ハッカ）料理」、海鮮料理が多い「潮州料理」の3つに分けることができる。

客家は北方から戦乱を避けて南下してきたとされ、北方の特徴を残す。福建料理は東南アジアに多い小エビを発酵させた蝦醤（シャジャン）や、紅こうじを使って発酵させた紅糟（ホンザオ）など独特の風味を持った調味料を使った料理である。

広東料理は海上交易の盛んな土地柄から、乾貨の利用もさかんである。肉は豚に加え、鶏やアヒルなどの家禽が多く、ハクビシン、ヘビなど、野生動物も盛んに利用し、テーブル以外の4つ足のものはなんでも食べると言われるほどである。

食材が豊富であり、さらに食を通じて長寿を願い、中国の中でも特に意識が高いのが広州であり、まさに「食在広州」（食は広州にあり）と言われるにふさわしい。夏は解熱作用や水分調整の機能があるとされる冬瓜（とうがん）や苦瓜などウリ類を多用する。使用する油の量も少ない。

鹹魚（シェンユー）（匂いのきつい塩漬け魚）、臘腸（ラーチャン）（腸詰め）などの加工品や、蠣油（ハオユウ）（オイスターソース）などの調味料もよく使われる。調理法では焼烤（シャオカオ）（焼き物）、じっくりと火を通す燉（ドゥン）（スープ蒸し）や煲（バオ）（土鍋で煮る）などに優れている。また近年では、西洋料理の影響を受け、大皿で取り分けるのではなくフランス料理のように1品ずつ個人に料理を美しく盛って提供する新しいスタイルも見られる。飲茶（ヤムチャ）、点心も盛んである。

・什锦冬瓜盅（シジンドングワツォン）

冬瓜を器にし、各種海鮮、カエル、家禽類のさいの目切りなどいろいろな材料を上湯でじっくり蒸したもの。什锦（シジン）はいろいろな材料を使って

フカヒレスープ。フカヒレは鮫の種類によって形状も異なる。途中で酢を掛けて味を変えて楽しむ。

排骨煲。ざらっとした土鍋に入って長い時間煮てあるため柔らかい。

いるという意味である。

・陶板大排翅（タオバンダーバイチー）

フカヒレの煮込み。乾価の集まる広東地方ではフカヒレを使った料理が宴会では欠かせない。金華火腿（金華ハム）、干しホタテ、干しアワビ、スルメなどを使って出汁をとり、とろみを付けて提供する。フカヒレ自身に味はない。

・苦瓜排骨煲（クーグワパイグウバオ）

豚肉、鹹菜（シェンツァイ）（漬け物）に苦瓜と野菜を加えて土鍋で水から煮る家庭料理。この他、タロイモもよく利用される。

■野 味（イェウェイ）

野生生物を野味と言う。広州・香港で食べられる代表的な野味は果子狸（ハクビシン）、豹狸（バオリー）など狸、蛇、山瑞（スッポンの一種）など。

狸のシーズンは秋、冬。蒸し煮、炒め煮にして食べる。身体を温める

蛇はいろいろな薬効があるとされ、特に眼病とリュウマチに効くとされるが、食べるのは主に南方で、江南以北にはなかった。蛇肉は骨が多いが美味である。シーズンは秋、冬。

また広東以外でも主に南方でよく見られ、田鶏（ディエンジー）などの蛙、雲南省では昆虫も食べる。

野味は、タンパク質が不足したから食べるのではなく、美味であるから食べる、または身体の調子を整えるために食べるものである。［坂本佳奈］

中華料理（東方）

魚米之郷

一般に「華南」、「江南」と呼ばれる長江の下流域周辺を東方とする。江南と呼ばれる長江の下流地帯の上海市、蘇州・揚州がある江蘇省、杭州がある浙江省、安徽省がある。長江が流れていて海が近く、湖沼も多く、運河も多く、水に非常に恵まれている。緑豊かで四季の区別がはっきりしている。古来より水の美しい場所として、米をはじめ農作物が豊かであり、穀物地帯のため、米を原料とした酒、酢、醤油などの醸造が盛んである。中国を代表する酒の１つ紹興酒はもちろん、鎮江香醋（ジェンジャンシャンツウ）も世界的に有名な中国の酢である。この他、スープのもととしてもよく使われる金華火腿（ジンホワフォトォイ）は浙江省金華で作られる。

さらにコイ科（青魚が有名）やニシン科を始め魚やタニシなど水産物も豊かである。最近ではアメリカザリガニも初夏から出回る。海に近い場所では海鮮もあるが、海に近い上海でも淡水産が親しまれている。上海蟹として有名な大閘蟹（ダージャーシェ）も淡水産。春はジュンサイや龍井茶（ロンジンチャ）、秋は大閘蟹など季節に応じた様々な味わいがある。

また一口に江南と言っても、豊かな食材から、蘇州の料理、杭州の料理など、それぞれ個別に認識されている。ただ長江下流域の料理は大きく分けて2つの特徴がある。素材の持ち味を生かしたもの、そして醤油と砂糖をベースにしたこってりと甘く濃厚な味わいのものである。ニンニクや唐辛子、香辛料を多用することはあまりない。

・龍井蝦仁（ロンジンシアレン）

高級茶である龍井茶の若葉入りむきエビの炒め物。薄いピンクと緑の色の組み合わせと、香りを楽しむ杭州の名物料理。

・東坡肉（ドンポーロウ）

豚の角煮、特に皮付きの三枚肉を利用し、甘辛い味の代表。宋代の蘇軾（蘇東坡）が得意としていた料理で、その名がついた。日本にも伝わり、

小籠包。南翔小籠包だけではなく、いろいろな店が出している。家庭で作る場合もある。

酒醸。日本の甘酒に似た名物。桂花の入ったものは香りも味も甘く形容しがたい。

長崎の卓袱（しっぽく）料理や沖縄料理にも見られる。

・小籠包（シャオロンバオ）

上海郊外の南翔の伝統的な点心。発酵しない生地を皮にして、豚皮の煮こごりを作って肉餡に加えて包む。蒸し上がると煮こごりが溶けてスープになる。またの名を湯包（タンバオ）。

・酒醸円子（ジュウニャンユアンズ）

酒醸（味は甘酒に似た発酵した米）に水を加えて温め、そこで白玉を茹でてそのまま暖かいうちに汁ごといただく。上海や寧波の名物。

点心

「吃飯（チーファン）」は時間、作法などの決まり事があり、ある程度の大きな形を占めるが、決まりなく気軽に食べるものをすべてひっくるめて「点心」と呼ぶ。1500年ほど前には、食習慣の中に、常饌（チャンジュアン）（いつも食べているご飯）と小吃（シャオチー）（小食。軽い食事）を分けていたとされる。点心は早点（朝食）、午食（3時のおやつ）のように時間が決まっているものもあれば、旅先でちょっと食べるもの、お茶を飲みながら食べる「茶点」、酒のつまみなども点心である。点心は「鹹点心」、「甜点心」、「小吃」、「菓子」に大別する。鹹（塩）味は餃子、肉包子。甜点心は月餅やまんじゅう。この2つと果物にはまらないものを小吃（小食）と言う。小吃は麺類、小麦粉を練ったもの、ご飯類、粥類、豆腐類と様々である。地方ごと、都市ごとに特徴のある小吃（風味小吃）がある。現在では交通や情報伝達の発達により、その境は曖昧になって大きな都市ならいろんな地方のものが食べられるようになっているものの、依然、当地で食べる味は格別であると言う。［坂本佳奈］

中華料理（西方）

四川・雲南・湖南

西方とは、長江を遡っていった地域の四川省を中心とし、青海省、チベット、南は雲南省に接した内陸のエリアを指す。四川は東半分は盆地だが、河川が多く水が豊富で農作物の栽培が盛んである。高温多湿なので発酵食品もよく発達している。花椒の産地として名高い。そら豆と唐辛子を発酵させて作る豆板醤（トウバンジャン）や、豆豉（トウチー）（大豆の発酵調味料）も特産である。納豆菌で発酵してからさらに塩を加えて発酵させる淡豆豉（タントウチー）も有名だ。また、牛の需要が多く、料理に使われることも多い。塩も産出する。中原から遥か遠くにあるものの、古来から南北の文化が交差し、交流も盛んで独自の食文化を発展させてきた。

雲南省は亜熱帯気候にあり、照葉樹林が中心の豊かな山岳地帯で、動植物がとても多い。特に茸や薬膳料理の素材が有名であり、また米料理の種類も豊富で、特に米線と呼ばれる米の麺が特産物である。

四川料理は「川菜」と略して呼ぶ。曇天が続き高湿のため、病気にかかりにくくする目的で食欲増進と発汗を促し、新陳代謝を高めることが求められる。そのために花椒（さんしょう）の麻（しびれる味）、唐辛子の辣（ラー）（辛さ）、酸辣（スァンラー）（辛さの中に酸味がある）、怪味（グワイウェイ）（何とも表現できない複雑な味）など、調味の多さに加えて香り高さもその特徴である。

ただし、四川省は道教の発祥の地であることから、医食同源の考えに基づいた料理も数多く存在する。必ずしもすべてが辛いわけではなく、川菜の正宗（正統派）とされる料理には淡白で洗練された品格のある料理も多い。香辛料をたっぷり加えた塩水に野菜を漬けた泡菜（パオツァイ）も四川の名物である。酸っぱいだけでなく、発酵してまろやかな辛み、塩のからさ、彩りも豊かで歯触りもいい漬け物である。また長江の中流に当たる湖南の料理を「湘菜（シャンツアイ）」と呼び、独特の料理があるが、東方・西方・南方のそれぞれの特徴を併せ持つ。

麻婆豆腐。痺れた舌に唐辛子の辛さが心地よい。唐辛子の香りが良い。店や家庭によって味が変わる。

米線。朝食や軽食として食べられる。粒食に適さない米でも、粉や麺として余すことなく食べきる。

・麻婆豆腐

麻辣味、四川を代表する味。豆腐を崩さぬように調理せねばならず、唐辛子も数種類使って味に深みを出す。

・水煮牛肉

味を付けた牛肉を豆板醤（トウバンジャン）入りのスープでとろ火で煮て柔らかくし、粉唐辛子と花椒（さんしょう）粉をかけて熱い油を注ぎ、香り出しをする。野菜は歯ごたえよく軽く火を通す。かなり辛いが、花椒のおかげか辛さによる痛みを舌に感じにくい。

・過橋米線（グオチャオミーシエン）

雲南省の特色料理。脂の多い沸騰して熱々のスープの入った丼の中に、薄切りの肉や魚、野菜などを入れてそこで調理をして食べる米の麺。米線は市場などで売られている時点で火が通っており、あまりコシはない。

・汽鍋（チーグオ）

汽鍋は雲南省独特の真ん中に穴の開いた鍋で、鍋に鶏や魚、蛇などの素材を入れてそれごと蒸し、素材そのものの水分と水蒸気を集めてスープにする。薬膳の素材もよく入れられる。

麻辣味

一口に麻辣と言っても、唐辛子と花椒をそれぞれ生と乾燥したもの、粉にしたもの、粗挽きにしたもの、発酵させたもの、とバリエーションに富んでいる。唐辛子の種類も豊富。また花椒はよく熟した実の皮を使い、日本のように未熟果実や葉、種は利用しない。［坂本佳奈］

ウイグル料理

ウイグル料理は中国の西北部に位置する新疆ウイグル自治区を中心に生活するウイグル族の民族料理である。ウイグル族はイスラム教を信仰しており、ウイグル料理には必ずイスラム法に定められた食材（ハラール）を用い、たとえば豚肉や豚油などは絶対に使用しない。ウイグルの料理には小麦を用いた料理が多く、人が集まるときには米を使う料理を作る。

■朝食とナン（エッケン・チャイ ätkän chay）

ウイグルをはじめチュルク系民族の食に欠かせないのがナンであり、ナンと茶を合わせたものを朝の茶（エッケン・チャイ ätkän chay）と呼ぶ。朝、夕はエッケン・チャイですませることも多い。ウイグル族は朝食に必ずナンを食べる。紅茶で作ったミルクティーとナンを中心に、干しブドウ、ナッツ、クルミなどを共に食べる。ナンは硬くなりやすいため、割ってからお茶に漬けて食べることも多い。

ナンは小麦粉と塩（必要に応じて植物油を加える。イーストも使用する場合がほとんど）で作った生地を円盤状にのばし、ゲズネ（gezne）と呼ばれる板を使ってトヌル（tonur）と呼ばれる縦型のかまどの内側に貼り付けて焼く。大きなものはカクチャ（kakcha）、小さなものはトカチ（toqach）と呼ばれる。

■昼食・夕食とポロ、ラグマン、ゴシナン、チョチュレ、スイカシ

ウイグル族のお昼や夕食は、ポロ、ラグマン、ゴシナン、チョチュレ、スイカシなどが主流である。

ポロ（polu）はウイグル族の伝統的な料理でもあり、結婚式などのお祝いの場、葬式など、多くの人が集まったときに必ず出る。材料は米、羊肉、ニンジン、タマネギ。鍋で羊肉、千切りのニンジン、タマネギを炒め、それに水と米を加え煮たあと、30分ほど蒸して作る。

ラグマン（laghmen）は麵料理。小麦粉に塩を加えて作った生地を両手で引き伸ばしたうどんのような麵をお湯で茹で、肉、たまねぎ、トマトとお好みの野菜をいためて作った具をその上にかけて食べる。いろんな野

日本風に言うと「ピラフ」となるところの「ポロ」。ただし、大きな羊肉をどんと上に乗せたものが好まれるなど「ピラフ」とは異なる。

しかし、ウイグル族の主要穀物は小麦なので、毎日の主食はナンと中央アジア起源の「麺」となる。トマト汁をうまく使って切り刻んだ羊肉と野菜を使う写真の「ラグマン」は毎日食べても飽きない。

菜を混ぜて炒めて食べるので、栄養が豊富である。作り方は、引き伸ばして作る日本のそうめんにも似ている。

チョチュレ（chöchüre）は、肉とタマネギで作った具を生地で小さく包んだものをスープに入れたワンタンのような料理で、手間がかかる。ビダ（アルファルファ）の新芽で作るキョック・チョチュレは、春の名物である。

シシカバブ（カワプ kawap）

シシカバブはウイグル族の食卓に欠かせない料理の1つ。いろいろな種類があるが、ラム肉を使ったシシカバブが主流である。ほかにも、レバーシシカバブ、羊腎シシカバブ、羊腸シシカバブなどがある。

作り方は、まず羊の肉と脂身を親指大に切って、卵とおろしたタマネギ、少量の小麦粉を混ぜたものをまぶす。しばらくなじませた後、肉と脂身を鉄串に刺す。炭火でじっくりとあぶった後、唐辛子、クミン、塩を満遍なくふりかけて、更に数分炙る。

以上の料理はウイグル料理の中の一部にすぎない。ウイグル族は中央アジアにあって、多方面の文化を融合した独特の文化を持つ。食文化もまた世界的に見ても特筆すべき優れた味わいを持っている。

新疆には各地に名産の果実が存在する。中でもトルファンの緑のレーズンは世界的にも有名で、古くから日本へも輸出されている。コルラの梨は新疆香梨と呼ばれ中国全土で手に入る。そのほか、ハミウリを含めコグンと呼ばれるメロン類、スイカは糖度も香りも高い名産。北疆にはリンゴやアーモンドの原産地と目される場所もある。［ロシェングリ・ウフル］

少数民族の食文化

ウイグル料理以外にも、有名なものとしてモンゴル族、回族、チベット族の料理がある。さらに雲南省には数多くの少数民族がいて、それぞれ独自の食文化を持っている。

モンゴル族

モンゴル族は基本的に遊牧を生業としている。馬などの大型家畜と羊・山羊の小型家畜を、季節に応じて牧草地・水場・塩場がある一定の場所を移動させながら育て、生活のすべてをこれらの家畜による産物に頼っている。食生活は、乳・乳製品・肉・保存用肉、そして少しの穀物と野菜で成り立っている。12月頃、昼間の温度が氷点下になると、家畜は乳を出さなくなるので、家畜を屠り、雪解けの5月頃までその肉を利用する。5月頃からはまた家畜が子を生み乳を出すようになるので、今度はその乳を利用する。このように肉と乳のサイクルを基本としている。茶を飲む習慣は漢代からあったとされ、夕食を一番大きな食事とし、朝・昼は「朝の茶」「昼の茶」と言う。

回族

回族は広く中国全土に住んでいる。歴史的には西方から来たとされる。時代が下るに従って風俗習慣も漢化したが、イスラム教の教えを守ることは伝えられてきた。食においても、ハラール（清真）を大事にしており、都市でも農村でも外食する場合は清真菜館（回民料理）と明示された料理店で食べる。家庭においても回教寺院の僧が祈禱して作法に則って処理された肉を利用する。その他の食文化は漢族と同化している。

チベット族

チベット文化圏は広く、チベット自治区のほかに、青海省、四川省などにも存在する。共通するのは、チベット仏教を信仰して、チベット文字を使用し、海抜の高い場所に生息するヤクを家畜として、「ツァンパ」という麦焦がしを食べることである。主食のツァンパに、ヤクや羊の肉、

チベット族の伝統的な主食はハダカ麦で作ったツァンパという食べ物。写真は青海省の観光用のテントでツァンパを作っている様子。

タイ族の食堂の風景。米は糯米。おかずも香りのある野菜が多い。

乳製品、野菜や果物を少量とる。宴会料理には中華料理やインド風の料理が出ることもある。磚茶（紅茶を圧力で固めたレンガのような茶）を削ってお湯に入れたものに、バターと乳、少量の塩を入れたものを「チャ・シィマ」と言い、よく飲む。「ショ」と呼ばれるヨーグルトも食卓には欠かせない。

雲南省の食

雲南省は少数民族が数多く住み、それぞれ影響し合いながらも独特の文化を保っている。雨が多く気温が高い省の特産として野生のキノコ、昆虫食、シダ類などの山菜、タケノコを利用した料理がよく見られる。小麦よりも米が優勢で、高温多湿で発酵しやすいので熟（な）れ鮨や納豆、こんにゃくといった日本と共通の食べ物も数多く見られる。豆腐の発酵食品である臭豆腐の種類も豊富である。

雲南省の代表的な民族であるタイ族は糯米（もちごめ）を好む。竹筒に入れ、芭蕉などでしっかりふたをして炊飯する竹筒飯は名物である。イ族など他の民族も同じように竹を利用する。タイ族は酸味や苦みのある食べ物やタイバジル、ミントなど香草類を好む。周辺の民族では、それらに加え、ドクダミの根、ネギの根など日本にも存在するが食用にしないものも利用する。また昆虫食も雲南省の1つの特色で、竹につく竹虫（蛾の幼虫）を素揚げにしたものや、蜂の子は生はもちろん茹でたり炒めたりして農貿市場に売っている。ミャンマーやラオスなどの国境に近い山岳地帯に行くと、さらに豊かな昆虫食を見ることができる。［坂本佳奈］

多彩に広がる食

素菜（スーツァイ）

「素菜」とは肉を全く使わないおかずのことを言う。対する言葉は「葷（フン）菜」であり、一般に、においの強いものではなく肉を使ったものを言う（厳密には大蒜や葱などもとらない）。市場や食堂等に行くと、ほぼ素菜・葷菜に別れている。素食とも言う。

肉は使わないが、小麦グルテン（麵筋）で作った肉（素肉）や豆腐を使った、代用品のもどき料理がある。宗教的理由もさることながら健康目的で食べる人も多い。旨味としてはキノコ類やもやしなどを使う。寺院がレストランをしていることもある。

豆腐（ドウフ）

豆腐の種類は日本よりも豊富である。日本と同じ伝統的な製法で作られる豆腐もあるが、水に放たず売られるため固い。また長い濾（こ）し布の上に流し込み巻き取って作る薄いハンカチのような百葉（バイイェ）（百叶）、百葉を切った豆腐干絲（ガンスー）、茶で煮しめた茶豆腐、ハムの形に固めたもの、油揚げの大きさも2cm角の小さなものから日本の油揚げのサイズまで多種多様である。臭豆腐、腐乳など発酵したものもある。凍豆腐もある。豆腐皮は湯葉のことであり日本の物よりも分厚く、歯ごたえがある。

清真菜（チンジェンツァイ）

清真菜とは、細かい決まりがあるが、一般にイスラム教徒が食べられる食事のことを指す。回族自治州、新疆などイスラム教徒の多い場所のみならず、北京や上海などの大都市でも清真のレストランがある。中国菜と決定的に違うのはコーランの教えにより豚肉を一切使わないことである。同じ場所で調理してもいけないので、必ず厨房は別々になっている。回族、ウイグル族、カザフ族など10民族がイスラム教徒であるが、中央アジアに近いウイグル族と中部にある回族の料理は全く異なる。

豆腐。農貿市場にて。日本のように水に入った豆腐は日本豆腐と呼ばれる。普通はよく水を切って、そのまま売る。

大きく「清真」と書かれている屋台。いろんな人がいることを知らせてくれる。

歳時記

中国では陰暦のことを農暦（ノンリー）と言う。公的な場のカレンダーは西暦を使っているが、行事や休みは農歴のままなので、毎年日付は移動する。大型連休も春節、五一節、国慶節だったが、春節以外は変更がある。

1年の最後、農歴12月30日の除夜には、北は餃子を作り、南は糯年糕（ヌオニエンガオ）を作ってにぎやかに過ごす。そして、あけて元旦から春節が始まる。公的には3日までだが元宵節（ユエンシャオジエ）までが正月である。

元宵節は農暦1月15日で、元宵（ユエンシャオ）を作って食べるが、北は具に粉を何度もまぶして団子状にし後から味付けはせず、南は練った生地を茹でてから食すときに胡麻などをまぶす、といった違いがある。

清明節は新暦4月5日前後で祖先の墓参りをし、ついで野遊びをし、野良仕事の段取りをする時期とされる。上海のような都会でも今なお墓参りをし、町には青団と言った緑色の団子があふれる。

端午節農歴5月5日に欠かせないのは粽子（ゾンズ）、いわゆるチマキである。棗（なつめ）、肉などを糯米で包み笹の葉で包んで蒸したもので、様々な味、形がある。粽子は1年中食べるものだが、特にこの日には必ず食べる。

中秋節は農歴8月15日、職場や親戚、友人などで月餅を送り合う。月餅は広東式、蘇州式など様々で、贈り物として近年ではアイスクリームやチョコレートなども多い。江南では里芋を食べる。

その他、冬至の日に寒さで凍傷になって耳が落ちないように、耳の形をした餃子を食べるという習慣が残る地方もある。［坂本佳奈］

中国茶の起源と分類

中国茶の起源

中国で生まれた茶は、中国国内で様々に変化し、そして世界中に広がっていった。唐の時代（7～10世紀）に茶聖と呼ばれる陸羽が著した世界最初の茶専門書『茶経』の中では、一之源（第一章、茶の源）に「茶者南方之嘉木也」と記され、茶が中国の南方の木であると述べられている。また、七之事（第七章、茶の史料）の冒頭に「三皇 炎帝神農氏」と名前が挙げられている。農業の神様、また今日の本草学の始祖と言われる神農（しんのう）は、山野を駆け巡り、野草を食べては、食べられる植物を人々に教えていた。時には毒草にあたり苦しむが、神農は茶の葉を噛んで解毒したと伝えられている。

「茶を飲む習慣は、遠く神農の時代から始まり（紀元前3400年頃）、魯の周公旦によって世に広められた（紀元前1046年頃）」と記されている。つまり、とても古い時代から茶は飲まれていたのである。最初は「薬」として飲まれていたと考えられるが、次第に庶民の飲み物として広まっていった。茶には特有のよい香りがあり、飲むと爽やかな気持ちになる。また、様々な成分が活力を増進し、疲労の回復に役立つ。その薬効作用と味、香りの良さからやがて世界中に普及し、それぞれの国の風土や文化に合った形で発展していった。

中国茶の分類

茶樹から若芽を摘み取り、各種の茶葉に製茶する。製茶した茶葉の種類を大きく分けると基本茶類（1次加工茶）と再加工茶類（2次加工茶）の2種類になる。基本茶類には緑茶、白茶、青茶、紅茶、黄茶、黒茶があり（6大分類茶）、発酵の度合いで種類が分かれている。再加工茶類には花茶、緊圧茶、粋取茶、果味茶、茶飲料、薬用保健茶などがある。

・基本茶類(1次加工茶)

(1) 緑茶（不発酵茶）：中国茶の中で最も古い歴史を持つ。中国茶生産量の

台湾南投県茶摘みの様子。

蓋碗で高山烏龍茶を淹れる。

60～70%。中国国内消費量でもトップの座を占める。主な銘茶：西湖龍井（ロンジン）、碧螺春（へきらしゅん）、黄山毛峰。

⑵ 白茶（軽微発酵茶）：中国茶の中で特別な名品。芽と若葉の一芯二葉すべてに白毫（産毛）が生えているので、できたお茶は全体が白毫に覆われているように見える。主な銘茶：白毫銀針、白牡丹。

⑶ 青茶（半発酵茶）：お湯を注ぐと、茶葉の内側は緑色、縁が赤色になるので、「緑葉紅鑲辺（りょくようこうじょうへん）」と形容される。不発酵茶と完全発酵茶の中間に位置する半発酵茶で、飲んだ後も香りが残り、余韻が楽しめる。主な銘茶：安渓鉄観音、武夷大紅袍、凍頂烏龍（ウーロン）茶。

⑷ 紅茶（完全発酵茶）：紅茶は種類が多く、その中でも正山小種は400年以上の歴史を誇る世界で最も古い紅茶である。世界3大紅茶は、インドのダージリン、スリランカのウバ、そして安徽省の祁門（キーマン）紅茶。主な銘茶：祁門紅茶、滇紅（てんこう）、正山小種。

⑸ 黄茶（軽発酵茶）：製茶工程が他のお茶とは異なり、「悶黄（もんこう）」という黄茶独特の工程がある。高温多湿にすることで、茶葉の成分に化学変化が起こり、「黄湯黄葉」（黄色い茶湯、黄色い茶葉）という悶黄の特徴が作られる。主な銘茶：君山銀針、霍山黄芽。

⑹ 黒茶（後発酵茶）：茶葉が黒褐色をしていることからその名がつけられた。発酵茶で、年月が経つほど味や香りが芳醇になる。黒茶は辺境地域の少数民族に愛飲されるので辺銷茶（へんしょうちゃ）とも呼ばれる。主な銘茶：雲南普洱（プーアル）茶、六堡茶。［宝蓮華］

中国酒

中国酒の起源

中国酒造りの始祖については2つの伝説がある。1つは『世本(せほん)』という秦漢時代の書（漢の司馬遷が『史記』を書く時に参考にした書であるが、南宋以後散佚し、今では清代の不十分な輯佚本が見られるのみ）や『説文解字(せつもんかいじ)』（後漢期に作られた後に宋代に増補校訂された中国漢字典の古典）などの記述によるもので、漢民族の始祖とされる伝説上の帝王、「黄帝」の宰相であった杜康(とこう)（少康とも言われる）を始祖とする。日本で酒造職人の長を杜氏(とうじ)と呼ぶが、これは杜康に由来する。

もう1人は、夏王朝初代の王となった禹王に美酒を献上した儀狄(ぎてき)という人物であり、これは漢の劉向(りゅうきょう)が編纂した『戦国策』33篇の中の「魏策」の記述による。これを飲んだ禹王はそのあまりの美味しさに「後世必ず酒でその国を亡ぼす者が出るであろう」と言ったとされる。

醸造酒

中国における醸造酒の代表は浙江省紹興が特産の紹興酒である。紹興酒系統の酒は、主に餅粟を材料として醸造され、一般に「老酒(ラオチウ)」や「黄酒(ホワンチウ)（中国語の黄色は茶褐色も含む）」、時に「清酒(チンチウ)」と呼ばれる。また山東省の黄酒は「山東黄(シャントンホワン)」と呼ばれ、また、北京市南部大興県の黄酒は「元紅酒(ユワンホンチウ)」と言われている。一般には地名を冠して「紹興(シャオシン)老酒」とか「即墨(チーモー)老酒（山東即墨県）」とか「汾州(フェンチョウ)黄酒（石家荘）」などと呼ぶことが多い。

この老酒の系統の酒は、アルコール濃度がすべて20%前後以下で、一般の人にはちょうど適当な濃度であり、親しみやすく飲みやすい。このアルコール濃度は、醸造という方法では、これより上げられない。

完成した紹興酒の保存方法が重要である。まず甕に容れられ、蓋を石灰で塗り固めて完全に密閉し、低温で温度変化の少ない地中か地下室や窑洞(ヤオトン)（洞窟）の酒蔵に何年も保管される。酒場では一般に3～8年位熟成された紹興酒が出されるが、熟成期間が長いほど美味で高価となる。甕

様々な中国酒。右端が茅台酒。

の蓋を壊して開けたばかりの酒が、香りも高く最も美味しい。たまに20年物か30年物を飲めば格段の美味を味わえる。

また、老酒の中に様々な漢方薬を入れた薬酒もある。たとえば「五加皮酒（ごかひしゅ）（強精薬）」、「天麻酒（鎮痙、鎮痛薬）」、「杜仲酒（強壮薬）」などである。

蒸留酒

醸造酒をさらに蒸留して濃縮すればアルコール濃度の高い蒸留酒がつくれる。2度、3度と蒸留を繰り返すと60%を超える強い酒ができ、総称として「焼酒（チャオチウ）」、「白酒（パイチウ）（白とは色のない透明の意）」、「白乾児（パイカル）」、「高粱酒（カオリアンチウ）」などと呼ばれる。北京でも「二鍋子（アルグオズ）（ポケットに入る携帯用の小瓶に容れた二鍋子を「小二（シャオアル）」と言う）」とか「焼刀子（シャオタオズ）」などと呼ばれる強い酒があるが、全国各地にもそれぞれ内外に名を知られた各種各様の名酒がある。たとえば山西省汾陽県の「汾酒（フエンチウ）」、貴州省仁懐県茅台鎮の「茅台酒（マオタイチウ）」、四川省の名酒「五糧液（ウーリアンイエ）」、或いは江蘇、安徽、四川、貴州などの各地で作られる「大麯酒（ターチュイチウ）」という様々な60度を超える強い酒は、いずれも天下の絶品である。これらの酒は度数が相当高いので少しずつ飲むこととなるが、舌に美味な刺激を感じた途端にのど元あたりで酒精が蒸発して消えてしまうため、軽くかつホンワリと快く酔うこととなる。胃の負担がほとんどなく純粋なので悪酔いすることがない。

また、この白酒は飲み手がそれぞれ様々な秘伝の薬剤を入れて、各家各戸自慢の不老長寿の薬酒を作っていて興味深い。［伊藤敬一］

日本料理と西洋料理の浸食

中国の若者たちの間では日本料理や西洋料理が日常的な食べ物になりつつある。中国で最初の本格的な日本料理店は、改革開放が軌道に乗り出した1990年、広州のホワイトスワンホテル内にオープンした。今では、日本料理店は中国のどんな中小都市にでもある。

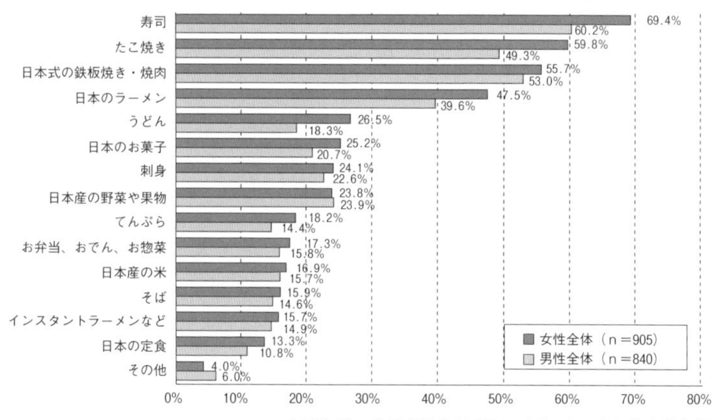

中国女子の生活実態白書 2012　(C) サーチナ総合研究所

マクドナルドやKFCの消費者の中心も若者である。マクドナルドも1990年、経済特区の深圳において１号店を開いた。2009年までに1135店舗を展開している。年齢別に中国料理派か西洋料理派かを聞いたアンケートの結果は以下のようになっている。

	西洋料理	中国料理
5 ～ 19歳	26.50%	18.30%
20 ～ 25歳	28.40%	17.80%
26 ～ 32歳	18.60%	20.40%
33 ～ 40歳	15.70%	21.10%
40歳以上	10.80%	22.40%

〔王敏〕

13
文化・スポーツ・教育・科学技術

剪紙（切り絵）。子猫（山西省平遥）。

執筆
渡辺襄／丸山至／松木研介／廣澤裕介／蘇耀国／イスクラ産業／山川次郎／木俣博／牧陽一／吉村澄代／加藤徹／王敏／井上久士／周建中

中国武術

中国武術

中国武術は中国の伝統的な体育種目の１つであり、多くの流派に分かれている。中国では一般に「武術」を用いるが、広東省などの南方では「功夫（カンフー）」とも称される。

中国武術には、身体機能の向上を図り専門技能を増強させるための「功法運動」、徒手による衝（チョン）、撞（チュアン）、擠（チ）、靠（カオ）、崩（ポン）、挑（ティアオ）、劈（ピイ）、砸（ツァ）などの打法および蹬（トン）、踹（チュアイ）、弾（タン）、纏（チャン）、挂（クア）、擺（パイ）などの踢法（ティファ）を様々な身（型）法や眼法と組み合わせて編成した「套路（とうろ）運動」、さらに散手、推手、短兵などの「格闘運動」がある。套路運動は型の組み合わせを演じる徒手拳法と武器類に分かれるほか、１人で演じる「単練」と２人以上が競い合う「対練」がある。

中国武術の流派

中国武術の流派は多く、「拳法は千、武器類は数百」と言われる。中国発行の武術事典などから、中国武術の流派は約430あり、各流派の拳法には単練套路が約640種、対練套路が約60種あるほか、22種の武器類にも約650種の単練套路と約10種の対練套路などを数える。

1983～1986年に行なった中国武術に対する全国的な調査活動では、流派として公認する４つの基準（始まりから現在まで流れが順序よくはっきりしていること、拳理の筋道が立っていること、風格が独自性を持っていること、自立した系統性があること）をもとにしたところ、中国武術の流派は129種であり、主な拳法としては長拳、太極拳、南拳、形意拳、八卦掌、通背拳、劈挂拳（へきけいけん）、翻子拳、地躺拳（ちとうけん）、象形拳など、また主な器械類としては剣術、刀術、匕首（あいくち）、槍術、棍術、大刀、双刀、双剣、双鈎（そうこう）、九節鞭、三節棍、縄標、流星錘などがあげられる。

中国武術の現在

新中国の建国当初から、中国武術は伝統的な民族遺産として国家的に継承されることになった。1958年以後は中央から地方まで武術協会が結

東日本大震災後に榴ヶ岡公園の太極拳練習。

中国・少林寺の武術練習。

成され、武術活動を組織的に支えている。しかし、文化大革命の期間には武術は「封建的遺物」などと否定され、多くの武術家が批判され、武術活動そのものが抑圧され、停滞した。

中国武術が再興するのは1979年以降に改革開放政策がとられてからである。1980年国家体育委員会武術研究院（94年同武術運動管理センター）が発足し、82年に全国武術工作会議を開いて建国以来の武術活動を検討し、新しい武術普及とそのための制度を充実することになった。

1990年秋、北京で開かれた第11回アジア競技大会で「武術太極拳」として種目入りを果たした。その直前に国際武術連盟（77ヵ国・地域が加盟）が発足し、「武術競技規則」を制定して世界武術選手権大会を毎年開催している。1998年、中国武術段位制度（1段から9段まで）を制定、中国国内で実施している。

中国武術のめざすもの

中国悠久の歴史の中で培われた文化性、芸術性、娯楽性に富む中国武術は中国のみならず世界各地に普及することになって、中国武術界あげてオリンピックの種目入りを狙っている。

日本では日中国交回復の前後から、中国武術の代表的な種目、太極拳を中心に普及しはじめ、1987年から日本武術太極拳連盟が「武術太極拳」を種目とする競技大会を主催している。現在では健康志向と中国の伝統文化に対する親近感を満たすものとして注目度が高い。［渡辺襄］

太極拳

太極拳は中国武術の代表的な拳法の一流派である。少林拳などが外家拳と言われるのに対し太極拳、形意拳、八卦掌を内家三拳と言う。その起源について定説はないが、17世紀初頭、陳王廷が陳家溝（河南省）で様々な武術の要素を組み合わせて創ったとされ、もともとの太極拳（伝統拳）は習得が容易ではなかった。そのため中華人民共和国国家体育運動委員会は、伝統拳の健康増進効果を生かし、誰にでも学びやすい新しい太極拳を作ることを計画して、最初に楊式太極拳を基に簡化太極拳を1956年に制定した。

日本ではいち早く1950年代に簡化太極拳が紹介され、1970年代から健康体操として広く普及が始まった。

太極拳の演じ方の特徴として、ゆっくりした動作、やわらかい円運動、正しい姿勢、虚と実（力を抜いた状態とこめた状態）のバランスなどが挙げられる。

効能としては中腰の姿勢を保ちゆっくりした呼吸にあわせた身体動作で血流を促進し、心身のリフレッシュとストレス解消につながるとともに、筋力を強化し、筋肉の協調性、さらに柔軟性の向上、身体バランスの向上と転倒リスクの低下などを促進する効果が認められる。

伝統拳

伝統拳は長い歩みの中で多くの流派が生まれた。主なものとして次の5流派がある。

陳式太極拳＝陳王廷が編み出し継承され、豪快な震脚（足で地面を強く踏みつける動作）と発勁（力の発し方の動作）などを特徴とする。**楊式太極拳**＝楊露禅が創始し、孫の楊澄甫によって拳式が完成された。動作はのびのびとして柔らかさの中に剛があるなどを特徴とする。**呉式太極拳**＝呉鑑泉が楊式太極拳を基礎にして編み出し動きは楊式よりも小さいが、柔らかくきめ細やかで緊密さの中にゆったりとおだやかさがある。**武式太極**

日中友好協会太極拳普及40周年交流会での表演

拳＝武禹襄（ぶうじょう）が編み出し厳密な身体の運用と実戦的側面を備えている。**孫式太極拳**＝孫禄堂（そんろくどう）が形意拳、八卦掌を学んだあとに、武式太極拳を基礎として編み出した。その動作は生き生きとした巧みさから「活歩太極拳」とも称される。

制定拳

中国国家体育運動委員会は伝統太極拳を基礎に整理して制定拳を編成、定めた。それぞれの名称は動作の数で称される。主なものには次のようなものがある。

簡化太極拳（24式太極拳）＝初心者向けの入門教材として、楊式太極拳を基礎に、簡単な動作から難しいものへと初心者がマスターしやすいように編成した。**88式太極拳**＝楊式太極拳を整理して88式の姿勢と動作を整理した。楊式太極拳の特徴を具体的に集めて表現している。**48式太極拳**＝楊式を基礎に陳式、呉式、孫式の動作も取り入れて伝統太極拳の各流派の境界線を乗り越えたものである。**総合太極拳**（42式太極拳）＝48式の套路（とうろ）（動作の順番）をもとにして競技会用に制定された。陳式、呉式、孫式の動作を取り入れている。**そのほかに**、32式太極剣、42式太極剣、武器類、推手などを制定した。［丸山至］

2度の北京オリンピック・パラリンピック

夏季五輪の開催決定、北京の改造と開催への試練

2008年夏季五輪の北京開催が決定されたのは2001年7月で、全中国で花火があがった。その年はWTOの加盟承認もあり、世界への飛躍の年となった。その後北京の街は大改造がなされる。主会場の「鳥の巣」、水泳会場「水立方」などが建設され、交通インフラが整備。一方で、胡同と呼ばれる古い北京の街並みが消えた区域もあった。

開催当年は2つの試練があった。1つは3月のチベット暴動で、一部で北京五輪開催自体を批判する声を引き起こし、各国で聖火リレーへの妨害行為も頻発した。もう1つは5月の四川大地震という死者行方不明者約9万人の大惨事で、世界から多くの支援が寄せられ、国際連帯の精神が発揮された。ただし、中国の建築物の手抜き工事への批判が報道されるということもあった。

張芸謀指揮の開会式と獲得メダル数

2008年8月8日夜8時からの開会式は、中国の長い歴史と文化を壮大なスケールで紹介するもので、張芸謀が企画。中国国民の最大の関心事は、アテネの110m男子ハードル金の劉翔の連覇であったが、棄権という結果となった。陸上全体では、女子の円盤投げとマラソンで銅2個を獲得した。中国のメダル獲得は100個で、米国110個には及ばなかったが、金メダル51個は米国の36個を上回り、中国は卓球、体操のほか水泳などでも力を伸ばし、「世界第2のスポーツ大国」となる。

2022年北京冬季大会の開催とメダル数

2022年2月の冬季五輪は、前回平昌大会に続き東アジアでの開催となった。折からの新型コロナ感染症に対する厳しいゼロコロナ政策のもとで実施された。冬季の競技の多くは中国民衆の馴染みがなく、08年夏季ほどの熱狂はなかったが、メダル獲得数は、金9、銀4、銅2の合計15（参加国中3位）であり、平昌の合計9（金1、銀6、銅2。15位）を大きく上回っ

2度の北京五輪のメイン会場となった北京国家体育場、通称「鳥の巣」。通常時期にはコンサート場としても使われ、ジャッキー・チエンも使った。日本の「嵐」も計画したが、コロナ禍で中止された。

2022年冬季オリンピック、パラリンピックのマスコットとなったビンドゥンドゥン（冰墩墩）とシュエロンロン（雪容融）。どちらも意味を込められたネーミングとなっている。

た。話題になったのは、海外で育った中国系の選手が帰国・帰化して代表となることの是非であった。成績不振の選手に誹謗中傷が発せられ、スポーツの国際化や多様化、選手の尊厳に関わる問題ともなった。五輪は開催国の文化や伝統が注目される一方、政治や社会、慣習等が厳しく批判される現実もあり、香港やウイグル族に関する政治上、人権上の問題を理由に外交的ボイコットをする国も多かった。

スケートの注目選手

フィギュアでは、隋文静・韓聰ペアが金を獲得する。ペアは長らく中国のお家芸で、00年代には申雪・趙宏博ペア（バンクーバー金、ソルトレーク・トリノ銅）ら複数の中国ペアが豪快なリフトやスロウジャンプを武器に活躍した。シングルでは、男子の金博洋が、リレハンメル・長野の女子の陳露以来の銅メダル。金メダリストの米国のネイサン・チェンは中国にルーツを持ち（中国系では、かつてミッシェル・クワン、パトリック・チャンらがいた）、また中国でも熱狂的ファンを得た羽生結弦が五輪後に引退。スピードで注目されたのは、500m金の高亭宇。彼の平昌での銅は男子で中国人初のメダル、北京の金も初であった。ショートトラックは長らく強豪国であり、北京でも男子団体が金を獲得。

フリースタイルスキーで目立った谷愛凌

全体で4つの金を獲得。特にアメリカ人の父を持つ谷愛凌がビッグエアとハーフパイプで金を獲得し、中国代表飛躍の原動力となった。［松木研介・廣澤裕介］

中国アスリート列伝

改革開放が始まると、中国代表は五輪や国際大会に参加し始め、卓球、体操、女子バレーでは強豪国となり、21世紀では多くの競技で活躍している。中国では誰もが知る選手たちを紹介する。（記録等は2022年）

「体操王子」李寧とスポーツアパレルブランド「LINING」

国際大会において、中国代表は李寧有限公司のユニフォームを着ている。このブランドの創設者は、1980年代に「体操王子」の愛称で知られた李寧である。1984年のロサンゼルス五輪の体操競技では、日本では具志堅幸司や森末慎二らベテラン勢の金メダルに沸いたが、21歳の李寧は床、鞍馬（あんば）、つり輪の3種目で金メダルを獲得し、中国体操の実力を見せつけた。ソウル五輪後に引退し、スポーツ用品会社を起業する。そして08年北京夏期五輪の開会式では、聖火の最終ランナーとなりワイヤーアクションで聖火台に点火した。名実ともに中国のスポーツ界、ビジネス界を代表する人物となった瞬間であった。

女子バレーボール（女子排球）「鉄のハンマー（鉄榔頭）郎平」

女子バレーボール代表は五輪で3度金メダルを獲得している。1970年代終盤から強豪国となり、各時代の栄光の中心にいるのは「鉄のハンマー」こと郎平である。郎平は10代後半に代表チームに参加し、エース・アタッカーに成長。ワールドカップ、世界選手権、ロス五輪などで金メダルを獲得し、歴史的快挙の立役者となった。引退後は、イタリアのプロチームの監督となり、2005年に米国女子代表の監督となって北京五輪で銀を獲得するなど、海外でも成功する。また2度中国の代表監督となり、アトランタで銀、リオで念願の金を獲得した。選手として、指導者としても中国バレーの巾幗（救国の女性リーダー）である。

卓球（乒乓球）国民的アイドル王楠と「ピンポン外交」

2000年以降の五輪で、中国選手以外の金メダリストはわずか2人と1組であり、中国では金が当然の競技である。名選手は数多いが、90年代

スポーツアパレルLININGのパーカー。中国要素の濃いデザインは「国潮」と呼ばれ、ブームとなった。

2022年北京冬季五輪で2個の金を獲得した谷愛凌(Eileen Gu)。アメリカ人の父親を持つが、2019年からは各種協議会で中国チームの一員として活動している。

後半から00年代前半に女子で活躍した王楠は五輪で4つの金を手にし、親しみやすい笑顔で国民的なアイドルであった。中国卓球はときに「ピンポン外交」と呼ばれ、文革時の1971年、名古屋での世界選手権に中国代表が6年ぶりに参加し、大会後に米国選手団が訪中し世界を驚かせ、その後にニクソン訪中、日中国交正常化など外交交渉が再開された。現在、各国に帰化選手・コーチなどを送り出し、中国プロリーグの超級リーグは、福原愛や平野美羽など、各国の選手が参戦する場となっている。

NBAスター姚明(籃球)とテニス四大大会優勝者李娜(網球)

NBAでスターとなったのは、ヒューストン・ロケッツに所属した姚明である。02年から米国に活躍の場を移し、長身のセンターとして中心選手となり、オールスターに何度も出場。アテネや北京では代表団の旗手となった。NBAに参加した中国選手は易建聯など複数いるが、姚明ほどの選手は出ていない。中国でのバスケット人気・普及に貢献したのは、彼の活躍と井上雄彦の漫画『SLAM DUNK』と言われている。

21世紀初頭に女子テニスで活躍したのは李娜である。彼女は11年全仏で中国人初の4大大会女子シングル優勝者となり、14年全豪優勝では4大大会の最年長記録を更新した。アジア系では、台湾系アメリカ国籍のマイケル・チャン（89年全仏男子優勝）、日本の伊達公子（WTAランキング4位）以来のトッププレイヤーであった。［廣澤裕介］

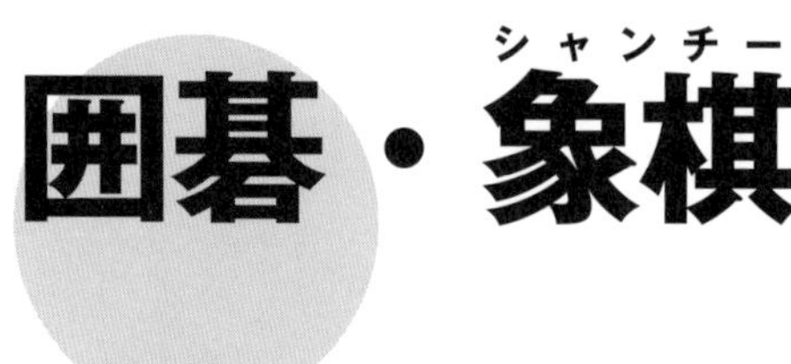

囲碁・象棋（シャンチー）

スポーツとしての囲碁

囲碁は日本では文化・ゲームとして広く親しまれているが、中国においては頭脳のスポーツとして見なされる事が多い。武術や水泳などと並び、子供の習い事として人気を博している。

起源から現在に至るまで、囲碁界の中心は常にアジアであり、中国と韓国、日本が牽引している。 現在世界の70ヵ国以上で愛好され、人類最難の頭脳ゲームと言われている。

囲碁の歴史

紀元前2000年頃に誕生したとされた囲碁は南北朝時代に黄金期を迎え、梁の武帝が初の全国大会を開催した。宋代では有名な詩人や忠臣の王安石、蘇東坡、司馬光らが深い囲碁の造詣を持っていた。文官、将軍などが好んだとされる資料が多く残っている。

唐代伝来後の日中囲碁交流

囲碁は中国の唐代に日本に伝来したと言われ、数多くの武将にも愛好された。江戸時代には、徳川家康が囲碁家元制を作り、文化として保護され、国技へと発展していった。

近代に入り、1928年中国出身の棋士呉清源が来日。のちに日本のトップ棋士らと十番碁で対決し、全員に勝ち越し日本囲碁界の第一人者として君臨した。

1980年代、日本囲碁界が世界の先頭に立ち、藤沢秀行九段らが囲碁交流団として中国を訪問、中国囲碁界の進歩に大きく貢献した。また、日中スーパー対抗戦が開催され、中国代表の聶衛平九段が大活躍。圧倒的不利と言われていた前予想を覆し、第1～3回を中国の勝利に導いた。その事をきっかけに中国国内では囲碁ブームが巻き起こった。

1990～2000年代、中国は常昊、古力、孔傑らを擁し世界大会を次々制覇。韓国も李昌鎬、李世ドルらが台頭し、中韓で覇者を争う時代に突

象棋は紅棋子（駒）先行で、相手の将を取れば勝ちとなるが、取った棋子を取っても自分の棋子として使うことはできないため、引き分けも頻繁に発生する。写真は日本シャンチー協会提供。

入した。現在、中国の柯傑九段と韓国の申眞諝九段が世界ランキング首位を巡る争いを展開し、日本囲碁界は世界の3番手となっている。

人類代表に勝ったAI「アルファ碁」

2016年、囲碁AI「アルファ碁」が、人類代表の李世ドル九段（韓国）と五番勝負を行ない、4勝1敗で「アルファ碁」が完勝。世界囲碁の歴史に新たな1ページを刻んだ。「人類を超えるには30年かかる」と言われていたコンピューターが一足飛びに囲碁界を席巻した。「アルファ碁」に次いで各国が続々と囲碁AI事業に参入し、AIの世界大会も創設された。現在の世界最強AIは、中国の「絶芸」で、大会で連覇を続けている。

庶民の楽しみ象棋のルールと歴史

中国で広く愛好され、公園などで人々が打っているゲームに象棋というものがある。日本の将棋と同じく将（王様）を取るゲームで、取った棋手（駒）を再利用できない程度の覚えやすいものである。特に南方の広東省などで広く愛好され、各家庭でも楽しまれている。

このゲームが確立したのは宋代で、特に南宋時代に文学家や民間人に愛好された後、元明清時代にさらに流行した。

また、日本と同じくプロ棋士もいて、1956年以来、「全国象棋個人戦」というものがある。最多優勝は10連覇を達成した上海出身の胡栄華（14回）で、目隠し象棋を得意とし、目隠しの状態でもプロ4人を同時に相手として2勝2引き分けという記録を残している。〔蘇耀国〕

中国漢方（中医学）

由来

中国漢方は、古代中国哲学「陰陽五行説」の考えを基にした伝統医学。その理論体系は漢代にできあがり、医学書『黄帝内経（こうていだいけい）』が前漢代頃にまとめられた。その後、後漢代に、植物・動物・鉱物など365種類の生薬を分類し効能を記した『神農本草経（しんのうほんぞうきょう）』がまとめられた。同じく後漢代、感染症などの急性疾患や、慢性疾患についての治療法と処方を解説する『傷寒雑病論（しょうかんざつびょうろん）』が張仲景により著された。これらは中国漢方の三大古典と言われ、中国漢方の基礎となっている。

唐代には、後に薬王と称された医師の孫思邈（そんしばく）により、近代臨床医学の分類方法を採用し自身の臨床経験をまとめた『備急千金要方（びきゅうせんきんようほう）』と、その補完版の『千金翼方（せんきんよくほう）』が著された。金·元代には、金元四大家と呼ばれた劉完素、張従正、李東垣、朱震亨らにより、『黄帝内経』の理論が発展し、多くの新処方が誕生した。そして、清代に入ると、「傷寒」とは発病の原因が異なる熱病が流行したことにより、「温病（うんびょう）」についての研究が盛んになった。葉天士が「温病学」の基礎を築き、その後、呉鞠通らにより「温病学」はさらに発展した。以降も理論体系は発展し続け、流行病なども検証され、様々な医学書が編纂されていった。中華人民共和国成立後、中国漢方の名称は「中医学」と定められた。その後、中医薬大学が設立され、西洋医学と同等に国が中国漢方の発展を推進している。

特徴

中国漢方理論の基となる「陰陽五行説」は、「陰陽説」と「五行説」から成り立っている。「陰陽説」とは、万物は「陰」と「陽」からなり、相対する事物が調和することにより、秩序が保たれているとするもの。人体も陰陽に分類することができ、体内の陰陽バランスが健康に関わるものと考える。「五行説」とは、万物は「木（もく）・火（か）・土（ど）・金（ごん）・水（すい）」のいずれかの特性を持ち、それぞれが独立した存在ではなく、互いに影響しあう関係であ

『黄帝内経』や『傷寒論』など様々な古典が今もなお中医学習得のため使用されている。日本語に翻訳されているものもある。

左から、生薬として用いられている樹皮、植物の根、真珠母貝、琥珀、木の実類、水蛭。鉱物、菌、地衣類なども生薬として用いられる。

るとするもの。人体もこの法則にあてはめて五臓（肝・心・脾・肺・腎）に分類することができる。

人は自然界の一部であると考える中国漢方では「陰陽五行説」に則り、患者を診察する際には、たとえ局部的な症状であっても、全身の状態（五臓、気・血・津液など）を四診（望診・聞診・問診・切診）を用いて診断する。体質や病気の段階、季節や居住地域、環境なども総合して治療方針を決め、薬剤・鍼灸・推拿・気功などで治療する。これを「弁証論治」と言う。その時の体調にあった薬剤や食事などを中心に、心の持ち方、生活指導なども含めて治療していく。

中国漢方では個々の体質を重要視するため、たとえ同じ病名であっても、個人の状態によって治療法が違ってくる。これを「同病異治（どうびょういち）」と言う。反対に、病名は異なっていても、進行段階で同じ病理となり状態が同様であれば同じ治療法を用いることがある。これを「異病同治（いびょうどうち）」と言う。

「未病」とは、まだ発病はしていないが何らかの自覚症状、たとえば疲れやすい、冷えがある、風邪をひきやすい、慢性的な肩凝りや頭痛がある状態のことを指す。病気になる一歩手前の未病の段階から治療することを「未病先防」と言う。これは、現代における予防医学とも言える。

なお、本稿では「中国漢方」としているが、「漢方」という名称は江戸時代に日本で生まれたもので、「蘭方」（西洋医学）に対し、漢の時代の『黄帝内経』を基本とする伝統医学を「漢方」と呼んだのが始まりである。［イスクラ産業］

剪紙

中国で古くから代々引き継がれてきた民俗工芸品の１つに「剪紙」がある。剪紙の「剪」は「翦」の字の俗字で「きりそろえる」の意、転じて「紙を切る」という意味になる。ハサミを使って切ったものを「剪紙」、小刀などを使って彫り刻んだものは「刻紙」と区分けした呼び方もあるが、今は総称して「剪紙」と呼ばれ、その優れた図柄と美しさは「中国の切り紙」として外国人旅行者にも愛好されている。

日本でも各地の祭祀の飾り物、寺社などで作られる干支の下げ紙などが土地により呼び名が違うが通称「切り紙」と呼ばれている。

剪紙の歴史

1959年、シルクロードに位置する新彊トルファンのアスターナ古墳で幾何学模様のものと鹿、馬の図柄の剪紙の一部が発見された。また、別の墳墓では猿を図案化した円形剪紙の断片が発見され、これが最古でおよそ1400年以上も昔のものと言われている。

貴族階級の年中行事の１つ、正月七日の人日（じんじつ）という日の飾り物の人勝（じんしょう）を絹布や金箔を材料に作ったのが剪紙の起源とされる。やがて、農民をはじめ民衆の間に伝わり、身近な紙を材料に生活にかかわる縁起物や神前への供え物・吉祥図案などが多く切られるようになった。さらに時代を経て、日常の生活を潤す刺繍や染色の型紙として装飾工芸品などにも使われた。様式にも変化が見られ、人物、草木、鳥獣なども対象に切られるようになった。

生活の中の剪紙

千数百年の歴史を持つ剪紙は正月をはじめとする年中行事の必需品として、また誕生、結婚から死に至る人生のセレモニーには欠かせない装飾品として受け継がれてきた。

年中行事には新年の祝賀・春節に始まり、清明節、端午節、七夕と、節目の節季があるが、まず春節の飾りに剪紙が使われる。門扉には神像の

小猫(山西省平遥)

駱駝(甘粛省敦煌)

絵を門神として貼り、双方の門柱には赤の台紙に一対の吉祥句の春聯。出入りの門には剪紙を暖簾のように垂らす門箋。窓には吉祥物・花鳥・干支などの窓花。屋内天井には六角形、八角形模様の大きな団花を飾り、部屋の壁には剪紙と共に年画が貼られ賑やかな装いで春節を迎える。

そのほか、儀式の剪紙としては、子宝を願い、誕生を祝う剪紙「喜花」、子供の成人・結婚式などの祝いの剪紙「双喜」。新築、古希、近隣・縁者などの祝事、贈り物に添える剪紙「礼花」などがある。

工芸品では、刺繡や染色の型紙、陶芸器の絵付けなどに剪紙が用いられている。刺繡は、剪紙の図柄が型紙として刺繡糸で刺し込まれる。また、壁掛け、帽子、靴などのデザインの下絵に用いられる。絹布などの染めに使われる孔版の下絵としても剪紙が用いられる。

地域に見る剪紙の特性

長江を挟んで、陝西、甘粛、青海など西北の諸省や山東省、河北省など北方の剪紙は豪放、質朴、線は誇張された太い線と大胆な省略に特性があり、南の江蘇、浙江、広東、福建各省の剪紙は洗練された柔らかい繊細な線の動きに切る刀さばきの見事さを感じさせる。

湖北省の作品に見られる蝶や金魚(蘭鋳)、鳳凰などの表現はすっきり洗練された線の捌きは剪紙のイメージを印象づけるものであり、これに対して西北地方の剪紙で羊、豚、牛、馬などまるまるに太った動物の表現は稚拙さを感じつつも剪紙の楽しさを感じさせる。[山川次郎]

中国書道の始まり

中国書道は漢字の発明とともに始まった。書体は篆書、隷書、草書、行書、楷書、の順に発展した。書体は速く書くために変遷したとも言えるが、草書・行書・楷書が後漢（3世紀頃）までに同時的に誕生するなど、進行は平板ではない。各書体は六朝時代（4世紀頃）にはほぼ完成の域に達した。

中国最古の文字と言われる殷の甲骨文（前1700年）は、亀甲や獣骨に刻まれた王家中心の占いの文字であった。周の金文は、より装飾的で封建制下の盟約などの文字であった。最古の刻石である石鼓文（戦国時代）や秦の郡県制度（中央集権）のもと、度量衡などの統一と並んで、文字も小篆＝篆書に統一された。秦の宰相李斯の書と言われる「泰山刻石」はこの時期のものである。

前漢の「居延漢簡」（前62年）は、それまで骨や金石に鉄筆（刀）で刻むか鋳込んでいたものを、木や竹の薄板に筆と墨を用いて書いた画期的なもので、次の隷書の時代を準備した。後漢の「曹全碑」（185年）・「乙瑛碑」（153年）などの隷書の出現で、書き順と画数が確定した。隷書は横長と波磔（波のようなハネ）が特徴的である。やがて書の「文房四宝」といわれる筆・硯・紙・墨の品質向上によって、多様な作品の制作が可能となった。

芸術としての書の確立

東晋の王羲之は、楷書・行書・草書体の完成期に出た天才であり、書聖と言われた。王羲之の代表作である「蘭亭序」（353年）は、当時の文化人の人生観を示す名品である。楷書では初唐の三大家と言われた欧陽詢の「九成宮醴泉銘」（632年）、虞世南の「孔子廟堂碑」（628年）、褚遂良の「雁塔聖教序」（653年）があげられる。楷書は現在の明朝体などの活字体に近い。楷書は画一的で、ともすれば形骸化しやすく、その反動と

蘭亭序（王羲之）

九成宮醴泉銘（欧陽詢）

して晩唐には顔真卿の「自書告身」（780年）のような端正とは言えない楷書が出現し、やがて宋代の人間復興期へと続いた。唐代の孫過庭の「書譜」（687年）は草書の名品でかつすぐれた書論である。顔真卿の行書「争座位稿」（764年）、北宋の蘇軾の行書「黄州寒食詩巻」はその内容、筆致ともに切々と鑑賞者の心を打つ。

中国書道の発展と潮流

王羲之を代表とし唐代に完成を見る正統派で端正な書と、顔真卿・蘇軾らの創造的で生き生きとした書とを“中国書道の二大潮流”と呼ぶ。前者の影響は中国で書家を「書法家」と呼ぶことに残り、後者の傾向は文人の書として続いた。宋代の米芾や、晋・唐書風が復活した明代の文徴明・董其昌、鑑賞用作品の制作が中心となった清代の王鐸・金農など、さらに篆書を初めとする古典研究に進んだ鄧石如・何紹基・趙之謙らの書に、そして近代に入ると、楊守敬・呉昌碩・康有為・斉白石・郭沫若らが活躍し、明治期以後の日本の書道界に多大な影響を与えた。

近世の書論では、中国歴代の書の特質を晋、唐、宋、元・明、清の4つの時代に区分し、「晋は自然の風韻、唐は書の技法、宋は意趣の深さ、元・明の書は姿態の美、清の書は考証的な学問」をそれぞれ尊ぶ、と表現・分類するものもある。

絵画で言う模写同様、書道では古典を手本として習う「臨書」をもとに「創作」へと進むのが常道である。［木俣博］

現代アート

中国現代アートの先駆者たち

1979年、文化大革命後、芸術の廃墟の中から、芸術の自由、政治の民主化を訴えて西単民主の壁に登場したのは「星星画会」だった。主要な成員は黄鋭、王克平、馬徳昇である。彼らは中国現代アートの先駆となった。彼らは「今天」の詩人北島（ペイタオ）、芒克（マンクア）らと共に文学芸術新時代の到来を告げたが、民主化運動への弾圧に伴い結果的には海外へと散ることとなった。注意すべきは彼らが不遇な知識人の息子たちだったことだ。曲磊磊は作家曲波の、鍾阿城は映画評論家鍾惦棐（ギョン・ディエンフェイ）の、艾未未（アイ・ウェイウェイ）は詩人艾青（アイ・チン）の息子だった。文革の暴力の下で知識人の無力を実感していた世代だった。だからいっそう、専制を嫌い、体制的御用リアリズム、毛沢東様式に真っ向から反逆した。

80年代～90年代

「85美術運動」は押し寄せる西欧モダニズムの情報に体制側が懐柔を示した結果現れた全国的な美術運動だった。王広義、舒群ら東北「北方芸術群体」、盛奇ら「観念21」、張培力、耿建翌らの浙江省「85新空間展」「池社」、黄永砯らの「アモイ・ダダ」、王度らの広州「南方芸術家サロン」など中国全土に様々な芸術集体が発生する。1989年2月、これら集体が終結し、体制的美術家を中国美術館から排除して、中国現代芸術展が開催されたが、肖魯・唐宋がパフォーマンス『銃撃事件』で実弾を発射、この事件は4ヵ月後の「六四」の前哨となった。他方では徐冰（シュイピン）、呂勝中、隋建国らが体制内で現代アートの実験を展開していった。天安門事件後の虚無感は、王広義らポリティカル・ポップ・アート、岳敏君、方力鈞らシニカル・リアリズムに現れた。王広義は紅衛兵の姿とブランドのロゴマークを重ね、無批判な市場経済導入を揶揄した。また方の描く「自己」の浮遊感は、彼らの世代が内心の依拠する場がないという危うさを表出していた。こうした虚無感は美術評論家栗憲庭のイニシアティブの下で

艾未未ヒマワリの種2010。一億粒の陶器の種。

楊少斌 YangShaobin X-BlindSpot 2008。炭鉱夫の肺を洗浄した液。

発生したチャイナ・キッチュに継承されていったが、ますます商品化を進める結果を引き起こした。

1990年代には円明園、東村など芸術村が形成されたが、農村人口の都市流入、大学卒業生の就職先を国家の管理下で決定する「国家分配」や、不動産管理の破綻という社会主義体制の綻びと無関係ではない。東村では張洹、馬六明、朱冥らによる裸体による過激なパフォーマンスが展開されたが、成員は逮捕拘留され、解散を余儀なくされた。2000年「不合作方式 FUCK OFF」展では孫原と彭禹、蕭昱ら人間の死体を使う死体派が参加した。最も鋭角的な方法で社会の病理をえぐり出した。

2000年代

2000年代に入ると北京には大山子798、草場地、宋荘など、上海には莫干山路50号など芸術区が形成された。798では元星星画会の黄鋭らによって独立した国際芸術祭を開催したが、結果的には政府によって横取りされた。草場地では元東村の榮榮らによって国際写真芸術祭が開催された。90年代アートは末には体制の側に吸収された。2008年北京オリンピック、蔡國強は花火の演出を行なった。一方、楊少斌は炭鉱に籠もり、工夫たちの姿をそのままに再現していった。さらに艾未未は四川大地震直後に現地を調査し、責任追及を続け、投獄され、2013年現在も自宅に軟禁されている。映像を含む全媒介によって、現実をそのままに伝えようとするピュア・リアリティと言える表出、姿勢はいまジャンルを超えての共同作業となっている。［牧陽一］

現代中国の教育

現代中国の教育制度は、1951年に「学制改革に関する決定」が公布され発足した。最初は、ソ連の制度を全面的に模倣し、小学校（5年制）、中学（3・3年制）、就学機会を失った青年・成人のための「労農速成学校」「識字学校」などが設置された。就学前教育として「幼児園」が設けられ、女性の政治活動、生産労働等の社会進出を支えた。

義務教育

1986年、「中華人民共和国義務教育法」が制定され、9年制義務教育が実施された。義務教育9年間とは、「小学」6年間（地方では5年制も）と「初級中学」3年間を指す。上海市など都市部では、近年、小中学校の6・3制の弾力化として、小学校を5年制とする試みも行なわれている。

中等教育

中等教育には、普通教育と職業教育があり、普通教育は6年一貫制が原則で前期を「初級中学」（初中・3年制）、後期を「高級中学」（高中・3年制）と言う。職業教育は、「中等専業学校」（中等専門学校・初中卒業後3、4年制、高中卒業後の2、3年制）、「技工学校」（技術労働者学校・3年制）、及び「職業中学」（2～3年制）がある。「技工学校」とは中級技術労働者養成の学校であり、「職業中学」とは、高級中学で学ぶ普通教育と職業技術教育を結びつけたものである。

高等教育

高等教育は、「全日制普通高等学校」（4年制総合大学）が主となっている。4年制の「本科」課程と2,3年制の「専科」（短大に相当）課程がある。「系」・「学院」（学部）が設置され、「研究院」（大学院）には、「碩士」（修士課程）、「博士」（博士課程）がある。市場経済の進展で教育分野の市場化・民営化も進み、「民営大学」（私立大学）も出現している。

成人教育

中国では、現職研修、職業訓練、識字教育等の「成人教育」も普通教育

朝、マンションに迎えに来る私立学校などのスクールバス。

公立の小学校の給食風景。食器は各自持参。

に匹敵する大きな規模を有し、重要な役割を果たしている。「高等教育独学試験制度」による単位認定もあり、学位取得も可能である。

少数民族の教育

少数民族地区においては、少数民族の言語と「共通語」とを使う「双語教育」（バイリンガル教育）が行なわれている。

現代中国社会における教育問題

社会の発展に伴って中国の教育にも様々な問題が出てきている。初等・中等教育においては「応試教育」（受験教育）が盛んである。有名進学校、受験対策等を特色とする実験学校、貴族学校と言われる高額学費の私立学校等に殺到する階層もある。公立学校の学校選択での「借読費」（越境入学金）や「賛助金」（保証金）の高額徴収や「乱収費（ルアンショウフェイ）」（学校諸雑費の違法徴収）などは保護者の大きな負担となっている。近年では、都市部の出稼ぎ「農民工」の子弟のための「打工（ターコン）学校」と言われる劣悪な条件の民営学校が都市周辺の出稼ぎ者集住区に出現してきている。このような子どもたちの教育保障も現在重要な課題となっている。

高等教育は、建国を担う人材育成を行なうところとして優遇され、長い間無償であったが、1990年に入り、大学においても授業料が徴収されるようになった。現在では年額6000元～1万元にもなるとされているが、それでも進学志望は高まるばかりである。高等教育は大衆化の時代に入ったが、その結果、大学生の就職難が大きな社会問題となっている。〔吉村澄代〕

就学前教育、流動人口の子女教育と入試改革

就学前教育

現行の就学前教育機関としては、0～3歳の乳幼児保育を行なう「託児所」（主管：衛生部＝厚生労働省に相当）、3～6歳の幼児教育を行なう「幼児園」（主管：教育部＝文部科学省に相当）がある。農村部では、小学校に「学前班」（就学前クラス）を付設し、5歳児の就学を奨励しており、近年では3歳児からとなってきた。形態としては全日制、半日制、定時制、寄宿制、農繁期の季節制、遠隔地での巡回式等がある。新中国建国以来、託児所・幼児園は労働者の福利厚生施設として公的な機関が設置してきたが、90年代後半以降、急速な経済発展により、幼児園の民営化が進んだ。公設民営をはじめ外資系や民間資本の経営する私立幼児園が登場し、現在ではそれらの占める割合は全体の3分の2以上にもなる。

流動人口の子女教育

経済発展の深化に伴って、農村と都市の経済格差に起因する流動人口の子女の教育の問題が顕在化してきた。親と共に都市に移住してきた義務教育段階の子女を「移住子女」と言う。その教育は移住先現地政府が責任を持つとされ、現地の公立学校に入学できることになっているが、多大の教育費が必要となるので就学率は低い。費用のかからない民間の「民工子弟学校」に通う子弟が多いが、このような学校は無認可が多く、質的保証がないことや教育環境が悪いことが課題となっている。

親が都市に出ていくため、農村に残された子女を「留守児童」と言う。義務教育学齢期の彼らは親からの十分な愛情が得られず、心身の健康が懸念される。保護・監督が行き届かず、基本的な生活習慣すら身につかないことが多い。また、適切な世話がなされないため、身の安全が保証されず、傷害事件や犯罪に巻き込まれやすい等の問題が生じている。

入学者選抜制度

経済発展で人々の生活が豊かになり、教育制度についても整備、普及

北京外国語大学附属図書館

寧夏回族自治区固原市開城鎮の開城小学校

が進み、その結果、より上級の学校への進学希望者が急増した。1990年代にはその選抜には筆記試験で行なわれることが主流であった。また、優秀な実績を挙げる学校をランク付けし、教育環境を優遇する「重点校」があり、それらの学校をめざす受験競争が激化した。2000年以降は教育機会の公平性を確保するためと加熱する受験教育を是正するため、入学者選抜の改革が求められるようになった。

後期中等教育の入学者選抜の改革には、2000年代後半から試験以外に総合評価資質評価と学力測定をプラスした方法が試行されている。

高等教育への入学者選抜は、従来から日本の大学入学共通テストに相当する「普通高等学校招生全国統一考試」（全国統一大学入学試験・通称「高考」）が行なわれている。入学できる大学はこの統一入試の成績によって振り分けられる。このような制度の下では、自分の希望する所には行けないという不本意入学者が増え、それによる勉学への消極姿勢などが問題になっている。

学生の過重な負担、受験教育偏重の是正、公平への配慮の必要性が高まり、入試制度の改革が求められてきた。それは各大学による自主的な選抜を可能にする改革である。全国統一大学入学試験の成績に加えて面接や推薦での評価を加える方式が国内トップクラスの国立大学では2000年代から導入され始めた。また、2010年以降は、各大学が連携して自主的に選抜する方法も考案され、全国統一大学入学試験とは異なる進学ルートもいろいろと模索されている。［吉村澄代］

中国の古典音楽

伝統音楽の3層構造

近代以前の中国社会には「君主層(支配層)」「士大夫層(中間支配層)」「庶民層(被支配層)」という儒教的な階級秩序が存在し、伝統文化もこの3層構造に対応していた。

儒教の開祖である孔子は、「礼楽」すなわち礼儀と音楽を重んじた。儒教の主要な経典の1つでもある中国最古の詩集『詩経』には、約300首の詩が収録されているが、本来はすべてメロディーに合わせて歌われる歌曲だった(メロディーは早い段階で失伝し、後世には歌詞だけが伝わっている)。『詩経』の詩は、「風」(庶民層の民謡の歌詞)、「雅」(士大夫階層以上の儀式や宴席での歌詞)、「頌」(君主層が宗廟でおこなう厳粛な祭祀儀礼の歌詞)の3部に分かれる。

孔子以来、20世紀の初頭まで、中国の伝統音楽は、君主層の廟堂音楽(雅楽)・宮廷音楽、士大夫層の文人音楽・芸術音楽、庶民層の民間音楽・芸能音楽、という3層構造に分かれていた。

なお、儒教の「礼楽」の「楽」は、君主層と士大夫層の音楽である「正楽」を指す。近代以前は、庶民層の民間芸能の音楽は「俗楽」として低く見なされ、正楽とは峻別された。たとえば、「琴瑟相和す」という成語にも出てくる古琴(七弦琴)や瑟は、儒教的な正楽の楽器とされた。一方、シルクロード経由で渡来した胡琴(二胡や京胡、板胡などの総称)は、俗楽の楽器として、昔は低く見られていた。正楽の歌詞は文言(漢詩や漢文)だが、俗楽の歌詞は白話(中国語の口語)で土着の方言の歌詞も普通であるなど、両者は言語面での違いも大きかった。

近代の中国革命の後は、正楽と俗楽という儒教的価値観による区分はなくなり、かつての俗楽も伝統音楽として芸術的価値を評価されるようになった。欧米のキリスト教圏の伝統音楽では教会由来の宗教音楽が今も大きな比重を占めるが、今日の中国では社会主義革命などの歴史的経緯もあり、伝統音楽といえばかつての庶民層の「民間音楽」(旧称は「俗楽」)

清朝時代の民間音楽の一部は、日本でも幕末から明治にかけて「明清楽」として流行した。明治10年(1877) 刊『月琴楽譜』の口絵より。

を指すことが多い。

民間音楽は5種類ある

中国の民間音楽は、時代や地域ごとに豊かな特色を持つ。

民間音楽の代表的な楽器の1つである胡琴を例にとると、歴代の無名の芸人たちは、その地域の方言による歌声の音色に合うよう、楽器の材料や音高、音色、奏法などを様々に工夫してきた。京劇の音楽で使われる京胡は甲高い歌声に合わせた力強い高音が出るが、江南地方など南方の民謡の伴奏で使われる南胡は穏やかな歌声にあった優しい中音域が出るなど、同じ胡琴でも様々であった。現在、中国の国内外で最も普及している「二胡」(民二胡)は、20世紀半ばに江南系の南胡をベースとして改良を加えて完成した伝統楽器である。一般的に、伝統的な民間音楽は以下の5種類に大別される。

1. 民間歌曲(民歌) 2. 民間歌舞音楽 3. 民間器楽
4. 説唱音楽(曲芸) 5. 戯曲音楽

中国の民謡、たとえば「茉莉花(まつりか)」「小白菜」「孟姜女(もうきょうじょ)」などは民間歌曲。秧歌(おうか)(田植え踊り)や花鼓など民衆の踊りの音楽は民間歌舞音楽。江南糸竹(しちく)や西安鼓楽(こがく)など各地方の楽器の合奏は民間器楽。京韻大鼓や蘇州弾詞(だんし)などその土地の方言による語り物の音楽は説唱音楽(曲芸)。京劇や昆劇、川劇など芝居の劇伴(げきばん)は戯曲音楽である。

これら5種類の民間音楽は音楽の風格やメロディー、リズム、使用楽器の種類や奏法などが大きく異なる。[加藤徹]

京劇

京劇という呼称

「京劇」という名称が定着したのは1949年の新中国建国以降である。それ以前は、二黄（二簧）、皮黄（皮簧）、京戲、京劇、平劇（北京が北平と改称されていた時代の呼称）、国劇など様々な呼称で呼ばれ、一定しなかった。また、北京民衆の俗語では、京劇を「大戲」（「戲」は芝居の意）、京劇以外の土着の地方劇を「小戲」と呼んだ。日本語では昭和中期まで「京劇」をケイゲキと読んだが、今はキョウゲキと読む。

京劇の歴史

1790年、乾隆帝の80歳の祝賀のとき、安徽省から来た4つの劇団「四大徽班」が北京で公演し成功を収めた。のちに湖北省から進出した俳優たちも合流し、安徽と湖北の地方劇を基礎としつつ、崑曲（現在の「昆劇」）や梆子など他の地方劇の要素を吸収し、19世紀前半に北京で京劇の基礎が形成された。清末には、社会不安の増大と比例するかのように京劇の人気が上昇し、名優が輩出した。民衆だけでなく、咸豊帝や西太后など清末の統治者も京劇に夢中になった。

京劇は清朝に生まれたが、舞台衣装は明朝以前の漢民族の服飾文化を基礎とし、演目も儒教的価値観を鼓吹する歴史ものが多く、近代中国の民族意識覚醒の時流にも乗った。また、北京の京劇が正統派であるのに対し、上海の京劇は娯楽的な新作を量産するなど、地域差も生まれた。

民国期に入ると、京劇の観客層は若者と女性が増え、若手の女形だった梅蘭芳が絶大な人気を博した。彼は京劇の改革や海外公演を行ない、国際的な名声を得た。民国期から女優も京劇の舞台に立つようになった。

中国共産党は、毛沢東や周恩来らが京劇の愛好者であったこともあり、延安時代から京劇の改革に力を入れ、旧来の京劇脚本の整理改編や、楽器の改良、新作の創造、京劇俳優養成学校の改革などを進めた。新中国では、京劇改革を文芸改革の要とする意向のもと、全国各地に京劇団や、

京劇の諸葛孔明の扮装(俳優は魯大鳴氏)。

清朝時代の劇場のにぎやかな様子を描いた絵。

複数の京劇団をあわせた「京劇院」が作られ、名称も「京劇」に統一された。文革の導火線となった新編歴史京劇『海瑞罷官』や、文革中の模範劇の1つに指定された現代京劇『紅灯記』などの新作も続々と作られた。文革が本格化すると、京劇俳優は迫害を受け、伝統京劇の上演も禁止された。文革後、伝統京劇は復活したが、今日では映画やテレビなど他の大衆娯楽文化との競争にさらされている。2010年、京劇はユネスコの世界無形文化遺産に登録された。

京劇の特徴

本来の伝統京劇は、緞帳や幕は使わず、舞台装置は「一卓二椅」(机ひとつ、椅子ふたつ)だけである。また、京劇俳優は「唱(うた)・念(せりふ)・做(しぐさ)・打(たちまわり)」の四技能を要求される。役柄は、男性役「生」、女性役「旦」、隈取りの豪傑役「浄」、道化役「丑」に分かれる。昔は「旦」も男優が演じたが、現在は例外を除き旦は女優が演ずる。

京劇の音楽は、二黄や西皮、曲牌など既存の伝統的メロディーを使い回すほか、新曲を書き下ろすこともある。楽器は、京胡や月琴、三絃、京二胡などの旋律楽器(文場)と、単皮鼓や檀板、銅鑼、鐃鈸などの打楽器(武場)が基本である。

伝統京劇のセリフは、帝王宰相や才子佳人などが喋る古雅な「韻白」と、庶民役が喋る下町言葉「京白」、田舎言葉「方言白」に分かれる。韻白は、中国人も字幕がないと理解できない。現代京劇のセリフや歌は、中国人は耳で聴くだけで完全に理解できる。[加藤徹]

吉祥シンボル

手法と内容

中国人にとっての吉祥シンボルの種類は多様である。たとえば、吉祥図像のシンボル化には①名前やその音や字形に基づくもの、②形態、特質に拠るもの、③神話・故事を基礎とするもの、④これらを絡ませた寓意という手法がある。他方、その内容としては、①福禄寿、②勇気、③喜慶、④子供への期待、⑤生活指針、⑥向上心、⑦花鳥風月、⑧神仙・英雄、⑨鬼神や怪物、珍獣、⑩警世といった10種類に分類できよう。

色彩の代表・赤

色彩に関する意識は、既に6000～7000年前頃から既に芽生え、日常生活に生かされていたと考えられる。『尚書(書経)』では有虞氏(舜)が「五采を以て彰(あきら)かに、五色を施して服と作す」と示していることが記されていること、さらに壁画や土器・陶器などの色使いから、その基本原色は「五色」であることがわかる。中国における吉祥の色は赤である。「紅」の字をあてるが、祝賀会も結婚式も会場内は赤が基調である。日本でよく使われる「紅白」の色にもその影響が引き継がれていると考えられる。

動物シンボルの代表・蝙蝠

現代中国の生活にはシンボリックなデザインが多い。麺のお椀には「喜字」や「雲龍紋」、長寿の「桃」や「寿老人」の模様が入っている。「飯店」には「福・禄・寿」のシンボル画が掲げられている。街には多子多福や立身出世の図像が満ちている。便箋や書籍には文人たちがあこがれた魚や蝙蝠(こうもり)の絵が描かれている。蝙蝠の「蝠」は中国人には「福」に通ずるとされるからである。

また、旧正月に出される年賀郵便はだいたい赤いが、羊年の2003年は「羊」が「祥」と同音とあることもあって、敦煌・莫高窟の壁画に残る羊が赤い年賀状の主役であった。赤は暖かい南の方位を象徴し、豊かな富と幸福をもたらすとされてきた。

春節前の正月飾りを売っている市場。

紙でできている正月飾り。

動物については「鹿」は「禄」と同音であるため、富裕を運ぶめでたい使いとされている。「余裕」の「余」と同音の「魚」が好まれるのも同様である。

渡辺崋山による「福禄寿図」には蝙蝠と鹿、「霊芝」というキノコが描かれている。漢方薬にも使われる「霊芝」は長寿のシンボル。「蝠」と「福」の同音、「鹿」と「禄」の同音代替にならい、「福」「禄」「寿」の3つの概念を動植物によって象徴的に表現している。これは中国の象徴表現が日本にも伝えられた例である。

植物シンボルの代表・桃

桃の実はピンクの色合いとみずみずしくとろける味覚で女性を思わせるシンボルとなっている。「桃」のつくりの「兆」は「分なり」と古代の字書『説文解字』にある。さらに古い字書『爾雅(じが)』には「始めなり」と書かれている。母から生まれて母の分身になるのが出産だから、桃は妊娠のシンボルともなる。他方、「仙桃」「仙果」との別名をも持ち、桃の木で作った刀には秘力があるとされている。悪霊を追い払うと信じられ、桃の木を使ってお守りが作られる。

ミカンは「蜜柑」より「吉」の作りを持つ「桔」の字でふつう表現される。石榴(ざくろ)はたくさん小粒の実をつけるので子孫繁栄の象徴となってきた。「万年青」と書くオモトはいつまでも意気盛んなことを表す。西洋から伝わったダリアの字を「大麗」としたのは音が「大利」に通じるからである。〔王敏〕

恋愛と結婚

恋人たちの日

2月14日のバレンタインデーは欧米の習慣であったが、中国でも一般化してきた。この日は恋人たちだけではなく、既婚の夫婦もムードのあるレストランに出かけるなどして、2人だけの時間を楽しむ。彼らはついつい食事やショッピングにお金を使うので、商業センターやデパートは勝負どころの日となっている。日本と違い、バレンタインデーにプレゼントを贈るのは主に男性で、バラの花とチョコレートが人気である。他方、その1月後の3月14日のホワイトデーでは逆に女性が男性に手作りの小物や薄荷などを贈り物として贈り、男性に対する愛情表現をする。

しかし、実は旧暦の7月7日の「七夕」こそが中国のバレンタインデーである。確かに織姫、彦星が会えるのは年にこの日1度きりなのだから、中国でバレンタインデーに相応しいのはこの日と言える。織姫、彦星が会う橋の名にちなんで、この日は「カササギ橋の恋人の日」とも言われる。この古い民話が胸に思い浮かび、今も恋人同士、熱い思いを交わし、生涯変わらない愛情を誓うのである。

日本でもよく知られる牽牛・織女の神話は3000年前までさかのぼれる中国最古の詩集『詩経』に載った江南の民俗説話であるが、その数百年の後、江南に都が長く置かれることとなった六朝時代になって初めて七夕が一般化している。牽牛も織女も稲作とのかかわりが想像される。「牽」は牛を引くこと。稲作に活躍する様子が浮かぶ。機織りは農家の女性の仕事である。

この七夕の風習は2006年5月20日、中国国務院によって第1回国家無形文化遺産に登録されて、さらに人々に親しまれるようになっている。正式名称は「中国バレンタインデー」である。

結婚と親孝行

「親孝行」や「私の母にも気遣いを」というような配偶者への条件が、テ

公園でウェディング写真の撮影。

植物園でウェディング写真の撮影。日本と違い、中国はウェディング写真やビデオを何よりも大切にする。

レビのお見合い番組で結婚相手に提示されるようになっている。昔の四合院のような伝統的な住居がなくなり、隣近所の助け合いのなくなった社会における子供への老後の期待が膨らんでいるのである。親戚同士の助け合いも希薄になっている。これには、一人っ子政策による特定の子供への期待の高まりも関係している。

「非誠勿扰（フェイチェンウーラオ）」（英語名You Are the One）は江蘇テレビ局が2010年以来放映し続けている現代風の人気恋愛お見合い番組である。シングルの男性5名が舞台に上がり、それぞれ自身の恋愛観・結婚観などを公開し、同じくシングルの24名の女性の中から互いに気に入った相手を探すという番組である。番組制作の巧みさや中国以外からの参加者（日本人の参加者もある）の恋愛模様を見られるということで、テレビでもインターネットでも注目されている。

■結婚条件時としての自宅と自家用車

中国では1人っ子世代の女性が少なく、男性は結婚するために様々な条件を求められる。例えば、自宅マンションと自家用車の有無があるが、2010年の調査では、北京で初めて住宅ローンを借りた人の平均年齢は27歳である。これはフランスの35歳、日本、ドイツの42歳、アメリカの30歳以上に比べて若く、結婚前にマンション購入を迫られていることが窺える。マンション価格も高騰する中、こうして庶民が結婚するためのハードルは高くなる一方となっている。［王敏］

プレゼント文化

「食」を核とした中国のプレゼント文化

中国人から「食」を取り上げたら必ず暴動が起こると言われる。国民を食べさせられなくなった王朝は必ず倒されてきた。新中国建国以来の人気ギフト商品を見ても、食べ物が多い。

『人民日報』2012年4月号総合版「現代中国ギフト史」がリストアップした人気ギフトの変遷は以下のようになっている

①1950年代「充足型」：里帰りの籠饅頭（蒸しパン）。

②1960年代「精神型」：紅宝書（毛沢東語録）。信仰に頼り、食糧制限の配給時代を癒す精神療法。

③1970年代「文革型」：湯のみ茶碗にも赤い星マークや「革命に力を入れて生産を促進しよう」といった文句が印刷されていた。生産力低下時代の刺激剤。

④1980年代「実用型」：親戚あいさつ用の定番はビスケットと飴玉。

⑤1990年代「流行型」：ブランドタバコに銘柄酒。

⑥2000年代「高額型」：健康グッズ、「脳白金（滋養強壮剤）」など。

⑦2010年代「格調型」プリペイドカードが人気。デジタル商品、書画、玉器など。

近年の経済成長によって中国人の生活レベルは向上してきたが、依然として「食」がその核心にあり、それを中心とする放射線上に各種のギフトが並んでいる。

たとえば、⑦の「書画・玉器」などは、中国人にとって「食べるもの」でもある。古代に生まれた「精神食糧」という発想と言葉が現在にも生きており、また信じられている。抽象的かつ非科学的と思われるが、キリスト教、仏教、神道の精神性への信頼心情に近い性格を持っている。言い換えると「食」という具象的であるべき「もの」に、目に見えない価値、

プレゼントにも伝統的親孝行の徳目を生かそうとするアイデアが反映されている。「岳王」とは地元の英雄の岳飛のこと。地元では親孝行しようとの趣旨で名前が使われている。

特注して文字を入れた花と頼んだ家族。意訳：ご安心を！ すべてを任せてください。

精神性がこうして注入されている。

iphone、ipadが贈り物に

中国ではスマホは一般商店での決済やタクシー予約、SNSや音楽・動画などで不可欠な存在となっており、2021年のスマホユーザー数は9.54億人、普及率が66％となっている。また、インターネット普及率は60歳以上層でも43.2％となっており、春節のお年玉「紅包」をWeChatやAliPayなどを使って直接送ったりするようになっている。ただし、電子決済の利便性が高まる中、スマホユーザーを狙う詐欺事件が増加している。

このような中、iphoneやipadの電子機器類のプレゼントが歓迎されるようになっている。テレビや携帯、e-mail、インターネット、msn、QQ（中国最大のチャット）などの現代における通信設備や手段は、仕事や生活を便利にする一方で、一部の若者がネットや電子機器依存症になるといった新たな問題も生じさせている。電子機器類は洋服のブランドに代わって、若者の間の流行ファッションを象徴している。

生活の質の向上と包装業の発展

生活の質が高まるにつれ、色彩やデザインに対する要求が細かくなってきた。その連動的総体的変化は包装業の発展状況にも現れている。2010年の中国包装産業の総生産は1兆2000億元を突破し、中国経済全体の2.8％前後になっている。2012年7月にはアジア最大規模の「2012年北京国際包装博覧会」が開催されている。［王敏］

中国の祝日

中国の祝日は、伝統的な年中行事を起源とするものと、近現代になって生まれたものと二分することができる。前者は旧暦（農暦）によるので、新暦では毎年変動することになる。国家としての祝日と何連休となるかは、前年に国務院辦公庁から発表される。

具体的にどのような祝日があるのだろうか。中央政府が定めている祝日には、元旦・春節（旧正月）・清明節・労働節（メーデー）・端午節・中秋節・国慶節などがある。

元旦と春節

元旦は新暦の1月1日である。12月31日と1月2日も休日になるので3連休ということになる。しかし正月のお祝いは春節で行われるから、元旦は公的な新年を迎えるという意味合いが強い。

春節（旧正月）は、一年で最もにぎやかな時である。1月下旬から2月上旬にあたる。都会で生活している人たちは帰省して、故郷で春節を過ごすのが通例である。除夕（大晦日）から7連休となるが、実際はそれより多く休む人が多い。

清明節

清明節は日本のお彼岸に相当し、先祖の墓参りをする。4月5日前後である。前後を含めて3連休となることが多い。

労働節

伝統的年中行事ではなく、国際的な労働者の祭典としてのメーデー（5月1日）を中心とした連休である。前後を含めて5連休となる。

端午節

端午節は旧暦5月5日であり、新暦では6月である。粽（ちまき）を食べるなど日本の端午の節句と似ているが、男の子の節句や子どもの日というわけではない。旧暦5月5日に汨羅（べきら）の淵に身を投げた屈原をしのび、龍船レースをする地方もある。3連休となる。

年末の風物詩、春節の飾り付けを売っている店。

国慶節の連休は秋の行楽シーズンのうえ、高速道路料金が無料となるので毎年大渋滞が発生する。

中秋節

中秋節は旧暦8月15日で、春節に次ぐ重要な伝統的祝日である。お月見をして、月餅（げっぺい）を食べる。3連休となることが多いが、2連休または国慶節の連休と連続する年もある。

国慶節

中華人民共和国建国記念の祝日である。1949年10月1日、毛沢東が天安門楼上で建国宣言を発したことに由来する。7連休となることが多いが、中秋節が国慶節に近い年は合わせた連休となる。例えば2023年は中秋節が9月29日なので、その日から10月5日までの8連休となる。

中国の祝日は連休が多いが、日本と違い連休前後の土曜・日曜に振替出勤日が設定されていることが多い。

以上は、全国民対象の祝日であるが、そのほか、該当者だけが半日休みという祝日がある。3月8日の婦女節（国際女性デー）、5月4日の青年節、6月1日の児童節（14歳まで）、8月1日の建軍記念日、少数民族のそれぞれの伝統的祝日である。

また、休日とはならないが、法定祝日で公的行事が行なわれる日として、植樹節（3月12日）、護士節（5月12日、国際ナースデー）、教師節（9月10日、教師の日）、記者節（11月8日、ジャーナリストの日）などがある。なお台湾では、元旦が開国記念日、国慶日が10月10日、平和記念日が2月28日など独自の祝日を定めている。［井上久士］

中国四大発明

中国は世界的に最も早くから稲・茶・大豆・粟・蕎麦の栽培や養蚕（桑の栽培、製糸、絹織、刺繍を含む）、磁器の製造などを始めたが、本項紹介の「四大発明」も世界文明への偉大な貢献として、2000年来、特に中世以来の欧州や世界の政治経済、社会の発展に重大な影響を与えてきた。

紙（製紙術）

樹木やわらなどの植物を砕き溶かして、薄い膜にして乾燥させて作った情報の記録伝達用などの材料を作る技術。BC2世紀の紙が発見されているが、現在も使う手漉き紙の製紙術は105年、後漢時代の蔡倫（さいりん）が改良して、樹皮や麻、ぼろ、古い魚網などを原料にして開発した。原料となる資源が豊富で製法も簡単なため、安く大量に生産されるようになった。7世紀に日本に、8世紀にアラビアに、12世紀に欧州に伝わった。

印刷術

7世紀に印刷術の元となる彫刻版（木版）印刷術が発明された。木の板に漢字などを彫って、墨を塗りつけ、紙を乗せて印刷する方法。

その後、活字印刷術が北宋時代の畢昇（ひっしょう）（11世紀半ば）によって発明された。まず粘土に文字を彫って火で焼いて大量の活字を作る。次は枠で囲む鉄板の上に文章を組み並べ、松脂や蝋などで固定して原版を作る。そして墨を塗りつけて印刷する方法。大量印刷に効率がよい。

13世紀に木と錫など金属製の活字が現れる。15世紀後半、欧州で金属活字使用の活版印刷技術、印刷機が広まった。活版印刷による聖書の普及は、キリスト教新教の宗教改革につながった。

羅針盤（磁気コンパス）

磁石や磁化された針が地球の南北方向を示す性質を利用して船舶や航空機の方位を測定するための計器。磁石にN極とS極があり、二つの磁石を近づけると同じ極同士は反発し、異なる極同士が引き合う性質を持つ。地球自身もN極とS極がある大きな磁石なので磁石の両極が地球の

ロンドンの国立海洋博物館に飾られている18世紀中国の羅針盤

中国で発明された紙は唐代751年に起ったアッバース朝イスラム帝国との戦闘（タラスの戦い）で西洋に伝わった。写真はその製法を守っているウズベキスタン共和国サマルカンドの工房での製紙風景。

両極（南北方向）を示す現象はBC3世紀に発見され、羅針盤の元祖である「司南」が作られた。また、後に青銅や漆器製の周りに方向を示す目盛りがある円盤の中心部の窪みに水を入れて磁針を浮かす懸濁式「水羅盤」と、中心に台で磁針を支える乾式「旱羅盤」が現れた。遅くとも11世紀末には中国の船舶に装備され、のち中東、欧州に伝わった。

羅針盤は15世紀前半の明代の鄭和の大航海や15世紀末のコロンブスの新大陸発見、16世紀前半マゼランの世界周航などを可能とし、現代では電子羅針盤が携帯、自動車、飛行機、船舶などに使われている。

火薬

硝石、硫黄、炭を一定の比例で混ぜて作る黒色火薬は方士が不老長寿の丹薬を練る際に発見した。晋代（4世紀）の葛洪の書『抱朴子』に調合法の記載がある。

8世紀に本格的爆薬の火薬が発明され、10世紀に火箭（初期ロケット）、火缶などの火薬兵器が初めて戦争に使われた。13世紀に蒙古軍によってアラビアに、14世紀にさらに欧州に伝えられ、中世欧州市民が大砲で貴族の城塞を壊して封建制度を打倒する際に大きな役割を果たした。16世紀後半織田信長が大量の鉄砲を導入して長篠の戦いで武田勝頼に大勝したのは有名である。19世紀後半に無煙火薬が欧州で発明され、威力が大きい大砲が作られ、植民地征服や大戦にも使われた。こうして火薬の発明は世界歴史に関わっている。なお、9世紀末に火薬は花火や爆竹といった文化の形成にも役立ち、今日は世界中で使われている。〔周建中〕

中国の宇宙開発

中国が独自に開発建造した宇宙ステーション「天宮」（CSS）

「天宮」は居住エリアの中核船「天和」号と、これにドッキングする実験用船「問天」号と「夢天」号からなる。T字型の基本構造は2022年10月31日に完成され、重さ（180トン）もサイズも国際宇宙ステーション（ISS）の半分以下であるが、同程度の機能を持つ。通常３人、最大６人の宇宙飛行士が滞在でき、期間は半年、運用予定期間は10年。真空、無重力下での生物、医学、物理学の種々の科学実験を行なう。2022年現在世界17の国が共同運用参加となっている。2024年ISSが退役の後、宇宙ステーションは「天宮」のみとなる。

「天宮」の完成に宇宙飛行士を運ぶ有人飛行船「神舟」、生活と実験物品などを運ぶ無人運搬船「天舟」と、大型ロケット「長征」シリーズが使われた（中国航天科技集団CASC開発）。2022年11月30日「神舟」」15号から３人の飛行士が合流して、「天宮」は初めて六つの宇宙飛行船の同時連結実現と６人体制の本格的運用がスタートされた。

中国独自開発の「北斗」地球衛星測位システム

計55基の衛星が軌道上でサービスを提供し、地球上98％のエリアをカバーできる。GPS同様インターネット、中国国内90％、世界50％の携帯電話が「北斗」システムの信号に対応している。

月面探査、宇宙望遠鏡、世界最大の電波望遠鏡、火星探査事業

2019年中国の無人探査機「嫦娥４号」が世界で初めて月の裏側に着陸した。2020年「嫦娥５号」が米ソに続いて月の土を2kg地球に持ち帰ることに成功。2030年月面有人着陸と月の周回、2035年めどに月面基地建設を完成させる予定。月の土壌での酸素製造にも成功している。

2024年打ち上げ予定の宇宙望遠鏡「巡天」は、「天宮」と同軌道に設置され、修理を行う際には「天宮」にドッキングできる。NASAのハッブル宇宙望遠鏡の300倍の視野を持ち、10年間で全天の40％を撮影する。紫外

「天宮」は、情報、エネルギー、動力技術、ランニングコストの面でISSを上回り、機能や応用の効果、建造技術、物資補給などでその水準に達しているとされる。

貴州省黔南プイ族ミャオ族自治州平塘県に完成された世界最大の電波望遠鏡「天眼」。運用開始後の4年間だけでも240個以上のパルサーを新発見。これはこれまで人類が発見したパルサーの約1/10を占める。

線と可視光線で観測を実施、暗黒物質と暗黒エネルギー、宇宙論、銀河の進化、隣接天体の検出など関連の研究を行なう。

2016年中国国家天文台が貴州省に通称「中国天眼」(FAST)という世界最大の500メートル球面電波望遠鏡を設置し、2022年これによって、銀河系の星間物質の前例のない高精細な細部が明らかにされた。

2020年7月23日初の火星探査車「祝融」号が打ち上げ成功。2021年火星探査機「天問1号」の着陸成功によって宇宙技術の高さを世界に示された。さらに2033年に火星への人類の着陸を目指している。

中国の遠洋宇宙測量船開発、太陽観測衛星、地球小惑星防御計画

中国が独自に開発した世界先進水準を誇る次世代遠洋宇宙測量と宇宙飛行船衛星の制御船である「遠望7号」は長さ220メートル、満載排水量は2.7万トン、一度の補給で100日間の遠洋航行が可能という。「遠望」シリーズは測量船7隻と長征ロケットを運ぶ専用船2隻保有。

2022年10月9日太陽磁場、フレアと、コロナの中のプラズマの放出を観測し、宇宙の天気予測も行なう太陽探測衛星「ASO-S」が打上げに成功された。「夸父1号」ともいう(中国の神話に登場する日を追う巨人の名前に由来)、上海航天技術研究所開発。12月13日中国科学院国家宇宙科学センターによりここ2ヵ月間この衛星が撮影した第一陣の画像が公開された。

地球に衝突する危険のある小惑星が飛来しているが、中国は衝突器を発射して、小惑星の軌道を変えて地球を守る計画である[周建中]。

中国歴史年表

BC1万年頃 … 更新世（洪積世）から完新世（沖積世）に移行する。
氷河期が終わり、中国大陸において新石器時代が始まる。

BC8000年頃 … 黄河流域では、アワ・ヒエなどの雑穀栽培を主とし、長江流域では稲作を主とした初期農耕が始まる。

BC6000年頃 … 黄河中流域の黄土高原地帯に仰韶文化が成立する。

BC3000年頃 … 黄河下流域を中心に龍山文化が成立する。
長江下流域に良渚文化、中流域に石家河文化などの新石器文化が栄える。

BC2000年頃 … 中国大陸における初期王朝時代が始まる。
河南省偃師市二里頭遺跡と夏王朝の密接な関連。

BC1500年頃 … 殷王朝の始まり。
鄭州商城と殷墟遺跡の建設、甲骨文字の使用。

BC11世紀頃 … 周の武王が殷の紂王を破り、現在の陝西省西安市周辺を中心として周王朝を建設する。

BC770年 …… 東周平王の即位、春秋時代の始まり。

BC479年 …… 孔子死去。

BC453年 …… 晋の世族、魏・韓・趙三氏が晋を三分、戦国時代の始まり。
春秋末期から戦国時代にかけて諸子百家が活動する。

BC221年 …… 秦の始皇帝による天下統一、戦国時代が終わる。

BC209年 …… 陳勝・呉広の乱が起きる。

BC206年 …… 劉邦が関中に入り、秦王が降参。秦、滅亡する。

BC202年 …… 劉邦が楚の名族の項羽との楚漢戦争に勝利し、皇帝の位に就く（漢の高祖）。前漢の始まり。

BC154年 …… 景帝の時、呉楚七国の乱が勃発する。

BC141年 …… 武帝が即位する。

9年 …………… 王莽が皇帝に即位し国号を新と改める。

25年 ………… 南陽出身の劉秀が漢朝を再建する。後漢の始まり。
184年 ………… 黄巾の乱が起きる。
220年 ………… 後漢の献帝が曹丕に皇帝位を禅譲し魏が成立する。
265年 ………… 晋の司馬炎（晋の武帝）が魏から禅譲を受ける。
280年 ………… 晋が呉を滅ぼして中国を統一する。
304年 ………… 匈奴の劉淵が漢王を称する（五胡十六国時代の始まり）。
317年 ………… 晋の一族の司馬睿が江南に晋を復興する（東晋）。
420年 ………… 東晋皇帝が劉裕に譲位する（宋の成立）。
439年 ………… 北魏が華北を統一する。
479年 ………… 蕭道成が宋帝より禅譲を受ける（斉の成立）。
502年 ………… 蕭衍が斉帝より禅譲を受ける（梁の成立）。
535年 ………… 北魏が東西に分裂する。
557年 ………… 陳覇先、梁帝より禅譲を受ける（陳の成立）。
581年 ………… 北周皇帝が楊堅（隋の文帝）に譲位し、隋朝が成立する。
589年 ………… 隋、陳を滅ぼし、天下を再統一する。
618年 ………… 隋帝より李淵（唐の高祖）が禅譲を受ける（唐の成立）。
663年 ………… 唐と新羅が連合して、倭・百済を破る（白村江の戦い）。
690年 ………… 則天武后が立ち、国号を周とする（～705年）。
755年 ………… 安禄山、史思明による反乱（安史の乱）。
780年 ………… 両税法が施行される。
794年 ………… ［日本］平安京に遷都する。
894年 ………… ［日本］遣唐使を廃止する。
907年 ………… 唐が滅亡し、五代十国時代に入る（～979年）。
五代（後梁・後唐・後晋・後漢・後周）
916年 ………… 耶律阿保機が契丹（遼）を建国する（～1125年）。
918年 ………… ［朝鮮半島］王建が高麗を建国する（～1392年）。

926年 ……… 契丹が渤海を滅ぼす。

937年 ……… 雲南で大理が建国される（～1254年）。

960年 ……… 趙匡胤が宋（北宋）を建国する（～1127年）。

1004年 ……… 宋（真宗）と遼（聖宗）が澶淵の盟を結ぶ。

1038年 ……… 李元昊が大夏（西夏）を建国する（～1227年）。

1069年 ……… 王安石の新法（青苗・均輸・市易・募役・保甲など）が始まる（～1085年。王安石は1076年に退陣し、その後は神宗が主導して改革が進められる）。

1115年 ……… 完顔阿骨打が金を建国する（～1234年）。

1125年 ……… 遼の天祚帝が金軍の捕虜となり、遼が滅ぶ。

1126年 ……… 靖康の変（～1127年）で金が宋（北宋）を滅ぼす。
宋の皇族趙構が皇帝に即位して、宋（南宋）を復興（～1279年）。

1132年 ……… 耶律大石が西遼（カラ＝キタイ）を建国する（～1211年）。

1142年 ……… 金と南宋の和議が成立する。

1192年 ……… ［日本］鎌倉幕府が成立する（～1333年）。

1206年 ……… モンゴル帝国が成立する。

1227年 ……… モンゴルが西夏を滅ぼす。

1234年 ……… モンゴル・南宋の連合軍が金を滅ぼす。

1254年 ……… モンゴルが大理を滅ぼす。

1271年 ……… モンゴルのフビライ＝ハンが国号を元とする（～1368年）。

1274年 ……… 元軍による第1次日本遠征（元寇。文永の役）。

1276年 ……… 南宋7代皇帝の恭宗が元に降伏する。

1281年 ……… 元軍による第2次日本遠征（元寇。弘安の役）。

1279年 ……… 厓山の戦いで、南宋の残存勢力が元に滅ぼされる。

1333年 ……… ［日本］鎌倉幕府が滅ぶ。

1338年 ……… ［日本］室町幕府が成立する（～1573年）。

1351年 ……… 紅巾の乱が起きる（～1366年）。
1368年 ……… 朱元璋が南京で皇帝に即位して、明を建国する（～1644年）。
1392年 ……… ［朝鮮半島］李成桂が朝鮮を建国する（～1910年）。
1399年 ……… 靖難の役（～1402年）で、燕王朱棣が甥の建文帝を倒して、皇帝に即位する（永楽帝）。
1421年 ……… 南京から北京に遷都する。
1449年 ……… 土木の変で明の正統帝がオイラトのエセンに捕まる。
1572年 ……… 張居正の改革が始まる（～1582年）。
1573年 ……… ［日本］室町幕府が滅ぶ。
1592年 ……… 豊臣秀吉軍の朝鮮侵略（壬辰・丁酉倭乱。文禄・慶長の役）（～1598年）。
1603年 ……… ［日本］江戸幕府が成立する（～1867年）。
1616年 ……… ヌルハチがアイシン（後金）を建国する。
1636年 ……… ホンタイジが皇帝に即位して国号をアイシンから清に改める。
1644年 ……… 李自成軍が北京を攻略して、明が滅亡する。清が中国内地に進出して、北京を都とする。
1661年 ……… 鄭成功が台湾を占領する（鄭氏台湾）（～1683年）。
1673年 ……… 三藩の乱が起きる（～1681年）。
1683年 ……… 鄭氏一族が清に降伏して、台湾が清領となる（～1895年）。
1689年 ……… 清とロシアがネルチンスク条約を締結する。
1727年 ……… 清とロシアがキャフタ条約を締結する。
1751年 ……… 清がダライ＝ラマに正式にチベットの統治を委ねる。
1796年 ……… 白蓮教徒の乱が起きる（～1804年）。

中国近現代史年表（改革開放まで）

1840年 ……… アヘン戦争開始。イギリスによる清への攻撃。

1842年 ……… 南京条約締結。翌年、虎門寨追加条締結（不平等条約）。

1851年 ……… 太平天国成立。洪秀全を教祖とする上帝会が前年に蜂起。スローガンは「滅満興漢」。53年、南京を首都とする。

1856年 ……… アロー号事件。翌年、第2次アヘン戦争開始。

1860年 ……… 北京条約。英仏連合軍による円明園の略奪。

1861年 ……… 総理衙門設立。1860年代に洋務政策が推進される。

1864年 ……… 太平天国崩壊。曾国藩や李鴻章ら洋務派官僚による。

1884年 ……… 清仏戦争。ベトナム侵略を目指すフランスと清との戦争。

1885年 ……… 天津条約。清の敗北、フランス領インドシナ連邦成立へ。

1894年 ……… 日清戦争開始。朝鮮をめぐる両国の対立から戦争へ。

1895年 ……… 下関条約。日本は台湾と莫大な賠償金を手に入れる。

1898年 ……… 戊戌の変法。梁啓超らの近代化の試み。西太后らにより弾圧（戊戌の政変）。梁啓超らは日本へ亡命し、立憲運動に従事。

1899年 ……… 義和団の乱。翌年、清朝と8カ国連合軍との戦いへ拡大。

1901年 ……… 北京議定書。首都駐兵権などを清朝は承認。

1905年 ……… 同盟会成立。孫文が東京で革命派を結集して組織。

1908年 ……… 憲法大綱。清朝の立憲改革の本格化。

1911年 ……… 武昌蜂起。辛亥革命の開始、翌年、中華民国成立。

1915年 ……… 対華二十一ヵ条要求。受諾の日は「国恥記念日」とされる。

1919年 ……… 五四運動。同年、孫文は中国国民党を組織。

1921年 ……… 中国共産党成立。陳独秀らによる。1920年設立説もある。

1924年 ……… 第1次国共合作設立。広州で国民革命の方針が確定。

1926年 ……… 北伐開始。1928年に国民革命軍が北京に入城。

1927年 ……… 蔣介石の反共クーデター。国共内戦の開始。

1931年 ……… 柳条湖事件。翌年、「満州国」が日本により樹立される。

1935年 ……… 八一宣言。共産党は抗日統一戦線政策へ転換。
1936年 ……… 西安事件。翌年2月、事実上の第2次国共合作が成立。
1937年 ……… 盧溝橋事件。局部的武力衝突が、なし崩し的に全面化。
1941年 ……… アジア太平洋戦争開始。中国は連合国の一員へ。
1945年 ……… 日本敗戦。中国は国連安全保障理事会の常任理事国へ。
1946年 ……… 政治協商会議開催。しかし同年夏から国共内戦が本格化。
1949年 ……… 中華人民共和国成立。
1950年 ……… 朝鮮戦争の開始。中国の志願軍も参戦。翌年、マッカーサーは中国への核使用を主張、中国国内では三反運動開始。
1953年 ……… 朝鮮戦争休戦。同年、「過渡期の総路線」提起さる。
1956年 ……… 「社会主義改造」の完成、同年のソ連共産党第20回大会でのスターリン批判の影響もあり、共産党は百花斉放・百家争鳴の言論自由化を呼びかける。
1957年 ……… 反右派闘争。6月にピークを迎えた共産党批判への大弾圧。
1958年 ……… 大躍進開始の宣言。人民公社運動や土法による鉄の増産運動その失敗により、3000万人が栄養失調で死んだと言われる。
1966年 ……… プロレタリア文化大革命開始。毛沢東の劉少奇・鄧小平らに対する「奪権」闘争の開始。
1972年 ……… ニクソン訪中。ベトナムからの名誉ある撤退を目指す米国と、中ソ対立の下で文革の経済的破壊からの脱脚を目指す周恩来らの思惑が一致。
1976年 ……… 周恩来、毛沢東死去。四人組の逮捕。
1978年 ……… 改革開放政策の開始。共産党第11期3中全会で決定。

写真・図版出典

49頁・右・http://www.kaiho.mlit.go.jp/info/books/report2011/html/tokushu/p018_02_01.html（海上保安レポート2011年版）

63頁・右・鎌澤久也

71頁・左右・http://yn.zwbk.org/minority

75頁・左・黄光成『瀾滄江怒江伝』（めこん、2008年）472頁

155頁・左・右・「社会保障・照片 - 百度图片」『BAI DU 网站』
https://image.baidu.com/search/index?tn=baiduimage&ct=201326592&lm=-1&cl=2&ie=gb18030&word=%C9%E7%BB%E1%B1%A3%D5%CF%26%2312539%3B%D5%D5%C6%AC&fr=ala&ala=1&alatpl=normal&pos=0&dyTabStr=MCwzLDQsMSw2LDUsNyw4LDIsOQ%3D%3D

169頁・右・澤田瑞穂・窪徳忠『中国の泰山』（講談社、1982年）105頁

201頁・右・山本英史『中国の歴史』（河出書房、2010年）142頁

205頁・右・『図説中国文明9　明　在野の文明』（創元社、2006年）107頁

207頁・左・山本英史『中国の歴史』（河出書房、2010年）199頁

209頁・左・『詳説世界史B』（山川出版社、2005年）160頁

・右・『図説中国文明9　明　在野の文明』（創元社、2006年）17頁

211頁・右・『詳説世界史B』（山川出版社、2005年）冒頭写真集32　X頁

213頁・右・『図説中国文明9　明　在野の文明』（創元社、2006年）230頁

217頁・（扉）・http://cms.s1979.com/a/news/gangaotai/2010/0607/41054.shtml

219頁・左・斯波義信監修・牧野元紀編著『時空をこえる本の旅50選』（財団法人東洋文庫、2010年）

・右・『壱玖壱壱』（世界図書出版公司北京公司）

221頁・『清史図典　10』（紫禁城出版社）

223頁・左・『影像辛亥　上』（福建教育出版社）

・右・『壱玖壱壱』（世界図書出版公司北京公司）

225頁・左・『清史図典　12』（紫禁城出版社）

・右・『壱玖壱壱』（世界図書出版公司北京公司）

227頁・左・『壱玖壱壱』（世界図書出版公司北京公司）

229頁・左右・『壱玖壱壱』（世界図書出版公司北京公司）

231頁・左・http://www.library.pref.nara.jp/sentai/gallery003/gallery003014.html#MAIN

・右・http://luolinhu.m.oeeee.com/blog/archive/2008/12/2/617487.html

237頁・左・http://www.anhuinews.com/zhuyeguanli/system/2010/06/07/003074603.shtml

・右・http://news.21cn.com/today/bokee/2009/03/30/6069927_3.shtml

239頁・左・http://bbs.crt.com.cn/bbs/read.php?tid=22138&page=e&fpage=1

・右・呉亮・高雲主編『日常中国――50年代老百姓的日常生活』（江蘇美術出版社、1999年）134頁

241頁・左・宇野重昭・小林弘二・矢吹晋著『現代中国の歴史1949-1985』（有斐閣選書、1986年）178頁

・右・http://www.holidays5.com/view/19409.html

243頁・右・http://www.hsdcw.com/html/2009-9-27/218721.htm

245頁・左・http://epaper.usqiaobao.com:81/zhuanji/html/2009-10/07/content_230577.htm

・右・白少川『北京糧票簡史』（煤炭工業出版社、2000年）53頁

247頁・左・黄遠林編著『百年漫画：1898-1999』（下巻）（現代出版社、2000年）121頁

・右・http://price.52che.com/Epica/news-5749013.html

249頁・左・http://ghshaoyanling.blog.163.com/blog/static/130765370201189111140360/

・右・http://tupian.baike.com/a3_03_35_01300000218858121793353333413_jpg.html

251頁・左・http://www.5tu.cn/thread-47554-2-1.html

・右・https://www.gvm.com.tw/article/73062

253頁・左・万隆会议_百度百科 (baidu.com)

https://baike.baidu.com/item/万隆会议?fromModule=lemma_search-box

・右・https://baike.baidu.com/item/%E4%B8%AD%E8%8B%8F%E4%BA%A4%E6%81%B6

255頁・左・http://japanese.china.org.cn/jp/txt/2014-08/22/content_33310086_9.htm

・右・http://j.people.com.cn/n3/2022/1118/c94474-10173295.html

257頁・左・http://country.cnr.cn/gundong/20151111/t20151111_520474867.shtml

・右・https://baike.sogou.com/v646505.htm

287頁・左・ケン・リュウ編『折りたたみ北京』早川書房、2018年、表紙

・右・余華『文城』北京十月文芸出版社、2021年、表紙

367頁・右・https://baike.baidu.com/item/冰墩墩/23759017?lemmaFrom=lemma_starMap&fromModule=lemma_starMap

https://baike.baidu.com/item/雪容融/23759084?lemmaFrom=lemma_starMap&fromModule=lemma_starMap

369頁・右・https://ja.wikipedia.org/wiki/谷愛凌

377頁・左・https://www.shodo.co.jp/blog/yume2020/435/ （天来書院）

・右・https://ja.wikipedia.org/

385頁・左・http://www.geocities.jp/cato1963/msgensou1.jpg

・右・http://www.geocities.jp/cato1963/msgensou2.jpg

387頁・左・http://upload.wikimedia.org/wikipedia/commons/4/46/Beijing-Opera-Zhuge-Liang.jpg

・右・http://www.geocities.jp/cato1963/foto/old-peking-theater.jpg

395頁・左・https://baobao.baidu.com/article/09016a7bd00aa712d10b0f752427e71e.html?lz=0

・右・https://www.sohu.com/a/492527721_765855

397頁・右・https://commons.wikimedia.org/wiki/File:Chinese_Mariner%27s_Compass_c._1760_(NAV0240),_National_Maritime_Museum.JPG

399頁・左・https://upload.wikimedia.org/wikipedia/commons/2/25/Chinese_Tiangong_Space_Station.jpg

・右・http://j.people.com.cn/n3/2022/0602/c95952-10105069.html

（執筆者撮影のもの、本文にクレジット・撮影者を明記したものを除く）

あとがき

日本人にとって、中国はとても難しい、捉えどころのない国と言える。歴史の長さ、地域の拡がり、時間軸と空間軸が途方もなく巨大で、昔から時には羨望の対象であり、また時には非難の対象でもあった。中国との交流の歴史は少なくとも2000年以上、その間日本は実に一方的に多くのことを中国から学んだ。漢字も書も豆腐も囲碁も、実に多くの文化が皆中国からの伝来だ。その中国を侵略した時代を経て、戦後日本は経済大国となり、長い歴史から見ればほんの数歩だけ中国に先んじることになった。しかし近年、急激に力をつけ、後ろに迫ってきた中国に焦りを感じているかのようでもある。近年、日中関係が非常に緊迫し、多くの友好交流が停止していることも関係しているかもしれない。

多少中国のことを知っているつもりでも、それだけでは中国を本当に知ったことにはならない。また中国語ができたとしてもそれだけでは中国人の気持ちは理解できないだろうし、商売もうまくいかないだろう。

中国に直接関わりを持っている人でも、そうでなくても、いったい中国とは日本にとってどのような存在なのか、多くの人が是非テキストを活用し、総合的に理解してほしい。検定試験を通じて理解を深めてほしい。

多くの識者から見れば「百科」というには不十分で、まだ「九十科」か、それ以下かもしれない。しかしそれぞれの専門家にご協力いただき、何とか出版にこぎつけた。今後この試みが国民全体に支持され、検定がブームになるくらいの反応が出、中国に対する国民感情が少しでも良くなれば目的の一半は達成されることになる。

最後に大変お忙しい中、執筆に協力頂いた諸先生方、大所高所から目配り頂いた元駐中国大使の谷野作太郎氏にお礼を申し上げたい。

㈱めこんの桑原さんには短期間に無理を承知でご協力頂き、完成にこぎつけたことに感謝申し上げたい。

［日本中国友好協会副会長 田中義教］

中国百科 増補改訂版

初版第1刷発行2023年4月10日

定価2500円+税

編
日本中国友好協会

装幀
臼井新太郎

発行者
桑原 晨

発行
株式会社 めこん
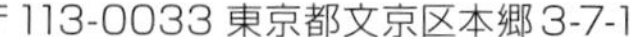
〒113-0033 東京都文京区本郷3-7-1
電話：03-3815-1688　FAX：03-3815-1810
URL：http://www.mekong-publishing.com

印刷・製本
太平印刷社

ISBN978-4-8396-0333-5 C0030 ¥2500E
0030-2301333-8347

日本中国友好協会
Japan-China friendship Association
会長 井上久士
〒111-0053
東京都台東区浅草橋5丁目2-3鈴和ビル5階
Tel ：03(5839)2140
Fax：03(5839)2141
Email:nicchu@jcfa-net.gr.jp
http://www.jcfa-net.gr.jp/index.html

日本中国友好協会は、「日中両国民の相互理解と友好を深め、アジアと世界の平和に貢献する」ことを目的として、1950年10月1日に創立されました。協会は「中国のことを知りたい、中国に親しみたい」という人々の関心に応えて、中国語、太極拳、きりえ、囲碁、中国料理、水墨画、書道などの文化教室や中国研究の活動、いろいろなテーマを持った中国旅行、「中国残留日本人孤児」など帰国者への援助や中国からの留学生との交流、日中戦争のような悲惨な歴史を再び繰り返さないための不再戦平和活動などを行なっています。

めこんの本

瀾滄江怒江伝

黄光成　大澤香織訳・加藤千洋解説　定価4500円+税

瀾滄江と怒江はチベット高原の氷河から流れでると、チベット自治区·雲南省を一路南下、ラオスとミャンマーの国境でメコン、サルウィンと名を変えます。その流域の圧倒的な自然と上古からのロマンあふれる交易の歴史、少数民族の不思議な習俗に魅せられた著者は、長年かけて各地をくまなく歩き、歴史への深い造詣を存分に生かしてこの大紀行を書き上げました。その名を耳にしただけでわくわくしてくる山、川、道、国、人、民族、祭りが続々登場します。たとえば梅里雪山、高黎貢山、怒山、雲嶺、蒼山。蜀身毒道、茶馬古道、西南シルクロード。南詔、哀牢、大理。マルコポーロ、徐霞客、ジョセフ·ロック等々。200枚のカラー写真も魅力的です。

シルクロード全4道の旅

鎌澤久也　定価2500円+税

河西回廊、天山北路、天山南路、西域南道。魅惑のシルクロード4ルートの完全ガイド。オールカラー。各都市の詳細な地図もついています。

雲南・北ラオスの旅

樋口英夫　定価1500円+税

昆明からルアンパバーンへ。少しハードですが、手付かずの自然、豪快な川旅、珍しい少数民族の習俗という魅力にあふれた国境越えの完全ガイド。

シーサンパンナと貴州の旅

鎌澤久也　定価2500円+税

シーサンパンナと貴州は豊かな自然の中でタイ族とミャオ族の人々が古来の習慣を守り続ける桃源郷です。オールカラーの写真がすばらしい完全ガイド。

シルクロード·路上の900日

——西安・ローマ1万2000キロを歩く

大村一郎　定価2500円+税

本当に2本の脚だけでシルクロードを歩きとおした破天荒な旅の記録です。後にも先にもこんな馬鹿なことをする若者はいないでしょう。すばらしい!

雲南最深部への旅

鎌澤久也　定価1500円+税

成都から山岳地帯を南下、大理を経てミャンマーへ。3000キロの「西南シルクロード」は少数民族のメッカ。驚きと感動に満ちた完全ガイドです。

シルクロードの光と影

野口信彦　定価2500円+税

新疆全土を長期間取材。遺跡や歴史だけではなく、今シルクロードが抱える諸問題と人々の生の声を伝える本当の「シルクロード」案内。